ゴング格闘技ベストセレクション 1986-2017

GONG KAKUTOGI BEST SELECTION 1986-2017 GONG KAKUTOGI

ゴング格闘技・編

イースト・プレス

ゴング格闘技ベストセレクション1986—2017

目次

第1章 柔道と柔術 9

第4章 MMA、世界の頂 283

第1章 柔道と柔術

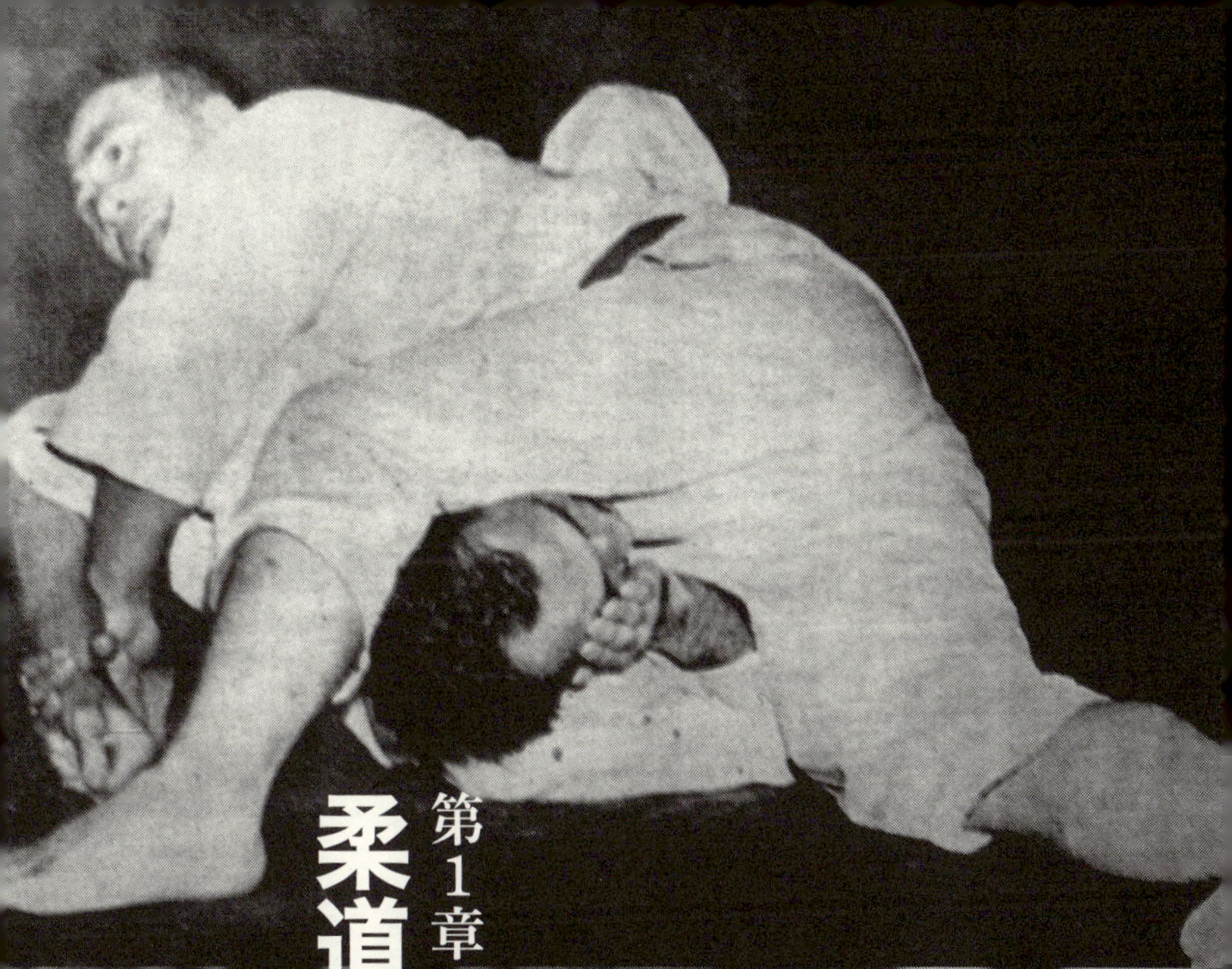

木村政彦対エリオ・グレイシー
マラカナンスタジアムの戦い

「勝ち組」「負け組」の血で血を洗う抗争が続く中、ブラジルへ招聘された木村政彦一行の加藤幸夫が、エリオ・グレイシーに絞め落とされた。怒りとともにホテルに押し寄せる日系人たち。そして、ついに〝鬼の木村〟が立ち上がった――。一九五一年十月二十三日、マラカナンスタジアムで行なわれた〝伝説〟の試合は何だったのか。七帝柔道出身の作家・増田俊也が、十五年間にわたる取材から不世出の柔道家・木村政彦の真実に迫る。

GONG KAKUTOGI NO.215
2010年5月号
text by Masuda Toshinari

エリオ戦を前に、木村政彦、山口利夫、加藤幸夫の一行は、再び首都リオデジャネイロに乗り込んだ。

サンパウロとリオデジャネイロは車で七～八時間、感覚的には東京と大阪の距離である。当時は日系人二十五万人のうち七割以上がサンパウロ圏に住んでいたため、エリオが道場を構えるリオデジャネイロは、木村たちにとってまさに敵地であった。

宿舎には、遠くサンパウロから駆け付けた大勢の日系人たちが連日、〝木村参り〟にやってきた。「木村さん、お願いですから……お願いですからエリオを倒してください……」

何度も何度も頭を下げ、手を握り、呪詛《じゅそ》のように繰り返す。

彼らの悲痛な思いは、また加藤幸夫の願いでもあった。自身の敗北で、大将格の木村が出なければならないところまで追いこまれたのだ。だから、激励の者が来るたびに胸が締め付けられるような思いにとらわれた。木村さんなら勝ってくれる――そう思ってはいたが、まわりが熱くなっていく状況が加藤には怖かったのだ。

しかし木村は、差し入れの日本料理や酒を食らい、毎晩のように女を抱いた。加藤は心配でしかたがなかった。

メーンに木村政彦vsエリオ・グレイシーが据えられたこの大イベントは、「柔術ナイト」と冠され、地元ブラジル紙も邦字紙も試合前から一面トップで大きく煽っていた。その扱いは、初めてブラジルで開催された前年の第四回W杯サッカー並みである。実はこの第四回W杯と木村vsエリオ戦は一本の線でつながっている。マラカナンスタジアムで行なわれること自体が、ブラジル人たちのナショナリズムを強く強く刺激していた。

リオデジャネイロのシンボルといえば、なだらかな山並みの中にひとつだけそびえるコルコバードの丘で両手を広げて街を見下ろす、身長三〇メートルのあのキリスト像だろう。

この丘に登ると、灰皿のような形をした巨大な建造物が見える。これがマラカナンスタジアムである。

前年一九五〇年（昭和二十五）、W杯サッカーのために建造されたばかりのこの競技場は、当時世界最大のスタジアムで、二十万人の収容力を誇っていた。一九九二年に老朽化したスタンドが崩壊落下し、以後九万五千人の収容に改修されたが、それでも東京ドームの収容人数が五万人弱であるのを考えればその巨大さがわかる。

一九五〇年、地元開催で悲願のW杯初優勝を賭けた決勝のブラジルvsウルグアイ戦では、立ち見も含めなんと二十一万六千人を呑み込んだ。

〝マラカナンの悲劇〟として何冊ものノンフィクションが書かれ、映画にもなった、あの試合である。

このウルグアイ戦で引き分け以上であればブラジルの初優勝が決まった。しかし、先制ゴールが決まり、誰もが優勝を確信したなかで、後半まさかの逆転負け、スタジアムは大混乱に陥り、あまりのショックに観客たちがあちこちで失神、二人がその場で自殺し、二人が心臓麻痺で死亡する惨事となった。試合後、多くの後追い自殺が出たともいわれ、国民のほとんどが家に引きこもり、ブラジルは死の国と化した。この悪夢を記憶から消すために、ブラジルチームはユニフォームの色を白から現在のカナリア色に改めたのだ。

木村vsエリオ戦が行なわれた翌一九五一年にはブラジルにはまだプロサッカーリーグがなかったため、一番人気の高いプロスポーツ興行は格闘技だった。

そんななかで連勝街道を驀進するエリオはブラジル国民の英雄だった。その英雄が、第二次世界大戦で戦った敵国日本からやってきた日本の象徴である武道、プロ柔道の加藤幸夫を破ったのである。加藤vsエリオ戦はこのマラカナンスタジアムの横にある屋内競技場マラカナジーニョで行なわれたが、今回の木村vsエリオ戦はまさにそのマラカナンスタジアムで行なわれるのだ。ブラジル人たちが熱狂したのは当然であった。ブラジル国民はマラカナンの悲劇を忘れたいがために、エリオに期待していたのである。

一方の日系人二十五万人のあいだでは、戦後六年も経っているのに「勝ち組」と「負け組」が殺し合いの抗争を続け、前者が八割を占めるという大混乱が続いていた。それをまとめるためにサンパウロ新聞社の水本光任《みつと》社長が自国日本から呼び寄せたのがプロ柔道一行である。

しかし水本社長のその思惑とは裏腹に、他の邦字紙たちにプロ柔道の興行成功を嫉まれ、日系マスコミ同士のいがみ合いにまで加熱してしまった。

そんななかで加藤がエリオに絞め落とされるという最悪の事態が起こったのだ。邦字紙も日系コロニアも勝ち組がどうの負け組がどうのと言っていられなくなった。木村政彦に勝ってもらう以外に母国日本の名誉を守るすべはなくなってしまった。

ブラジル人と日系人双方のナショナリズムを刺激するこの試合の警備にブラジル当局が目を光らせたのは当然であった。地元ブラジル紙を紐解くと、マスコミの取材や撮影にまでかなりの制限があったとの記述がある。

だが、戦争にもナショナリズムにも、もちろんサッカーにもいっさい関心を持たない木村にとって、前年のW杯マラカナンの悲劇などどうでもいいことだった。酒を飲み、女を抱き、美味いものをたらふく食っては、マルメラーダ（八百長）のプロレスを遊び半分でやっていた。

木村の自伝を見ると、エリオ戦前の状況についても呑気にこんなことを書いているだけだ。

《試合の三日前、地元の新聞に「木村は日本人ではない、カンボジア人らしい。ニセの日本人とは試合できない」という記事が大々的に出た。私はビックリした。なるほど日本人とカンボジア人は似ている。私は鏡をのぞきこんで、苦々しい思いだった。しかし、妙な噂で試合を流されてはたまらない。私はさっそく日本大使館にパスポートを持参し、日本人である証明をもらった。これで試合は、予定通り開かれることになった》（『わが柔道』）

ブラジル人と日系人、そしてそれらを代弁するブラジル紙と邦字紙の場外舌戦が繰り広げられても、木村はマスコミの取材に対し、にやつきながら余裕のコメントを連発した。

たとえば当時のブラジル紙に木村のこんな言葉が残っている。

「私が負ける可能性は皆無だ」

そして加藤にかけたフィニッシュ技、十字絞めは私には通用しない、簡単に防御できると笑った。

当時の新聞掲載写真や、ネット上にアップされている木村の試合前の表情を見てほしい。

当時は今とは比べものにならないほどブラジルは遠かったであろう。しかし、地球の裏側に来てさえ、木村はこの地上に自分より強い生き物がいるなどとは露ほども思っていないのである。たしかに、柔道がまだ実戦性を持ち、総合格闘技のなかったこの時代、木村が世界最強だった可能性は非常に高い。

このときの木村の表情や所作が、私にはそれぞれの地で生態系の頂点に立つライオンやホッキョクグマ、シベリアトラなどに見えてしかたがない。目の前に美味そうな肉があればそれを食らい、美しい雌が目につけば躊躇なくのしかかる。怖いものなど何もないのだ。

加藤幸夫は「まわりが加熱してるのに木村さんは最後までリラックスしていました」と言うが、〝百獣の王〟木村は文字どおりエリオを歯牙にもかけていない。

対するエリオのブラジル紙インタビューからは、木村の強さがわかっているからこそ揺れ動く悲壮な覚悟が伝わってくる。エリオは前年のW杯の悲劇をもちろん知っている。だからこそマラカナンスタジアムで戦う今回の木村戦の意味がわかっていたのである。

「サンパウロのエキシビションを見たが、日本人チャンピオン（増田注＝木村のこと）はすごい投技を披露していた。木村は危険だから私にあの投技（増田注＝もちろん得意の大外刈りのこと）を使わないと言ったらしい。その紳士的配慮には敬意を表する。しかし、あの程度の投技なら私だって受け身はとれる。木村は簡単に私に勝てると言ったそうだが、確かにそうだと思う。ただ、もし私に勝つのであれば、我々がブラジルの地で行っている柔術で勝たないといけない。つまり、寝技で極めてみせてほしい。他の戦い方でくれば予想以上に手こずることになるとだけ忠告しておく。私に負ける可能性はないと木村は言ったようだが、私はその発言に驚かない。彼は非常に腕力があり、私よりも体重が三〇キロ（増田注＝実際には二〇キロ程度か）重く、なんといっても十五年間王者として君臨してきたという心の余裕があるのだろう。木村は私が加藤を仕留めた技を返せるとも言ったようだが、それも事実だと思う。ただ、いずれにしても言いたいのは、私をなめてはいけないということだ。木村がもし隙を見せれば、私は必ず勝つ。それは木村も柔術家としてわかっていると思う。加藤のように私に隙を見せてはならないことを。これが私の最後の試合となる。ブラジリアン柔術の名を国民の間に広めるための最後の挑戦だ」（ブラジル紙「オグローボ」十月二十二日付）

　エリオは自国ブラジル人たちに対し「絶対に勝つ」と言いたいが、言い切れていない。

　この記事中でエリオが言及しているように、木村は「私は大外刈りは使わない」と宣言し、「もし、エリオがこの試合で三分間自分に抵抗できるようであれば、彼を勝者として認めてよかろう」とまで言った。

　ここまで木村が余裕を持っているのは、もちろんエリオが言うように、かの昭和十一年五月の阿部謙四郎戦以来十五年間にわたり一度として敗れたことがないその実績と経験からだ。

　さらに木村はエリオの主武器である寝技にも絶対の自信を持っていた。いや、寝技こそ木村の真骨頂でもあった。

　師匠牛島辰熊ゆずりの寝技。拓大予科を高専大会優勝に導いた寝技。これは牛島が現役時代に高専柔道の強豪六高に出稽古に通って磨き上げた金光弥一兵衛の本格的な寝技であった。木村に寝技で勝てる柔道家は、引退した今でも日本に一人としていないのである。高専柔道出身で全日本選手権を制したのは空前絶後木村政彦だけなのだ。

　エリオのまわりでもエリオが木村に勝てると考

えている者は一人もいなかった。だから試合に反対していた兄のカルロス・グレイシーも、エリオに「完全に技が極まったら必ずタップすること」と約束させて試合出場を認めたほどだった。

馬乗り、袈裟固め、横三角で失神

十月二十三日。

試合当日は雨だった。

先の加藤戦以来ヒートアップし続ける状況にブラジル政府はピリピリしていた。前年のマラカナンの悲劇の再現を怖れ、ブラジル人と日系人のぶつかり合いを避けるためにスタジアムスタンドへの入場を禁じ、観客は芝生のフィールド内のみへの入場となったのだろう。

資料によって観客数はまちまちだが、その数は二万数千人から四万数千人だったようだ。フィールド内にこの数を入れると立錐の余地もなかったに違いない。

木村は自伝でブラジル大統領（ゲテリオ・バルガス）も観戦したと書いているが、これはカフェ・フィーリオ副大統領の間違いである。しかし客席には他にもずらりとＶＩＰが並んでいた。入場券の売り上げは三十三万九千クルゼイロにも上り、格闘技興行の最高記録を更新したと当時の新聞にある。

夕方、木村とエリオが並んでの記者会見があった。何百というフラッシュが焚かれる。

ブラジル人があちこちで大声を上げているが、ときどき「木村さん！　お願いだから勝ってくれ！」と日本語の悲鳴が交じっていた。

会見を終え、控室に行くと、そこに棺桶が置いてある。

「これは何だ？」

木村が尋ねた。サンパウロ新聞の記者がまわりのブラジル人たちに聞くと「木村の棺桶だ。試合で殺されるから用意してあるんだ。エリオが持参したんだ」と言う。

木村は笑った。数万の観衆と警官隊による厳重な警備を見ても、気にもしていなかった。

試合前まで雨が降り続けて開催が危ぶまれたが、開始時間を遅らせてやっと前座が始まった。

前座は木村の自伝では八試合となっているが実際は三試合だ。雨で開始が遅れ、減らされた可能性もある。第一試合はジョアン・アルベルト・バヘットvsカーロス・アルベウト、第二試合はジョアン・バチスタ・ロペスvsジョゼ・マリーニョ、第三試合はフェリックス・ダ・シウバvsペドロ・ヘメテリオである。

広い控室には日系人たちからの激励品が山のように積まれていた。綺麗に掃除された床に、天井の灯りがまぶしく照り返している。木村は壁際のアームチェアに悠然と座っていた。加藤は気が気ではなかった。これほどの大イベントの渦中に身を置くのはもちろん初めてだし、会場は加藤vsエリオ戦のとき以上に殺気だっていた。

前座試合で盛り上がる観客たちの歓声と罵声が控室まで聞こえてくる。

メーンが近づくと、無数の武装警官がスタジアムの隅々に再配置されていった。

しかし、木村自身はいたって静かにまわりの者と談笑していた。

試合前に会場の方で何かもめているようで、なかなかメーンが始まる気配がない。聞くと、エリオが「主審を替えてくれ」と言っているらしい。主催者側のメトロポリターナ拳闘協会が指名したカルロス・ペレイラが嫌だと言って、このままなら試合を放棄するというのだ。係が来て木村にそのむね伝えると、「審判なんて誰でもいい」と通訳者に伝える。しばらくするとまた係が来て、「準備ができました」と言った。主審はエリオが指名したエウゼビオ・デ・ケイロス（軍人）になったという。試合を放棄されては主催者も困るのだ。

木村は「わかった。ありがとう」と日本語で答え、控室を出た。

花道を往く木村。

後ろから山口利夫と加藤幸夫、そして日系柔道家の倉智光ら数人が続く。

前を歩く木村の左肩がいつものように少し上がっている。

このシーンを前から映す当時のフィルムで観てみよう。

木村政彦が出てくる。

ゆっくりゆっくりと。

まさに百獣の王。

ブラジル人たちから大ブーイングを浴び、無数の生卵が飛んできて道衣に当たって砕けても、日系人たちに向け片手を上げて応えている。

日系人の少ないリオでは観客の九割以上はブラジル人だったに違いない。日系人の声援は悲鳴のように聞こえる。反対の西側からエリオが出てくると、大歓声が起きた。

《「不敗木村」とグラシエの柔道試合はグラシエが加藤五段に勝っているだけに人気沸騰。超満員の盛況でさすがリオッ子が多く「グラシエ頑張れ」の声援もの凄かった》（日伯毎日新聞十月二十五日付）

武装警官たちがあちこちで声を上げ、観衆を制する。新聞社のカメラマンたちも武装警官たちにブロックされて写真を撮りにくかったと記録にある。

両者、試合場に上がった。

十分3R。ラウンド間の休憩は二分。投技や抑え込み三十秒による一本はなく、勝敗はタップ（参った）か絞め落とすことによってのみ決する加藤戦と同じものだ。

今回、あらためて活字資料と加藤幸夫ら関係者の証言、グレイシー側が公開している映像を突き合わせてわかった新事実がいくつかある。

まず、今ではネット上の動画サイトにもアップされている大外刈りから寝技へ展開するあの映像は、実は第1Rではなく第2Rのものであることだ。エリオの長男ホリオン・グレイシーにたしかめると、子供の頃に第1Rも含めたフルバージョンを観たことがあるが、現在残っているのはあの映像だけだという。

謎の第１Ｒから細かく追っていこう。

まずは木村の著書から引く。

《ゴングが鳴る。先に両襟を握ったエリオは、大外刈り、小内刈りで盛んに私を攻めたてる。しかし私は微動だにしない。今度はこっちの番だ。大内刈り、払い腰、内股、一本背負い投げ。掛けるたびにエリオは大きく吹っとぶ》（『わが柔道』）

投げるのは簡単だった。あたりまえだが圧倒的な差がある。エリオは後に「お互いの間合いが近づいたとたん振り回されていた。私がつかむ、組むまでもなかった。木村が投げを放とうとする瞬間に全身の力を抜いて、ほんの少し体の位置をずらすことで木村がバランスを崩してくれたことで完璧な投げを打たれなかったのが私の微かな成果だった」と一方的にオモチャにされたことを明かしている。

投げた後、木村はどう寝技につないだのか。

邦字紙が背負いで投げて馬乗り（マウントポジション）になったと書いているのを見つけた。《イキナリぶんなげてあっさり締上げたのでは余りにも飽気《あっけ》ない。相手が寝技を得意とするというので、最初のラウンドでは木村七段得意の背負いでグラシエを倒すや、馬乗りになってサンザン揉んでやつた》（伯剌西爾時報十月二十六日付）

先の木村自伝と併せると、大内や払腰などで投げてはまた立技の展開になり、最後は一本背負いで寝技にいったのだ。

そしてエリオの体をまたいでマウントポジションになる。だが《サンザン揉んでやつた》だけでは、寝技になってから木村がどんな技で極めようとしていたのかわからない。

さらに資料を手繰ると、地元ブラジル紙が詳細を書いていた。

《試合の流れはまず、ゴングと同時に二人のファイターが互いの道衣をつかんで組む。エリオが寝技勝負に誘うと、木村はそれに応じ、圧倒的な体重差を武器にマウント状態に。木村は上になると、次から次へと技を仕掛け始める。アームロック、絞めや腕十字と連続して仕掛けていく》（ブラジル紙「オグローボ」十月二十四日付）

アームロックとは腕緘《うでがら》み、絞めはマウントからなので十字絞めや袖車絞めなどか。寝てもやはり木村が圧倒している。

しかし、ここで極めきれず、木村は袈裟固めに変化し、エリオの頭をヘッドロックのようにして引っ張り上げ、頸椎にプレッシャーをかけた。強豪大学などの稽古でよくみる痛め技の一つだ。全盛時代にベンチプレスで二五〇キロを挙げた木村の怪力で締め付けられ、エリオの耳から大量の血が噴きだした。

「アー・ユー・ＯＫ？」

木村が両腕の力を抜いてエリオに聞いた。

エリオは苦しみにもがきながら「もちろんＯＫだ」と小さく答えた。木村が再び強く締め付ける。その剛力に息が詰まりながらも、しかしエリオはタップ（参った）しない。

木村はしかたなく袈裟固めを外し、エリオの頭側に回って横三角で返し、腕を縛ってそのまま強烈な横三角絞めに入った。

高専柔道の章に書いたように、実は木村が拓大予科三年、昭和十二年（一九三七）の高専大会連覇のために開発した拓大予科の秘密兵器がこの横三角だった。高専柔道の技術をブラジルに持ち込んだ小野安一が渡伯したのは昭和四年（一九二九）なので、エリオは横三角を知らなかった可能性もある。

木村の両腿に締め付けられながら、エリオは兄カルロスとの約束を思いだしていた。

技が完全に極まったらタップすること――。

しかし、エリオの闘争心は萎えていなかった。参っただけはしたくないと思っているうちに、落ちてしまう。エリオが落ちたことに気づかない木村は、絞めが効いていないと判断し、しばらくしてまたマウントポジションに戻した。そのときの動きでエリオに運良く活が入り、蘇生した。エリオは後に「あのままいけば私は死んでいたかもしれない」と述懐している。

　額から汗を滴らせた木村はマウントの姿勢でこう言った。

「エリオ、おまえは本当に凄い」

　木村の教え子たちによると木村は数回海外に行っただけでブロークンイングリッシュをぺらぺら話すほど言語適応能力が高かったというので、おそらくエリオにかけたこの言葉は英語かポルトガル語だったのだろう。

　ここで第1R終了のゴング。

　エリオの消耗は激しく、足元もおぼつかないままフラフラと自陣に戻っていく。

《ゴングの鳴つた時はグラシエは鼻血を出し顔面蒼白、くたくたに疲れている》（伯剌西爾時報十月二十六日付）

　鼻血はもちろん耳からの出血の間違いである。

　両陣営に戻った二人は二分間の休憩をはさんで、また向かい合う。

　ここからは動画が残っているので、新聞記事や雑誌記事、加藤幸夫たち関係者が私に語ってくれた言葉も併せて詳解する。

キムラロックの誕生

　木村は堂々たる試合態度だ。

　背筋をスッと伸ばして自然体のまま前に出ていき、組み手争いもせず、エリオに好きなところを持たせている。

　そして、ついに「使わない」と公言していた伝家の宝刀、大外刈りで一気にけりをつけにいく。三分で仕留めるはずが予想以上のエリオの頑張りで作戦を変えざるをえなかったのである。

　凄まじい大外刈りだ。

　木村は自伝で「脳震盪で失神を狙った」と書く。だが、エリオは人形のように頭から叩き付けられても、下が柔らかいマットだったため脳震露を起こさなかった。

しかし、どうだ。

このスピード。この切れ味。

プロレス時代の動画は残っているが、木村が柔道衣を着て戦う動画は、実はこれ一本しかない。前に書いたように昭和十五年の天覧試合のものは剣道のものが残っているし、資料によると柔道も撮っていたはずだが、どこをどう探しても見つからないのだ。

そういう意味で、負けた試合の動画を公開してくれたグレイシー側に感謝しなければならない。

鬼の大外刈りの迫力は、言い伝えられる以上のものだ。昭和十六年の第十二回明治神宮大会以降まともな練習はしておらず、さらに昭和十七年一月には徴兵されて終戦まで柔道衣すら着ていない。現役引退からすでに十年も経っていてこの動きである。全盛時代はいったいどんな柔道をしていたのか。

エリオを失神させることに失敗した木村は、すぐさま立ち上がって、すかさずエリオの両脚をさばき、横四方の体勢に入る。この寝技へのしなやかでスムーズな移行は、明らかに引き込みありのルールで身に着けた高専柔道である。

そして崩上四方固《くずれかみしほう》めに変化し、さらにエリオを逃しながら上半身を両腿ではさんで得意の腕緘みに持ち込もうとするがエリオが脇をすくわせない。エリオの脇は堅い。このあたり、エリオのディフェンス能力がかなり高かったのがわかる。

木村は動きながら作戦を考え、また崩上四方固めに移ってエリオの顔を腹で潰し、窒息させようとする。そしてエリオの動きに合わせて枕袈裟固め、横三角と流れるように変化する。一度はエリオが下から木村を返した（ブラジリアン柔術でいうスイープ）が、木村は慌てずについていきエリオのバックにつく。そしてまた崩上や正上四方固めで自身の腹をエリオの顔の上に持っていき呼吸を邪魔する。エリオは苦しがって顔を左右に振るが、木村もその顔を追って体を移動し、呼吸を防ぎ続ける。

エリオが空気を吸うために木村の体を押しのけようと腕を伸ばすたびに、木村は執拗に腕緘みを狙う。「十五回くらいアームロック（腕緘み）を狙われた。あそこまであの技にこだわるとは思わなかった」というエリオのコメントがブラジル紙にある。動画ではカットされている部分だが、この攻防が試合のハイライトだろう。

そして、ついに腕緘みをがっちり極めた。

その瞬間、歓声と怒号が交錯していた会場が、水を打ったように静まり返った。

だがエリオはタップしない。

「折れっ！」

セコンドの倉知光の大声が響いた。

エリオは激痛で唸っている。

木村はさらに強く極めながら「いい！　いい！」と日本語でエリオに語りかけた。エリオは日本語を理解できなかったが、それがエリオの精神力を讃える言葉だと理解でき、逆に何としてでもタップすまいと思った。

木村は自伝でこう書く。

《こうなれば、ふつうならすぐに参る場面だ。が、エリオはマットを叩こうとしない。それならば、と私はぐっと力をこめる。グジ、グジという不気味な音が一、二度した。シンと静まりかえった会場に、骨が折れる音が大きく響いた。

それでもエリオは参ったをいわない。すでにその左腕には、まったく力が感じられなかった。とにかく一方が参ったをいわなければ勝負はつかないルールだ。私としては、もうひと捻りするしかない。試合時間はまだ充分に残っている。たとえエリオの腕の骨がバラバラになろうと、それは私の知るところではなかった。

心を鬼にして、私はもう一度、グッと力を加えた。またグジッという音がした。たぶん、最後に残っていた骨が折れたのだろう。もうエリオの腕は抵抗の気配さえしない。

それでもエリオは降参しない》（『わが柔道』）

見かねたセコンドの兄カーロス・グレイシーが試合場内に走り入り、エリオの代わりに木村の背中を叩いてタップした（木村の自伝をはじめタオルが投げ込まれたＴＫＯだとする資料や証言もあるが、事実は異なる）。

木村は技を解いて立ち上がったが、審判のエウゼビオ・デ・ケイロス将校はカルロスによる身代わりタップを認めず、二人を試合場中央に呼び戻して再び組み合わせようとした。しかし木村がこれ以上やっても同じことだと拒む。エリオも自分の敗北を認めたため、やっと審判が木村の右腕をつかんで上げ、勝利を認めた。

２Ｒ３分20秒。

決まり技は腕緘み。

ゴングが響き、趨勢を見守って静まり返っていた観客が一斉にわいた。

山口利夫、加藤幸夫、倉知光らセコンド陣が試合場に上がって木村に抱きつく。サンパウロ新聞社関係者たちも駆け上がる。後ろから警官隊を押しのけて日系人たちが何十人と走ってくる。その場で木村の胴上げになった。雨の上がったばかりのリオの夜空に木村の体が舞い上がる。日系人たちはみんな泣いていた。

一方のエリオは、カーロスらグレイシーファミリーが心配するなか、警官隊たちに抱えられて救急車に運ばれた。救急隊員から酸素吸入を受ける写真も残っている。最後の最後まで、いかに木村に全力で立ち向かったのかがわかる。

審判がなかなか木村の勝利を認めなかったのは、エリオ本人がタップしていないのに試合を止めると会場が混乱すると怖れてのことだろうが、そんな心配はまったくなかった。憎み合っていたブラジル人と日系人は、木村とエリオのそのあまりに崇高な戦いに胸を打たれていた。

それは、試合前には罵り合っていたブラジル紙と邦字紙が、互いに敵を讃え合っている記事からもわかる。

《人々は地球の向こう側からやってきた柔術家の

信じられない強さに愕然とし、同時に魅了された》（ブラジル紙「オグローボ」十月二十四日付）

《コロニア柔道家でグラシエを斃《たお》し得る者は今の所遺憾乍《なが》ら一人もいない、グラシエの伯国柔道界に於ける第一人者としての地位と権威は飽くまで認めてやるべきであろう》（伯刺西爾時報十月二十六日付）

二人の一戦が、つまらぬいさかいを鎮めてしまったのだ。

戦った当の二人も、相手へのリスペクトの言葉を残している。

エリオはブラジル紙にこう語った。

「はっきりいって私の体はもうボロボロだった。気持ちだけでもちこたえていた。奇跡が起きて技から逃れられればいいと思っていた。万が一、私があの技から逃れられたとしても次の技で仕留められていただろう。すべては第1Rから偉大なる王者の意のままに進められていたんだ」

木村も邦字新聞の取材にこう答えた。

「エリオを寝技で討ち取れる柔道家は日本にもそうザラにはいない」

そして自伝で「何という闘魂の持ち主だろう。腕が折れ、骨が砕けても闘う。おそらくエリオは、死ぬまで試合を続けようとしたことだろう。こんな闘魂の持ち主が日本人の柔道家にいるだろうか。エリオの闘魂は日本人の鏡だ、と私は思った」と書いている。

この一九五一年（昭和二十六）十月二十三日の敗戦を、グレイシー一族は「マラカナンの屈辱」と呼ぶ。そして木村の強さを讃え、腕緘みに「キムラロック」と名付けた。

木村、ヒクソンと戦わば

この木村政彦vsエリオ・グレイシー戦もブラジリアン柔術家の植松直哉に見てもらった。

「この大外、やっぱりたまらないですね……」

映像が始まるや、植松が感嘆の声を上げた。

「植松さんもそう思われますか。なにしろ木村先生は全盛期から十年経ってますからね。現役時代はいったいどんな大外刈りだったのか……。投げた後、木村先生は一気に脚をさばいて抑え込みにいきます。この木村先生の立技から寝技への移行はいかがですか」

「バランスが抜群にいいですね。脚をさばく直前、木村先生は自分の両膝をぐっと締めて立ってるじゃないですか。だからエリオは草刈り（自分が仰向けに寝た姿勢から立っている相手に仕掛ける大内刈りのような技）にももちろんいけないですし、クローズドガード（胴絡み）にもう一度入れるのが非常に難しいんです。それにこの距離感もいい。エリオの膝が窮屈になってるので脚を効かせられないんです。だからエリオは木村先生の腰を蹴ったりとかもできない。それでいて、木村先生はぱっとエリオの足を外すので脚を効かせようがないですね」

「両脚をさばいてから胸を合わせるまでの動きはいかがですか。ブラジリアン柔術でいうパスガードですが。加藤先生にはないものですね」

「素晴らしいです。左手で脚をさばいて上半身を密着した瞬間、その手をすぐに右手に持ち替えてますよね。そしてしっかりとエリオの脚をマットに押しつけてます。相手の脚を空中でコントロールするのは難しいので、こうやってマットに押しつけるんです。右手をいいところに置いてます。中途半端に股の中に入れるんじゃなくて、手前から置いてるのでエリオは脚を戻せないですよね。エビをして脚を入れ直すことができない。多くのブラジリアン柔術の道場では入って一日目か二日目に習うようなことなんですが、誰もができることじゃないんですよ。たいていの人はいつまでたっても身につかない。これができたら一人前と言われています」

「柔道家でも寝技の巧い選手の中には上からの脚の捌き方としてやる人はいますけれど、乱取り量を徹底的にこなして、やっぱり身に着くまでに何年も何年もかかりますね。考えてできることじゃないですから」

「そうです。たっぷりとスパーリング（寝技乱取り）をこなして。頭で考えてやることじゃないですからね。（寝技の）打ち込みでできても試合で唯嵯に出ているのは相当寝技をやりこんでいなければできません。やっぱり当時の高専柔道の人たちからみても、木村先生の寝技ってすごかったんですか。特別強かったんですか？」

「いろいろ伝説を聞いてます。北大予科の大ＯＢなんかから直接聞きました。北大予科全盛時代に拓大予科と決勝で当たって大将決戦で木村先生に抑えられて負けてますから。木村先生が全日本選士権で初優勝する前年です。木村先生の寝技は旧制六高の寝技なんです。牛島（辰熊）先生が現役時代に六高道場に出稽古に通って身に着けた寝技を木村先生に徹底的に叩き込んだと。絞めや関節技を重視して、それまで抑え込み中心だった高専柔道の歴史を変えた金光弥一兵衛の寝技です。そういう意味で金光さんの弟子である小野安一の寝技を吸収していたであろうエリオの寝技とここでぶつかったのは奇跡的な邂逅ですよね。時空を超えて六高の寝技が一九五一年にマラカナンスタジアムで激突したんですから」

「自分も若いときからこの試合の動画は見てますけど、最近になってやっと技術をしっかり見ることができるようになりました。若い頃は見方がわからなかったことがたくさんあるんです。最近の柔術やってる人間はおそらくこれ見てないと思いますよ」

画面上で寝技の攻防が続く。植松はますます動画に釘付けになる。

「この木村先生の密着感、植松さんからブラジリアン柔術的に見てどうですか。密着してプレッシャーを与えては緩め、わざとエリオを逃すこの動き。もちろん今の柔道家でも寝技の巧い選手はやりますけど、ここまで（関節や絞めを）極めることにこだわって相手を自分の懐のなかで遊ばせることができる柔道家はいないでしょう」

「隙間を与えるようでいて肝心なところはすべて潰していますからね。エリオは逃げるというよりも逃されてるというか。いや、逃されてもいない、むしろ動くたびに追いこまれてますよね。抑え込みも一般的な柔道家みたいにただ抑えるだけではなくて、抑えて逃して極めにいくという技術を持ってますね」

「加藤先生はこういう動きができませんでしたね」

「ええ。プレッシャー与えただけだと思います」

「やはりプレッシャーを緩める発想、わざと相手を回させるという発想は……」

「そうですね、普通の柔道家でしたら怖くて体を抑え続けるだけなんじゃないでしょうか。寝技膠着の『待て』がない高専柔道で寝技をしっかりやってたからこその発想だと思います」

「木村先生が高専柔道をやってた頃のルールは大将戦三十分で寝技膠着の『待て』なしで場外もなしの寝技デスマッチですから、このエリオ戦のルールに近いんだと思います」

「なるほど」

「ここでエリオが下から返します。木村先生はそれでもまったく慌ててません。おそらく寝技が嫌いな柔道家なら慌てて立ち上がる場面でしょうけど」

「キムラロック狙って、わざと返させたのかもしれません。多少返させながらでも腕を取ろうと」

「今の柔道家だったら、この返されてもいいという動きはなかなかできないでしょう」

「そうですね。この試合は三十秒抑えても一本にならないルールじゃないですか。おそらく木村先生ほどの方ですから、途中でエリオが簡単に腕を出さないということがわかったと思うんですよね。ほら、ここなんかも明らかにわざと逃してますよね、ちゃんと首とかをしっかり潰しながら逃してバックをとってます。今のトップでやってるブラジリアン柔術家と比べてもまったく遜色ない攻撃技術です」

「あらためて見て、植松さんはこの二人の力量差をどう思いますか」

「まずは立技（投技）のレベルに差がありすぎますね。それから木村先生のパスガード（相手の脚を捌いて越えること）です。加藤先生のときとはちがって脚を越える技術のレベルがあまりにも高すぎて。それプラス体格差もありますから」

「あのパスガードは今のブラジリアン柔術でも？」

「まったく遜色ないです。むしろ日本のトップ柔術家が使わないようなものです。しっかりパスガードのときに手を持ち替えてる部分とか。ブラジルとかでは見られますけども今の日本のトップ柔術家はできない」

「今の柔道でも、もちろんない技術だと」

「ないと思いますね。自分なんかが言うのは何ですけども、あたりまえのように木村先生はやっていらっしゃいますから。あらためてその技術の高さにびっくりしました。股に手を入れるとか、一般的な抑え込みの技術ではないんです。右手をエリオの太腿のちょうどいい場所に置いて動きを制してるじゃないですか。これが抑え込み三十秒一本ありのルールでしたら股に手を入れたかもしれません。だから木村先生はこのルールに完全に対応していると。それがすごいところだと思います。最初から抑えるためではなく極めるために戦っています。これ時間無制限ですか？」

「十分３Ｒです。腕緘みを極めたのは２ラウンド目です」

「木村先生相手に２Ｒまでいったんですか。エリオもすごいですね……」

「はい。僕は今の日本のトップ柔道家でも寝技をしっかりやってない選手だったらエリオ相手に危ない気がします」

「そうですね。つい最近、実際にブラジルでの強化合宿で（日本の柔道代表がブラジリアン柔術の選手に）やられてますからね」

「木村先生の寝技がいかに強かったか、この一本の動画が証明してますね……」

「そうですね。あらためて見て、自分自身がいまやろうとする技術とまったく同じものだったので」

「これはあくまで仮定ですけども、植松さんから見て、ヒクソン・グレイシー（一族最強を謳われるエリオの三男）の全盛時と木村先生の全盛時と道衣を着てやったらどうなると思いますか？　これとまったく同じルールで。体格も同じくらいですよね、ヒクソンの方が背は少し高いですけど体重は同じくらいです。八五キロ契約で」

「ヒクソンの柔術の試合をそんなに多く見てないので断言はできないですけども、ネット上にアップされてるヒーガン・マチャドとやった試合を見るかぎり、ああいうミスをするのであれば、木村先生の抑え込みが非常に強烈なので……。エリオとヒクソンの技術の系統は同じだと思うんです。となると、木村先生が普通に勝つのではないかと思います。木村先生はただの寝技の強い柔道家ではないですから。キムラロック（腕緘み）という絶対の極め技を持ってますから、そこに強味があります。ただ時間はかかると思います、エリオよりヒクソンの方がフィジカルが強いので」

「ということは……六十年も七十年も前にそこまでのテクニックを持っていたと」

「そうですね。プラス、立技の技術があまりに違うので、まったく同じようにヒクソンを投げると思うんです。ヒクソンが仮に寝技に引き込んでクローズドガード（胴絡み）に入れたとしても、そんなに簡単なものではないと思うんですよ。木村先生が立ち上がると思うんです」

「ヒクソンが引き込めば当然、木村先生は脚を越えにいきますよね。そこでの攻防となると思いますが」

「そうすると上と下でプレッシャー掛け合った場合、重力を使えるだけ上の方が有利だと思うんです。あらためてこうやって木村先生のパスガードのバランスを見るかぎり、ちょっと……立技がまったく相手にならないですからね……」

「僕もこの映像を見れば見るほど木村先生が今わ

れわれが考えている以上の圧倒的な寝技を持っていたことと同時に、その木村先生の攻撃を十三分間しのいだエリオのディフェンス能力も見えてくると思うんです」

「そうですね。エリオもすごいですよね。今の日本のブラジリアン柔術界では評価が低いですけども。というのも今の日本の柔術界では本質的なものを見る人は少ないと思うんです。今の競技柔術の部分しか見ない人が多いので。ほんとうに一対一の果たし合いとしての技術、必要最低限のルールにしていくと、ホリオンとかヘウソンとかが言うグレイシー側の主張、時間無制限、ポイントなしにこだわる理由がわかるんです」

「僕もそう思いますね。グレイシー一族が言うことは正しいと思うんです。よく異種格闘技戦のことをバスケットボールとサッカーとどちらが強いかというのと同じだという批判をする人がいますけど、僕は違うと思うんです。球技とは違うんですよ、格闘技は。ルールを削っていけば柔道対柔術、柔道対空手、柔術対ボクシングというのは論じられるわけですから」

「これをスポーツとして興行としてやったら違うと思うんですけど、こうしてどちらが強いかという果たし合いでやったら、決闘だと思うんですよね。そのために必要最低限のお互いのルールを決めているだけであって。やはり武道を名乗る以上、柔道もブラジリアン柔術も実戦という想定だけは忘れてはいけないと思います」

海の向こうで再会した高専柔道

エリオはこの試合について「体重差がなければ勝てたかもしれない」と言っている。

このことについて「それは強がりだろう」という声は多い。しかし、植松直哉が言うように木村がわざとついていった可能性はあるがエリオは下から一度返しているのだ。そしてエリオの頭側にまわって両腿で上体を挟み腕緘みを狙う木村に脇をすくわせなかったのだ。たしかに柔道史上最強の木村に「勝てた」というのは大袈裟かもしれないが、もう少し善戦できた可能性はある。

戦前、おそらく競技人口が数百万人いたであろう日本でトップ中のトップをとった十五年不敗の木村政彦相手なのだ。しかも寝技の最高峰高専柔道でもトップをとった鬼の木村なのだ。今のようにブラジリアン柔術の競技人口が増えて新技術の開発合戦が行なわれている状況ではなかったあの時代、エリオがここまでやったのは賞賛に値するだろう。

しかも木村は1Rですぐにマウントをとりながら十分間かけて結局極めることができなかった。頭のなかでイメージしてみればわかる。抑え込みなしで絞めか関節による極めだけを考えると、実は柔道家の攻撃は驚くほどかぎられてくる。だからこそ吉田秀彦や石井慧はプロ転向の際、平成の天才寝技師と謳われる柔道家小室宏二に袖車絞めの教えを請いに行ったのだ。

木村には絶対の極め技キムラロックがあったからこそ勝てたのだ。

かつて小室宏二が私にこう言った。

「僕が袖のある服を着ていれば、それはバットを持っているのと同じことです」

袖さえあれば、どんな体勢からでも得意の袖車絞めで極めることができるということである。これは、相手のディフェンスに対するあらゆる攻撃パターンを研究しつくし、自分のものにしきっているからこそ出る言葉である。

小室に袖車があるように、木村には腕緘みがあるのだ。だからこそ植松も「木村先生ならヒクソンに勝つ」と言うのだ。

この木村vsエリオ戦の数日後、木村政彦がエリオを訪ねてきて日本に指導者として来てくれないかと誘ったという。

「体は小さいがあなたの技は本当に素晴らしい。そのなかのいくつかは日本の柔道ですでに忘れられた技だ。それを、もう一度、日本に根付かせてくれないか」

私はこの話を初めて聞いたとき、作り話ではないかと思った。「木村の前に木村なく、木村の後に木村なし」とまで讃えられた不世出の柔道家が異国の小柄な柔術家にこんなことを言うだろうかと。エリオの精神力に感嘆したというなら理解できるが、技術に関してこんなことを言うだろうかと。

しかし、今ではこれは事実だと断言できる。木村の評伝を書くにあたり、多くの事実を洗い直し、多くの人に会い、そしてブラジリアン柔術の選手と私自身がスパーリングするなかで確信した。

木村は本当にエリオの技に戦後の柔道に忘れられた技術を見たのだ。

高専柔道や古流柔術（武徳会と言い換えてもいい）にあって、戦後の講道館柔道に忘れられてしまった寝技技術、とくに下からの攻撃と「最後は極めて勝つ」という発想がエリオの技術体系のなかにあって、それがいかに実戦で大切なものなのかを木村自身があらためて思い知らされたのだ。戦後の講道館柔道が間違った方向に進みつつあるのを憂えていたのである。

だからこそ「私がこのブラジルで一番の収穫だと思ったのは向こうにも昔の高専柔道に似た寝技があったことであった。もし私が立技専門であったら、絶対に参ったといわないエリオ・ブラッシーを倒すのに一苦労したことであろう。私はブラジルにいって、寝技の重要性を再認識させられたのである」（『鬼の柔道』）と言っているのだ。

生涯忘れられぬ屈辱と誇り

木村戦以後、さらに研究を重ねたグレイシー一族は寝技の技術を磨き上げ、その寝技を駆使してエリオは連戦連勝した。エリオが衰えると甥のカーウソン・グレイシーが六十連勝、そしてその後は一族のエースをエリオの三男ヒクソン・グレイシーが引き継いだ。

米国カリフォルニア州トーランスにあるグレイシー博物館には、エリオが木村政彦との戦いで敗れた際に着用した道衣が誇らしげに飾ってある。グレイシー一族にとって、あの「マラカナンの屈辱」はそれほど大きなものだったのだ。

前年同所で開催されたW杯サッカーの「マラカナンの悲劇」と、この木村vsエリオの「マラカナンの屈辱」が違うのは、前者が後々まで語られる悲劇なのに対して、後者はグレイシー一族のなかで「屈辱」から「誇り」にまで昇華されていったことだ。

一九五一年（昭和二十六）十月二十三日。

たしかにあの日、木村政彦はマラカナンスタジアムの真ん中に立ったのだ。そして何かを残していった。「自身の誇り」と「他者へのリスペクト」という人間にとって最も大切なものを。

グレイシー一族が木村をリスペクトするのは、ただ強いからだけではないのだ。木村の人間性も愛していた。そしてその技術だけではなく、木村の人間的大きさをもグレイシー一族はＤＮＡレベルで取り込んでいる。

マラカナンの屈辱から四十四年後、バーリトゥードジャパンオープン95（ＶＴＪ95）で小兵の中井祐樹が一回戦のゴルドー戦で片目を失明しながらトーナメントを勝ち上がり、決勝でヒクソンの裸絞めに屈した。

中井によると、表彰式でヒクソンが握手を求めてきて、優しい笑みを浮かべながらこう言ったという。

「ユー、サムライ」

まるで木村が試合中に父エリオの精神力を讃えたことへの返礼のように。

木村はたしかに試合前にマスコミに対し「私が負ける可能性は皆無だ」と断言していた。しかし、エリオを馬鹿にしていたわけではない。

エリオによると、試合の数日前、木村に頼まれたといって通訳が一人でエリオの道場にやってきたという。

「木村さんの絞技や関節技が完璧に決まったら、エリオさんはタップしますか？」

エリオはそれを聞いて激怒した。木村ははじめから自分が勝つと思っているのか。傲慢すぎる……。

「失礼なことを言うな！」

エリオは通訳を追い返してしまった。

次の日、木村がその通訳を連れて直接エリオを訪ねてきた。

「ミスターエリオ、昨日は申し訳なかった。私はあなたを見下したりからかったりしているわけじゃないんだ。心から謝る。本当に申し訳ない。試合はどちらが強いかだけをはっきりさせればいいと思うんだがどうだろう。必要以上に傷つけあうことはないだろう？　夜、ベッドの中に入るとき、私は人の腕が折れる音を思い出したくないんだ。結果はやってみなくてはわからない。でも私の技が完全にかかったら、そのときはタップしてくれ」

エリオは感動した。

自分は敵の木村を倒すことしか考えていなかったのに、相手の木村はそんなエリオの体のことを本気になって心配してくれていた。話の内容からすれば傲慢だと取られてもしかたがないが、木村の態度からは微塵もそれが感じとれなかった。笑みを浮かべるわけでもなく、威圧もせず、嫌みもなかった。その堂々と男らしい態度に、木村政彦こそ本物の王者だと思った。

この話を、木村本人は自伝に書いていないし、死ぬまでまわりにも語っていない。木村にとっては、自身の内なる声で自然にとった行動だったのだろう。

木村の生前の悪童ぶりについてよく思わない人もたくさんいるのはたしかである。しかし、木村が本物の優しさを持った偉大なる男だったこともまたたしかなのだ。

私は、プロ柔道やプロレスで一緒だった遠藤幸吉に木村のことを何度か聞いている。ある日、話の途中で遠藤が感極まったように声を震わせはじめた。

「ああ……木村さんの話をしてたら会いたくなっちゃったよ。木村さんにまた会いたいよ……」

後日、私はこの遠藤幸吉と犬猿の仲で知られるユセフ・トルコと会った。歯に衣着せぬ独特のマシンガントークで遠藤の悪口を繰り返すトルコに、「遠藤さんと話しているとき『木村さんに会いたくなった』と言ってましたよ」と話すと、びっくりしたように私の目を見た。

「遠ちゃんがそんなことを……？」

トルコの目がみるみる潤みをおびていく。そしてすっと目線をそらして窓の外を見ながらつぶやくように言った。

「木村さんはほんとにいい人だった。いや、いい男だったんだ。すごい男だった。俺も会いたくなってきたよ……」

木村はやんちゃな反面、とてつもなく魅力的な男だった。


だからこそエリオたちは木村をリスペクトするのだ。市販ビデオ『グレイシー柔術の歴史』のなかでもエリオはこう語っている。

「木村は人間的にも立派だった。木村の前では私は子供同然で、すっかり手玉にとられてしまった。私を倒そうとしたのは無論であるが、彼の態度に悪意はみえなかった。木村のヘッドロックが強すぎて私の耳から血が出ると、木村は腕を緩めて『大丈夫か？』と聞いたんだ」

木村が亡くなったことを遠くブラジルの地で聞いたとき、エリオは悲嘆にくれた。

木村の死から六年経った一九九九年、長年の夢だった初来日をはたし、柔道の総本山講道館を訪ねたエリオは、資料室で木村の写真を見て目に涙を浮かべていたという。

その後、九十五歳まで生きて大往生を遂げたエリオは、最晩年にこう言っている。

「私はただ一度、柔術の試合で敗れたことがある。その相手は日本の偉大なる柔道家木村政彦だ。彼との戦いは私にとって生涯忘れられぬ屈辱であり、同時に誇りでもある。彼ほど余裕を持ち、友好的に人に接することができる男には、あれ以降会ったことがない。五十年前に戦い私に勝った木村、彼のことは特別に尊敬しています」

あの負けず嫌いのエリオがここまで言うのだ。エリオだけではない。木村に対する特別な思いはグレイシー一族みんなに受け継がれている。

一九九九年、ホイスに小川直也との試合が持ち上がった時、インタビュアーが聞いた。

「小川選手とあなたの試合ということになると、外野はあなたのお父さんエリオと木村政彦との戦いをオーバーラップしてしまうんですが、あなたご本人はどうでしょうか?」

ホイスはキッと目を剥いてこう言った。

「木村の方が小川よりはるかに強かったと思います!」

小川直也も全日本選手権を七度獲っている一流中の一流の柔道家であり、しかも現役時代は一四〇キロもあったスーパーヘビー級である。その小川と較べて「木村の方がはるかに強かった」と断言したのだ。

早稲田大学柔道部出身で、渡伯後一九六九年(昭和四十四)にブラジルに帰化し、一九七二年のミュンヘン五輪軽重量級(93キロ以下)で銅メダルを獲得した石井千秋は、ブラジルに渡ってすぐにエリオの最強の弟子といわれるペドロ・ヘメテリオと仲良くなり、親友付き合いをするようになる。あの、木村vsエリオの前座で戦ったペドロである。そしてペドロの道場で練習を重ねた。

「私が立技を教えてペドロが寝技を教えてくれて。立技はあまりできませんでしたが、その寝技たるや素晴らしいもので、ウナギみたいなんです。抑えようとしてものらりくらりのらりくらりして抑えられない。そしてすぐにバックについて絞めを狙ってくる。今の柔道の寝技にはない技術です。日本の古流柔術に田辺又右衛門という有名な寝技師がいたそうですけど、その伝説を彷彿とさせました。彼の道場で私は寝技を鍛えられたんです。彼の故郷セアラーなんかにも連れていってくれて、あっちで柔術仲間と研究したり試合したりして、非常に参考になりました。柔術家と一緒に寝技を鍛えたからこそ、後に私は五輪や世界選手権でメダルが獲れたんです」

ペドロだけでなく、師匠のエリオも含めブラジリアン柔術家たちは石井千秋に非常によくしてくれたという。

「私が（柔道の）世界選手権に行くときには柔術の人たちが餞別くれたりもしました。エリオが木村さんとああいう試合をしましたからね。エリオの木村さんに対する尊敬の念はすごいものがありました。その気持ちがずっと続いていたんです。木村さんの強さには一目おいてましたから。酒の席でも『キムラロックは素晴らしい』と繰り返し言ってました」

この木村に対するリスペクトこそが、エリオたちブラジリアン柔術家が、後々ブラジルに入ってきた石井千秋たち柔道家を世話しようという気持ちに繋がっているのだという。

私が「木村先生を尊敬していたエリオは、だからこそ講道館柔道に対してもリスペクトを持っていたんでしょうね」と言うと、石井はしみじみとこう答えた。

「もちろんです。だって同じですから。柔道も柔術も同じなんですから。同根なんですから」

われわれは忘れてはいけない。柔道とブラジリアン柔術が同根であるだけではなく、あの木村政彦vsエリオ・グレイシー戦こそ、世界のあらゆる格闘技の歴史のなかで最も大きな事件だったことを。現在の総合格闘技も、あの試合があったからこそ存在するといっても過言ではなかろう。

実はマラカナンでの木村vsエリオ戦の一カ月後、世界柔道連盟結成をにらみ、講道館の三代目館長・嘉納履正がフランスを訪れている。嘉納は十二月四、五日の欧州柔道選手権と柔道祭を視察、まさに講道館柔道がオフィシャルに海外雄飛を始めようとしていた時期であった。

もちろん、この嘉納履正館長の渡欧記録は講道館柔道史に正式に残されている。しかし木村とエリオのマラカナンスタジアムでの偉大なる戦いは、ブラジルの日系コロニアと拓大関係者らが語り継ぐのみで、長く柔道界では「ただの見せ物じゃないか」と蔑まれ、ほとんどの人が知らないことだった。

この試合が注目されだしたのは、木村が死んだ七カ月後、米国コロラド州デンバーで第一回UFCが開かれてからだ。

グレイシー一族が「最も尊敬する格闘家」としてマサヒコ・キムラの名前をあげたのだ。インターネット上で「木村政彦」「Masahiko Kimura」「Kimura Lock」と検索してみてほしい。英語名の方が圧倒的に多くのヒット数があるはずだ。

講道館は木村にプロのレッテルを貼ったまま、いまだに柔道殿堂に入れず、七段に据え置いて昇段もさせていない。

しかし、半世紀を経てグレイシー一族は、世界中の格闘家と格闘技ファンに向けて、尊敬してやまない木村の名誉を回復したのである。

木村vsエリオの試合映像は、グレイシー公式ビデオとなってネット上にもアップされ、木村政彦が登場するシーンにこんなナレーションを付けている。

(Kimura, the best Jiu-Jitsu fighter that Japan has ever produced.)

Kimura Masahiko
1917年9月10日、熊本県出身。10歳で古流柔術の竹内三統流柔術道場に通い、四段まで大日本武徳会から受ける。旧制鎮西中学で講道館四段を取得。牛島辰熊に見いだされ拓大入学。1936年、高専柔道で拓大予科を全国優勝に導く。1937年から日本選士権を三連覇。戦後、1949年全日本選手権優勝。1950年、プロ柔道に参加後、プロレスラーに転身。1951年、ブラジルでエリオ・グレイシーと対戦。1954年、日本プロレス選手権で力道山と対戦。1959年、ヴァルデマー・サンタナとVTで対戦。1961年、拓殖大学柔道部監督に就任。岩釣兼生らを育て、1966年、全日本学生柔道優勝大会で拓大を優勝に導いた。講道館柔道七段。1993年4月18日永眠。

エリオ・グレイシー、91歳の嘆き。

柔術はどこからきてどこに行くのか。私たちはまだその答えを知らない。かつて単純な一本道と見えたものが現在では迷路と化した。だが、最初からひとつだけわかっていたことがある。柔術探求の旅は、エリオ・グレイシーから始められなくてはならないのだ――。

ペトロポリスは、リオ・デ・ジャネイロに住む裕福な人々が週末やバカンスを過ごす高級避暑地である。

かつては皇帝が避暑地として使用したという古い伝統を持っている。

女子学生たちが連れだってホテルに宿泊して夜通しおしゃべりに興じ、老夫婦が別荘でゆったりとした時間を愉しむ。大邸宅を構える政財界の名士や有名人も多い。

リオからは車で約1時間半。標高が上がるにつれ、フロントガラス越しに見る風景はどこか日本

GONG grapple vol.3
2005年10月増刊号
text by Yanagisawa Takeshi

に似てくる。箱根、あるいは軽井沢に至る道を、もう少し視界を広くさせた感じ、とでも形容すればよいだろうか。

エリオ・グレイシーの家はペトロポリスのメインストリートを車で10分ほど進んだイタイパヴァという小さな町にある。

インターフォンで来意を伝えた後、ノッソ・ヴァレー（私たちの谷）エリオ・グレイシーと書かれた表札付きのゲートをくぐる。

そこに現れたのは牧場だった。

目に入るものは緑に覆われた山であり、水鳥が遊ぶ池であり、涼しげな木陰を作る大木である。谷間に広がる約32万平方メートルもの敷地はすべてエリオ所有のものだ。

木と針金で作られた柵の向こうでは、20頭もの乳牛がのんびりと牧草を食み、友人から預かったという跳躍競技用の馬が、草の上をのびのびと駆けている。4頭いると聞いたが2頭しか見えない。きっとあの木立の向こうで休んでいるのだろう。

だが、三角屋根の平屋の建物が近づくと、訪問者の平穏は犬の吠える声によって乱されることになる。獰猛なマスチーフ犬が10匹も飼われているのは、もちろんセキュリティのためだ。

吠える犬を叱りながら、伝説の男、エリオ・グレイシーが笑顔で私たちを迎えてくれた。

30年前に別荘として購入したこの家に、エリオは14年間暮らしている。

レンガでできた家は敷地に比べれば小さく、豪華絢爛たるものには見えないが、実際には長い廊下に沿った寝室は10室近くはあるだろう。

リビングの隣にはエリオの書斎があり、廊下の突き当たりにはエリオにとって最も大切なもの、すなわち道場がある。道場には自身の肖像写真とともに何枚もの賞状、感謝状、写真類が飾られ、書斎の机の上には作りかけのスクラップブックが開かれていた。柔術およびバーリトゥードの記事をスクラップしているのだ。

老人が思い出の中に生きるのはもちろん悪いこ

とではない。エリオ・グレイシーは、振り返り、懐しむに値する無数の素晴らしい思い出を持っている。

91歳の老人が持っている貴重な思い出、記憶を聞くために、私たちはここにやってきたのだ。


私たちの多くがグレイシーの名前を知ったのは、1993年11月12日にコロラド州デンバーで行なわれたUFC（アルティメット・ファイティング・チャンピオンシップ）でのことだ。

時間制限も体重制限もなく、金網の中で行なわれるために逃げ道もない。噛みつきと目を突く行為、髪を引っ張ること以外はすべて許される（金的もOKということだ）という衝撃的なルールの下で戦われたこのトーナメントにおいて、優勝候補と思われたケン・ウェイン・シャムロック（プロレスリング・アメリカ）や、ジェラルド・ゴルドー（サバット・オランダ）から次々とタップを奪って優勝したのは、「グレイシー柔術」なる格闘技を使う細身のブラジル人、すなわちエリオの六男ホイス・グレイシーであった。

現在のPRIDEやHERO'Sの隆盛の源が、UFCにあることを疑う者はないだろう。総合格闘技の歴史はUFCから始まり、その中で最高のテクニックを持っていたのはホイスだった。


だが、私たち日本人にとって、さらに興味深かったのは、グレイシー一族の物語であった。

柔道普及のために世界各地で格闘技を戦い、柔道衣を着た試合では無敗を誇ったコンデ・コマこと前田光世が終の棲家に選んだアマゾン河口の港町ベレン。1916年、前田はこの地で裕福なスコットランド系移民の子、カーロス・グレイシーに1年間柔術を教えた。

その後も研鑽を積んだカーロスは1925年、リオにグレイシー柔術アカデミーを開いた。

エリオはカーロス、オズワァウド、ガスタォンJr、ジョルジ、と続く5人兄弟の末弟である。

身体の細かったエリオは柔術を誰よりも熱心に研究し、やがて「身体の小さな人間が大きな人間を倒すための柔術」を完成させた。グレイシー柔術の技のすべてはエリオが作り上げたものだった。

競技柔術が発展する中エリオの一族の影は薄い

私たちがエリオおよび長男のホリオンから聞いたグレイシー一族の話は、おおよそ以上のようなものであった。

50年以上前からノールールのリアルファイトを戦い、グレイシー柔術の優越性を証明してきたエリオ。

「グレイシーのためなら死ねる」というホイスの言葉に象徴される家族の強い絆。

禁欲的な武士の世界が、遠いブラジルで残されていたことに、日本のメディアは大いに感激し、エリオとその一家のストーリーをこぞって広めた。

〝サムライTV〟あるいは〝PRIDE武士道〟というタイトルは、間違いなくグレイシーからインスパイアされたものだ。

だが、UFC以降に大いに発展し、世界選手権（ムンジアル）まで開かれるようになった競技柔術の世界において、エリオ一家の影はいかにも薄い。

エリオとその息子ホイス・グレイシーは「バーリトゥードにおいて最も有効な格闘技は柔術である」ことを確かに証明した。

だが「自分の柔術は、他の柔術よりも優れている」ということについては、実は何も証明していない。ホイラーという唯一の例外を除いて。実力を検証する舞台であるはずのムンジアルにエリオの息子たちは出場しないからだ。

最近になって、前田光世の弟子がカーロスだけではなかったことも明らかになった。前田光世にはブラジル人の師範代さえいたのだから、少し考えてみれば当たり前のことなのだが、グレイシーの物語はあまりに魅力的であったために、私たちはそのまばゆい光に目を眩まされていたのだ。

柔術普及に尽くしたブラジル人はグレイシーだけではなかった。さらに彼らは寝技も持っていた。

となると、当然エリオ・グレイシーはブラジルにおける柔術の始祖ではなく、「すべての寝技のテクニックは私が生み出した」というエリオの言葉にも疑いの余地が生まれてくることになる——。


エリオ・グレイシーが偉大な存在であることについてはまったく疑いの余地はない。

ただ、かつてエリオとホリオンが日本人のためにわかりやすく話してくれた物語は、いわばジュブナイル（少年少女向け小説）であり、今の私たちにとっては少し単純すぎる。柔術（「グレイシー柔術」とはもう誰も言わない）の物語は、もう少し大人向けになるべきだろう。

そのような立場から、私たちはグランドマスター、エリオ・グレイシーにいくつかの質問を試みた。

かつて私がやっていた柔術はいまや過去のものとなった

——失礼ですが90歳を過ぎた方とは思えないほどお元気です。その秘訣はなんですか。

「まずは食べ物だ。いつも自分の健康には気をつけている。病気は口から入るんだ。煙草もアルコールもやったことがない。当然夜遊びをすることもなかった。そのお陰だろう」

——1993年に行なわれたUFCで、息子さんであるホイス・グレイシーが優勝を遂げて以降、柔術は世界的なものになりました。このことについて、どのような感想をお持ちですか。

「柔術こそが最も優れた格闘技であることを多くの人々が知ったことは喜ばしい」

——最近のスポーツ化した柔術についてどのようにお考えですか。

「かつて私がやっていた柔術は、すでに過去のものとなった。もう誰にも受け継がれてはいない。私の柔術は、体重の軽い者が重い者に勝つために作ったものであり、体重制限のあるスポーツとはまったく関係がないものだ。

この本（「GRACIE JIU-JITSU THE MASTER TEXT」）は私が作ったものだ。私が知っている柔術は全てこの本の中に存在している。

柔術を知らない人は、この本を読めば知ることができる。知っている人は、改めて思い出すことができる。自分は柔術をよく分かっていると思っている人にとってはその考えを直すことができる。そのために私はこの本を書いた。

私が死んでも、本があれば私の柔術を残すことができる。すでにアメリカでは売っているそうだ。ホリオンは日本語に翻訳したいと考えているようだ。もしそうなれば、私は大金持ちになるのだが（笑）」

――なぜ柔術は変わってしまったのでしょう。あなたがやっていた柔術が現在残っていない理由はどこにあるのでしょうか。

「私の柔術はセルフディフェンスのためのものだ。つまり、力の弱い者が、強い者から身を守るためのものだ。だが、今の若い柔術家がやっているのはコンペティションに勝つためだけのものだろう」

――あなたの柔術は、息子さんや孫たちにも受け継がれていないと。

「いや、息子たちは知っている。私が教えた。いまムンジアル等で行なわれているコンペティションにはルールも時間制限もある。いわばスポーツだ。だが、私の柔術にはそれらは一切なかった」

――では、ご家族以外のグレイシー一族の方たちについてはいかがでしょうか。カリーニョス（カーロス・グレイシー・ジュニオール）やヘンゾ・グレイシーはあなたの甥にあたります。彼らにあなたの柔術は受け継がれていますか。

「彼らは部分的にしか柔術を知らない」

――部分的とは？

「難しいからだ。私の柔術を全部理解することは本当に難しい。もちろん日本で行なわれている柔術も私の柔術ではない。もし私の本が日本でも売られるようになれば、これまでの本は売れなくなるに違いない（笑）」

――でも、カリーニョスたちが努力したからこそ、あなたの柔術は世界中に広まったのではないですか。今やムンジアルでは南アフリカやノルウェーの選手が優勝するようになりました。

「技術があり、原理を知っていれば筋肉の強さに頼る必要はない。相手の弱いところをつく。それが私の柔術だ。私の柔術こそがベストなのだ」

――つまり、ムンジアルやコパドムンドには何の興味もないと。

「スポーツは結局は遊びだ。繰り返すが、私が自分の柔術を作ったのは、力の弱い人間が強い人間から身を守るためだ。遊びのためではない」

――柔術が他の格闘技より優れていることを示すためには、バーリトゥードというものが不可欠であったとお考えですか。

「バーリトゥードはストリートファイトに近いものだ」

――では、あなたがボクサーやレスラーや空手家やテコンドーのファイターたちと戦ったのはバーリトゥードではなかったのですか。

「柔術が最も優れた格闘技であることを示すために戦っただけだ。私は〝バーリトゥード〟という名のスポーツを戦った訳ではない。私は１９３４年、18歳の時にフレッド・エバートというアメリカ人のルタ・リーブリ（プロレス）の選手と2時間戦って警官に中止されたことがある。私はそのまま何事もなく帰宅したが、フレッド・エバートは病院に行かなくてはならなかったんだ（笑）。それが史上初めてのバーリトゥードの試合だ」

――現在のバーリトゥードが時間を制限して行なわれていることについてはどう思いますか。

「彼らがやっているのはただのショーであり、自分の戦いを観客に見せて金を稼ぐためにやっているだけだ。テクニックも何もない。柔術はそのようなものではない」

——では、現在息子さんのホイラーが日本のバーリトゥードの興行で試合をしていることについてはいかがでしょうか。

「ビジネスとしてやっているだけだろう。誰にだって金は必要だから」

私にとって、キムラが一番難しい相手だった

——質問を変えましょう。コンデ・コマすなわち前田光世がアマゾンの港町ベレンであなたの兄弟たちに教えた柔術はどのようなものだったかを教えて下さい。そこには寝技が含まれていたのでしょうか？　それとも現在の柔道に近いものでしたか？　あるいは打撃にも対応することのできるバーリトゥードのようなものだったのでしょうか。

「ただの柔道さ。投げればそこで終わりの」

——では、寝技はなかった？

「兄たちの柔術は、日本人が教えたそのままのものだ。つまりパワーが必要なのだ。カーロスの柔術をそのまま学んだだけでは、パワーのない私が勝つことはできない。だから私は新しいテクニックを考案し、自分にふさわしい柔術を生み出したんだ。自分を守るために」

——それが寝技を発達させることだった、と。

「たとえばガードポジションは私が考え出したものだ。コンデ・コマが兄たちに教えたのは、非常に限られたポジションだった」

——では、コンデ・コマやカーロスたちは、パスガードはしなかったのですか？

「カーロスのやっていた技のことは知らないが、彼が上にいて、私が下にいても負けないよ（笑）」

——いまや柔術で最もポピュラーな技のひとつである三角絞めも、あなたが作ったものでしょうか？

「そうだ。ガードポジションから守りながら攻めていく。考えて作ったわけじゃない。偶然できた

んだ」

――なるほど。日本人の柔道家、たとえば木村政彦にも、あなたがテクニックで学ぶことは何もなかったのでしょうか。

「私にとって、キムラが一番難しい相手であったことは間違いない。が、覚えておいてほしいのは、私は42歳で60キロ程度。キムラは30代で100キロもあったことだ（実際は38歳と34歳であり、木村政彦は全盛期でも85キロ程度の体重しかなかった）。もちろんキムラにはテクニックもあったのだが」

――寝技を持つ柔道家と戦う時は、そうでない打撃系のファイターと戦う時と比較して、タフな試合になったのでしょうか？

「日本の柔道家とはずいぶん戦ったが、みな失神させてやったよ（笑）」

――木村以外は、ですか。

「そうだね」

――サンパウロで聞いた話ですが、あなたが日本人柔道家の矢野武雄三段、宮川富興三段を続けて破った時、コロニア（日系人社会）は「誰かがあのエリオ・グレイシーを倒さないと」と大変な騒ぎになったそうです。そこで小野安一という柔道家が名乗りをあげ、30代後半にあなたと戦って二度引き分けたと聞きました。それは本当ですか。

「時間無制限ではなく、ラウンド制（10分6ラウンド）になっていたから、ドローがコールされたのは仕方がない」

――試合は2度行なわれたと聞きました。

「そうだ。1度目はリオのマラカナジーニョ（マラカナンスタジアムに併設された体育館）。2度目はサンパウロだった」

――いつ頃の話でしょう。

「40年代だろう。よく覚えていない」

――小野安一はどのような柔道家でしたか？

「スピーディだった。力が強くて」

――寝技は持っていましたか？

「持っていた。だが、オノに私のテクニックがあれば彼が勝っていたはずだ。よりパワーがあったからだ。オノは私よりも20キロ程度重かった（実際の小野は身長１６５㎝、体重70キロ程度）」

実は柔道の大会に出場して2位になったことがあるんだ

——日本の柔道家の試合を見て、そこから取り入れた技はありますか？

「ない。柔道もまた、コンペティションのためのスポーツだ。実は私はあまり柔道のことを知らない。だが、知らなくても何の問題もなかった。実は私は20代の頃、サンパウロで行なわれた柔道の大会に出場して2位になったことがあるんだ。当時私のアカデミーには日本人の生徒がいて、『じゃあ試してみようか』ということになった。遊びだよ」

——寝技で勝ち進んだのですか？

「柔道家を投げるのは難しい。寝技に持ち込んで、絞めて落としたんだ」

——決勝はどのような試合でした？

「確か背負い投げか何かで一本負けした（笑）」

——これまでのインタビュー記事を読んでも、いまお話をお聞きしていても、あなたの相手はいつもあなたよりもずいぶん大きいようですが、自分と同じような体格の人間と戦うことはなかったのですか。

「なかった。いつだって20キロ以上重い相手と戦っていたんだ。もし同じ体重の選手と戦っていたら殺していたよ（笑）。同じような体格の人間は、私とは戦いたくなかったのだろう」

——あなたは兄弟の中で一番背が低かったのでしょうか？

「力が弱かったことは確かだ。身長に関してはよく覚えていない。ジョルジは私よりもずっと力が強かった」

——そのジョルジと小野安一が戦ったことは知っていますか？

「覚えていない」

――あなたとカーロスの2人は、ジョルジとは仲が悪かった。その理由はジョルジがマルメラーダ（八百長試合）をやったからだと聞いたことがあります。本当ですか？

「ジョルジとカーロスとの関係は確かに良くなかった。その理由がジョルジがマルメラーダをしたことにあったのも本当だ。ただ私との関係はそれほど険悪であったわけではない」

――あなたが教えた生徒のうち最も優秀だった5人を挙げて下さい。

「ジョアォン・アルベウト、そしてエリオ・ヴィジオ。他はただの生徒だ。生徒の中ではペドロ・ヘメテリオはよかった」

――ではヒクソンやホーウスについてはいかがですか？

「彼らもまた良い柔術家だ。だがいま私にはヒーロンとヘナー（ホリオンの長男と次男）というふたりの孫がいる。今は彼らが世界一だろう」

――なるほど。ヒーロンとヘナーが世界一ですか。では、やはりあなたの生徒だったヴァウデマー・サンタナが木村政彦と戦った試合について聞かせて下さい。

「5分3ラウンドの試合だった。最初のラウンドはお互いに攻撃しないという約束があった。つまりマルメラーダだった。2ラウンドに入ってリアルファイトとなり、20秒でキムラが極めた」

――リオの人々は柔術について「不良のやるもの」という悪いイメージも持っています。あなたが戦っていた頃は裕福な人々のための高級な護身術であった柔術が、現在そのようなイメージを持たれていることについて、どう思われますか？

「それは仕方がない。不良が喧嘩をするのは柔術の技術とは関係がない。それは警察の問題だ。ブラジルでは、格闘技としては柔術が最も広く行なわれている。だからストリートファイトがあると、『ああ、あれは柔術の生徒だ』と言われてしまう。ただそれだけのことだ」

Helio Gracie
1913年10月1日、ガスタオン・グレイシーの五男としてブレジル・ベレンで生まれる。1916年、前田光世がガスタオンの依頼を受け、長男カーロスらに柔術を指導。1925年、カーロスが「グレイシー柔術アカデミー」発足。エリオら兄弟が柔術を習う。1932年、米国人レスラーのフレッド・エバートとヴァーリ・トゥード（VT）で対戦。1941年、矢野武雄、富川富興、小野安一と対戦。1951年、加藤幸夫、木村政彦と対戦。1956年、ヴァルデマー・サンタナとVTで対戦。1993年、長男ホリオンがUFC第1回大会を開催。2000年、PRIDE GP準々決勝ホイスvs桜庭和志戦のセコンドに。2009年、1月29日、リオデジャネイロ郊外の病院にて永眠。95歳。

59年目のエリオ・グレイシー×木村政彦を58歳のホリオン・グレイシーに改めて、訊く。

エリオvs木村の3カ月後にこの世に生を受けたホリオン・グレイシー。エリオの長男は、兄弟がそれぞれの生き方を進むなかで、常に父エリオとともにあった。ホリオンだからこそ語ることができるエリオvs木村、59年の真実がある――かもしれない。

――グレイシー・ミュージアムには、エリオ・グレイシーが木村政彦戦で着用した道衣が飾ってあります。なぜ、歴戦の勇者が勝利した試合でなく、敗れた試合のギを展示しているのでしょうか。

「父がキムラに負けた――、それは問題ではない。キムラは世界王者だった。父より10歳若く（実際は4歳）、40キロ（25キロ程度の差だったと考えられている）も重いファイターに敗れた。実際、父はキムラとの試合は、素晴らしい勝利でもあったといつも語っていたよ。キムラは試合の数日前に新聞で『エリオが3分以上戦えたなら、勝者と

59年目の
エリオ・グレイシー
×木村政彦を
58歳のホリオン・
グレイシーに
改めて、訊く。

GONG KAKUTOGI NO.215
2010年5月号
text by Takashima Manabu

みなす』と発言していた。キムラは3分以内にエリオに勝てると自信満々だった。世界的には無名のエリオのことなんて、鼻にもかけていなかったんだろう。エリオに会ったことはあるね？　小柄だ。大きなキムラと、小さなエリオの対戦だったんだ」

――ホリオンさんもそうですが、以前からブラジルではエリオが小さかったと言われていますが、身長だけでみると、決してそんなことはないですよね。

「それがどうした？　背は低くないが、キムラのように大きくない。そして、キムラのように重いウェイトを持ちあげることはできない。父はベンチプレスなどしたこともなかった。肉体が強くない父が、若くてグッドシェイプのキムラと戦ったんだ」

――そういう状況下で行なわれた試合ですが、実際のところ「グレイシー・イン・アクション」のなかで、編集された映像しか目にできないので、私たちはその全てを知る機会がありません。

「私はあの試合をカットなどしていない。手元にある全ての映像が、あれだけだったんだ。ずっと若いころに試合の全ては映像で見ている。しかし、試合の映像全てが収められているテープは誰かが買い取り、その後の行方が分からなくなっている」

――それは勿体ない話です。あの試合で、エリオは腕緘みで敗れていますが、サンパウロの日本語新聞では、木村政彦がエリオを投げ、マウントを奪い十字絞めを仕掛けたが、あと一歩で極め切れなかったとあるそうです。それは事実ですか？　ブラジルの新聞では、両ヒザで胸を締めあげられたとあります。

「ジュウジジメとは何だ？」

――エゼキエル・チョーク、あるいはスリーブ・ウィール・スタラングルという言い方もされるかと思います。

「……、キムラはエリオにチョークなど、極めていない。キムラは脚でエリオの胸を挟んでいた。

足を組んで、エリオの胸を締めつけていたんだ。チョークでなく胸を締めつけられ、肺を圧迫されたエリオは呼吸ができなくなった。それはテクニカルな動きではない、力任せの動きだ。エリオはそんな動きで、タップをするわけにはいかなかった。そうしているうちに失神したんだ。ただし、目を開けたままだったので、キムラはそうとは気づかず、脚を解き、マウントに移行しようとしたときに、エリオは意識を取り戻した。マウントを取ったキムラは、『お前は凄いなぁ』とエリオに呟いたんだ。そして、ファイトは続行された」

——フィニッシュは、腕絨みを取られてもタップしないエリオに代わり、長兄カーロスがレフェリーの肩を叩き、代わりに参ったの意思表示をしたという風に、日本語新聞で記されているそうです。

「それも事実ではない。ウデガラミとは、アームロックのことを言っているんだね？　2Rの3分過ぎにキムラはアームロックの態勢に入った。エリオの腕は、かなり捻られていた。カーロスはエリオがタップをしないと分かっていたので、エリオを守るためにタオルを投げたんだ。それが真相だよ」

——そして、キムラ・アームロックという風に呼ぶようになったと。

「父が名付けた。父はとてもキムラを尊敬していたからね」

——映像には残っていないのですが、それらのシーン以外に、木村政彦が有効なポジションを取ったことはあったのでしょうか。

「とにかく彼のサイドマウントは、重かった。試合を通して、キムラが試合を支配していた。一瞬にして、サイドマウントを奪ったよ。エリオは他のファイターにパスを許すようなことはなかったけど、キムラに対してはノーチャンスだった。キムラは体力があっただけでなく、技術的な知識も豊富だったんだ」

——木村政彦という柔道家は、エリオが他に対戦した日本の柔道家たちと比較して、寝技の知識があったということですか。

「キムラは柔術ファイターだ。素晴らしい投げを持っているが、柔道は柔術の一部だ。柔道だけでなく柔術を知っていた。彼はただの柔道家ではない」

父はキムラが、どれだけ柔術を知っているのか興味があったんだ

――柔道が柔術の一部であり、その特化した投げという部分で柔道が優れているのは言うまでもないのに、なぜ木村戦後もグレイシー柔術は柔道のように投げを採り入れなかったのでしょうか。

「何も柔術が、投げを有していないとは言っていない。投げは、柔術の一部だ。柔道の全てが、柔術の一部なんだよ。なぜ、我々が投げの稽古をそれほどしなくなったのか、必要ないからだよ。投げをどれだけ稽古しても、相手を仕留めることができるのは寝技だ。だから、寝技の稽古が必要になる。つまり綺麗な投げなど、それほど重要ではない。柔道では、投げという一つのテイクダウンで試合を終わらせることができるが、柔術は投げられても終わらない。もう一度言わせてもらうと、キムラはとてもパワフルな柔術チャンピオンでもあった。だから、どれだけエリオのガードワークが優秀でも、彼は問題にしなかった。それでもキムラは、3分どころか13分戦ったエリオに感心し、試合の翌日にグレイシー・アカデミーを訪れている。そして、エリオに日本で指導しないかと勧めているんだ。『今や日本には、これほど素晴らしい柔術は残っていない。日本に来て、指導をしてほしい』と、エリオを尋ねてきたんだよ。私たちはエリオがキムラに敗れたことを語る時に言っておかないといけないことがある」

――それは何でしょうか。

「エリオはキムラに敗れることは分かっていた。彼は一度として、キムラに勝てるとは言っていない。父はキムラが、どれだけ柔術を知っているの

か興味があったんだ。そして、キムラはエリオが思っていた以上に柔術を理解していた。ただし、エリオは自分の方がより柔術に理解があると、戦ってみて結論に至った。同じ体重なら、エリオが勝っていただろう。それが私の父が導いた結論だ」

——……。

「キムラ戦の敗北は、どれだけエリオが柔術を理解しているかが理解できた戦いになった。そして、父はキムラの大ファンだった。その後、キムラがマルメラーダをしたことを父は残念がっていたが、それはどうしようもないことだ。キムラはきっとお金が必要だったんだろうし、まぁ、他人が良い女性と巡り合えるよう祈っていても、どうにもできない。キムラにはキムラの人生があった。ただし、私の父はリアルファイトで戦った彼のことをずっと尊敬していた。ブロック・レスナーというファイターがいるね。彼はWWE出身で良かったかい?」

——ハイ。

「ハハハハ、だからといってブロック・レスナーと戦える人間がどれだけいるんだい? 彼がWWEにいたことと、リアルファイトでタフなことは関係ない。別次元の話だ。キムラだってそうだよ。キムラは本当に強いファイターで、彼がマルメラーダを選ぼうが、それは彼の選択なんだ。だから、私の父と戦った彼を尊敬する気持ちに変わりはない」

——ところで、ホリオンさんは生でエリオのバーリトゥードを1試合だけ見たことがあるそうですね。それはいつの試合になるのでしょうか。

「ヴァウドミロ・カポエイラ(ヴァウドミロ・ドスサントス・フェレイラ)と、1965年に戦った時だ。父は55歳だった」

——55歳で、エリオはバーリトゥードを戦ったのですか?

「その通りだ。サンパウロのTV局で戦ったんだよ。マーシャルアーツについて、討論会のような番組があり、みなが座って格闘技について意見を出し合っていた。父は『全てのマーシャルアーツは素晴らしいものだ。ただ、柔術の方が優れている』と発言した。すると、カポエイラをやっている20歳のヴァウドミロが、『カポエイラは柔術より、優れている』と反論してきた。父は『私の言ったことを証明しようか』と提案し、ヤツは了承した。そして、父と戦いたいと言ってきたんだ。もう引退しているから、私の甥と戦えという父の意見に耳を傾けず、『戦うなら、お前だけだ』などと言うんだよ。父は引退している身だと言葉を重ねた。すると『俺のことが怖いんだな』と彼は父を挑発してきたんだ。ハハハハ。馬鹿げている、エリオ・グレイシーがなぜ、あんなヤツを恐れるだろうか。そして、TV局は次の週にスケジュールを組み、二人は戦うことになった。試合は全国に中継された。残念ながら、この映像も必死で探したけど、見つからなかった」

——それは残念な話です。

「大観衆の前で、ライブTV中継され、父は最後のバーリトゥードを行なった。ヴァウドミロはカポエイラのくせして、父はギを着ていた。レスリングシューズを着用していた。父はリングの中央に立ち、相手は父の周囲を回り、スピニング・バックキックを放った。父は蹴りをブロックし、寝技に持ち込み、すぐにマウントを奪った。父は一発、顔面を殴り、パンチを貰いたくない相手は、ターンして背中を見せた。父は腕を首の下に伸ばし、チョークを極めると、ヴァウドミロはタップしたよ。2分15秒で父が勝ったんだ」

——その試合展開は、ホリオンさんも戦ったカラテ家とのバーリトゥード戦の試合内容に酷似していませんか。

「その通りだ。父は蹴りをさばいてテイクダウンし、私の試合はボクシングリングを使っていなかったけど、試合場の角で組みついてテイクダウンし、パンチ一発からチョークを極めた。本当に似ている、まさに父と子ということになる」

——ホリオンさんは父エリオが最後に実践した戦

い方で、バーリトゥードを勝ち抜いたということですね。エリオ・グレイシーが実践したバーリトゥード勝利の方程式はいつまで通用したのでしょうか。ホイスがＵＦＣで見せた戦いも、エリオ・グレイシーの戦い方だったのですか。

「私もそうだし、兄弟たちもそう、そしてアカデミーの生徒たちもみな、エリオの戦いを模範とした。練習して、よく機能していると思えば、その教えに従うだけだ。私たちは、いつも時代に適した働きを行なってきた。ＮＢＡでいえば、60年代のスーパースターであるウィルト・チェンバレンや、その後、生まれたスーパースター達、マジック・ジョンソン、そしてコービー・ブライアントらを比較することはできない。時代が違うから、バスケットボールも違う。エリオは、彼の時代に素晴らしい業績を残した。ただし、彼の対戦相手は、現代のような運動神経を持つアスリートではなかっただろう。別の時代に戦ったホイスとエリオを比較することはできないんだ」

――その違いが、柔術の進化なのですね。

「テクニックはいつの時代も進化している。１９３０年代からベンツは素晴らしい車を作っていた。現在、全く違ったテクノロジーのなかでメルセデス・ベンスは今も素晴らしい車を作り続けている。柔術にも進化は必要不可欠だ。エリオが駆使した素晴らしいテクニックは日々、進化されていった。ただし、その中心軸にあるもの、柔術のエッセンスは今も変わることはない」

――ホリオンさんにとって柔術のエッセンスとは何になるのでしょうか。

「柔術とは完璧なるものだ。柔術のトレーニングをした人々は、相手のミスをつくことができる。柔術が完璧たる所以だ。仮に君が私と戦い、チョークを仕掛けることができたとしよう。それは私の柔術のテクニックが劣っているのではなく、私がミスを犯したからだ。芸術を冒涜してはいけない。芸術家を非難すべきなんだ。分かるかい？それが柔術というものなんだ。柔術とは、全てのファイターを生き残らせることができる、唯一の戦いのシステムだ。だから、今、ボクサー、レスラー、ストライカー、みな柔術のトレーニングを積んでＭＭＡで戦っている。全員が、柔術家と名乗らないだけで、柔術の技術を習っている」

――確かにその通りだと思います。しかし、その論理は格闘技に精通したファンにしか届かず、アカデミーにとって必要な一般の人たちはＵＦＣを見て、グレイシーの姓を持つホーレスの完敗を目にしてしまうと、グレイシー柔術を習いたいと思わないのではないでしょうか。彼の敗北は、ホリオンさんにとっても痛手ではないですか。

「彼は何でもない。戦う準備もできていなかった。３分間で疲れてしまっていた。グレイシーという姓を持つだけで、戦うことなんてできないんだよ。グレイシーの名前を傷つけたとまでは言わないが、我々の名前が広まる助けには一切ならなかったことは確かだ。ただし、今や柔術が間違っているのではなく、彼が正しく戦っていないことは多くの人に理解してもらえる。そして、彼の一つの敗北によって、グレイシーが成し得てきた過去が忘れられることは決してない。ホーレスが負けたことで、グレイシーは終わったなんて、誰も言わない。ハハハハハハ。私たちはマーシャルアーツと、共に生きてきた。グレイシー王朝は、１日にして出来上がったものでなく、１日で瓦解するものでもない」

柔術の真理とは、小さな者が負けないことにある

――ホイスが活躍したのは、16年も昔のことになりました。今、ようやく一般的になりつつあるＭＭＡを見ている人たちに、再びグレイシー柔術とは何かを説明する時期になっているのではないでしょうか。

「だから、そうしているんだよ。30年前に米国にやってきて、人々に柔術を認知してもらうために

生きてきた。私の父が創った柔術を、多くの人と分かち合いたい、その気持ちでやってきた。今や多くの人々が柔術を習うようになった。指導者として、私は成功したと思っている。体が大きくても、戦い方が分からない者がやってきて、私に指導を請う。喜んで、私は彼を指導する。そして、私に柔術を習った者が、私を倒そうとやってきた。私に教わった者が、私に勝ったとしよう。私は指導者として、ちゃんと仕事をしていたことになる。柔術なくして、彼が私に勝てることはなかったのだからね。これは柔術の勝利だ」

――今や多くの人が柔術を習っていると仰っていますが、ホリオンさんは以前から、今の柔術は柔術でなくなったと憂いています。柔術が本来持ち、追求すべきものを失っていると。つまり、ホリオンさんの言い分によると、今、私たちが目にする機会が多い柔術は、エッセンスを失ってしまったものではないのですか。

「柔術が柔術でなくなったとは言っていない。多くのアカデミーでの練習が、トーナメントに勝つため、メダルを取るためだけになったと指摘しているんだ。競技柔術、スポーティブ柔術だけになっている。私はスポーツとしての柔術は指導していない。セルフディフェンスのために柔術を指導している。柔術会場では、パスガードに成功すると、指導者が『動くな。そのままホールドしろ』と叫んでいる。それは柔術だろうか？　意味がない。あと1分、あと30秒、ホールドしておけばいい――、動くな……、動いてリバーサルされればポイントを失う、だから動くな。何たる事態だ。だから、我々は競技会に参加しないんだよ」

――グレイシー柔術は、実戦の場で、その有効性を証明してきました。今、そういう指導が間違っていると思うなら、あなたの息子ヒーロンやヘナーをムンジアルに出場させて、「柔術とは何か」を再び証明する必要があるとは思わないですか。

「その意見には賛同できない。なぜか？　ムンジアルという場には、ムンジアル用の柔術のルールが適用されている。黒帯でも試合タイムは10分だ。ノーグッド!!　フィニッシュを狙う者と、ポイントを維持しようとする者が10分という限られた時間で戦うと、それは後者にとって非常に有利なルールになる。私の息子たちは、時間無制限なら誰とだって戦う。考え方の相違だ。今、ムンジアルで戦っている者にとって、柔術は10分間戦うものだ。11分、12分、それ以降のことは頭にない。強弱でなく、優劣を決定する10分間のゲームに参加するつもりはない。今、世界中で戦っている者が柔術を知っている。私は既にＵＦＣで柔術とは何かを示した。この事実に口を挟むことは誰もできない。すでにマーシャルアーツにおける革命は終了しているんだ。もう、私たちが証明することはない」

――つまりホリオンさんのいうところの柔術とは、10分間で守りに徹し、スコアリングを重視する者を極めることは考えていないということですね。

「柔術の真理とは、小さな者が負けないことにある。私は教え子には、誰と戦っても負けない柔術を指導する。負けないことだ。私の父、小さなエリオは大きな人間と戦い、すぐに仕留めることなどできないが、相手が疲れてくると、仕留めることが可能となる戦いをクリエイトした。誰でもすぐに仕留めることができる柔術など、エリオは創造していないし、指導もしていない。負けないこと、それが勝利を意味する」

――では、柔術のトーナメントでポイントで負けることは、敗北にならないということですか。

「実戦にポイントなど必要ない。仕留める機会、正しい時が訪れるのを待っているのだから、なぜ敗北になる。ポイントを取ったから、５分間必死で抑え込んでポイントで勝つ。10分が過ぎるころに体は疲れ切っている。そんな戦い方をするのも、時間制限があるからだ。そんな戦いをしている者は、すぐに疲れてしまう。そうならないために、私たちは時間制限など考えない柔術を指導している。グレイシー柔術にストップウォッチは必要ない」

——では、エリオが木村と戦った試合が、時間無制限であったなら、結果はどうなっていたでしょうか。

「同じだ。キムラが勝っていた。エリオがキムラに勝つために必要な条件は、同じ体重ということしか考えられない」

——ホリオンさん、今日はありがとうございました。最後に日本のファンに伝えたいメッセージはないですか。

「グレイシー・アカデミーのゴールは、エリオの教えを後世に伝えること。日本の人々が学んだ柔術が、ブラジルに伝わり、今、我々がトレーニングし続けていることは、本当に素晴らしい。エリオの教え、我々が伝えるべきことは、グレイシー・ユニバーシティ・ドットコム（gracieuniversity.com）で確認してほしい」

Rorion Gracie
1952年1月10日、ブラジル・リオデジャネイロ出身。エリオの長男。78年に米国に移り住み、93年11月にアート・デイビーと組んで第1回UFCを開催。五男ホイスをバーリトゥードの金網オクタゴンに送り込み、護身術としてのグレイシー柔術の有効性を証明。一躍、世界に広める。UFCプロデューサーとして活躍するも第5回大会で撤退。国際グレイシー柔術連盟会長。柔術家の息子たち、長男ヒーロン、次男ヘナー、HERO'Sに参戦した三男ハレックらがいる。

グレイシーを初めて破った日本人小野安一という男。

ブラジルには無数の柔道家が渡った。農園主を目指したものの、夢敗れて都会に出た男には、まともな仕事につけなければ、あとは柔道しかない。小野安一には、ただ必死に戦う以外の道は無かった。日本一の柔道家に教えられ、日本最高峰の寝業師たちと戦ってきた男は、やがて異国でグレイシーと出会ったのである。

１９３０年代半ば、サンパウロの日本人柔道家の間では、エリオ・グレイシーの話題で持ちきりだった。

この長身だが細身のブラジル人は日本柔道に挑戦し、矢野武雄三段、富川富興三段を含む５、６人の柔道家を次々と絞め技で破っていた。

当時、柔道は男たちの最大の娯楽であり、故郷日本の誇る武道であった。その柔道において、日本人がブラジル人に連敗するなど、あってはならぬ事態であった。

GONG KAKUTOGI NO.215
2010年5月号
text by Yanagisawa Takeshi

誰かがこのブラジル人に復響しなくてはならない。

白羽の矢が立てられたのは、小野安一という男だった。


エリオ・グレイシーと小野安一はリオ・デ・ジャネイロで対戦した。

小野はエリオを散々投げ飛ばしたものの、結局時間切れで引き分けた。サンパウロで再戦が行なわれたが、同様の結果に終わった。

引き分けという結果は残念だったものの、日本人観客は満足した。

ふだん自分たちが行なっている柔道のルールならば、すでに小野は何十回も一本を取って勝っている。決着はギブアップか失神KOのみという相手のルールでは確かに引き分けだが、試合内容では圧倒していた。

数年後、小野安一はジョルジ・グレイシーとも戦った。エリオのすぐ上にあたるグレイシー兄弟の四男である。

ガト・フィーボ（赤猫）と呼ばれたジョルジについて分かっていることは少ない。

身体が大きく、強い柔術家であったものの、生活のためにブラジル中を回り、八百長試合を戦ったことで、カーロスおよびエリオと完全に決裂したことと、常日頃から「自分はエリオより強い」と広言していたために、1952年にエリオの高弟ペドロ・ヘメテリオの挑戦を受け、25分を超える熾烈な戦いの末に敗れたことくらいだ。

小野安一とジョルジ・グレイシーの試合は、小野が絞め技で勝ったと伝えられるが、残念ながら正確な日付も場所も不明だ。

だがこれだけは言える。小野安一という男は、エリオとジョルジというグレイシー最強の2人と戦い、いささかも引けを取ることがなかったのだ。

小野安一は1910（明治43）年1月4日、岡山県浅口郡船穂村に7人兄弟の次男として生まれた。

母方の祖父は水川氏という岡山藩の柔術指南であり大目付の重職にもあったという。17歳の時に倉敷玄武館に入門した小野安一は、館長・金光弥一兵衛の教えを1年半にわたって受けた。

10代の若さで金光弥一兵衛の教えを受けたこと、そして金光が旧制第六高等学校、通称六高でも柔道を教えていたことは、小野安一にとって人生最大の幸運であった。

日本最古の柔術として知られる竹内流は岡山で生まれた。

だが江戸時代に入ると、備前藩主の池田光政は投げ技と寝技の双方を併せ持つ江戸発祥の起倒流の優秀性を認め、藩内の士族の子弟に修行させた。

金光弥一兵衛は、起倒流柔術最後の継承者である。

明治44年に京都の武術教員養成所を卒業した金光は、柔道教師として多くの経験を積んだ後、生まれ故郷の岡山に戻って、旧制六高と岡山県警の柔道師範に就任していた。

この頃すでに講道館は柔道・柔術界制圧に成功し、試合では内股、撥ね腰、背負い投げ等の華麗な大技が主流となっていた。

「試合は立ち技、立ち技は大技」が常識となり、寝技に誘えば「汚いぞ」と罵声を浴びた。

寝技を研究をする者は少なくなり、絞め技も固め技もごく単純なものへと限定されていった。

だが、柔道界の一角には、講道館の迫害が及ばない寝技の聖域が残されていた。高専柔道である。

高専柔道の全国大会の正式名称は「全国高等学校専門学校柔道優勝大会」である。旧制高校および専門学校が参加するインターハイと言えば分かりやすいが、現在の高校とは訳が違う。たとえば旧制一高は東京大学教養学部の前身である。しかも当時は高校大学に進む人間は非常に少なかった。

四高（金沢）の正力松太郎（後に読売新聞社社長）、同じく四高の井上靖（作家）、六高の永野重雄（新日鐵会長）らに代表されるスーパーエリートたちは、その知力と体力と高校3年間の青春のすべてを傾注して、ひたすらに京都・武徳殿で行なわれる大会の勝利を目指した。

選ばれし者のための柔道。それが高専柔道であった。

大会は1チーム15人の団体勝ち抜き戦で行なわれる。

当時の柔道には「効果」も「有効」も「技あり」もない。勝利を得るためには、相手を完全に投げ飛ばすか、抑え込むか、絞め落とすか、関節技で参ったさせるかしかなかった。

厳しい入試のある旧制高校の柔道部員が柔道経験者ばかりで固められるはずもなく、各校柔道部は、団体戦に勝つために、柔道未経験者を手っ取り早く強くする必要に迫られた。

俗に「立ち技3年、寝技3カ月」と言われる。立ち技を3年学んだ実力と、寝技を3カ月学んだ実力は等しいというのだ。

強い選手は「抜き役」となって、体力を温存しつつ、可能な限り多くの敵を倒す。

弱い選手は「分け役」となって強い相手を寝技に引き入れ、膠着させて時間切れ引き分けに持ち込み、相手を止める。

これが高専柔道の戦い方である。

立ち技には瞬間的な反射神経と才能が要求されるが、寝技は知と理と落ち着きと経験がものをいう。

井上靖は、高専柔道を「練習量がすべてを決定する柔道」と呼んだ。

開発当初の三角搦みは純粋な関節技であった。三角絞めは、関節技から絞め技へと進化した

第1回高専柔道大会が京都武徳殿で開催された

1914（大正3）年以来、紫紺の優勝旗は常に金沢の四高が保持していた。六高新任師範である金光弥一兵衛の目標はただひとつ。打倒四高であった。

金光は、抑え込み主体の四高に勝つためには、敏捷に動き回って逆（関節技）や絞め技で戦うことが必要だと考えた。いわばスピーディな寝技、多彩かつ攻撃的な寝技を志向したのだ。

金光が赴任して1年後の1921（大正10）年夏に行なわれた第8回高専柔道大会準決勝。宿敵四高と対戦した六高は、金光弥一兵衛考案の新技「足の大逆」を披露した。現在サンボや総合格闘技で使われているヒザ十字固めと寸分たがわぬ技であるが、サンボ誕生以前の話だ。

四高は「この技は足搦み（あしがらみ・ヒールフック）と同じ反則技ではないか」とクレームをつけ、審議のために試合は中断された。

この試合はなんと15人全員が引き分けるという異常事態に発展し、特に大将戦は1時間45分を超え、ドクターストップがかかる死闘となった。

結局、紫紺の優勝旗は漁夫の利を得た五高のものとなり、8連覇を阻まれた四高は涙に暮れた。

この「足の大逆」は後に禁じ手とされたものの、そのことを見越したように、六高は翌年の第9回大会にもさらなる新技を実戦投入してきた。

当時松葉搦み、あるいは三角搦みと呼ばれたこの技は、私たちのよく知る三角絞めである。

興味深いことに、開発当初の三角搦みは純粋な関節技であったという。立っている相手に対して下から飛び込み、相手の頸部と腕を自分の両足で挟み、腰の力で相手の肘関節を極めたのだ。跳びつき腕十字に近い。

この技には欠点があった。相手が横か後ろに倒れた場合は、相手の肩側にある足は相手の頭を越え、普通の腕ひしぎ十字固めに変化する必要があったのだ。

だが、まもなく欠点は克服された。足を三角にロックし、相手頸部と腕を完全に固定することで、相手の姿勢がどう変化しようが、取り逃がす恐れがなくなったのだ。

さらに、足を三角にロックした場合、肘関節を極めるよりも、むしろ頸動脈を圧迫する方が容易であることが判明した。

三角絞めは、関節技から絞め技へと進化した技なのである。

三角絞めという必殺技を手にした六高は、第9回高専柔道大会で念願の初優勝を遂げると、四高を超える8連覇の偉業を達成した。


この六高の快進撃は、寝技嫌いの講道館にとって相当目障りであったらしい。

夏の高専柔道大会で六高が連覇を遂げると、翌年春には審判規定を改正し、初めから寝技に引き込むことを禁止してしまった。

嘉納治五郎は高専柔道を主催する京都帝大柔道部を訪れ、改正された審判規定に従うように求めたが、京都帝大柔道部は「学生は従来通りの柔道が正しいと思っています」とやんわりと拒否した。

高専柔道は白熱した見事な柔道を行なっている。寝技から始めようが立ち技から始めようが試合者の自由であり、ルール改正の必要などまったくないではないか。

偉大なる嘉納治五郎に要請されても一歩も退かない京都帝大柔道部の態度は賞賛に価する。

学生を説得できない嘉納は、岡山の金光弥一兵衛のところに使者を送った。

講道館は、柔道とは立勝負に重きをおくべきものであると考えている。だから、高専柔道のチャンピオンである六高が先頭に立ち、「これからは立ち技を主、寝技を従とする」と宣言してもらいたい、と要請したのである。

激怒した金光が「ルールの問題は京都帝大に言え」と使者を追い返したのは至極当然であった。

そんな金光のところに、明治神宮第一回柔道選手権大会への出場依頼がきた。日本一の柔道家を決める名誉ある大会であるから、ぜひとも出場されたし、とある。

だがこの大会ルールは、明らかな意図に沿って作られていた。

「審判規定も変わり、寝技ばかりやる人はこの規定では勝つ見込みがないといっても過言ではないほどになっていた。殊に抑え込みの時間は通常の倍の1分間だった。

だが、もしこの試合に出なければ、『金光は立ち技に自信がないからだ』と人は言うだろう。一流の人々の顔が揃うなら出てもよい。いや、どうしても出なければならない」（金光弥一兵衛「岡山県柔道史」）

講道館は、寝技絶対不利の特別ルールを作った上で、寝技の達人金光弥一兵衛に出場依頼を行なったのだ。

だが金光は、不利なルールに敢然と挑み、見事に優勝した。いわば敵地に乗り込んで勝ったのである。

金光弥一兵衛はこの時、確かに日本一の柔道家であった。

金光が岡山に自らの道場「玄武館中央道場」を設立したのは、その前年2月のことである。

道場設立の目的は以下の通りだ。

一、専門家として自分の思うようにやってみたいこと。

二、六高では多く寝技をやるから、立試合をやる必要があったこと。

三、正しい素直な立試合および寝試合をやる。すなわち理想的な立派な柔道の普及をはかること。

明治神宮大会優勝が示すとおり、金光弥一兵衛は決して寝技一辺倒の柔道家ではなかった。だが、立ち技にも寝技にも偏らない柔道を六高で教えるのは不可能だった。

金光は自分の理想とする柔道を伝えるために「玄武館中央道場」を作ったのだ。

数年後、金光は遠方から通う者のために倉敷駅の近くにも玄武館の支部を作り、出張して教えた。

17歳の小野安一少年が、この倉敷玄武館に入門し、1年半に渡って金光弥一兵衛の教えを受けたことは既に述べた。

長く六高のエリートたちを指導してきた金光の指導は極めて理詰めであり、多くの言葉を使った。

「逆（関節技）をとる時は必ず相手の手首を立ててからとりなさい」

「腕ひしぎ十字固めの時は、相手が持っている短剣を自分の首に刺すつもりでやるといい」

「右に行きたい時は左に少し力を入れなさい。そうすれば相手はそれを抑えようと右に力を入れてくるから、その力を利用するように」

小野安一少年は、金光の言葉を胸に刻んだ。

入門の翌年、玄武館一級に進んだ小野安一は、玄武館内で行なわれた試合の段外の部で優勝。初段を得た。

金光は小野安一について以下のように書いている。

「18歳で実力二段に進んだ。寝試合を得意とし、腕挫十字固が上手で六高へ試合に行っても相当に戦うようになった」（「岡山県柔道史」）

当時の六高柔道部が、寝技に関して日本最高レベルにあったことは間違いない。その上小野は、最新の必殺技「三角絞め」にも熟達していたのだ。

18歳の小野安一が六高の選手と寝技でも相当に戦うことができたことの意味は大きい。

賢明なる読者の方々はすでにお気づきだろう。講道館柔道を学んだ日本人柔道家をカモにしていたグレイシーの兄弟が、小野安一には劣勢を強いられた最大の理由は、小野安一が立ち技にも寝技にも偏らない柔道を学び、最強の寝業師たちと日々戦っていたことに尽きる。

また、ブラジリアン柔術と高専柔道の類似も多くの専門家が指摘するところだ。小野安一にとって、エリオやジョルジの戦い方は決して未知のものではなかったのだ。

倉敷玄武館で１年半を過ごした小野安一は、１９２９年10月に日本を離れ、ブラジルへと向かった。

六高で開発された三角絞めが、この時小野安一によってブラジルに伝えられた可能性はかなり高い。岡山県出身の柔道家で、ブラジルに渡ったのは小野を含む２人だけ、もうひとりは六高とは何の関わりもなかった。日本に居場所のある旧制高校のエリートたちが好きこのんでブラジルの農業移民になるはずもない。

１９２２年の夏に高専柔道に彗星の如く登場した三角絞めが、７年後、小野安一と共に太平洋を渡ったと見るのが妥当だろう。

80年以上が過ぎた今、ブラジリアン柔術における三角絞めは、腕ひしぎ十字固めと共に最も多用される関節技となっている。

19歳の小野安一が同郷の平松博夫妻と共にサントス港に着いたのは夏の盛りの12月だった。許嫁のとみ子（平松の妹）、弟の直一も同行した。

コーヒー栽培や米作りに苦労したものの、農業は自分には向かないと４年で見切りをつけてサンパウロに上京した小野安一は、結婚したばかりの妻と共に青果商を営みつつ、柔道で身を立てることを考え始めた。

１９３４（昭和８）年９月15日、第２回全伯武道大会有段者の部に勇躍出場した小野安一初段は順調に勝ち進み、内藤克俊三段と対戦した。

この時の試合の模様を、サンパウロの邦字紙「日伯新聞」が以下のように書いている。

「小野初段は元気いっぱいの荒武者ぶり凄く、上段者への脅威と思われたが、内籐三段との試合中逆を取ってさすがパリ・オリンピックのレスリングに入賞した内藤君も参ったと声をかけたがそのまま続けて腕を挫いたので失格、出演禁止となったのは本人の無念さもさることながら、あまり元気いっぱいと勝を急ぎすぎたものと惜しまれる」

24歳の小野安一より15歳年上となる内籐克俊三段は、1924年に行なわれたオリンピック・パリ大会レスリング競技で日本唯一の銅メダルを獲得したエリートアスリートであった。

鹿児島高等農林学校在学中に講道館二段を得た内籐は、卒業後、合衆国ペンシルバニア・ステート・カレッジへと留学してレスリング部で活躍、主将にも選ばれた。

内藤のアメリカでの活躍を聞きつけた大日本体育協会は、日本代表としてパリ五輪に出場させることを決定。内藤はアメリカ・オリンピックチームの船に同乗させてもらい、北フランスの港町シエルブールに到着。そこから陸路パリへと向かった。

グレコローマン62kg級とキャッチ・アズ・キャッチ・キャン（現在のフリースタイル）61kg級の両方に出場した内藤は、前者では8位、後者では見事3位に入賞した。

帰国後、台湾の新高製糖に入社した内藤は、その後、鐘淵紡績株式会社（後のカネボウ）が外務省の支援を受けて作った国策移住会社「南米拓殖株式会社」へと移り、ブラジル北部のパラー州ベレンに赴任した。

内藤を出迎えたのは、コンデ・コマこと前田光世であった。

聞いていた話とは異なり、アマゾンは楽園ではなかった。受け入れ体制の不備もあって米・野菜の自給自足が間に合わず、入植者は経済的苦境に陥った。さらには恐るべき風土病が猛威を振るい、弱い者から次々と死んでいった。

内藤が上司に撤退を提言すると、「帰るならひとりで帰れ」と無視された。内藤はベレンを去り、サンパウロで農業に転身する。ずっと陽の当たる道を歩いてきた男の、初めての挫折であった。

1933（昭和8）年5月、伯国（ブラジル）柔剣道連盟が誕生した。

柔道側の中心となったのは内藤克俊三段、そして大河内辰夫五段であった。

38歳の内藤は肉体労働に従事する農民であったが、3歳年上の大河内はすでに製薬会社の社長であった。東北帝国大学農科大学を卒業後、ニューヨークの高峰譲吉博士の研究所に入った大河内は、ビタミン、ジアスターゼの研究に没頭した。

高峰博士の没後、ブラジルに移住して2年後にはサンパウロに大河内化学研究所を設立した。各種医薬品を製造し、特に漂白剤は有名だった。

さらに実業だけにとどまらず、日本人社会の中心人物として文化、体育、福祉事業に貢献した。いわば大河内辰夫はサンパウロ日本人社会の大ボスであり、伯国柔剣道連盟柔道部の委員長に就任したのは、もちろん大河内辰夫であった。

既に述べた通り、1934年9月の第2回全伯武道大会に初出場した24歳の小野安一は、39歳の内藤克俊の腕を折って失格となった。技は不明だが、腕搦みか腕ひしぎ十字固めのどちらかだろう。

だが小野安一は第3回、第4回、第5回と3連覇を飾り、ブラジル最強の柔道家として君臨した。

当時のサンパウロで行なわれていた柔道は、投げ技か抑え込み中心だった。絞め技は十字絞め一辺倒であり、関節技は皆無であった。寝技を嫌う講道館の姿勢は、ブラジルでも徹底されていたのだ。

その中にあって、小野安一の柔道だけが異質だった。

小野の柔道の一端を知るために、小野が最後に優勝を飾った第5回武道大会の結果を見ていこう。

有段者の部に出場した小野安一は、初戦を左肘関節（技は不明）、2回戦を肩固め、準決勝では浮き腰と送り足払いでそれぞれ技ありを奪って一本、決勝では大外刈りと大腰の技ありで一本を奪った。紅白戦では大将を務め、右肘関節で見事責任を果たした。

三角絞めがないのは残念だが、技の豊富さはさすが金光門下だ。

3連覇を飾った小野安一は、しかし、その後全伯武道大会には出場していない。

興行を行なったという理由で、出場を禁止されたのだ。

小野安一がアベニーダ・サンジョンとイピランガ街の角に小さな道場を開いたのは、第2回武道大会で内藤克俊の腕を折って失格した1934年のことだ。

だが、無名の柔道家の下に生徒が集まるはずもない。小野は道場の名を売るために劇場や体育館を借りて、空手家やレスラーやボクサーと異種格闘技戦を行なった。

ルールは明らかではないが、ギャラの配分は勝てば6割、負ければ4割であったという。

「全部リアルファイトですよ。遊びじゃない。負ければ食えなくなるんだから」（ミュンヘン五輪柔道軽重量級の銅メダリスト石井千秋）

時にパンチを食らって顔を腫らしたこともあったものの、最終的には寝技に持ち込み、絞め技や関節技で決着をつけた。

サンパウロで小野安一が異種格闘技戦を行なう一方、3歳年下のエリオ・グレイシーもまた、リオ・デ・ジャネイロでグレイシー柔術アカデミーの名を広めるために、ボクサーや日本人柔道家に挑戦を続けていた。

小野安一とエリオ・グレイシーとは、いわば似たもの同士であり、両者の対決は必然だった。

小野安一とエリオ・グレイシーの試合は、ブラジル最強を決める世紀の一戦であると宣伝され、リオ・デ・ジャネイロのマラカナジーニョ体育館に1万人もの大観衆を集めた。日系人も数多く集まり、応援の声が途切れることはなかった。

10分6ラウンドで行なわれたこの試合は、計60分戦っても、結局決着はつかなかった。

「あれは自分の勝ちだった、と小野さんは言っていた。10回も20回も投げてやった。自分の方が強い。だけど、どうしても極められなかった。ギブ

アップを取れなかった。だから時間切れで引き分けになったのは仕方がない、と」（石井千秋）

地元サンパウロで行なわれた再戦はさらに盛り上がったが、結果は同じだった。

２つの試合の日時は未だ判明していない。だが、おそらくは１９３７年の後半であったろう。

生きるために命がけで戦い、勝つことでブラジル人の尊敬を勝ち取ってきた

小野安一はエリオ・グレイシーと互角以上に戦い、その実力をリオとサンパウロの大観衆に見せつけた。

政財界のトップが小野に関心を持ち始め、会社社長や弁護士も弟子入りしてきた。

小野安一は、貧乏な柔道家から、上流階級のサロンに出入りする護身術指南役へと変貌を遂げつつあったのだ。

その最中、伯国柔剣道連盟柔道部委員長を務める大河内辰夫が、小野安一を武道大会から追放する決定を下した。

その理由は「興行を行なうプロフェッショナルであるから」というものだった。

１９３８年の第6回武道大会の直前に小野安一に出場停止を通達した大河内は、会場内で王者不在の寂しさを嘆く声を聞いた。

大河内は講道館と連絡をとり、翌年の第７回全伯武道大会には、小谷澄之七段、佐藤忠吾六段を招き、大会に参加してもらうことに成功した。だが大河内の努力も空しく、全伯柔剣道連盟主催の武道大会は１９４０年をもって幕を閉じた。

戦争が始まろうとしていたのだ。

日米が開戦すると、当時アメリカと密接な関係を持っていたブラジル政府は日本との国交を断絶。以後、コロニアの人々は、敵国の中でひっそりと生きることを余儀なくされた。

ブラジル柔剣道連盟に解散命令が下されたのは、真珠湾攻撃からわずか2カ月後のことだった。

小野安一もまた、困難な問題に直面していた。門弟のほとんどはブラジル人であり、師範の自分は日本人だった。しかも両国はほとんど戦争状態にあったのだ。このままでは道場経営が立ちゆかなくなるのは火を見るよりも明らかだった。身の危険も感じた。

悩んだ末に思いついた解決策は、実に奇想天外なものだった。

小野はポルトガル語新聞と日本語新聞の両方に広告を出した。

「誰の挑戦でも受ける。自分が負ければ5コント、弟の直一が負ければ1コントの懸賞金を支払う。入場料収入の純益は全額日本政府およびブラジル赤十字社に寄付する」

挑戦に応じたのはレスラーであり、ボクサーであった。おそらくはジョルジ・グレイシーもその中にいたのだろう。

トビアスという黒人ボクサーと戦った試合は、小野安一にとって最も印象に残る異種格闘技戦となった。

このライトヘビー級のボクサーは当時無敗を誇り、サンパウロの合衆国領事がトビアスに巨額の金を賭けているという噂もあった。

日頃肩身の狭い思いをしていたコロニアの日本人たちは小野安一の勝利を願い、大挙してパカエンブー体育館に押し寄せ、観客席は瞬く間に埋め尽くされた。

「八幡勝たねばならぬ　対ボクシングは一回もていないがと心中密かに策戦を練って平然と試合に出たが、あまり簡単に勝負がついて、観衆が怒る騒ぎだった。それはゴングが鳴り、いきなりトビアスが得意の右直突（注・右ストレート）に出たところを体を沈めた小野氏が、そのままトビアスに抱きつき、ぐっと寝技に入って右腕の逆（関節技）をとったのが利いたので、此の間僅か四分の一分即ち十五セグンド（15秒）であったと」（サンパウロ新聞「在留邦人百人集」）

コロニアの人々は小野の勝利に快哉を叫び、巨額の寄付を受けたインディアナポリスの赤十字小児部はレントゲンの機械を購入した。

後日、プロレスラー、アントニオ・オリベイラと戦い勝利した試合の収益金は、国防献金として日本政府に送られ、有田外相は感謝状を返した。

小野の強さを改めて思い知ったブラジル人たちは、日本人への悪感情を和らげた。柔道の支持者、小野道場への入門者も急増していった。

窮余の一策であった異種格闘技戦は、想像以上の大成功を収めたのだ。


戦争によってコロニアの柔道が停滞する中、ひとり小野道場だけは金持ちのブラジル人相手に商売を続け、繁栄していた。

コロニア柔道の中心にいる人物が面白いはずがなかった。

1951年11月、深刻な経営不振に陥っていたサンパウロ新聞が起死回生の策として行なった木村政彦、山口利夫、加藤幸夫ら「柔道親善使節」のプロレス興行は大成功のうちに終了した。

コロニアの人々が見たいものは木村政彦の勝利であり、マルメラーダ（八百長）を言い立てる者は誰もいなかった。

ライバル紙が「ポルトガル語新聞では日本一の柔道家がなぜプロレスをしなくてはならないのかと言っているぞ」と皮肉を書いても、客足は一向に衰えなかった。

エリオ・グレイシーからの挑戦も大成功に花を添えてくれた。

エリオは、加藤五段を2度目の対戦で失神させ、木村戦を実現させたものの、「木村の前に木村なし、木村の後に木村なし」と謳われた天才柔道家が相手ではなす術がなかった。木村が笑顔のままエリオを腕緘みに取ると、タップしないエリオの代わりにセコンドのカーロスが試合をストップ。木村の楽勝だった。

サンパウロ新聞が木村らを招聘する際に協力を

仰いだのが小野安一だった。興行に理解があり、異種格闘技の経験も持つ小野は、最適の人物と思われた。

すでに小野安一の名は、ブラジル中に轟いていた。

サンパウロの中心街に建つ25階建てマルチネーリ・ビル。1929年の竣工時には南米一の高楼であったこの由緒ある建物の最上階に小野安一、直一兄弟の道場が移ってきたのは、戦後まもない1948年のことだった。

扉には「小野兄弟柔術道場　アカデミア・デ・ジウジツ」と記されている。小野安一と門弟たちにとって、柔道と柔術は同じものだった。

道場の真正面の壁には嘉納治五郎、右隣には金光弥一兵衛、左には小野安一自身の写真が飾られている。

右側の壁には小野安一の筋骨隆々たる上半身裸の肖像が掲げられた。

更衣室、シャワールーム等あらゆる設備が完備されたこのビルには、250名の門弟たちが通ってきた。そのうち85%がブラジル人だった。

サンパウロ市内および近郊に8カ所の支部があり、上流階級の人間には個人教授も行なった。

ある会社社長は自宅の庭に道場を作り、小野を招いて政財界の友人たちと共に汗を流した。

サンパウロ新聞の依頼を快く受けた小野安一は、到着した飛行機の中にまで入って「柔道親善使節」を出迎えた。

木村を自宅に招き、共通の趣味である囲碁を打った。

日本一の柔道家を、ブラジルで一番の柔道家が歓待している。人々はごく自然にそう考えた。

柔道に強さと合理性を求めるブラジル人は小野の道場に通い、柔道に精神性を求める日本人の多くは、小川龍三の武道館に通った。

人望の厚い内藤克俊は、セントラル線スザノに240畳敷きの白亜の「推開道場」をオープンさせた。

コロニア柔道界の実力者・大河内辰夫には、講道館とのつながり以外、何も残されていなかった。

１９５１年秋に木村政彦らが来伯し、小野安一の家に滞在したのを見た大河内は、自分も同じことがしたくなった。

翌年秋になると、全日本選手権で優勝した吉松義彦と、小兵ながら全日本で準々決勝に進んだ業師大沢慶巳の「中南米派遣使節」を招き、自宅に泊めたのだ。

団長の高垣信造は記者たちに来伯の目的を語った。

正しい講道館柔道、スポーツとしての柔道を在伯邦人およびブラジル人に示し、植え付けるというものだった。

「正しくない柔道」「スポーツではない柔道」が何を指しているのかは自明だったが、それを高垣に訊ねる記者はなかった。

この時高垣は、大河内辰夫、内藤克俊、小野安一、小川龍造を集めた。

４派に分かれ、別々に活動するのはブラジルの柔道全体にとってもよくない、と高垣は４人に言った。

内藤克俊は高垣の気持ちを汲んで提案した。

「意見の相違はあるが、柔道普及に努力してきた仲間である、過去は水に流し、これから新しくやり直そうではないか」

だが、大河内辰夫は断った。

「ボクシングやプロレス、柔術などと金を賭けて戦ってきたような奴らと一緒にやる気はない」

小野安一は激怒して言った。

「自分は生きるために命がけで戦い、勝つことでブラジル人の尊敬を勝ち取り、ようやくここまできたのだ。お前は自分の手を汚さず、講道館は正しい、他流試合はいけない、プロは汚いと言い続けてきただけだ。ブラジル人は血みどろになって戦い、勝たなくては承知しない。そういう国柄なのだ。そもそもブラジルでの柔道普及を説くお前に、どれだけのブラジル人門弟がいるというのか」

大河内辰夫は死ぬまで小野安一を受け入れなかった。サンパウロの柔道連盟が正常に機能するようになるためには、それから16年もの歳月と、大河内の死が必要だった。

小野安一の長男である晃は、1967年にカナダで行なわれたパン・アメリカン大会軽量級で見事優勝を遂げ、安一を大いに喜ばせたが、数年後には交通事故で亡くなった。落胆した小野安一はそれ以来めったに人前に出なくなった。

道場は弟の直一と2人の息子たちが続けたが、経営は年々苦しくなった。ブラジル柔道のレベルが急速に上がると、柔道の道場が次々に誕生し、競争が激しくなってきたからだった。

90年代に入る頃からは生徒の数が急激に減っていった。家賃が払えないようになれば、道場を閉めざるをえない。

弟・直一の息子フランシスコ・ノブオ・オノは長くイビラプエラ大通りの道場を支えたが、2002年にはついに閉めた。

それが最後の小野道場だった。

小野安一はその日のことを知らない。すでに2000年に自宅で亡くなっていたからだった。

弟の直一は、小野道場の最期を見届け、その翌年に死んだ。

Ono Yasuichi
1910年1月4日、岡山県出身。1927年、17歳で倉敷玄武館に入門。1929年、19歳で渡伯。1933年、サンパウロに道場開設。1934年、第2回全伯柔剣道大会で内藤克俊の腕を折り失格に。1937年、第5回全伯柔剣道大会有段者の部優勝。2連覇。以降、プロとして全伯大会出場を禁じられる。1937年頃、エリオ・グレイシーと対戦。2000年、永眠。

取材協力者(順不同): 飯島ジェーン・ヴァレンテ、石井千秋、石井賢治、深沢正雪(ニッケイ新聞)、鈴木雅夫(サンパウロ新聞社)、関根隆範、仁尾帯刀、高橋博道、金光洋一郎、坪井貞夫、宮前二十二、高橋義雄、Helio Gracie、Joao Albelt Barret、Emi Kato(ブラジル日本移民史料館)
※本稿は、2005年「GONG grapple 3」を修正の上、再録。

講道館史観を越えて――
光の柔道、影の柔術

柔道は嘉納治五郎が柔術諸派を破って統一したもの――。日本人の多くは柔道と柔術の関係について、大体このようなイメージを抱いていることだろう。だが、それは史実としては完全なる誤りである。二十世紀初頭に海外に渡った日本人の姿を追いながら、講道館史観の影に隠れていた、別の歴史をあぶり出す。

シャーロック・ホームズとアルセーヌ・ルパンのことはご存じでしょう。

いずれも20世紀初頭に大人気を博した探偵小説シリーズです。

ホームズもルパンも、実は柔術の使い手でした。

１９０３年にコナン・ドイルが発表した『空き家の冒険』は、宿敵モリアーティ教授と共にスイスのライヘンバッハの滝に落下して死んだはずのホームズが「自分は日本のバリツを使って危地を脱したのだが、手下に復讐されるのを恐れて潜伏

GONG KAKUTOGI NO.215
2010年5月号
text by Yanagisawa Takeshi

していた」と、親友ワトソンに説明するシーンから始まります。

後述しますが、バリツとは柔術のことです。

1906年にモーリス・ルブランが発表した『アルセーヌ・ルパンの脱獄』には、逮捕しようと襲いかかってきたガニマール警部を、ルパンが日本の柔術を使って撃退するシーンが登場します。

当時、世界の最先端を走っていたイギリスとフランスで大評判を呼んだふたつの超人気小説シリーズに「柔術」が登場するのはなぜでしょうか？

1889年10月に、嘉納治五郎はフランスのマルセイユを訪れています。ならば偉大なる柔道の父・嘉納治五郎の影響なのでしょうか？

いいえ違います。嘉納の影響ならば「柔術」ではなく、必ずや「柔道」であったはずです。

では、本誌読者にはすでにおなじみの前田光世＝コンデ・コマ、すなわちグレイシーに柔術を教えた人物が行なった数々の異種格闘技戦が、すでに欧州中で大評判を呼んでいたのでしょうか？

いいえ違います。前田光世がアメリカから大西洋を渡ってロンドンに到着したのは1907年、ホームズとルパンに柔術が登場するのは、前田光世が欧州にやってくるより何年も前なのです。

ならばなぜ、当時のヨーロッパで柔術がそれほど有名だったのでしょうか？

答えははっきりしています。ひとりの日本人柔術家が前田光世以前に異種格闘技戦を行ない、大評判を呼んだからです。

その男の名は谷幸雄（たにゆきお）。天神真楊流の柔術家ですが、嘉納治五郎とはまったく関係ありません。

19歳の谷幸雄が兄・虎雄と共にロンドンに到着したのは1900年、今から110年も前のことでした。来日経験を持つ英国人のウィリアム・バートン＝ライトに招聘されて、はるばる横浜から船に乗ってやってきたのです。

まもなく谷兄弟は、柔術をロンドンっ子に教え始めました。

ただし「柔術」という名前で教えた訳ではありません。彼らが教えたのは「バーティッ(Baritsu)」でした。

バーティツとは、バートン＝ライトの「バートン」と「ジュウジツ」を組み合わせた造語です。バートン＝ライトは「私はまったく新しい格闘技・バーティツを創始した。タニ兄弟はそのインストラクターである」と説明したのですが、内実は柔術とまったく同じものでした。「グレイシー柔術」という発想と同じです。私たち日本人にとっては、まことに大胆な発想と感嘆するほかありません。

さて、バートン＝ライトは新格闘技・バーティツの広告を『ストランド・マガジン』に出していました。シャーロック・ホームズの連作が掲載されていた雑誌です。コナン・ドイルが『空き家の冒険』で登場させた「バリツ」(Baritsu)とは、谷兄弟がインストラクターを務めていた「バーティツ」の誤記であった、というのはいまや定説となっています。

新格闘技を創始せんとするバートン＝ライトの意気込みは凄かったのですが、残念ながら「バーティツ」の生徒は一向に増えず、経営困難に陥ったバートン＝ライトはとうとう教室を閉めてしまいました。

兄の谷虎雄はこれを機に帰国してしまいましたが、若い弟の幸雄はイギリスに残り、生計を立てるために演芸場すなわちミュージックホールで興行を行ないました。

まだラジオもテレビも映画もない時代、大衆の娯楽といえば劇場だけでした。

谷幸雄が演芸場でやったことは非常にシンプルなものでした。「誰の挑戦でも受ける。私を打ち破ったものには大金を差し上げる。ただし柔道衣を着ること」と言ったのです。

谷幸雄の身長は１６０㎝に満たず、体重は60kgもありません。黄色い顔をした小男の挑戦に、キャッチ・アズ・キャッチ・キャンの母国であるイギリスの人々は大笑いして「賞金はもらった！」

と、我先に名乗りを上げました。

ところが、谷幸雄を打ち負かした者はひとりもいなかったのです。

私たちは欧州の柔術・柔道普及に最も貢献した男の名を知らない

谷幸雄と戦ったあるレスラーは、次のように回想しています。

「私が彼のジャケットをつかんだ時、彼は背中から倒れ、彼の足は私の腹部に置かれた。彼の背中がフロアについた時、私は空中を漂っていた。やがて彼の筋張った両足が私の首に巻きつき、いかなる男の腕力よりも強い力で絞めてきた。私はできる限り早くマットを叩いた。まだ試合開始から15秒しか経っていなかった」

谷幸雄は生涯に数千試合を戦い、大金持ちになりました。中でも、キャッチ・アズ・キャッチ・キャンのライト級王者であるジミー・メラーに勝利したという記録は、本誌読者には特に興味深いものでしょう。

小さな日本人が、雲をつくような大男をギブアップさせ、失神KOに追い込んだこと、そして失神させた相手に活を入れ、蘇らせた事実は「日本人は一度死んだ相手を蘇らせることができるのか！」とイギリス人を仰天させました。

かくしてスモール・タニと、活殺自在の神秘的な格闘技「ジュウジツ」の名は英国中に轟き、たちまちのうちにドーバー海峡を超え、ルパンの作者モーリス・ルブランの耳に達したのです。

前田光世がヨーロッパやアメリカ大陸で行なったことは、一言で言えば谷幸雄の二番煎じです。ただし前田光世は講道館の人間でした。前田の海外での活躍は、講道館の格好の宣伝材料になります。また、前田光世の前に先例が存在するのは、講道館にとってまったく好ましくありません。

柔道の歴史は講道館の歴史です。講道館にとって都合の悪い事実は隠蔽されます。ですから私たちは、ヨーロッパにおける柔術および柔道の普及に誰よりも貢献した人物である谷幸雄の名前をまったく知りません。「歴史は強者が作る」とは、本当によく言ったものです。

ヨーロッパに「柔道」という言葉が流布するようになったのは、大体１９３０年代くらい。それまで欧米の人々はジュウジツについては知っていても、ジュードーのことは何も知りませんでした。

拙著『１９７６年のアントニオ猪木』の中で、筆者は「１９６４年の東京オリンピックで優勝したアントン・ヘーシンクが属していたオランダの柔道連盟はＮＪＪＢ（Netherlands Judo Jujitsu Bond）すなわち、オランダ柔道柔術連合であった」と書きました。

第二次大戦終結から二十年が経過した時点でもなお、谷幸雄が轟かせた「柔術」の名は、欧州に残っていたのです。

アマゾン河口の町・ベレンに終の住処を見つけた前田光世が、カーロス・グレイシーや、ルイジ・フランサ・フィイリョ（オズワルド・ファダの師匠）、さらにその他のブラジル人に教えたものが「柔道」ではなく「柔術」であった理由は、明治期の欧米人が、柔術は知っていても、柔道については何も知らなかったからなのです。

谷幸雄のフォロワーは数知れません。

谷のすぐ後に渡英したＲＡＫＵこと上西貞一も英国で有名になりましたし、不遷流の伝説的柔術家・田辺又右衛門の弟子にあたる三宅多留次は、谷幸雄と戦って完勝した後、アメリカに渡ってプロレスラーとなり、ハワイで沖識名に技を教えました。つまり力道山は三宅の孫弟子にあたります。

堤宝山流の東勝熊はニューヨークでプロレスラーのジョージ・ボスナーと戦って敗れました。有名なアド・サンテルは、ボスナーの弟子筋にあたります。

これらの柔術家の他に、前田光世、伊藤徳五郎、佐竹信四郎、大野秋太郎のいわゆる「キューバの四天王」、アド・サンテルとの試合中に大金持ちの未亡人に見初められて結婚した太田節三、靖国神社でアド・サンテルと戦った後、アメリカ西海岸に渡った庄司彦雄らの柔道家たちがいます。

その他、数知れない無名の柔術・柔道家たちが、見ず知らずのボクサーやレスラーとリアルファイトを行ない、少数の「プロレス」を行ないました。

日本には、彼ら柔術・柔道家が自らの血と汗と涙と痛みで作り出した「異種格闘技戦」の伝統が存在するのです。

その伝統があるからこそ、私たちはアントニオ猪木を愛し、UWFを愛し、グレイシー柔術を愛し、PRIDEを愛し、総合格闘技を愛するのです。さらに言えば、殴り倒しての勝利よりも、関節技や絞めの勝利に、ロマンを強く感じる傾向にあるのもそのためでしょう。

そもそも、柔道と柔術の違いとは何でしょうか？

柔道の父・嘉納治五郎は教育者です。高等師範学校、後の教育大学、筑波大学の校長を20年も務め、さらに文部省参事官をも兼務しました。講道館の興隆期は、嘉納治五郎が教育界の大ボスに上りつめた時期にピッタリと重なっています。

少年時代の嘉納治五郎は、頭は良いものの、ひよわだったために、腕力の強いガキ大将に散々いじめられています。

ついに一念発起した嘉納は、一高（現在の東京大学）入学後まもなく、天神真楊流に入門しました。しかし、やがて嘉納は華麗なる投げ技を持つ起倒流に心奪われるようになります。

柔術場に畳が入ったのは江戸中期と言われます。それまでは板の間でしたから、投げの稽古が頻繁に行なわれたはずはありません。板の間に打ちつけられれば、すぐにケガをしてしまいますから。古流の中には、投げられた際にさっと身を翻して、足の裏で受け身を取る流派もありますが、実戦的とはいえないでしょう。

江戸で生まれた起倒流は、比較的歴史の新しい流派であり、だからこそ畳の上で戦うことを前提とする華麗なる投げ技を持っていたのです。

とはいえ、起倒流も含めて、古流柔術の根本にあるのは実戦であり、相手を殺すか、戦闘不能状態に追い込むことが目的です。

投げはあくまでも相手をテイクダウンして有利な展開に持ち込む手段に過ぎず、最終的な決着をつけるのは絞めもしくは関節技によるギブアップまたは失神ＫＯ、というのが柔術の考え方です。サブミッション（服従・屈服させるもの）ですね。

ところが、教育者である嘉納治五郎先生の考えはまったく違います。

首を絞めたり、関節を破壊する行為は本来、教育的なものとはいえません。教育者として嘉納治五郎先生は、相手を勢いよく倒して背中をつければ一本、30秒（もしくは1分）抑え込めば一本という画期的なルールを考案しました。

ギブアップや失神ＫＯといった、明確ではあっても野蛮な決着よりも、近代的でエレガントな勝負判定法を採用したのです。

ここに古流柔術と近代柔道の決定的な違いがあります。

「投げて相手の背中がつけば勝利」というルールは、明治期の欧州のレスリングに存在した「フライング・フォール」にヒントを得たものだろう、と筆者は推測しています。

当時、欧州大陸で広く行なわれていたグレコローマンレスリングは、抑え込む必要はなく、相手の両肩が一瞬でもマットに触れればフォールというルールでした（現在は1秒間抑え込むことが必要）。このルールは、オリンピックや世界選手権の国際試合においては、大体１９６０年代前半まで存続しました（フリースタイル、グレコローマン共）。

付け加えますと、「両肩」というのは、脇の下を結ぶ背中側の線のことです。簡単に言うと、肩甲骨の一番出っ張っている部分ですね。ですから、フォールをまぬがれるためには、ほとんど背中半分を浮かせないといけないのです。

一方、イギリスからアメリカに渡ったキャッチ・

アズ・キャッチ・キャン（フリースタイル）レスリングでは、19世紀からずっと、2秒間抑え込むピンフォールが必要でした。

講道館柔道の「相手を30秒抑え込めば勝利」という発想は、キャッチ・アズ・キャッチ・キャンのピンフォールに由来するものだろう、と筆者は考えています。

絞めと関節技という古流の決着法を残しつつも（関節技は肘関節だけに制限）、レスリングのフォールに由来する「投げて背中をつければ勝利」「30秒抑え込めば勝利」というふたつの新ルールを導入することによって、安全で、さらにレスリングになじんだ西洋人から見ても了解可能なものになった柔術。それこそが、明治期有数のインテリゲンチャであり、英語ペラペラの国際人にして教育者である嘉納治五郎の考案した「柔道」だったのです。

嘉納治五郎が作り出した柔道を、世界で最も愛する国は、わが国日本ではなくフランスです。フランスには、人口比で日本の約6倍の柔道選手がいるからです。

フランス人は、柔道の投げに美しさを見ました。

下半身の攻防を禁じるレスリングの「グレコローマン・レスリング」とは、ギリシャ・ローマ以来の伝統的なレスリングという意味ですが、実際には19世紀にフランス人が作り出したものです。

下半身の攻防を禁じれば、必然的に重心は高くなり、その結果美しい投げが決まりやすくなる。芸術を愛するフランス人は、美しい投げを鑑賞するために、下半身の攻防を禁じたレスリングを考案したのです。

プロレスのジャーマン・スープレックス・ホールドやバックドロップは、元々グレコローマンの技ですし、そもそもスープレックスとは「後ろに反り投げる」という意味のフランス語です。

着衣格闘技である柔道は、持ち手があるためにテコの原理が働いて、グレコローマンよりもさらに華麗なる投げ技が決まりやすくなっています。

だからこそフランス人は、柔道を深く愛しているのです。

ヨーロッパには「ジュードーはフランス起源のスポーツ」と誤解している人がたくさんいるくらいです。

欧州柔道連盟が誕生したのは、第二次世界大戦後まもなくのことです。中心にいたのはもちろんフランス人でした。数年後、国際柔道連盟と改称して、日本もそこに加盟することになります。

欧州柔道連盟誕生以来ずっと、世界の柔道の方向性を決めてきたのはフランス人でした。

現在（※2010年掲載時）、講道館館長と全日本柔道連盟会長を兼務する上村春樹氏は、国際柔道連盟の理事ではあるものの、議決権を持っていません。つまり日本の発言力はゼロということです。実に嘆かわしいことですね。

フランス人は、自分たちが正しいと思う方向へと柔道の国際ルールを変えていきました。

その結果、現在の柔道は、限りなくグレコローマン・レスリングに近いものになっています。

2009年に決定された「下半身へのタックル禁止」のルールも、日本人が決めたわけではまったくなく、華麗なる投げ技を見たいフランス人主導で決めたことです。

「下半身を攻撃される心配は排除した。だからしっかりと組んで投げ合いなさい」

今回のルール改正はそう言っています。グレコローマン・レスリングとまったく同じ思想であることがおわかりいただけるでしょう。

21世紀の現在、柔道は世界のスポーツとなりました。世界のどこの国に行っても、道場には柔道の創始者・嘉納治五郎の肖像が掲げられています。

その一方で、わが国で生まれた柔道は、完全にフランス・スタイルの「フレンチ・ジュードー」になってしまいました。私たちが知る柔術が「ブラジリアン柔術」であるように。

話が少々脇道に逸れてしまいましたね。元に戻しましょう。

嘉納治五郎にとっての柔道が、教育に従属すべきものであることはすでにお話ししました。

明治期の日本政府は、柔道を学校の正課として、つまり体育の授業の中で教えることを認めました。

学校で教えるために、講道館柔道は絞め技と関節技以外の決着方法、すなわち投げと抑え込みによる「一本」を採用した、と言っても良いでしょう。江戸期にはなかった「学校」と「体育」のために改造された柔術。それこそが講道館柔道なのです。

体育の授業で柔道を教えるためには、大量の柔道教師が必要になります。当然のように学校は、教育界の大ボスにして講道館館長である嘉納治五郎に「柔道教師を送ってほしい」と依頼します。

講道館とは、何よりもまず柔道教師養成機関なのです。

一方、柔術家にとっては、柔術に奇妙なルールを付け加えようとする嘉納の考えはまったく納得のいかないものでした。学校と関係のない人間にとって、柔術は改造する必要のないものだったのです。

ふたりの男が畳の上に上がり、どちらかが参ったするか、失神するかで終わる。それこそが柔術であり、それ以外のものではありえなかったからです。

しかし、明治政府と深く結びついた嘉納治五郎に逆らう人間の数はわずかでした。古流柔術各派にとって、もっとも大切なことは、激動の時代に自分の道場を守り抜くことだったからです。

講道館柔道を学んで強くなれば、嘉納先生の推薦を受けて学校に赴任し、柔道教師として食べていける。一方、柔術でいくら強くなっても、あくまでも趣味にすぎない。ならば講道館柔道を学んだ方が得だ。

若い人たちがそう考えるのは当然です。

入門者の減った古流道場の道場主は、後継者として講道館の有段者を養子に取り、講道館柔道を教え始めました。

田辺又右衛門に講道館の猛者たちが次々と倒されたことは、歴史に登場しない

それでも、講道館柔道に実力で立ち向かった気骨ある男たちがいました。

その代表が、岡山県出身の不遷流四世・田辺又右衛門です。

田辺は恐るべき寝技の使い手でした。講道館の猛者たちを得意の十字絞めで次々と絞め落とし、あるいは必殺の足搦みで靭帯損傷に追い込んだのです。

多士済々の講道館に田辺の相手になるものはなく、とうとう嘉納治五郎は、足搦みを禁じ手にしてしまいました。

繰り返しますが、柔道の歴史は講道館の歴史です。ですから、講道館の人間が書いた歴史書には、田辺又右衛門に講道館の猛者たちが次々と倒されたことは、谷幸雄の大活躍と同様、一切登場しないのです。

柔道においては、立ち技と寝技は車の両輪などと言われますが、講道館は、現在に至るまでずっと寝技を忌避し、蔑視し続けてきました。その原点は田辺又右衛門にあると言って良いでしょう。

その結果、講道館柔道は寝技に対して、致命的な「盲点」を持つようになります。

神永昭夫はヘーシンクに抑え込まれ、岡野功はサンボの選手に巴投げからの腕ひしぎ十字固めで敗れました。戦後最強の柔道家である山下泰裕でさえ、蟹鋏みで重症を負った経験を持っています。日本最強の寝技師と言われた加藤博剛が、ブラジルの柔術家フラビオ・カントの前に手も足も出ないまま、腕ひしぎ十字固めで完敗したのは記憶に新しいところです。

神永も岡野も山下も加藤も、人並み外れた努力を積み重ねた末に、トップに辿り着いた柔道家です。圧倒的な実力を誇る彼らが敗れた原因はひとつしかありません。

日本柔道全体に、寝技の研究が圧倒的に不足しているからです。

そしてその根本原因は、嘉納治五郎の寝技軽視の思想にあり、嘉納治五郎を神格化し、講道館柔道を至高のものと考える人々の独善にある、と筆者は考えています。

講道館とまったく離れた地点から発想する人物がトップに立たない限り、いくら優秀な選手が現れようとも、日本柔道の未来は残念ながら暗いと言わざるを得ません。

田辺又右衛門の後、明治末期から大正期にかけて活躍した小田常胤は、講道館の中にいて、ひとり寝技の大家でした。

立ち技主体の講道館の中で「寝技も柔道の技である。寝技に引き込んで何が悪い」というのが小田の主張です。嘉納治五郎とは当然衝突しました。

「自分は誰の影響も受けていない」と小田は言い張っていますが、そんなはずがありません。田辺又右衛門に代表される古流の寝技を大いに研究したのでしょう。「すべての技は私が作った」というエリオ・グレイシーによく似ていますね。

さて、大正時代の旧制高校では、学校対抗戦の気運が高まっていました。

講道館のお膝元でもある東京の一高（後の東京大学）と仙台の二高（後の東北大学）との対抗戦の際、実力で遥かに劣る二高からコーチの依頼を受けた小田常胤は「立てば投げられる。寝て戦え」と徹底的に寝技を教え込んだ結果、白帯の多い二高は、黒帯を並べた一高に完勝しました。

講道館の影響力の及ばない西日本の大学では、寝技の柔道は、団体勝ち抜き戦に勝つための最良の方策として、さらに広く普及していきます。

京都大学柔道部が主催する「全国高等学校専門学校柔道優勝大会」すなわち高専柔道大会において、他を圧する強さを見せつけたのは、岡山の六高（第六高等学校＝後の岡山大学）でした。

古流・起倒流の金光弥一兵衛は、六高師範に就任すると、現在で言うところの膝十字固めや三角絞めを、次々と高専柔道に投入しました。

膝十字固めはすぐに禁止されてしまいましたが、三角絞め（前三角）はそれまで抑え込みが主体だった高専柔道に革命をもたらしました。

現在ブラジリアン柔術で使われている寝技の多くは、大正後期の金光弥一兵衛と旧制六高によって完成したといって良いでしょう。

寝技を嫌う嘉納治五郎は、それまで講道館ルールでも認められていた引き込みを禁じた上で「高専柔道も新ルールに従え」と主催者の京都大学柔道部に命じます。

しかし、京大の学生たちは、柔道の父の命令を敢然と拒否しました。素晴らしいことに、当時の学生はそれだけの見識と気概を持っていたのです。

六高師範の金光弥一兵衛が倉敷に開いていた道場「玄武館」に通っていた小野安一は、18歳で実力二段となり、当時日本一の寝技の使い手であった六高の選手たちと同等に戦った、と金光は名著『岡山県柔道史』の中で書いています。

その小野がブラジルに渡り、当時日本人柔道家を次々と絞め落としていたエリオ・グレイシーと二度戦って二度とも引き分け、エリオの兄ジョルジ・グレイシーには完勝した話については、別稿をご覧いただければと思います。

旧制高校の生徒は皆エリートです。エリートたちには日本に居場所があります。ブラジルの農園で働いて新生活を始めようとするはずがありません。筆者は、この小野安一こそが、当時の最新技術であった三角絞めをブラジルに伝えた人物であると確信しています。

高専柔道大会末期に、彗星のように登場したのが牛島辰熊師範率いる拓大予科であり、その中心選手が本誌連載の主人公たる木村政彦です。

中学時代から講道館ルールと高専柔道ルールの両方で戦ってきた木村政彦は、立ち技と寝技の両方を深く学んだ真の柔道家でした。だからこそ木村政彦はエリオ・グレイシーを破ることができたのです。

2013年11月20日。ヒクソン・グレイシーは、闘いに赴く息子クロンの魂を思い、涙した。

無敗の王者として長年君臨した父は、ただ祈りながらその時を待った。息子が自分の意志で、戦士の魂を受け継いでくれる時を――。2013年10月20日、北京。ヒクソン・グレイシーの息子クロン・グレイシーは世界一の座に登り詰め、父の魂は息子の中で再生した。そして父は今、理想の柔術を創るための新たなミッションへと向かう。父から子に受け継がれた魂の真実を、ヒクソンに余すことなく語ってもらった。

――この10月に北京で行なわれたADCC大会において、ご子息のクロン・グレイシーが全試合一本勝ちという素晴らしい内容で初優勝を果たしました。

「これほど息子を誇りに思ったことはないよ。数年前にクロンは私にこう言ったんだ。

『ダッド、あなたのおかげで僕はここまで来れた。でも僕は悟ったんだ。今後最高の地点まで僕を導くのはダッドではない。僕自身なんだ。自分の辿

2013年11月20日。
ヒクソン・グレイシーは、闘いに赴く
息子クロンの魂を思い、涙した。

GONG KAKUTOGI 260
2014年2月号
text by Horiuchi Isamu

り着きたいところまで達するためには、僕が自ら柔術に身を捧げ、戦っていかなければならない。僕以外の誰でもなく、僕自身がね』と。

それ以来、クロンは道場で誰よりもハードに練習をするようになったし、食事にも気を配るようになった。誰も彼を導く者がいないなか、クロンは毎朝一番早く起きて道場生たちを教えながら、自ら走り、腕立て500回などをこなすようになった。つまりウォリアーの心構えを持つようになったんだ。私が与えた知識もクロンを偉大な王者にするのに役に立っているけど、それ以上に私が誇らしいのはこういうことなんだ。彼はもはや私の息子ではないとすら言える。今や彼はクロン・グレイシーなんだ。彼はファイターとして、人間として完全に独立した存在で、自分自身の考えを持ち、行動している。そしてそんなクロンの努力が実を結んだのだから、本当に誇りに思うよ」

――最近のインタビューで、クロンはかつてはあなたに対して不満を持っていたと吐露しました。キム前夫人と別れて以来、あなたはブラジルに帰ってしまい、あまり自分に稽古を付けてくれなくなったので動揺し、時には怒っていたと。でもやがて、それはあなたが自分を成長させるためにしたことなのだと悟ったと。

「確かにかつてのある一時期、クロンは私が必要だと感じていたかもしれないね。でもそれは正しくはないんだ。男は成長するために、いずれ自分で自分の道を見つけ、切り拓かないといけないんだよ。私はある時、もうクロンは私を必要としないと判断したんだ。だから私はもう彼のそばにいなくても大丈夫だと考え、去ったんだ。あとはクロンが自分で進んでいかなければならないし、もし私がそばにいたところで、クロンにやる気がなければ彼は何も成し遂げることはできないだろうからね。やがて彼は自分で自分の道を見つけた。誇らしく思うよ」

――なるほど。あなたは日本で新著『心との戦い方』を上梓されましたが、そこでお父さんのエリオ・グレイシーとの関係について書かれていますね。あなたはエリオが46歳の時に生まれた子供で、あまり練習を一緒にすることはなかった。だからあなたは自分で心と技術を鍛えるための方法を工夫し、独力で強くなっていったのだと。

「自分の力で道を切り拓いたという面は大いにあった。でも同時に私は、何かあればいつでも父を見て学ぶことができたんだよ。私は自分の成し遂げたいことは分かっていたし、そのために父に相談したり、夕食の時に父が語るさまざまな話を聞いた。それは戦いのことだったり、恐怖とのつき合い方だったりだ」

――著書では、あなたがまだ10代の頃に大きなカーペットに自らぐるぐる巻きに包んでもらうことを望み、窒息の恐怖をメンタルの力によって乗り越えたエピソードも紹介されていましたね。

「呼吸が出来ず、身動きが取れないなか、窒息の恐怖と戦いながら2分間を耐えると、わずかながら息ができることに気づいたんだ。目を閉じゆっくりと腹式呼吸を始めるとさらに落ち着きを取り戻すことができた。それは自分の内部にある恐怖心を克服した瞬間だった。それ以来、私はカーペットにぐるぐる巻きにされることを自分のメンタル・トレーニングとして、週に1回くらいの割合で、2カ月ほど続けたよ。このトレーニングのおかげで、乱取りをしていて自分よりずっと大きな相手に顔の上にのしかかられて息が苦しくなっても、パニックにはならなくなった。なぜなら、人間はそう簡単に窒息死するものではないこと、実際にはわずかだけど空気が入ってくること、そして少し我慢していれば、やがて体勢を立て直してその苦境から脱出ができることを知ったからだ」

――自ら恐怖心に打ち克ち、父エリオの言葉を糧に成長していったと。

「ただ、私は父にいつもそばにいてもらおうとは思わなかった。自分の力で先に進まねばいけないと知っていたからね。私は父が教えてくれた柔術の原理をもとに、それをどう発展させようかと考えていた。どうテコを使って、いかに有利な状況を作って、いかなる精神状態で戦うか、などだ。父の与えてくれた概念を基にして、自分を作っていったんだよ。父がいなければ現在の私はいない。でも私を作ったのは他ならぬ私自身だ」

――はい。

「同じことが私と息子クロンの関係についても言える。クロンは『ダッドは僕にほとんど教えてくれなくなった』と言ったかも知れない。それは事実だ。私はクロンだけに特別なプライベートレッスンをしたりはしなかった。でも彼は常に私と同じ空気を吸い、私の試合に同行し、私の意見や議論をそばで聞いていたんだ。だから彼は私から多くを吸収し、私の鏡のようになったんだ。私なしでは今のクロンは存在しなかっただろう。私が父を見て学んだように、クロンにとって私は見て学べるような存在だったんだよ。しかし、今の彼を作ったのは彼自身だ。私ではなくね。自分を作る力は、自分自身の中から湧き上がるんだよ。人から強制されるのではなくね」

――あなたは、クロンが自分自身となることをずっと待っていたわけですね。

「待っていたよ。祈りながら。でも確信を持ったことはなかったんだ。たとえばクロンが医者になりたいと決意したら、私は賛成するつもりだった。それで失望することもなかっただろう。でもこうやってクロンが王者になり、自分が本当に行きたい道を進んでいるのを見るというのは……、まるで私自身が、彼を通して生まれ変わったような気分なんだ！」

我々はいつも、試合の朝起きた時にこう言うんだ。「死ぬのになんといい日なのだ」と

――父としてこれほど誇らしいことはないでしょうね。クロンが真にクロンとなったのを初めて実感したのはいつでしょう？

「まずは先ほど言ったように、クロンが私に『僕が目標に達成するのに必要なのはダッドの教えだけではない。これからは自分でやっていく』と言ったときだよ。そしてその数年後、クロンはその言葉をＡＤＣＣ大会で世界王者となることで証明してみせたんだ。そこに居合わせた私は、クロンは本当に成長したと悟ったんだ」

――クロンはメタモリス１（12年５月）の試合直前に、あなたと２人、とても大切な時を過ごしたと語っています。２人とも黙り、感極まって涙を流すこともあったとか。

「私たちは、戦いの前にはいつでもそのような時間を過ごすんだよ。これは私自身が常に行なっている儀式だ。常に私たち親子は祈るんだ。私たちは……（声を詰まらせる）自分たち自身を、より大きな視点から眺めるんだよ。つまり……決して金銭では買うことのできないような、もっとも大切なことがらを確認し合うんだ………それは名誉、伝統、家族……だから……（声を震わせ、涙を流しながら）我々が戦いの前にハグをし、その静かな時間をともに過ごす時……私たちは、何が起ころうと覚悟ができているんだ！　私たちは喜んで死ねるのだよ、己が信じるもののために！　だからこそ私たちは、この上なく強くあることができるんだ。死を受けいれる覚悟がある故に。私たちはいつでも自分の身を捧げることができる。私は、クロンは本当に私のようになってくれたと思っている。彼はいつ何時でも、その身を戦いに捧げることができるのだから……」

――メタモリス２の青木真也戦（13年６月）の後、クロンは試合前にあなたから「死を覚悟しろ」と言われたと我々に語りました。我々はそれを見出しとして大きく扱ったのですが、あの言葉は単に死ぬ気で戦えということではなく、もっと大きく大切なもののために殉じる覚悟を持つということなのですね。

「死を覚悟せずして、いかに十全に生きることができるというんだ？」

――そうおっしゃいますが、世に父親たちは数限りなくいれど、自分の息子に「死を覚悟しろ」と言える父親はあまりいません。

「我々はいつも、試合の朝起きた時にこう言うんだよ『死ぬのになんといい日なのだ！（What a great day to die!)』ってね。『まったくだ』と言い合った後、我々は戦いに向かう。その時には、もう我々を止めるものは何もない。私は以前からずっとこのように考えながら戦いに向かっていた。そして、今はクロンが同じ魂を持っている。私がそばにいなくても、そのように考えるようになったんだ」

私は〝MMA〟の試合をしたことはない

――まさに父から子へ、魂が伝承されたのですね。ところで先日クロンは、MMAを主戦場にしたいと表明しました。あなたもバーリトゥードやMMAにおいて様々な相手と戦い、負け知らずでした。しかしクロンが戦おうとしているのは、まったく新時代のMMAです。UFCはあなたの弟であるホイスが、あなたがセコンドとして見守るなか勝利することで始まりましたが、そのホイスも現代MMAにおいてはマット・ヒューズに完敗しました。クロンはどのような対策をすればよいと思いますか？

「基本的に私はMMAの試合をしたことはないと思っているよ。現在のMMAのようなルールで戦ったことがないからね。階級分けもなかったし、ラウンドはあっても無制限だったからタイムリミットもなかった。そういう戦いにおける心構えは、当然今のMMAとは異なるよ。力を使いすぎるわけにはいかないし、時間が来れば試合終了になることをあてにすることもできない。だから防御がとても重要になってくるし、戦略も大切になってくる。だから私は、いかなる方法でも、どの時点でもいいから相手をフィニッシュして勝利するために戦いに臨んだんだ。でも今の5分3ラウンド制だと、戦いはマーシャルアーツというよりもはるかにスポーツに近くなる。そこではマーシャルアーツのスピリットの全てを発揮することはできないんだ」

――自分の身を護りつつ、相手をフィニッシュするという本来の戦いのスピリットが、現代MMAでは失われていると。

「もちろん今のMMAにも価値はあるし、とても才能のある選手たちが戦っているが、私がかつての戦いに持っていたのと同じ興味を抱くことはできないよ。でも私はクロンなら、そこに他の選手たちとは別のスピリットを持ち込んでくれるのではないかと期待しているよ。たとえば私がADCCの試合において、興味深く見られるのはせいぜい2、3試合だ。でもクロンの試合はその全てが興味深いし惹き付けられる。それはクロンが他の選手とは異なるスピリットを試合に持ち込むからだ。彼はポイントではなく勝つために戦っているから。クロンは負けることもあるけど、勝とうが負けようが異質なスピリットを持ち込むんだ。それは私自身の姿を見ているようだ。メダルではなく、勝利のために戦うという点でね。私はそういう心のあり方に興味があるし、それをクロンがMMAに持ち込んでくれることを期待している」

――クロンの他に、あなたが見ていて惹き付けられる選手はいますか。

「私は選手というより、試合のなかの良い動きを鑑賞するのが好きなんだよ。現在そこにはもう技術的な戦略は存在しないから、そうなってしまうんだ。テクニックを使うのではなく、アクセルを踏み込んでひたすらフルスピードで走るような試合ばかりだ。5分間そうやって走れば休めるし、また5分走れば休む、もう一度繰り返せば終わりだ。そういう戦いはきわめて肉体的なものであり、ある種のテクニックは存在するけど、精神的な戦いではない。そのような状況ではときに良い動きを見ることはできるけど、常に同じファイターがそれを見せているとは限らない。同じ選手が素晴らしい試合をしたり、ダメな試合をする。アンデウソン・シウバのような男は素晴らしい動きもするが、ある時は、見ている私が恥ずかしくなるような試合もやってのける。（ジョルジュ）サンピエールも同じだ。いい試合も悪い試合もする。だから特にこの選手の試合を見たい、という存在はいないんだよ。そういう点では誰も私の目に適う者はいない。そのかわり、試合で出るよい動きを私は楽しむ。誰のということもなくね」

——以前、新しい柔術の組織を作ることが今後の仕事だと仰いましたが、他にもなにか取り組まれていることはありますか。

「セミナー等を通じて、私の知る柔術の知識をより広く伝えていきたいよ」

——あなたは近年、インビジブル柔術（見えない柔術）というコンセプトを広められていますね。

「インビジブル柔術というのは、ポジションを今までとは異なった形で感じるための方法だよ。写真では、コントロールの仕方やサブミッションの形は同じに見える。でも適切な技術を用いると違う感じ方ができる。その感じ方というのは目に見えないものなんだ。私が長年、より強力な柔術技術を求めて練習してきた成果だよ。だからマウントポジションには2種類あると言える。通常のマウントと、私の行なうマウントだ」

——ただしその違いは端からは見えないと。

「見えないが、感じることはできるんだよ。体重のかけ方や体の密着の仕方などだ。私は従来の柔術におけるポジションを、より完成されたものに発展させたいと思っているんだ」

——それを一族だけに伝えるのではなく、広く世に広めるつもりなのですね。

「もちろんだ。私はこの世を去る前に、私の持つ全てをこの地上に残したいんだよ。去る時には、何一つ持っていきたくないいんだ。これはこの世で残された私の使命だよ」

——ヒクソン・グレイシーの口からそういう言葉を聞くと、長年あなたの活躍を見て来たこちらも、経った年月の大きさを感じます。新しい団体を作ること、あなたの柔術を広めること以外に、自分の使命だと考えるようなことはありますか?

「使命というわけではないけど、やりたいことはいろいろあるよ。もっと子供を作りたいし、今後も幸せでいたいし、(サーフィンで)より多くの波に乗りたいし、クロンの勝利をより多く見届けたい。人生でやりたいことがいっぱいあるんだ。それは自己犠牲に基づくようなものではない。喜びと幸福のためにあることなんだ」

——今後は大いにご自身の幸せを追求されるということですね! 最後に日本の読者や柔術愛好家たちにメッセージを。

「柔術を愛する者たちはみんな、練習を続けるべきだよ。柔術というのは単なる競技ではないんだ。自分を見つめ、問題に出会ってその解決を探せるようになるのが柔術なんだ。そのことを経験して、自分自身に関する知識を得ることで人は成長する。仕事でも、家庭でも、友人関係においてもね。私は読者のみなさんに、マーシャルアーツを通じてこのような心の成長を体験し、より良い人間となっていただきたいと思っているよ」

Rickson Gracie
1959年11月29日、ブラジル・リオ・デ・ジャネイロ出身。エリオ・グレイシーの3男。80年代のリオ州選手権、コパ・カンパニー等を伝説的な強さで制覇。80年、85年とレイ・ズールにヴァーリ・トゥードで連勝。94年、95年と『バーリトゥード・ジャパン』2連覇。97年、98年と『PRIDE』にて高田延彦に連勝。00年に『コロシアム2000』にて船木誠勝に勝利。09年に引退を表明。長年ロサンゼルスにてヒクソン・グレイシー柔術アカデミーを主宰していたが、キム前夫人との離婚を機に拠点をブラジルに移し、自らの柔術を世界に広めるべく精力的に活動中。全日本柔術連盟(JJFJ)初代会長。178cm、84kg

※本稿は2014年2月号を修正の上、収録。

2013年11月21日。クロン・グレイシーは一時は恨んだ父ヒクソンの魂を想い、涙した。

ADCC北京大会77kg級2回戦。セコンドの父ヒクソンですら望みを失う絶体絶命のピンチに陥ったクロン・グレイシーは、大反撃に転じて奇跡の逆転一本勝利、その勢いで見事初優勝を決めた。近年のクロンが見せるあまりにも激しく眩しいウォリアースピリットの輝きの裏には、自分を置いてブラジルに帰った父への怒りと、愛情と悟り、亡き兄や祖父への想い、そして彼らが体現した「至高の価値」のために、身を捧げる決意があった。

GONG KAKUTOGI 260
2014年2月号
text by Horiuchi Isamu

――ＡＤＣＣのハイライトは、２回戦のゲイリー・トノン戦でした。クロン選手のマウントからの腕十字を凌いだトノンが、かつぎパスでプレッシャーをかけ、クロン選手が亀になったところでバナナスプリット（股裂き）からバックを奪いました。

「うん、やられた。腕十字を逃げられてマウントを失ったらすぐにポイント制になったんだ。あれだけ攻撃したのに何も無しさ（※ＡＤＣＣでは前半の５分・決勝では10分経過するまではポイントが入らない)。『○ァック!』って思ったよ。そうしたらあっという間にバックを奪われてしまった。もう『シット! 最悪だぜ、これは!』って感じさ。ずっと圧倒してたのにいきなり負けてるんだから。だから『絶対逃げなくては。こんな誰だか知らんヤツに負けられるか!』って思った。それでなんとか逃げた時にはもうだいぶ時間が経っていた。そこでダッドの方を見て『残り時間は?』と聞いたら『1分だ……』と答えてくれた。でもその言い方に『この愚か者め! あんな馬鹿な動きをして負けおって。なんてことをしでかしてくれたんだ』って気持ちがこもってたんだよ」

――セコンドの父ヒクソンから、「もうダメだ」という怒気が(笑)。

「僕はダッドの心は読めるんだ。僕が負けると思ってたんだよ。でも僕にとって1分というのは十分な時間だった。道場で1分間で極める練習もたくさんしてきたからね。だから、試合終了まで絶対に止まらないつもりで攻め続けたんだ。相手のバックを奪って3―3の同点に追いついたと思って得点を見たら、まだ6―3で負けていた。どこで取られたかは分からないけどそうなっていた。だからまた『ファ○ク! 極めてやる』って思ったんだよ。試合後はみんなが僕に『一度バックのフックをわざと外して、また入れれば同点になったじゃないか』って教えてくれたんだけど、あの時はそんなことは頭になかった」

――クロン選手はそもそもポイント勝ちを狙わないですからね。

「向こうはそうやって僕から6点取ったんだけどね。僕にはポイントを稼ぐという発想はなかったから、とにかくチョークを狙っていった。『絶対極める、絶対極める、絶対極める……』って思いながらね。何度も何度も何度も絞めにいって、とうとう入った! その時はもうひたすら相手がタップするか眠る前に、時間が来ないことを祈っていたよ。そして彼がタップした時、まだ試合時間内だったんだ! もう本当に最高の気分だったよ。

今まで僕がいろいろなものを犠牲にして積み重ねてきた練習の全てが、ここで実を結んだんだから」

──一時は負けを確信したお父さんは何と言ってましたか？

「『よくやった。それにしてもヒヤヒヤさせてくれたな！』って喜んでくれたよ。あの試合で僕は本当に『大いなる力』を感じたよ。兄（ホクソン・グレイシー。19歳で夭逝）の魂を感じたんだ。最近の試合では、前よりいっそう強く彼のことを感じるんだ。それは僕にとってこの上ない励みだ。だから僕も彼がやろうとしていた目標に向けて、ありったけの努力をしてこの身を捧げることができるんだ」

──柔術の試合ではいつも、お兄さんが描かれたバッジを裏地に縫い付けたギ（柔術衣）を着て試合をしますね。

「うん、14歳か15歳のころからずっとあのバッジをギに付けているよ。試合に出るようになってからずっとかな。兄が死んだ後、誰かがうちに送ってきたものなんだ」

──そんな頃から、お兄さんとともに試合で戦ってきたのですね。

「試合だけでなく、練習でも一緒だったよ」

──トノン戦の逆転勝利後、準決勝ではJT・トレス相手に下から腕十字を極め、決勝では青木真也選手も仕留めたギロチンでオターヴィオ・ソウに一本勝ち。とうとう掴んだ世界タイトルですから、ヒクソンさんも喜ばれたでしょう。

「僕らにとっては本当に大きな勝利だったよ。黒帯になってから長い間練習をして、さまざまな試合に勝った。でも本当の意味でのビッグタイトル、真に世界最高峰の戦いで勝てたのはこれが初めてだったからね。そういう大会で優勝できたし、しかも全員から一本勝ちできた。そしてこの時僕は、ダッドがチャンピオンに返り咲いたような気分でもあったんだ。確かに僕のキャリアという意味でも最高のタイミングでの最高の勝利だった。でも同時に、ダッドの柔術が今もベストであるってことを証明できたという点でも満足感が大きかったんだ」

たとえ命を奪われるようなことがあっても、この柔術の道に身を捧げるんだ

――昨日お父さんにお話を伺ったのですが、今回のADCCの勝利で、クロン・グレイシーは単に自分の息子ではなく、真にクロン・グレイシーとなったと感じた、と仰っていました。

「……そうなんだ」

――あなたは少し前に、試合前にお父さんととてもエモーショナルな時間を過ごしたと言われていましたね。

「ああ、メタモリス1（2012年5月）でオターヴィオと戦う前だよ」

――お父さんにそのことを伺ったら、感無量となり声を詰まらせていました。

「僕もダッドにはいろいろな感情があったんだ。黒帯になってから長い間、そしてダッドがブラジルに戻ってしまってからずっと、僕はダッドにもっと柔術を教えてほしいと思ってたんだ。これをしろ、これはするな、って感じでいちいち教えてくれて、いつも僕のそばにいて、僕を王者にしてほしいと思ってた。でもダッドはそういうことをしてくれなかったんだ……」

――我々は、ヒクソンは息子のあなたのみに秘伝を伝えたりしているのではと思っていました。

「みんなそういうことを言うよね。でもダッドが僕に直々で練習してくれたのなんて、ほんの子供の時だけなんだ。ブラジルに帰ってしまった後も、たまに電話で『私はLAにちょっと戻る予定なんだ。お前の試合の2週間前から一緒に練習しよう』と言ってきて、実際にブラジルから戻って顔を出す。でもそこで『ようクロン！』とだけ言ってまたどこかに行ってしまったまま、僕のところには決して来てくれなかったりした。そういうことが長い間続いたんだよ。いつも一緒に練習すると言っておいて、現れるのは試合の当日になってからだ。そのことにすごく動揺したし、僕の試合にも影響した。僕は最高のトレーニングができていなかったし、それを父のせいにして怒っていたんだ」

――……。

「そうやって長年ダッドに対して苛立っていたんだけど、ある日思ったんだ。『もう長いこと同じことが繰り返されてる。ダッドは変わらないんだ。道場に来て僕に稽古を付けてくれたりはしない。そういうことは今後も無いんだ。だったら、僕がうまくやれないからってダッドを非難するのはやめよう。他の誰も非難しちゃダメだ。自分のやることの全ての責任は自分で背負わなくちゃいけないんだ。僕が負けたら、それはダッドではなく僕のせいだ』ってね。これは僕にとってすごく大きな悟りだった。それを悟った瞬間から、僕は勝ち始めたんだ。それから負けてないんだよ。前よりずっとハードに練習するようになった。誰の助けもアテにしなくなったからね。以前は父の助けも期待していたし、スポンサーが付いてくれることも期待していた。どこかのお金持ちが『クロン！君は素晴らしい選手だ。君の練習費用、パーソナルトレイナー代等は私に面倒を見させてくれ！』とか言ってくれるんじゃないかと思ってた。コービー・ブライアントなんかはそうなってたからね。でもそんなことはアテにできないと悟った。もしそういうことがあればボーナスだと思って喜ぶけど、決して期待しちゃいけないんだと。だからもうその種の話のことは気にせず、エネルギーの全てを柔術の練習に費やすようになったんだ」

――自分でやるしかない、と決意したのですね。

「そしてメタモリス1の前も、ダッドは試合直前になって会場に現れた……。（声を震わせながら）その時も僕に練習など付けてくれずにね……。そこで僕らは並んで座って、僕は兄のことを思い出して泣き、ダッドも泣いたんだ。その間、僕らは何も話さなかった。やがて僕は試合に向かい、勝った……。そして試合後、悟ったんだ。僕はダッドのことをコーチとしてではなく、父として考えなきゃいけないってね……（涙を流し、しばらくの沈黙の後）もちろん彼はいつだって僕の父で、その魂はいつも僕のそばにいてくれる。でも『クロン！　腰をもう少し動かせ』とか『こういう練習をしろ』とか言ってくれる人じゃないんだって。そうじゃなくて、魂の面で、いつもそばにいてくれるような父なんだって……。（Tシャツで涙を拭いながら）技術的な面では教えてくれないけど、本当に必要な時にそばに来てくれるんだって……」

──お父さんは、彼とあなたは「お金で買えない大切なもの」をシェアしていて、そのためには死を覚悟して戦うと話してくれました。

「……そうさ。それは僕が僕であるためにとても大切なことなんだ。多くの人は金のために何かを成し、また自分を満足させるために何かをする。でも僕が父から学んだことは、父はものごとを自分自身のためではなく、彼の父のため、ファミリーのために行なっているということ、至高の価値を持つもののために身を捧げているんだってことだ。僕の場合は父のため、ファミリーのため、そして兄のために自分の持てる限りの力を振り絞っているんだ。僕はそのために自分を喜んで犠牲にする。僕のしたい全てのこと、僕がしなくてはならない全てのことは、父が、そして祖父が信じていたことのためなんだ。彼らもそうしてやってきたんだから。彼らがやってなかったら、僕だってやらないよ。彼らが実践してきた道だからこそ、僕はたとえ何が起ころうと、自分の命を奪われるようなことがあっても、負けようが勝とうが、この道に身を捧げなきゃいけないと思っているんだ。僕の人生における使命はこの柔術の道だということを僕は受け入れたんだ。僕自身がどういう気分になろうが、どういう目に遭おうがね」

Kron Gracie
1988年、ブラジル・リオ・デ・ジャネイロ出身。ヒクソン・グレイシーの次男として生まれ、米国ロサンゼルスにて幼少時より柔術に親しむ。2000年に兄・ホクソンが急死したことで、ヒクソン・グレイシー柔術の正統継承者の道を歩むことに。06年に紫帯で、07年に茶帯でムンジアルメジオ級優勝。08年に黒帯取得。11年ムンジアル黒帯レーヴィ級準優勝。13年にADCC世界選手権77kg級優勝。この取材後、14年12月にMMAデビュー。15年からRIZINに参戦し、山本アーセン、所英男、川尻達也にいずれも一本勝ち。175cm、65.8kg。クロン・グレイシー柔術主宰

※本稿は2014年2月号を修正の上、収録。

第2章 バーリトゥード・ジャパン

VTJ前夜の中井祐樹。

平成元年四月、十八歳の中井祐樹が北大柔道場に見学にやってきた。六年後、その青年はある決意とともに日本の総合格闘技の歴史を変えることになる。木村政彦対力道山の〝昭和の巌流島決戦〟から四十一年。格闘技とプロレスがまだ、同じものとして語られていた世間の目をひっくり返した男は、一夜の栄光と悲劇を小さな身体で背負っていた。「バーリトゥード・ジャパン・オープン95」。伝説の試合をともに戦った、男たちの物語。

平成七年（１９９５）四月二十一日昼。

私は東京都内の曹洞宗の禅寺で吉田寛裕の一周忌に出ていた。

そう、あの伝説のバーリトゥード・ジャパン・オープン95を日本武道館で観戦した翌日のことである。

中井祐樹も当然来ているだろうと思ったが姿がなかった。

いま思えば、朝起きて右眼が見えないことに気

GONG KAKUTOGI NO.204
2009年6月号
text by Masuda Toshinari

づき、病院へ行って失明を告げられ、愕然としているときだったのだ。

一周忌には岩井眞監督やコーチ陣のほか、札幌、大阪、福岡など、全国から北海道大学柔道部の若いOBが何十人も集まっており、試合を観戦した私たちは質問攻めにあった。

「ゴルドー戦はどんな感じだった？」

「中井はどうやって戦ったんだ？」

「ヒクソンはそんなに強いのか？」

読経のなかで話す私たちを、坊さんは苦々しく背中で聞いていたにちがいない。だが、私は吉田寛裕もきっと試合の詳細を聞きたがっているだろうと思って丁寧に話した。

ほかのOBも同じ思いだったに違いない。はじめのうちこそ遠慮して小声で話していたが、そのうち盛り上がって読経の声より賑やかになってしまった。

この試合を最も観たかったのは吉田だろうし、中井がこの試合を最も見せたかったのも吉田だと思う。

だからそんな吉田に私は聞かせてやりたかった。中井の勇気ある戦いを。中井はほんとうに頑張ったんだよ……。

あの日、中井祐樹は二人の魂を背負ってリングに上がっていた。

＊

中井は、四年目の最後の七帝戦を終えると、すぐに北大を中退してプロシューティング（後のプロ修斗）に進んだ。平成四年の夏のことだ。その三年後にこのバーリトゥード・ジャパン・オープン95に出場したわけだが、この三年間に二人の大切な男を亡くしている。

ライバルの甲斐泰輔（九州大学主将）と親友の吉田寛裕（北海道大学主将）である。副主将だった中井は、彼らとともに七帝柔道最盛期の一時代を担った。

九大の甲斐泰輔はとてつもなく強い男だった。寝技にかけては、おそらく当時の日本の重量級で最も巧い選手のうちの一人だっただろう。

一一〇キロの体で軽量級のような寝技をやったのだからだれも止められなかった。十五人目の大将にチームで最も弱い置き大将を置く。そして甲斐は副将に坐り、相手校が五人残っていようが六人残っていようがすべて抜き去ってしまう、まさに怪物であった。彼を確実に一人で止めることができるのは七大学でただ一人、中井祐樹だけだった。

戦前の高専柔道も、早川勝、野上智賀雄、木村政彦、木村光郎ら名選手をたくさん輩出しているが、戦後の七帝柔道で最も強かった選手かもしれない。長い間、京大柔道部を指導し、『国立七大学柔道戦史』の大著もある丹羽權平氏（京大学士柔道会元会長）も「史上最強は甲斐君ではないか」と言う。

一方の吉田寛裕は、小柄だが闘志の塊のような男で、寝技の緻密さでは中井祐樹の後塵を拝したが、投技も合わせた総合力という点では上だった。

しかし、柔道衣を脱げば、豪放な笑顔を見せる魅力的な男だった。

吉田は入学当初は寝技中心の部の方針に反発していたが、先輩たちが七帝戦のたびに見せる涙に感化され、主将に就くころには北大柔道部精神の権化のような男に育っていた。

吉田が亡くなったとき、私は数日遅れて自宅を訪ね線香をあげさせてもらったが、そのとき吉田の母親に「寛裕を北大柔道部に取られたような気がします……」と言われて胸が痛んだのを覚えている。それほど彼は北大柔道部にのめりこんでいた。

私は、この中井祐樹や吉田寛裕、甲斐泰輔たちの三期上にあたる。つまり彼らが一年目の時の四年目だ。当時は京都大学が連勝街道を驀進中だった。一方の北大は、実に五年連続最下位という最悪の状況に陥っていた。

必死の長期強化がやっと実り、私たちの代が三位、次の代も三位、そして中井たちが三年目のときに準決勝で十連覇中の京大をついに破った。しかし、決勝戦には怪物甲斐泰輔を擁する九大が待っていた。

大将決戦でも勝負は決まらず、代表戦になった。九大はもちろん甲斐を出してくる。北大は本戦二人目で甲斐を止めた一二八キロの巨漢、四年目副主将の後藤康友を出した。後藤は立っては不利なので寝技に引き込んで下から脚を利かせるが、すぐに甲斐に脚を一本越えられた。甲斐は二重絡みで守る後藤をそのままの姿勢から十字絞めに変化して絞め落とした。

平成四年、最上級生になった中井祐樹や吉田寛裕たちは「打倒甲斐」を合い言葉に一年間対策を練り、大阪での七帝戦一回戦で九大と激突、作戦どおり中井が甲斐を止めて一人残しで辛勝。敗者復活を勝ち上がってきた九大と決勝で再び相まみえ、これを破って十二年ぶりに優勝旗を奪還した。

甲斐泰輔は北大への雪辱のために五年生の七帝戦にかけて猛練習を続けていたが、急性膵臓炎で二十二歳の短い命を閉じた。吉田寛裕もその後を追うように二十四歳で逝く。

若き情熱が七帝戦の舞台でぶつかり、そしてはじけ散った……。

私は創部百周年を記念して出された『北海道大学柔道部史』（二〇一〇年刊）の編集委員をつとめたので、中井祐樹の寄稿も原稿の段階で自宅で読ませてもらった。

それを読みながら、私はあふれる涙を抑えることができなかった。

そこには吉田寛裕との想い出が、中井らしい優しく淡々とした筆致で書かれていたからだ。

《今1991年春頃の事を思い出しています。或いは初夏のことだったでしょうか。

その日僕は同期の吉田寛裕と珍しく練習後ふたりきりで（最初で最後か）銭湯に来ていました（僕は何故か実は誰かとふたりで行動する事が極端に少ないのです）。

当時三年目の僕はいらいらしていました。西岡さんを始め四年目の先輩方も辛そうに見えました。かつて全国一に輝いた伝統ある部（増田注＝昭和九年の高専大会優勝のこと）を引き継いでいるんだという誇り。しかしそれを望んでも叶えられない現実と力不足。全てが遠く感じられていました。

湯船に浸かりながら僕らはどうしていくべきかを延々と語りました。吉田は少しばかり驚いているようでした。僕はあまり現状を悲観しない人間だと思われていたのかもしれません。いや、悲観じゃなくただ泣きつきたかったのでしょう。四年目の七大戦迄はこの部に賭けようと考えていた僕を吉田は実にポジティヴに受け止めてくれました。そしてスッキリした僕はそれっきりネガティヴな想いを消しました。

結果この年は限りなく優勝に近い準優勝。西岡さんの背負い投げは今も瞼に焼き付いたままです。秋には吉田の援護射撃のつもりで出た個人戦でまさかの正力杯への切符を掴む事となります。翌年我々は優勝カップを奪回する事に成功しました。そして僕は北大を離れました。

あれから15年以上の時が流れましたが僕は未だ問い続けています。立技、寝技。武道か、スポーツか。生きる事、死ぬ事。闘う事の面白さそして闘う意味を世に問う事は僕のライフワークとなりました。今も北大時代は僕の中ではずっと変わらぬいい思い出です》（『部創立百周年記念北海道大学柔道部史』）

文中に《四年目の七大戦迄はこの部に賭けようと考えていた僕を……》とあるように、おそらく中井は三年目のこのとき、すでにシューティングに行くことを決心していたのだろう。

中井祐樹が北大柔道部に見学に来た。寝技ばかりの乱取りに目が輝いていた

私が中井祐樹と初めて会ったのは、平成元年

（1989）の四月はじめのことである。

四年目で副主将だった私は、いかにして五年連続最下位から脱出するかと、同期の連中と一緒にもがき苦しんでいた。

当時の北大には、かつて重量級のインターハイ選手をずらりと揃えてつねに七帝戦の優勝候補の一角に挙げられ、講道館ルールの優勝大会（学生日本一を決める七人制の大会）でも全国トップクラスの大学と互角勝負をしていた面影はどこにもなかった。

北大が強い頃、東大のOBがこんなことを書いたという話が伝説として残っていた。

《北大は高校時代から柔道ばかりやっていた柔道バカでも入学できる入学難易度の低い大学だから優勝して当然である》

この文章を私は現役時代に部室で何度か探したことがあるが結局みつけることができなかったので、実際にあったものかどうかはわからない。しかし、こういう伝説があること自体、いかにかつての北大が強かったのかということである。

最下位の泥沼から抜け出すために、各代の幹部たちは毎年さまざまな工夫を続け、さらに練習量を極限まで増やしていたが、どうしても勝てず、ずるずると最下位を続けていた。

悪循環だった。

最も大切なのは、とにかく部員を増やすことであったが、入れても入れても、練習の苦しさに新入生が辞めていくのだ。

十五人戦の七帝戦は総力戦である。数こそ力なのだ。レギュラー争いが熾烈にならなければチーム力が上がらない。とにかくだましてでも新入部員を入れ、鍛え上げねばならなかった。

私たちの代は常勝京大を破っていきなり優勝するなどということは考えることすらできない状態だった。

私たちがやるべきことは、まずは連続最下位からの脱出だ。そして未来へつなぐ優勝の夢実現のために、部員を増やし、その夢を託すことのできる核となる男をさがしていた。

それは高校時代の実績でも体格の良さでもなく、勝つための強い意志をもった男だった。

寝技中心の七帝柔道においては、一年目のときの実力がそのまま四年目まで順位が変わらないなどということはありえない。

誰が伸びるかやってみないとわからないのである。

それが七帝柔道の最も魅力的なところかもしれない。

インターハイで上位入賞し鳴り物入りで入ってきた重量級の選手と、高校までまったく運動経験のないひょろりとした白帯の少年が、四年後にどちらが強くなっているかわからない……こんな胸躍る世界はほかにないと思う。

その日、私たちはいつものように悲壮感を持って長時間の寝技乱取りを繰り返していた。

全員怪我だらけだが見学なんかしていられない。七帝戦は三カ月後に迫っていた。とにかく穴になりそうな選手を鍛え上げなければならない。

私が下級生を抑え込んでハッパをかけていると、横でやはり誰かを崩上で抑えながら「七帝本番だと思って逃げろ!」と怒鳴っている竜澤宏昌主将と眼が合った。

と、竜澤が「あっちを見ろ」というように顎で指した。

道場の入り口の方角だ。

私が首をひねってそちらを見ると、ベンチプレス台に座っている見学の一年目が一人いた。

しかし竜澤が言いたかったのはそのことではない。

その見学の一年目の横でまだ入部したばかりの一年目である長高弘が両腕を組んで講釈をたれている。長は札幌北高の柔道部の主将だったので、高校時代からよく北大に出稽古に来ていた。だから同じ一年目でありながら、見学者に先輩風を吹かせて部の説明でもしているようだった。

私は竜澤の眼を見てうなずいた。

竜澤が私に何を求めているのかわかったからである。四年間苦楽をともにした同期とはそういうものだ。

私は、「乱取り交代」の合図があると抑え込みを解き、相手に最後の礼をしてすぐに長のところへ行った。

「長君、彼は一年目かい？」

汗を拭きながら、わかっていて聞いた。

「はい。こいつは俺の北高の同期で、レスリング部のキャプテンだったんです」

見学の一年目がきびきびとした動作で立ち上がって「中井祐樹といいます」と頭を下げた。

私が「四年目の増田です」と右手を差し出すと、中井がしっかり握り返してきた。眼をそらさない。気が強い男だ、こいつは絶対欲しいと思った。

「うちは見てのとおり普通の柔道じゃないんだ。寝技ばっかりだろ。レスリング出身者は伸びるぞ。俺が一年目のときの五年目の先輩にもレスリング出身で白帯から始めた人がいたんだけど、最後は一番強くなった。もう入ることは決めたのかい？」

「いえ、それは……」

中井はそう言って頭をかいた。

後から知ったことだが、中井は当時北大正門前にあった極真空手北海道支部道場へ入るつもりだったのだ。

柔道部が寝技ばかりの特殊なものだと聞いて、ちらりと覗きに来ただけだったという。高校で組み技をやったので大学では打撃を身に付けたいと思っていたそうだ。彼の頭のなかにはすでに総合格闘技（ＭＭＡ＝Ｍｉｘｅｄ Ｍａｒｔｉａｌ Ａｒｔｓの略。柔道やレスリングなどの投技や寝技のほか空手やボクシングなどの打撃技も許されている格闘技）の構想が芽吹いていたのである。

「そうか。まあ練習を見ていってくれよ」

私はそう言って、竜澤が〝私に求めていること〟を始めることにした。

「よし。長君、一本やろうか」

「えっ？　俺ですか？」

長は嬉しそうに「じゃあよろしくお願いします」と言って頭を下げた。高校の同級生の前で四年目に名指しで乱取りを所望されたのが誇らしいようだった。

本来ならば道場の真ん中まで移動してから乱取りを始めるべきだが、私は中井の目の前で長と組み合った。そしていきなり跳び付き腕十字で、かなり強めに極めた。長が悲鳴を上げて手を叩いた。私はすぐ離した。

長は立ち上がると首を傾げながら組んできた。高校生として出稽古に来ていた当時の長には力を抜いて相手をしていたから、私に抑え込まれたことはあっても関節を極められた経験がないのである。私は片手を持った瞬間、今度は反則すれすれの脇固めを極めた。長がまた「痛い！」と声を上げながら畳を叩いた。

中井が身を乗り出して見ている。十八歳のその眼は好奇心に輝いていた。

そこから私は長を立たせず、関節技を極め続けた。腕十字、腕緘み、三角からの腕固め、そして当時は地球の裏側でそんな名前が付けられているとは知らないオモプラッタなど、とにかく中井の興味を惹くために、できるだけ見栄えのいい派手な技を使った。

六分が終わり、乱取り交代の合図があった。

長はふらふらになりながら最後の礼をした。そしてそのまま中井の横に座り込んで休もうとした。しかし、そこにやってきたのが竜澤である。

「おう、長君。彼は一年目かい？」

私と同じことを聞いた。私はにやつきながら横目で見ていた。

「あ、はい。北高時代の同期で中井っていいます。レスリング部出身です」

長が息を荒らげながら言った。

「ほう、レスリングか。伸びそうだな」

竜澤が嬉しそうに笑った。

「主将の竜澤だ。よろしく」

竜澤がやはり右手を差し出すと、中井が今度は明らかに憧れの色をたたえた眼で竜澤の手を両手で握りかえした。

竜澤が「うちに入れよ」と言うと、「そうですね、はい」と、かなり態度が前向きになっていた。

竜澤と眼が合った。

私が〝もう少しだな〟と眼で言うと、〝任せとけ〟とやはり眼で竜澤が返した。

竜澤が言った。

「じゃあ長君、俺とも一本お願いできるかな」

長が「えっ」と引いた。私と竜澤の意図に気づいたのだ。だが、今さらどこに逃げるわけにもいかない。

「よし、こい」

竜澤が組むや寝技に引き込んで下から返し、そこから私以上の技のデモンストレーションをやった。

横三角で一気に絞め上げ、長が「参った」するたびに技を緩め、逃げる方向逃げる方向へ関節技や絞め技を極める。

入ったばかりの新入生なのでさすがに落としはしなかったが、長は痛みと苦しみに絶叫し続けた。前三角、後ろ三角、そして腕緘みのあらゆるパターン。

中井はベンチから尻が半分落ちるほど前のめりになり、興奮しながらその技の数々に魅入っていた。

はたして、練習後のミーティングで中井は「入部します！」と宣言した。

引退試合である七帝戦は七月の半ばだったから、私は中井と三カ月だけ現役時代が重なっている。

おそらく三十本や四十本は乱取りをやっているはずだが、私には一回しか記憶がない。

当時は七帝戦十五人のメンバーに入る十三番目、十四番目、十五番目の選手となる穴の三年目や二年目を鍛えるのに必死で、一年目との乱取りは四年目にとって流す程度のものだったから当然だ。

しかも中井はまだ白帯だったのだ。

しかし、中井との乱取りを一本だけ覚えているのにはわけがある。

投げられたのだ。

その瞬間の光景と感覚だけは、二十年以上たった今でもはっきりと覚えている。

裏投げだった。

いや、裏投げではなかった。プロレスでいうバックドロップ、アマレスでいうバック投げだ。裏投げだったら、いくら私がなめていたとしても投げられなかっただろう。

バックドロップだったので、防ぐタイミングがずれたのである。

そしてブリッジをきかせたそのバックドロップで、私は後頭部から畳に叩きつけられた。

私は照れ隠しに笑いながら立ち上がった。

問題はそこからだ。

私が立ち上がると、中井は「よし!」と気合いを入れながらすでに私と組み合うのを待っていた。

中腰で、脇を締め、両手を鷲のように開いて相手を捕まえんとするポーズで。

レスリングの構えであった。

その表情には、また投げてやろうという意志があった。

普通、白帯の一年目が四年目に対してこんな態度をとることはありえない。

もちろん北大柔道部では意味のないいじめのようなことはなかったが、それでも格闘技の部である。取れば何倍にもなって取り返されることはわかっている。

力が四年目と拮抗しているかなり強い三年目であっても、取った後は怖がって精神的に引いてしまうことが往々にしてある。それは私とて同じである。下級生のころはもちろんそうだったし、最上級生になってからも出稽古先で格上の選手を取ってしまったあとは、やはり怖くて気持ちが引いてしまいがちだった。

中井は白帯のその時代から、そういうことをまったく怖れていない男だった。鍛えて身に付けたものではない、生まれつきの剛胆さを持っていた。

私は、この三カ月後、四年目の最後の七帝戦が終わると北大を中退して新聞記者となった。そのまま忙しくて道場に顔を出さなくなった。

しかし、その年の秋頃には中井の寝技がどんどん強くなっているという噂を監督やコーチ経由で聞くようになっていた。やはりな、と嬉しくなった。

二年目の七帝戦ですでに先輩たちを押しのけてレギュラー入りし、分け役としてきっちり役割を果たしている。

当時、部員は四十五人ほどいた。白帯から始めた中井がわずか一年三カ月の練習で十五人のメンバーに入るのは驚異的な実力の伸び方だった。

三年目時には下からも脚が効く本格的な寝技師となり、七帝戦本番ではインターハイ三位の実力者を下から返し、横三角から腕を縛って簡単に抑え込んでしまった。

国際ルールの体重別個人戦でも北海道予選を寝技で勝ち抜き、正力杯（インカレ）で寝技を駆使してベスト16に入っている。これは国際ルールだったからベスト16だが、引き込みありで寝技膠着の「待て」がない七帝ルールならば当然もっと上にいっていただろう。

中井は、とても大学で白帯から始めたとは思えない、化け物のような寝技師に育っていたのだ。

もちろん超一流のブラジリアン柔術家となった現在の中井と比べれば力が落ちるのは当然だが、少なくとも、まだブラジリアン柔術が入ってきていない当時の日本では最高レベルの寝技技術を身に付けていたのは間違いない。

長く北大柔道部を指導してきた佐々木洋一コーチが、中井が短期間で強くなった秘密を私に教えてくれたことがある。

「夜の練習が終わると、練習熱心なやつらは居残って技の研究とか腕立て伏せ千回だとかウエイトトレーニングとかやってるだろ。ああいうことやってる連中は強くなってるよな、みんな。努力すれば当然強くなる。だけどな、中井はそんなことしてなかったよ。だからその強くなった連中以上に飛び抜けて強くなったんだ」

「何してたんですか?」

「道場の真ん中で大の字になって一時間くらい動けないで天井仰いでるんだ」

「……?」

「それくらい乱取りで全力を尽くしてるんだよ。一本一本の乱取りでいっさい手を抜いてないんだ。だから研究とかウエイトとかやる余力が残っていなかったんだ。俺は二百人近く選手を見てきたけど、そんな選手は中井しかいなかった」

「技術的にはどんな感じなんですか」

「教えたこと教えたことすべて吸収しちまいやがる。さらにそれをアレンジして自分流にしてしまうんだ。そして『もっと教えてください』って何度も何度もやってくる。しつこかったよ。そのうち教えることがなくなっちゃったよ。あとは自分の力でするすると高みにのぼりつめていったんだ」

シューティングに行った中井からの手紙「もう昔は振り返りません」

中井は四年目の夏、悲願の七帝戦優勝を遂げると北大を中退し、シューティングに入門するために横浜へ移り住む。

この中退してのシューティング入りについては年配のOBたちが大反対した。OBのなかで積極的に賛成したのは私と当時の岩井眞監督の二人だけではなかったかと記憶している。

北大柔道部旧交会(OB会)が毎年発行する『北大柔道』という部誌がある。これには学生のほか、OB、指導陣らが寄稿するのだが、中井たちが引退した年、岩井監督が中井に言及した部分を拾ってみよう。

《副主将の中井は、大学から柔道を始めたが北大を代表する寝技師に成長した。三年の時には体重別71kg以下級で準優勝、更に全日本では関西代表選手を寝技で破り、北大の寝技が全国・国際ルールでも充分通用することを示してくれた。

　彼の特徴は何といってもそのガッツであり、稽古の時から気力に溢れ、道場の窓が開いている時は武道館に近づくにつれ、窓が閉まっている時には武道館のドアを開けると彼の掛け声が聞こえ、私自身気が引き締まる思いがした。

　7月の出陣式の際「今年は僕、甲斐でいいですよ」と中井から切り出してきたが、その言葉に彼のフォア・ザ・チーム・七大戦にかける意気込みを感じたし、また、おぼろげながらにイメージしていた対九大の作戦が固まっていった。

　彼は8月に大学を中退し、「シューティング」という格闘技の道に進んだ。「何故?」と首をかしげる人もいるだろうが、それも一つの生き方であり、私自身としては彼の今後の活躍を楽しみにしたい》(『北大柔道』平成四年度版)

　すでにアルバイトしながらシューティングの練習に没頭していた中井自身は、横浜から〈ドント・ルック・バック〉という題名でこんな原稿を送ってきている。


《皆さん、お元気ですか。僕は今、バイトに稽古にと多忙な日々を送っております。結構シンドイと感じることもありますが、どうにかこうにかやっています。現役部員として部誌を書くのは最後ということで少し緊張して机に向かっているところです。

　僕が北大にいた3年4カ月を現在、冷静になってみて素晴らしいと言えるのはやはり柔道があったからだと思う。食事や睡眠など生活のほとんど全てをそそぎ込み、熱中した柔道、技術を創り上げることとは何か、そしてその喜びを知った柔道、自分の考え方を生み出す原動力（あるいは基準、アンチテーゼ）となった柔道（部）、講道館柔道に七帝柔道など、自分の中で柔道は様々な表情をしていたとつくづく感じる。そんな中で七大戦を優勝で飾ることが出来たということは、取りも直さずやるべきことはやったということを意味していた。だからこそ、僕は今ここにいるのだ。（中略）

七帝前の壮行会で酔った椛島（増田注＝次期主将）に「中井さんには（進路は知っているけど）もう1年やって欲しいんです」と言われた。でも僕は「俺が柔道部に残ることは楽なことなんだよ」と答えた（増田注＝中井は留年していたので五年目の七帝戦の出場資格があった）。真意が伝わったかどうか分からないが、僕には心の安らぐ場所であった柔道部、そして北大を去ることの方が長い目でみてベターであると思っていた。ただそれだけのことだった。（中略）

諸先輩の方々、14人の同輩達、後輩諸君、本当にどうもありがとうございました。シンドイ時は皆さんの励ましの言葉を思い出して、元気を出したいと思っています。

それでは、ジムに行ってきます。

もう昔は、振り返りません。

サンキュー、じゃあね。

10月3日》

中井は、前へ前へと走り始めていた。

だが中井がこの原稿を書いたわずか五カ月後、平成五年（１９９３）三月に九大の甲斐泰輔が急逝するという悲報が届いた。

急性膵臓炎、まだ二十二歳の若さ、あまりに突然のことだった。

打倒北大のために五年生の七帝戦に賭けて練習に励んでいた好漢の急死を他大学のＯＢたちも嘆き悲しんだ。

四月、中井から私のもとに手紙が来た。

《前略　辺りもすっかり暖かくなりました。皆様如何お過ごしでしょうか。

さて、私が横浜にてシューティングを始めてから8カ月の時が流れました。

そしてこの度、4月26日（月）の後楽園ホール大会に於て当日の第一試合として私のデビュー戦が決定致しました（当日は6時開場、6時半試合開始となって居ります）。なんとかここまで漕ぎ着けることが出来ましたのも皆様のご支援のおかげです。感謝の念に堪えません。

私にとりましてこれが出発点であり、これからも理想に向け精進してゆく所存です。今後も変わらぬご指導宜しくお願い致します。　草々》

本来ならば大学を卒業して入社する時期である。そういう意味で、彼にとってのデビュー戦は卒業式と入社式を兼ねた元服式のようなものだった。

私はこの試合には仕事で行けなかったが、則次宏紀に53秒で快勝している。二カ月後の六月二十四日には倉持昌和に2R1分36秒ヒールホールドを極めて連勝した。


この三週間後、私は京都で開かれた七帝戦で中井に会った。

もちろん中井もOBとして学生の応援に来たのである。

いまの静かな雰囲気からは想像もつかないだろうが、中井は宿舎でOBたちに久々に会い、かなりはしゃいでいた。いきがっているようにも見えた。

いや、正確に言うと中井のシューティング入りを応援していた私にはいきがっているようには見えなかったが、その他の大多数のOB、とくに重鎮たちにはそう見えていたようだ。

饒舌だった。

有名プロレスラーの名前を何人か挙げ、「真剣勝負なら簡単に勝てますよ」と言った。

多くのOBが鼻白んでいた。

当時、プロレスラーの実態について世間は何も知らないに等しかったのだ。

私は場を和ませようと「ヒールホールドってど

れくらい痛いのか俺にかけてみてくれ」などと言った。中井はかなり力を入れてかけてきた。私は絶叫した。

「どうですか。痛いでしょう？」

中井は人なつっこい表情で笑っていた。

しかし、眼の奥の光は真剣だった。中井は、その痛みで自分たちがやっていることを知ってもらいたかったのだ。

私には彼が饒舌になっているのは自分を鼓舞させようとしているのだとわかっていた。シューティング自体が、まだ迷走の最中だったのだ。

「シューティング？　あんな小さいやつらがごちゃごちゃやってなんになる？　レスラーに捻り潰されるだけだよ」

プロレスファンはそう言って笑っていた。

プロレスが真剣勝負だと思っている人がまだたくさんいた。

それほど〝プロレスの壁〟が高かった時代なのだ。

当時、世間の無知とただ一つ戦っていたプロの団体、それがシューティングだったのだ。

中井の饒舌は、その無知に対する怒りの表現のように思えた。

かつて柔道の競技者だったはずの北大ＯＢでさえよくわかっていないのだ。格闘技を経験したことがない一般のファンに真実を伝えるには、とてつもなく高いハードルを越える必要があった。

横浜に一人で出てシューティングに入門したものの、中井は闇のなかを駆けているような感覚に陥っていたにちがいない。

自分が強くなっていることは実感していた。

だが、未来が見えないのだ。

それはもちろん収入が安定しないとか、そんなちんけな未来のことではない。

中井はそんなことを気にする男ではない。

そうではなくて、無知な一般の人たちに真実を伝えるのに何の手だても持たない焦りがあったのだ。

当時はそのための公平なリングがシューティングにしかなかったのである。

しかし、そのリングに有名プロレスラーが上がってくれるわけでもない。

八百長と真剣勝負の境目は、ファイトマネーの積み合いのバランスで決まっていた。

しかし、興行収入の多寡でファイトマネーが決まる以上、当時のプロレスとシューティングでは勝負しようがなかった。

後にプロレスラーがＰＲＩＤＥなどの総合格闘技のリングに上がって負けざるをえない状況ができたのは、ファイトマネーが、あるときを境に大きく逆転したからにほかならない。

シューティングが、真剣勝負が、総合格闘技が、世間の認知を得て成立するには、自力では不可能だったのである。神風がどこかから吹く以外、道はなかった。

中井たち当時のシューターたちは、他力本願に頼らざるをえないそんな状況にいらついていたのだ。

京都での七帝戦応援の後、時間が合ったので、私と中井は同じ新幹線に乗って一緒に帰った。

中井はたくさんの人がいる場所から二人だけの空間になると落ち着き、冷静に話した。中井のシューティング行きを応援している私だけを前にしているからだと思った。

「デビュー戦は（吉田）寛裕も来てたらしいな」

「ええ。両親に連れられて。この試合だけはどうしても観たいって言って無理言ってついてきてもらったらしいですよ。ほんとうにありがたかったです。あいつの目の前で勝ててよかったです」

このとき中井は少しだけ複雑な表情をした。

私も複雑な表情をしていたと思う。

そこには、あの闘志の塊だった吉田が、朗らかさの象徴だった吉田が、なぜか心のバランスを崩して大学を休学せざるを得なくなり、都内の実家に住む彼にとっては遠くもない後楽園ホールにさえ両親の同伴がなければ行けない状況にあることに対する悔しさと悲しさがあった。

そしてそんな体調にもかかわらず「中井のデビュー戦だけは何としても行かなくては」という親友としての、いや元主将としての悲愴感のようなものが痛々しかったのだ。

私には中井の気持ちがよくわかった。

私の代の主将竜澤が吉田のような状況に陥り、自分が中井の立場だったらどう感じるだろうと重ねて見ていた。主将というのは同期の象徴であり、同期の誇りだった。その思い入れがとくに副主将経験者には強いのかもしれない。

中井は言った。

「実はあのデビュー戦のとき、僕、リングの上で甲斐の顔が浮かんでしかたなかったんです」

「甲斐って、このあいだ死んだあの九大の甲斐か?」

「ええ。リングに上がってから、ずっと甲斐のこと考えてました」

「…………」

この年の十一月二十五日、中井は先輩寝技師である朝日昇と5Rフルに戦い判定で敗れている。これを中井は善戦ととったのか悔しい試合ととらえたのかはわからない。

ただ、この試合のほんの少し前、世間の無知を変え得るかもしれない、待ちに待った神風のようなものが吹き始めたのを中井を含めたシューティング勢は感じ始めていたはずだ。

一九九三年十一月十二日、米国コロラド州デンバーで第一回UFCが開かれたのだ。

UFCとは「Ultimate Fighting Championship（究極の格闘技大会）」の略で、当時はまだ日本ではUFCとは呼ばれず「アルティメット大会」と呼ばれていた。金網に囲まれたオクタゴンといわれる八角形のリングに入り、試合はほぼノールールでグローブ無しの素手。噛みつきと眼球突き、金的（睾丸）攻撃だけを禁じて他は何をやってもいいという、文字どおりアルティメット（究極）の格闘技大会だった。マスコミに対するプレスリリースには「二人の男が金網に入り、一人の男だけが出てくる」という過激な惹句が使われていたが、まさに試合は喧嘩そのものの様相となり、負傷者が続出した。

八人によるこの過激なワンデートーナメントを制したのは、グレイシー柔術というマイナー格闘技を身に付けたホイス・グレイシー、痩身のブラジル青年だった。

当時は空手家やヘビー級ボクサーが素手で顔面を殴れば相手は死ぬと言われ、このようなノールールに近いルールで試合を行うことは不可能だといわれていた。そしてそのような幻想があったからこそ、実戦では空手家やボクサーが最強だと思われていた。しかし、実際に試合をやってみると、殴られても蹴られても流血するだけで死にはせず、むしろ組技系の格闘技の方にアドバンテージがあることがわかった。とくにこのホイス・グレイシーは、空手家やボクサーと距離をとりながらタックルで組み付き、寝技に持ち込んで絞技や関節技を狙うという非常にテクニカルな戦い方で、独壇場のように優勝してしまった。

格闘技マスコミはこぞってこの試合の詳細を報じ、真偽（八百長説さえ流れていた）や舞台裏を書いていた。

いま思えば、まさに世界の総合格闘技の夜明けが始まろうとしていたのだ。

年が明けた平成六年（１９９４）三月十一日の第二回ＵＦＣには大道塾の市原海樹が参戦してホイスの片羽絞めで完敗した。

いよいよ日本の格闘技マスコミが蜂の巣を突ついたような騒ぎになってきた。

吉田寛裕が逝ったのはその翌月、四月のことだ。二十四歳だった。

「甲斐に続いて吉田までなぜ……」

関係者に衝撃が走った。

吉田が心のバランスを崩したのは、七帝戦で燃え尽きてしまって目標を見失ったからかもしれない。

あるいはライバルだった九大の甲斐が急逝した

ことも引き金の一つになったのかもしれない。

しかし、ならばどうして先輩である私たちはそれをフォローしてやれなかったのか……。

私の心中にも、そういった慚愧が拭っても拭っても沸き上がってきた。

しかし、最もショックを受けたのは親友だった中井だったはずである。

シューティング主催でホイス・グレイシーの兄ヒクソン・グレイシーを招聘し、八人によるワンデートーナメント「バーリトゥード・ジャパン・オープン94」が開かれたのは、そんなときである。

七月二十九日であった。

大会ではグレイシー一族最強を謳われるヒクソンの強さが際だっていた。ホイスが「兄のヒクソンは僕の十倍は強い」と言っていた言葉をこの大会で完全に証明した。

しかし、それ以上に衝撃的だったのが、シューティングのエース二人、川口健次と草柳和宏が打撃系の選手に血まみれにされて負けたことであった。

中井はこの試合前から「私を出してください！」とシューティング代表の佐山聡に直訴し続けていたという噂を聞いている。それについて本人に確かめたことはないので何ともいえないが、あの当時の彼の心理状態ならば充分ありえたであろう。

佐山聡は、この川口と草柳の惨敗で中井の寝技に頼らなければならないと気づき始めていたのではないか。

だからバーリトゥード・アクセスと冠して初めてバーリトゥード・ジャパン・オープンルールを採用して行なわれた九月の大会で、ブラジリアン柔術黒帯のアートゥー・カチャー（ホイラー・グレイシーの直弟子）と中井祐樹の試合を組んでいる。

中井は3R8分を戦い抜きドローまで持っていった。

これで「いける」という空気が膨らんだ。

そして十一月七日の草柳和宏とのタイトルマッ

チで判定勝ちをおさめ、修斗ウェルター級チャンピオンに上りつめた。

これにより、中井を次の年のバーリトゥード・ジャパン・オープン95に出場させるというレールが敷かれた。

中井はシューティングの切り札だった。

武道館で渡した激励賞「北大柔道部精神を忘れるな」

しかし、中井の出場とトーナメント組み合わせが発表されると、マスコミ各社はその危険性を訴えた。

一回戦の相手は第一回UFC準優勝のジェラルド・ゴルドーだった。

一九八センチ、一〇〇キロ。一七〇センチ、七一キロの中井とは、身長で二八センチ、体重で二九キロの差があった。

私も相手がゴルドーと聞いて「これはちょっと……」とさすがに思った。

試合の数週間前、私のもとに一本の電話があった。ダム技術者になって秩父の現場にいた竜澤からだった。

「中井はリングで死ぬ気らしいぞ」

そう言った。

今度の試合で死ぬかもしれない──そう言っているというのだ。

おそらく中井がだれかに漏らしたのを岩井眞監督経由で聞いたのにちがいない。もちろん最初から私は日本武道館に観に行くつもりだったが、この電話で「絶対に彼の死をみとどけてやらねば……」という気になった。

相手はUFCでもあれだけのことをやった凶暴なゴルドーである。体格差だけではなく、危険なのだ。勝つとか負けるとか、そういうレベルの試合になるとはまったく思っていなかった。

当日、私は竜澤と松井隆の二人の北大柔道部同期と待ち合わせて応援に行った。

二階席の最前列に陣取った。

はじめはリングサイドの一番いい席を取ろうと思っていたが、寝技勝負になるだろうから上からの方が観やすいだろうと思い直したのだ。一階席は満員で、リングサイドには大相撲の小錦や武蔵丸、正道会館の石井和義館長、極真の岩崎達也ら有名人がずらりと並んでいたが、二階席は六割の入り、がらがらとはいわないが、とても満員といえる状態ではなかった。

「中井の控室に行きたいな」

竜澤が前髪をかき上げながら言った。緊張が高まってきたときの彼の癖だ。

「それは無理だろう。関係者じゃないんだから」

私も、すでに心臓の鼓動が速まっていた。

「でも、行って、俺たちが観ているんだ、ついているんだってことを教えてやりたい」

「それなら激励賞を出すか」

「激励賞？」

私は、ボクシングなどの格闘技興行ではつきもので、相撲の懸賞金のようなものだと説明した。選手控室に直接届けてくれるはずだ。

さっそく売店で封筒とボールペン、糊を買ってきた。そして表に〈激励賞、中井祐樹選手〉、裏に〈北大柔道部ＯＢ、竜澤宏昌・増田俊也・松井隆〉としたため、一万円札を突っ込んだ。封をしようとしてふと思いついた。

「何か紙切れないかな。一言書き添えよう」

「何でもいいのか」

松井がポケットからコンビニか何かのレシートを出した。私はそのレシートを受け取ると、裏に〈北大柔道部精神を忘れるな〉と書いて封筒に入れ、糊付けした。急がないと試合が始まってしまう。廊下に出て、バイトの係員に「絶対に本人に手渡してください。試合前にですよ。絶対ですよ」と念押しした。試合前に本人に渡らなければ意味がないのだ。

私は何度も何度もトイレに立った。他の二人もそわそわと落ち着きがなかった。

開会式で選手全員がリング上に整列したが、中井だけがひどく小さく、貧弱に見えた。

あの激励賞は中井に届いているのだろうか。私たちは何度かそう話し合った。中井は怖くはないのか。気が気ではなかった。

「デビュー戦のとき、リングの上で甲斐の顔が浮かんでしかたがなかったんですよ」と言っていたのを思い出し、いま中井は吉田寛裕と甲斐泰輔のことを考えているのだろうかと思った。

中井vsゴルドーは第二試合だった。

一試合目なんか目に入ってなかった。中井の試合のことばかり考えていた。

両者がリングに上がった。

〈青コーナー、プロフェッショナルシューティングウェルター級王者、中井祐樹！〉

アナウンスがあった。

中井はマウスピースを何度か噛み直しながら右手を挙げて応えた。私たちを入れても声援は会場全体で数えられるくらいしか上がらない。

一方のゴルドーが紹介されると、会場は一斉に沸いた。明らかにゴルドーがUFCで見せた残虐性を観客は期待していた。リングスの山本宜久が参戦しているので、観客の八割以上をプロレスファンが占めているようだった。

ゴングが鳴った。

中井が上半身を振りながらタックルにいく。つかまえた。

「よし！」

竜澤が言った。

しかし、ゴルドーはそのまま後ろに下がり、トップロープを左腕で抱えて倒されないようにしてから右腕で中井の頭を抱えた。中井は左足をゴルドーの右膝裏にかけて倒そうとするが、ゴルドーがロープを抱えているため倒せない。

「中井、そのまま離すなよ！」

私は大声を出した。

すぐにレフェリーとリング下の係員が何か話しだした。そしてレフェリーの「ストップ！　サミング！」という小さな声が聞こえた。レフェリーは親指を立て「コーション！」と言った。

〈ジェラルド・ゴルドー選手に注意1です〉

場内アナウンスが入ると場内が沸いた。

このときすでに、中井の右眼はゴルドーの親指の爪によって眼球の裏までえぐられていた。

しかし中井は黙ってゴルドーに抱きついたままだった。

二階席から応援する私たちにもサミングがあったことはわかったが、まさか失明するほどのダメージを受けているとはまったく気づかない。

中井の精神力は人間離れしていた。

当時の観客のマナーはひどかった。この膠着状態に「何やってんだよ！」とか「いつまでも抱きあってんなよ、オカマか！」という声が飛び、それに対して笑いが起きたりしていた。

第1Rはそのままの姿勢で終わった。セコンドはラウンド間の休憩に中井の右眼のあたりを氷嚢で冷やしていた。


第2Rが始まってコーナーから飛び出す。

中井の右眼から血が流れていた。

中井が軽く前蹴りにいったところにゴルドーが右ローキック、それに合わせて中井が滑り込むようにそのゴルドーの右脚を捕まえ、下から両脚をからませる。

ヒールホールド狙いだ。

しかし、ゴルドーはまた片手でロープをつかみ、上から激しいパウンドを浴びせた。

場内が大歓声に包まれた。

「ゴルドー！　殺せ！」

ゴルドーの拳が打ち下ろされるたびに中井の後頭部がマットにぶつかる大きな音が響き、右眼から鮮血が飛び散る。

私たち三人は「中井、逃げろ！」と叫び続けた。

しかし、場内全体が殺気立ち、観客たちは劣情をもよおしていた。

私たちのまわりの観客もひどい野次を繰り返していた。

「そのまま中井を殺しちまえ！」

後ろの観客が叫んだ。

「こら、おまえらうるさいぞ」

熱血漢の竜澤が後ろを振り向いてすごんだ。

五人くらいで見ていたそのグループは怖がって黙ったが、しばらくするとまた野次りだした。私たちが中井の先輩だなどとは夢にも思っていないだろう。だから竜澤がどうして怒ったのかわかっていないのだ。

「殺せ！」

また後ろの観客が大声を出した。

「ちょっと遠く行って観てくれんか」

今度は私が振り向いて言った。

彼らはまた黙った。

私が前に向き直ると、こそこそと後ろで何か話している。そして「おまえらこそうるせえんだよ」と聞こえよがしに言った。

その瞬間、私の横に座っていた松井が「いいかげんにしろ！」と後ろを向いて立ち上がった。顔が真っ赤だった。私や竜澤はもともと喧嘩っ早かったが、松井が怒ったのを見たのは初めてだったので、私たちが驚いた。

そのグループは松井の剣幕に驚き、さらに竜澤と私が後ろに向き直ってにらみ付けたので舌打ちして他の席へ移動してしまった。

試合は凄絶なものになっていた。

またゴルドーの激しいパウンドが始まる。

ロープ際からエプロンサイドに中井は逃げる。それでもゴルドーは叩き続ける。見ていられなくて私は目をそらした。

「もう試合放棄してもいいんだぞ……」

松井が苦しげにつぶやいた。

私も同じ気持ちだった。わかったから中井……おまえの心意気は充分わかった……試合放棄しろ……。

場内全体の野次やブーイングはひどくなるばかりだった。

「ドント・ムーブ」

レフェリーが両者の動きを止め、リング中央に二人を移動させた。

場内が沸いた。

残酷シーンがまた見られると思っているのだ。だが、そこからゴルドーは立ったまま腰に両手を当てて攻めてこず、中井は仰向けに寝たまま両手で「カモン!」とやっている。いわゆる猪木vsアリ状態だ。

野次がまたひどくなる。

しかし中井はそんなものは気にしてないように「カモン」とゴルドーを寝技に誘い続ける。中井の心は折れていない。

長い長い第2Rが終わった。

コーナーに戻った中井の顔面は大きく腫れ上がり、右眼の出血もかなりひどくなっていた。

それを氷嚢で冷やされながら、しかし中井の左眼は、ずっと赤コーナーのゴルドーを見据えていた。

中井が戦っているのは目の前のゴルドーではあったが、中井が本当にやろうとしていたのは無知な世間を引っ繰り返すことだった。

京都で会ったときの中井の饒舌、魂の叫びをリング上で見た気がした。いま、中井は言葉ではなく、体でその叫びを表現する場を得ている。ならば中井は、この戦いを楽しんでいるのではないのか——ラウンドの合間に私たちはそんな話をした。そう考えると少し気が楽になった。

試合は嫌になるほど延々と続いた。

観客は同じ展開に飽き始めていた。

しかし、私たちだけは奥歯を噛みしめてリング上の中井と痛みを共有しようとしていた。

私は、もうどんな残酷なシーンでも目はそらすまいと思った。中井があきらめないで戦い続けているのに先輩の私たちがそれから目をそらしたらあまりにも情けないではないか。

リング上の中井は8分無制限ラウンドを延々と戦い続けていた。

タックルでつかまえる中井。ゴルドーはまたロープを抱える。

「中井！」

ロープを抱えたままのゴルドーに抱きつく中井に私たちは叫び続けた。

しかし、リングは遠く、とてもその声は届かない。やはりリングサイドの席を取ればよかった。そう思いながら、ただただ「中井！」と名前を叫び続けた。ほかに何もしてやれないのがもどかしかった。

4R。中井が両脚タックルからゴルドーをコーナーに押し込んだ。

ゴルドーがフロントチョークを狙う。

極まっているように見えた。

だが、中井がゆっくりと体を下げながらそれを外し、ゴルドーの左脚に自らの両脚をからみつけた。

観客がまた残酷なパウンドを期待して騒いだ。

しかしゴルドーがパウンドを打とうとしたその瞬間、中井が渾身のヒールホールドを仕掛けた。

ゴルドーの上半身がぐらりと揺れて、ゆっくりと倒れていくシーンを、私は昨日のことのように覚えている。

ゴルドーがマットを叩いた。

武道館内の野次が大歓声にかわった。

中井が自らの力で世間を引っ繰り返した瞬間だった。

私は頭のなかが真っ白になって竜澤と松井と握手を繰り返した。

準決勝のクレイグ・ピットマンも一一五キロの重量級。さらに全米アマレスチャンピオンという経歴からゴルドー戦よりも面倒なように思えたが、中井は下から腕挫ぎ十字固めをきっちり極めてみせた。

決勝の相手ヒクソン・グレイシーは顔面を大きく腫らしながら決勝に上がってきた小兵の中井に敬意を表したような戦い方をした。私たちは流れるような2人の寝技戦に魅入った。

この大会が、本当の意味で日本のMMAの嚆矢となった。

神風を起こしたのは、たしかにグレイシー一族であり UFCであった。

しかし、神風が吹くだけでは大きな波がおこるだけで、その波を乗りこなせるサーファーがいなければ、波はただ岸にぶつかり砕けて消えるだけだ。

神風が起こした大波を、右眼失明によるプロライセンス剥奪という死刑宣告と引き替えに乗りこなした中井祐樹がいたからこそ、日本に総合格闘技が根付き得た。それだけは格闘技ファンは絶対に忘れてはいけない。

文芸編集者や評論家に、こう言われる。

「どうしてそんなマイナーなものを書いてるんですか? せっかく作家になったんだから、もっとエンターテインメント性のある小説をたくさん書いてメジャーを目指した方がいいですよ」

マイナーな話とは武道雑誌『月刊秘伝』に連載中の自伝的小説『七帝柔道記』シリーズのことだ。

私はなんと答えたら納得してもらえるかわからないので黙っているが、本心はこうだ。はっきり言うがマイナーな話なんかじゃあない。

偉大なる物語だ。

青春の全エネルギーを七帝柔道というチームスポーツに燃焼しつくし、二十二歳で逝った甲斐泰輔への、二十四歳で逝った吉田寛裕への鎮魂歌だ。

そして、二人の大切な友を失いながら強さだけを追い求め、リング上で世間の無知を覆し、世間の偏見を引っ繰り返すために、たった一日だけ鮮烈な光を放って消えた〝総合格闘家中井祐樹〟への鎮魂歌だ。最後のクライマックスはもちろんバーリトゥード・ジャパン・オープン95である。

連載を終え、書籍になってそれを吉田と甲斐の両親に手渡すまでは、私の七帝戦は終わらない。いや、日本の格闘技史の総括は終わらないと思うのだ。

中井が平成元年の四月、北大道場を訪れず極真空手に入門していたら、いまの中井はなかったであろう。極真からシューティングに進んでいたとしてもゴルドーに勝つことはできなかったはずだ。

あの日、中井祐樹という稀代の勝負師が、たまたま北大道場を訪れ、たまたま入部し、そこで親友の吉田とライバルの甲斐という好漢二人に出会い、寝技にのめりこんだ。それが現在の総合格闘技シーンの巨大な潮流を作ったのは間違いない。

奇跡以外のなにものでもないではないか。

この奇跡を、私が書かないで、いったい誰が書いてくれるというのか。

Nakai Yuki
1970年8月18日、北海道出身。高校時代にレスリングを学び、北海道大学在学中に七帝柔道で活躍、4年時に団体優勝に輝く。柔道部引退後、上京し、横浜ジム入門。93年4月にプロ修斗デビュー。94年11月に第3代ウェルター級王者となる。95年4月のVTJでは準優勝するも、初戦のゴルドー戦で右目を失明。96年に柔術家として現役復帰。99年カーロス・グレイシーJrから黒帯を授かり、同年ブラジレイロでアダルト黒帯ペナ級3位。97年12月にパラエストラ東京を旗揚げ。MMA戦績8勝2敗1分。170cm。日本ブラジリアン柔術連盟会長。

想像を絶するほどの精神力
中井のような選手は
今も昔も現れない

数年前、某スポーツ誌で「総合格闘技ベストバウト」という企画があり、アンケートを求められたことがあった。このとき、真っ先に頭に過ぎりながらも逡巡し、結果的に外した試合がある。この試合の持つ重さは、ベストバウトという健全な響きには、相応しくないからだ。

中井祐樹を初めて取材したのは、95年3月。バーリトゥード・ジャパンオープン（以下ＶＴＪ）の約１カ月半前であり、まだ中井の出場は決まっていなかったと思う。「格闘家のスーパートレーニング」という、タイトル通りの企画内容で、大宮のジムに取材に訪れた。このとき、トレーニング内容よりも、中井が熱く持論をぶつけて来たことが記憶に残っている。当時の掲載号を見ると、編集後記で私は中井の発言を紹介している。「日本の寝技のレベルは本当に低い」「ＳＴ（シューティング）が強いわけじゃない、ＳＴに誰かきちんと勝ってほしい」「日本は関節技はあっても寝

GONG KAKUTOGI NO.200
2009年2月号
text by Waragai Koichi

技がないんです」。

そして、95年4月20日、日本武道館。VTJ速報号の編集体制が取られたが、私には試合担当はなかった。半年前にアルバイトとして入った、まだぺーぺーの新人だったのだ。ただ、学生時代の柔道、サンボの経験を買われ、先輩から試合解説の役割を仰せつかったりした。

試合前、リングを眺めながら、「どうなるのかねえ」と副編集長に軽く聞かれた。1回戦の中井vsジェラルド・ゴルドー戦が発表された際、両者の身長差27cm、体重差29kgという体格差は、関係者から危険だと指摘する声が飛んでいたのだ。もちろん、試合が巻き起こした事態からして、それは正論だった。でも、私は「勝てないことも無い」と感じていた。これが同じヘビー級のモーリス・スミスのように身体能力が高くて、スピードもあるキックボクサーなら話は別だが、それらに欠けて重心の高いゴルドーだったら、組み付けるし、組み付けば何とかなると新米編集者は考えた。1カ月半前の中井への取材で浴びた熱の影響もあったかもしれない。問いの軽さに合わせて、「組み付けば何とかなるんじゃないですか」と軽く応えた。

なにせ13年前の話である。いま試合について実際に覚えているのは、断片的な光景だ。組みつく中井、ゴルドーにロープをつかまれて膠着。足関を狙って下になった中井に、ドスン、ドスンと正拳突きのように真っ直ぐ顔面に打ち下すゴルドー。

もう少し鮮明に覚えているのは、自分の感情である。中井に対して汚い野次を飛ばし続け、ゴルドーが殴ると喝采を叫んでいた、暴力しか求めていない観客たちである。1年半前には米国でアルティメット大会が始まり、金網の中で馬乗りになって顔面を素手で殴りつける、残虐性が話題を呼んだ。いままでシューティングの会場に足を運んだことの無い人間が求めているのは、そういったものだった。だが、彼ら自身よりも殺気立っていたのは私のほうだ。観客に殺意を抱いたのは、記者生活で他に記憶が無い。

決勝戦を経て、リング上での表賞式が終わると、特に誰からも指示はなかったが、私は中井の控室に向かった。先輩の編集部員たちやライターの姿はなかった。みなヒクソンのコメント取りに勤しんでいるらしい。「中井の言葉は聴かなくていいのか！」と苛立ちながら、テレコを回した。中井は饒舌だった。

「僕に負けた人はもっと寝技やんなきゃ駄目だね。〝絡みつき〟とか、ちゃんとした寝技やんなきゃ駄目ね」「寝技知らないでしょ、みんな。知らないことがよく分かるでしょ。だから、ロープを掴んだり、ああいうのが目立ったりしたし。寝技ちゃんとやらないと。前々から言ってるでしょ、俺。寝技やんなきゃ駄目だって言っているのに、みんなやらないんだもん（笑）」「お客ついて来れないでしょう。してやったりですよね（笑）。お客が分からないところで、分かろうとするのが目標でしたからね」「だから言ったでしょ、寝技だって。技術だって。何十kg差あったって、勝てるんだから。みんなやらないから」「寝技の時代開幕ですよ」

ゴルドー戦は無茶な組み合わせだという声が挙がっていたことについて問われると、「ハッハッハ（大笑）。失礼ですね。みんなもうホントに出るんですか？　とか言って、内心〝チキショーッ〟とかって」。最初から自信はあったのかという質問には、「ありますよ、そりゃ。どうして私が負けるんですか？　寝技で勝つ人が勝つんですよ」

控室ではゴルドーのサミングについても少し触れているが、話の9割はこんな調子で、寝技の重要性について語り続けていた。さもありなん、彼がリスクを負ってVTJに出場したのは、結果を示すことによって自らの主張を認めさせることにあったのだから。結局、中井はゴルドー戦で右目の光を失い、プロシューターを引退。その後、柔術家として復活を遂げてからの活躍は、周知の通りだ。

数え切れないほど格闘技の試合を見てきた自分

にとっても、この試合だけがまったく異質なのはなぜか。サミングといえば幾分響きが軽いが、要するに目潰しである。体格差のある外国人に胸と両手で頭を抱え込まれ、繰り返し指を目の中に突っ込まれて、片目の視界を奪われながらも悲鳴をあげず、慌てて逃げ出さず、レフェリーにアピールせず、8分無制限ラウンドを戦う、そんなことが人間に可能なのか。〝絶対に勝つ〟という執念だけで、それらの反応をしないことが人間に可能なのか。フィクションの世界の記述なら、リアリティに欠けて、鼻白む。

絶対に諦めないという気持ちをここまでリング上で体現した人間を、私は他に知らない。その精神性の領域は想像を絶する。分からないし、これからも分かることはないことも分かっている。こんな格闘家を自分が生きている間に再び目にすることは、きっとない。

VALE TUDO JAPAN OPEN 1995
1995年4月20日、東京・日本武道館で開催。無差別級バーリトゥード・ワンデートーナメントには8選手が参加。8分無制限ラウンド、踏みつけ有り、ロープ掴み有りのルールのなか、出場選手中最軽量71kgの中井祐樹は1回戦でジェラルド・ゴルドーと4R、準決勝でクレイグ・ピットマンと2R、決勝でヒクソン・グレイシーと1R、3試合で計7R、48分33秒をリング上で戦った。

バーリトゥード・ジャパン95を振り返る 中井祐樹×エンセン井上

ＭＭＡ前夜――スポーツでなかったミックスト・マーシャルアーツ

体重無制限、踏みつけ有り、ワンナイト8人トーナメント。ＵＦＣが始まってから1年5カ月後、日本武道館で開催された「バーリトゥード・ジャパン95」。71kgでトーナメントに挑んだ中井祐樹、24歳。グレイシー柔術を中井に伝え、自らはワンマッチに出場したエンセン井上、28歳。同じ控え室で、この夜を過ごした両者が、16年を経て、決戦前夜、決戦の日、その後を振り返る。二人の話す笑い声が絶えない思い出話は、全て現在のＭＭＡにつながるミックスト・マーシャルアーツ正史である。

――今日は中井さんとエンセンに、１９９５年４月20日に日本武道館で行なわれたバーリトゥードジャパン95について、そしてＶＴＪ95前後の格闘技界が、如何に現在に結び付いているか、その辺りをお伺いしたいと思います。

エンセン 頑張ります。もう私たち、おじいちゃ

バーリトゥードジャパン95
を振り返る
中井祐樹×エンセン井上
SHOOTO

GONG KAKUTOGI NO.235-236
2012年1-2月号
text by Takashima Manabu

んだから中井さんと私、半分・半分でちょうど思い出せるんじゃない？（笑）

中井　ハハハハ。あの日は朝日（昇）さんと坂本（一弘）さんがセコンドで、エンセンと川口（健次）さんが試合で。控え室で山田（学）さんと話したのは覚えています。あと髙阪（剛）さんがデビューする前で、前田（日明）さんが連れて歩いていて。絶対に柔道が強い。見た目で分かる。こういうヤツが来るようになったんだ。さすが、プロレス団体は引っ張る力があるって思ったのを記憶しています。髙阪さんと握手をしたのは、随分と後になりますが。

エンセン　中井さん、今、何歳？

中井　41歳。

エンセン　もう40になったぁ？

中井　エンセンは？

エンセン　44歳よ。ヤバいよ。

中井　ヤバい、ヤバい（笑）。柔術会場ではよく会うけど、エンセンがここに来るのは道場開きの頃以来だから、13年ぶりですよ。クラスを頼んだことはなかったよね？

エンセン　ないない。

中井　クラスを頼んだのは、佐山（聡）先生、村上一成とか朝日さんなんですよ。僕が海外に行っている時は。エンセンはもうジムを持っていたから頼めなかったんだろうね、多分。

――エンセンは八景ジムで指導していましたよね。

エンセン　週に2回ぐらいね。

――ＶＴＪ95が行なわれてから16年が過ぎました。

中井　24歳でした。25になる年ですね。

エンセン　私は28歳になったばかりね。この年にデビューした。

中井　今の青木（真也）ぐらいね。

エンセン　青木、まだ28？　若いねぇ。

中井　高島さんは『格闘技通信』でしたよね。

エンセン　そうそうそう。

――この仕事を始めて4カ月目で、まだコメント係でした。エンセンと中井さんは大宮ジム、現在のピュアブレッド大宮で一緒だったんですよね。

エンセン　あの頃は坂本も桜田（一樹）も、皆、大宮に来ていたよ。

中井　全員が同時にというわけじゃないんですが、週に一度合同練習があったんです。

——お二人が初めて会ったのはいつですか。

中井　いつだろう？　多分、佐山先生が僕らにスパーリングをさせた時じゃないでしょうか。

エンセン　そうだッ。その前の年のバーリトゥード・ジャパンをヒクソンからチケットをもらって、上の方で見ていて。あの頃、ラケットボールの世界大会に出ても、平常心でいられたけど、格闘技の試合を見ると興奮を抑えらなくなった。ヒクソンがダビッド・レビキに勝った時、自分が自分でなくなった。直後にＲＩＮＧＳ、パンクラス、ＵＷＦインターに電話をしたんです。どこも、新弟子テストの日まで待ってくださいと言われた。履歴書を出してと言われて、履歴書を送ったんだもん。上半身と全身の写真を撮って。ＵＷＦインターは、年齢制限があってダメだった。

中井　ハハハハハ。

エンセン　身長とか、体重とか、何が関係あるのって思ったよ。試合を見ても、真剣勝負だと思っていた。

中井　プロレス団体は若い人じゃないとダメだってルールがあるんだよ。

エンセン　どうしたら良いのか分からなくなって、シューティングに電話をしたら……、それがちゃんとしてないじゃない？

中井　ハハハハハ。

エンセン　ちゃんとしていないから良かった。佐山先生は「へぇ、柔術やっていたんだ。来て来てェ」って（笑）。

中井　そのなかで唯一、会社でなかったのは確かですね。

エンセン　他は会社のルールや決まりがあるのに修斗だけ、すぐに来てって（笑）。川口さんが大きかったので、彼とスパーリングをして、力を認めてもらったら、1試合だけ戦いたかった。別にお金のためじゃない。一度だけリングに上がりたかった。自分の会社もあって安定していたから、それでハワイに帰ろうと思っていた。ハワイに帰ると格闘技はできなくなる。日本は格闘技の大会が多かったから、1回だけ修斗のリングに上がって、プロじゃなくてアマチュアで戦おうと思った。ストリートなら、ワイワイやっているところで、急に戦いが始まるけど、そうじゃなくて3カ月前から戦いの準備をして、緊張感や恐怖に打ち勝ちたかった。そして、お客さんの前で戦うとどうなるかを知りたかった。

――当時、エンセンは郡山に住んでいましたよね。

エンセン　そう、佐山さんに来てって言われて、すぐに新幹線に乗って大宮に行った。あれいつだろう？　中井さんがアートゥー・カチャーと試合をした時は、もう一緒に練習していてから、ホントにバーリトゥード・ジャパンのすぐあとだったよ。

中井　どんな風にエンセンを紹介されたかは、あまりよく覚えていないですね。「何かやってみて」と言われたんでしょうね。

エンセン　当時、私は82㎏で中井さんは70㎏ぐらいだった。ジムに行ったら、四代目（タイガーマスク）とかいて、佐山先生が「スパーリングする？」って言って、そうしたら小さい人がいて。こんな小さい人とスパーリングしても、どうにもならないなって思ったけど、それが中井さんだった（笑）。

――それは何のスパーだったのですか。

中井　今でいえばグラップリングですね。

エンセン　そう、寝技をバーンって。

――どのような攻防になったのでしょうか。

中井　エンセンがクローズドガードを取って、僕が中で何もできない。ポンポンと返されましたね。

エンセン　ポジションとリバーサルが分かっていなかった。ただし、極められなかった。そして、足関節を掛けてくる。

中井　ヒールとか、懸命に掛けようとしていましたね。何かやってみて——と佐山先生に言われたんで。10分か15分、結構長い間スパーしていましたよ。とにかく、返されたりして、なんだか分からない技を掛けられている。分からないことをされているのは分かるという状況で（笑）。凄いことになっているぞ、でも取らせないようにして、取らないとって。僕たちがやっていた七帝柔道ではクローズドガードって引き分ける技で、そこからひっくり返すとかなかったんです。当時、本当のところはシューティングのなかで、ポジショニングが一番分かっていたけど、柔術は分かっていなかった。柔道と柔術は、それぐらい違っていました。僕は亀で守っているだけだったと思います。

エンセン　そう、でも極められない。互いにやっつけようとかっていう気持ちでやっていたんじゃない。一生懸命にやったけど、無理やり力で極めようとかは互いになかったね。凄く柔術っぽかったデス。凄くしっかりと覚えているのは、スパーリングが終わったら、佐山先生が中井さんに向けて、「コイツ、使えるわ」って言ったの。中井さんも「使えるぅ」って返事して。で、佐山先生は「3カ月後、プロデビューね」って言い出して（笑）。

中井　ハハハハハ。

エンセン　いやいやいや、プロじゃないよって。湯の郷に場所を移して、焼き肉とか食べながら、佐山先生が「大丈夫、大丈夫。任せて、任せて」って。それでパウンド有りのフリースタイルルールを作って、そのルールを作っている最中から、中井さんにパウンド有りを戦わせたくなっていった。だから、グラウンドパンチを最初にやったのは、中井さんね。アートゥー・カチャー戦だった。

中井　最初の柔術の先生はエンセンになるんだけど、一緒に練習していたんで、こちらからはレッグロックを教えたりして。そういう感じでしたね。道衣ではなかったんで。

エンセン　あの頃、道衣がないのが不安だった。今とは逆ね。今は道衣が分からない。今、柔術の技が1万あるとすれば、あの時は200ぐらいだったね。グレイシーはもっと持っていたと思うけど、ホリオンが教えないようにしていた。だから、私は秘密にしないで、皆に知っていることを教えた。でも、佐山先生からすると私は秘密兵器ということで、彼が取材とかで見せた技は私が教えた技。でも佐山先生が言うには、パウンド有りはみんなが反対しているって。マウントの意味も分かっていないって。合同トレーニングのときに、桜田とスパーリングしていたら、佐山先生が突然、パウンドして良いって言い出して。

中井　その時、そこにいたかなぁ？　うーん、あったかもしれない。

エンセン　で殴って、ボコボコにしたら、桜田は「危ねぇ」、「怖ェ」って。あの時、修斗はマウントをとっていても、そこからサイドに戻ったりしていたから、私は何をやっているんだって思っていた。

中井　エンセンには基本技から、結構教わりましたね。だから、僕はグレイシー柔術が入っていると思っています。本家は怒るかもしれないですが。

エンセン　でも、柔道のずっと昔の本を見ると、もう柔術の技が乗っているから、柔術は日本のモノよ。グレイシー柔術は日本柔術です。間違いない。

中井　いや、でも実際にやって違うモノに感じたんですよ。それはルールが違うから。ルールに徹底しているから。抑え込まれて一本負けしなければ良い柔道と、バックとかマウントを最高だと考えるのとは違う。そこは違うので、どちらがバーリトゥードに役立つかといえば、やっぱりグレイシー柔術の方だったんです。

僕にとって修斗は95年1月で終了しているんです(中井)
目潰しが反則でなければ、中井さんは失明しなかった(エンセン)

――当時、佐山さんがパウンドを導入してやろうと言うとき、中井さんはどのような考えだったのですか。

中井　僕はパウンド解禁の急先鋒でした。先輩たちは大変だったと思います。僕はどんどんやりたかった。余りにも違うので、本当に良いのかなっていうのはありましたが、バーリトゥードで勝つにはそっちの方にいかないといけないと。お客さんが分かってくれるかな、理解してもらえるかなっていうのもありましたね。

エンセン　私は修斗のミーティングとかに出ていたわけじゃないけど、佐山先生が言うには、「皆が反対している。でも、将来のために絶対に必要。だからフリースタイルルールを作ろう。でも、今はエンセンと中井しかできない」って。だから、それまでの修斗はゼネラルルールになったね。

――あのルールで草柳（和宏）さんが、中井さんとパウンド有りでやるのは嫌だったのですかね。

中井　そうじゃないですか。僕やエンセンを活かすためのルールに見えたでしょうし。ルールが二つあるのはおかしいと言っていた人もいるし。難しい時期だったと思いますけど、佐山先生の判断は結果的に正しかった。

――修斗の試合を初めてライブで見たのは、記者になった月、95年1月21日。中井さんが松谷元章選手と戦い、エンセンが茂田信吾選手と戦った日だったんです。

中井　そうだったんですか。僕の最後の公式戦ですね。エンセンは最初で、僕が最後。面白いですよね。

――当時、UFCは階級がなく、スタイルvsスタイルで戦っていて、トーナメント制が継続されていた。そのなかでエンセンは、71kgの中井祐樹という選手が、体重無制限の8人トーナメントに出ると知った時、どう思いましたか。

エンセン　びっくりした。対戦相手になるかもしれないピットマンとかの大きさを知って、柔術とか寝技は上手くても、大きさは大きさだから。5kgとかの差だったから良いけど、ほとんど倍違う。

この中井祐樹っていう人間は凄いなって思った。
――辞めろとは思わなかったですか。
エンセン　それはなかった。自分も興味を持っている戦いの場所だったから。私が中井さんの大きさだったとしても、やっていたと思うから、中井さんの気持ちも分かる。
――VTJ95でエンセンがトーナメントでなく、ワンマッチで戦ったのはどんな理由からだったのですか。
エンセン　佐山先生はエントリーしてほしかった。でも、ヒクソンが出るから。
中井　そうだッ!!
――そういえば、当時は柔術を習った者同士の戦いはタブー視されていました。うわぁ、そういう時代があったことを忘れていましたね、もう。
中井　あった、あった。そういうことがありましたよ。そういう時代だった。
エンセン　ヒクソンと戦う可能性のあるトーナメントにグレイシー柔術を習った者は出られない。グレイシーが出ているトーナメントに私が出場するのは忠義としておかしいと言われた。もし、トーナメントで当たったら試合放棄すると言っても、同じトーナメントにエントリーするだけで、グレイシーに牙をむけるのかっていう感じだった。そういう事情があったね。
――それは、ホント、今の世代からすると信じられないかもしれないですけど、絶対とされていた懐かしい話です。
エンセン　教えてもらったものを使って倒すのは、確かに失礼だなと思っていたね。自分の場合はスポーツじゃなくて、殺しにいっているから余計に良くないと。
――中井さんにとってVTJ99は殺し合いだったのですか。スポーツへの一歩として参加したのですか。
中井　全部ですね。
エンセン　スポーツじゃないと思うよ。
中井　スポーツかスポーツでないとかは、余り頭になかったな。戦いに行っただけです。うん、ニュアンスで言えばスポーツではないに近いかもしれないですが、こういう言い方が一番近いかな——公式戦ではない——みたいな（笑）。同じ体重で、同じ条件でやるわけじゃないから、それはスポーツではないと言っているのと同じかもしれないですが。

エンセン　そうそう。

——スポーツとは公明正大に、同じ条件の下で、なんとか差異を作りだして競い合うものですからね。

中井　だから、スポーツでないといえばそうかもしれない。ただ、僕としては公式戦ではない。だから、僕の修斗は95年の1月で終了しているんです。バーリトゥード・ジャパンは修斗ではないので。

エンセン　うん、そうね。その通り。

中井　周りは修斗だと見ているのですが、修斗ではないです。

——私はキャリア3カ月ほどで、力も信用もなかったので、何の発言権もなかったのですが、3年後の自分だったら、「中井は出場すべきじゃない」という記事を書いていたと思います。

中井　あぁ、そうでしょうね。

エンセン　止めようとは思ってなかったけど、確かに凄い気持ちだった。

——止めないのは、エンセンがこの戦いができる側の人間だったからですよね。

エンセン　できないわけがない。できるっていう考えじゃなくて、できないわけがないっていうこと。ピットマンとか大きくても柔術が分からないし、中井さんは足関が巧い。勝つ道はあった。私とノゲイラの試合のように私の勝つ道は2本で、ノゲイラの勝つ道は98本ある。ゼロなら止めたかもしれない。でも、中井さんに勝つ道は見えていたから。その道を歩けば勝てるから。

——トーナメント前の時点で、柔術的なポジションなどはもう教えていたのですか。

エンセン　アートゥー・カチャーの時から、100パーセント、内緒なしで教えていた。

――それはグレイシーに対する裏切りではなかったですか。

エンセン　裏切りね。裏切りだよ。でもね、中井さんとの人間関係の方が大切。グレイシーよりも、中井さんの方が近かった。

中井　そうですよね……。

エンセン　でも、声を大にして応援することもできなかったし、心の中で応援する感じだった。

――もう、今の世の中では存在しない戦いに中井さんは挑んだわけです。いったい、どんな技をエンセンから習っていたのですか。

中井　何をされたらいけないか。どんな場所にいちゃいけないか。そういうことになるんですよね、究極。柔術とはそういうコトになると思うんです。勝つことも大切ですが、負けないことがベースにある。やられないポジションを確認しましたね。

――柔術家がリオデジャネイロには結構いて、米国にも広がりつつあったとはいえ、バーリトゥードという戦いは圧倒的に経験している人間が少なかった。そういう場で実際に戦って、想定外のことが起きたなんてことはなかったですか。

エンセン　うーん、特別危ないとか凄いということはなかった。中井さんという人間は凄いと思ったけど、リングで起こったことは当たり前のことだと思った。ブラジルやUFCで行なわれていることだって。逆に寝技しか知らなかったので、俺が出られるルールがあるんだって思ったぐらいで。

中井　なるほどね。

エンセン　だから修斗にフリースタイルルールができてバリジャパがあって、嬉しかったね。私の強さを出せるルールがあるんだって。それでも、まだハワイに帰るつもりでいたけどね。茂田信吾との試合で終るつもりだった。本当は白黒の扱いで良いのに、雑誌でもカラーで大きく扱われた。グレイシーの化け物現れるみたいな感じでね。で、佐山先生に「もう1試合だけ」って言われても、「もう戦うつもりはないです」って答えて。結局、4試合目ぐらいまで、それで止めて帰るつもりだった。

中井 そんな風になっていることを知らなかった。ハワイに帰りたいって思っていたなんて（笑）。

――ジェラルド・ゴルドー戦は自らの試合の前に行なわれていたのですか、エンセンは実際に見ていたのですか。

エンセン 見てた、見てた。全部見ていた。

――あの試合、お客さんは結局のところ、危険なシーンを見に来ている人がかなりの数いたんだと、試合が実際に行なわれているなかで記者に用意された席で思いました。中井さんがエプロン付近で殴られ、踏みつけられると沸くんです。そうでない間は、トイレに行く観客が相当数いて。あまつさえ、「アントニオ猪木は、ゴルドーにすぐに勝ったぞ」と叫ぶ者までいた。

中井 フフフフフ。

エンセン 本当に？　でも、リング上で行なわれているのは普通のこと。目潰しOKのルールなら、中井さんは失明していなかったと思う……。

――目潰しOKなら、中井さんは目潰しは食らわなかったということですか？

エンセン 金的有りなら、金的はなかなか受けない。目潰しもそう。だから、噛みつくのはＡＩＤＳとか、色々問題があるから反則にすべきだけど、それ以外は全てOKでやりたかった。そのつもりで練習し、試合中も警戒していたら、そんな攻撃は受けないよ。反則だったから、来ないと思っているから、やられてしまった。

――格闘技というものは反則を犯す人間はいないという性善説を基盤に、存在しているものなのかもしれないですね。

中井 まぁ、認識が甘かったですね。

――私たちマスコミは、あのルールで、選手を戦わせて良いのか――、そういう視点に立っていたので、それ以上のことが起こる覚悟ができていなかったです。

エンセン　やるなら、あれぐらいが当然よ。
中井　そうですね……。
――ゴルドー戦が終わり、控え室に戻る時点で、目の周囲は尋常でないほど腫れ上がっていました。
エンセン　控え室に中井さんが戻って来て、もう無理だと思った。
中井　フフフフ。
エンセン　特にピットマンは、あれだけ大きかったし、目も見えないなんて危ないって。でも、中井さんが続けるって言って、佐山さんが了承したので、少し驚いた。それ以上に中井さん、まだ続けるのかって。佐山さんに対しては、主催者があの状況で試合をさせるのは、大丈夫なのかっていう気持ちになり、中井さんに対しては、ただ凄いなぁって、尊敬したね。私なら、やらなかったかな。
中井　目は塞がっていたけど、見えていないとは全く思っていなかったです。
――あの時、中井さんが控え室に戻る通路で、実は私はすれ違っていて、凄いテンションで「これが真剣勝負なんだ」って、叫んでいたんです。
エンセン　ハハハハハ。
中井　よく、そういうこと言っていたんです(笑)。練習のときから、そうだから、エンセンにはアニマルって呼ばれていました。
エンセン　そうそう。
中井　僕がアニマルって呼ばれていたって、雑誌に出たことないですよね？
――私は知らなかったです。
エンセン　いつも叫んでいて、面白かったよ。でも、ホント尊敬できたね。
――あの時点で、準決勝を辞退する気持ちは全くなかったのですか。
中井　なかったですね。ダメだって言われたら、困るなって。最後までやり通したかったので。
――ただ、そんな大会のなかで、実はピットマンに極めた腕十字、あの勝利はヒクソン戦とゴルドー戦に挟まれ、忘れられがちですが、素晴らしい一本勝ちでした。

エンセン　目が見えているときなら、やりようがあるけど、あの状況ではピットマンの大きさは危険すぎた。ファンの人は、小さな日本人が大きな相手に立ち向かっていくのを見てみたいって、楽しめばいいけど私はもう友達だったから。危ないなって思っていたけど、自分も試合があるから、集中しないといけなくて、言えなかった。中井さんが興行やって、誰かがあんな風になっていたら、続けさせる？

中井　やらせないよ。

エンセン　やらさないよねぇ（笑）。

中井　ああいうのは、あの1回で終わらせないと。そういうつもりではいました。

——実際、翌年から無差別ワンナイト・トーナメント形式はＶＴＪでは採られなくなりました。ＶＴＪが変わり、修斗が変わり、そのスポーティ化している修斗を見て、ジョー・シルバがＵＦＣに階級やルールを採り入れた。あの大会があったから、ＭＭＡはスポーツ化していったといっても過言でないです。そんななか、武道館でエンセンも、反則で有名なレネ・ローゼンと戦ったわけですからね。中井さんは、エンセンの試合は見ていないですよね？

中井　見てないですね。でも、朝日さんか、九さん（上野九平）、いや誰かから、『ロープに上ってチョークしていた』って聞いて、何やってんだよって（笑）。全く、想像がつかなかったんですよ。

——とことんやるという満足感を求めたのか、ヒクソンと戦いたいから続けたのかどちらだったのですか。

中井　優勝するつもりだったんで。最後までやるんじゃないですか、普通に考えても。でも、ヒクソンに勝つような打撃を持っていなかったですね。まぁ、分かっていたんですけどね。

——ヒクソンには、打撃戦を仕掛けようと思っていたのですか。

中井　いや、それはないですね。せっかく、寝技とかやってきていたんだし。その部分でやろうって、コンバットレスリングみたいな試合をしました（笑）。

――ヒクソンと中井さんの試合は、エンセンはどのように見ていたんですか。

エンセン　寝技になった時点で、ヒクソンはもう神様みたいだった。私もヒクソンとやると、何秒かでやられるなって思った。ヒクソンとは白帯のときに、遊ばれたぐらいだから、強さは全然分かっていなかったんで。私、エリオとも一回やっている。もう、80歳ぐらいだったけど、マウントされたところから始めて、ホメロ・バロス（ハワイ在住の黒帯柔術家）も皆、チョークを極められた。動きが早かったよ。まぁ、尊敬しちゃっているから、抵抗しまくるって感じじゃなかったけど。

――本当にエンセンは日本に柔術を持ちこんだ人物だったのですね。

エンセン　でも、中井さんにバトンを渡したから。

中井　僕は柔術になっちゃって、エンセンはＰＲＩＤＥに行くわけです。

――中井さんが右目の視力を失ったことをエンセンはいつ頃知ったのですか。

エンセン　そうね。

エンセン　いつだったかなぁ……。とにかく、ソレを知ったときは、目の医療は米国の方が日本より進んでいるから、佐山さんや石山（重行）会長に話をして、ハワイに一緒に行った。あの時、一緒に病院に行ってびっくりした。ライトを目の前まで持ってこられても、中井さんが反応しなくて。中井さんの目は、神経が全て死んでいるって説明を受けて……。米国とドイツが最先端の医療を整えているけど、手の打ちようがないと告げられた。先生は中井さんの目を治す話じゃなくて、「片方しかみえないのだから、眼鏡をかけてガードをするように」なんて話し始めて。

――そのドクターの言葉は、エンセンが中井さんに訳して伝えたのですか。

中井　そうだった。そうでしたね。

エンセン　それでも中井さんは、「大丈夫、エンセン、治るから。絶対に治るから」って言っていて。でも、私はお医者さんの言葉を信じていたから、「取り敢えず、打撃もないし柔術をやろうよ」って誘った。そうしたら、中井さんは「俺はシューターだから、柔術はやらない」って。

中井　治って、シューティングをやるからってね（笑）。

エンセン　でも、毎日、毎日、柔術をやろうって誘ったら、1カ月ぐらいして「しょうがない、やろうかな」って言ってくれて。

――中井さんは、自分に言い聞かせるのではなくて、本当に目が治るという気持ちでいたのですか。

中井　うーん、そうですね。だから、色んなところに行かせてもらいましたよ。

――確か中国にも行っていますよね。

中井　中国も行きましたね。針とか、やりました。西洋医学がダメなら、東洋医学でという感じで。可能性があるなら、何でもトライしようと思っていました。

エンセン　柔術の練習をするようになっても、まだ治して修斗をやるって言ってたね。

中井　一応、95年いっぱいは湯の郷（※大宮ジムに隣接し、当時、ジムだけでなくＶＴＪも含め、興行に資金を提供していた、龍車グループの業務用温泉施設）で働いていたんです。ゴルドーも、小林邦明さんも風呂に入りに来ました。96年の1月から、今でいう坂本（一弘）さんのような仕事、日本プロシューティングのプロデューサーのような役割をしていて、エンセンvsアンドレ・マナート、3月の朝日さんとルタリーブリの選手（レアンドロ・アゼベド）、5月の川口さんとエリック・パーソンの試合、7月はクラブチッタの郷野聡寛vs須田匡昇と、ＶＴＪ96の朝日さんvsホイラー・グレイシー、エンセンvsイゴール・ジノビエフ、佐藤ルミナvsジョン・ルイス戦。ここまで携わり、9月のエンセンvsムスタファ・アブドゥーラ戦から坂本さんと代わったんです。僕はこの時点で、ワールド修斗の技術担当のような形にしてもらって、柔術の修行とか、試合に出させてもらうようになったんです。

――その時は修斗に復帰することは諦めたのですか。

中井　そうですね。朝日さんとホイラーの試合を見て、柔術をやろうと。皆は僕と練習するんだし、自分がホイラーと戦えるようになればって思ったんです。

エンセン　目が見えなくって、でも修斗に拘って。柔術を本格的にやるようになっても、修斗への愛情が良く理解できた。シューティングへの誇りが、凄くあった。少し柔術の練習に出るようになっても、最初は修斗をやっていた。でも、いつからかな、目のことを諦めた時かな、動きが変わった。

中井　そのときにグラップリング・アンリミテッドの道衣を二着買って、着まわすようになり、クラスに出ていました。ただ、僕は大宮にいるときは、柔術クラスで指導はしていないんです。エンセンがいて、僕は生徒で出ていた。週一に今でいうノーギ・グラップリングのようなクラスを担当していただけで。そこに宍戸（勇）さんとか入ってくるようになったんです。

――本格的に柔術を学ぶようになったのが、VTJ96以降ということは、95年9月のジャンジャック・マチャドとの柔術マッチはどのような気持ちで出ていたのですか。

中井　あれは佐山さんに大会に出てほしいと言われたからなんです。本当は出たくなかったけど、「最高に強い人を呼んでください」とお願いしたんです。今となっては、良い経験ですが、あの時はあんまりやりたくなかった。道衣を脱いで修斗に来たのに、また道衣を着るのは後ろ向きかなって思っていました。「道衣は大学で終わったから」という風に思っていたんでしょうね。そして、朝日さんとホイラーの試合で、火がつきましたね。

――中井さんは修斗を引退する前に、佐藤ルミナと防衛戦をさせてほしいと、懇願したと聞いています。

中井　あぁ、ソレは言ったことがありますね。ライセンスとかも、まだハッキリしていなかったんですよ。今みたいに、コミッションがライセンスは出せないとか、そういう状態ではなかった。まぁ、辞めるつもりもなかったということだと思いますね、多分（笑）。

VTJはシューティングとヒクソン・グレイシーがコラボして生まれた。その場所に居られて良かったです（中井）
おじいさんは「日本人は小さくて弱い」と言ったけど、日本には中井さんのような本当に強い人間がいた（エンセン）

――友人であり、日本で最高の総合格闘家だった中井祐樹という選手が、右目の視力を失い、打撃有り競技では戦えないようになったVTJ95という大会は、何だったのかと思いますか。

エンセン　あの時は、とにかくゴルドーが許せなかった。彼の弟子のエド・デクライフと戦った時、腕十字が決まったのに抗議してきたときは、やってやろうかと思った。それから10年ぐらい経って、一度、プロレスをゴルトーとした。その時も、やってやろうとかと思ったよ。本気でマウントを取って、ボコボコにしてやろうかと。中井さんが修斗続けられなくした張本人だからね。ただ、今からすると、私も捕まったり、色んなことがあって、常に前向きになれるようになった。だから、中井さんはどう思うか分からないけど、右目を失明したから、日本には今の柔術界があるんだって、ポジティブに捉えるようにしている。

――……。

エンセン　目が見えているままだったら、総合をやっていて、柔術はなかった。でも、中井さんが柔術を始めたから、日本に柔術が根付いた。それは、やっぱり神様の思し召しだったんだと思う。MMAも、UFCとかボクシングより人気が出ている。バーリトゥードがスポーツになったのも、中井さんのケガがあったから。そうやって考えると、佐山さんの先見の明は本当に凄いね。

――中井さんにとってＶＴＪ95とは。

中井　うーん、いや良かったんじゃないですかね。僕の人生において、良かったんじゃないかと。とにかく、あの日は3試合もできたし、良い日だったんです。メチャクチャ機嫌も良かった。何だったんでしょうね、この日だけポッカリと良かったんです。その後のことも、そんなに取り乱さなかったですし。まぁ、あの日で僕はこの世からいなくなるかもしれなかったので、生き残ってしまったなぁという感じですね。

――あの頃、バーリトゥードを見ると、人が死ぬかもしれないという恐怖とともに見ていました。それは現在とはかなり違いますよね。

エンセン　私はそういう風には思わなかったよ。やっぱり、パンチの避け方、組んでテイクダウンする、細かい部分まで毎日、毎日、やってきたから。相手を倒すための試合でも、本当は自分が倒されないようにするもの。試合が決まってから、3カ月間、死なないように準備して。そこまで研究すると、そんなに危ないスポーツじゃないと思っている。

中井　うーん、なるほどね。ＶＴＪのルールは、ヒクソンとＵＳＡ修斗の方々で創られたもので、このままの形でＰＲＩＤＥやＤＲＥＡＭぐらいまで来ていますよ。ヒクソンはＵＦＣとは違うモノにしたかったんでしょうね。何でも有りっていっても、ヒクソンが出なかったですからね。ＵＦＣではないモノを日本で創って、成り上がりたかったんでしょうね。それがいわゆる、ジャパニーズＭＭＡと呼ばれるモノの原型となった。ＶＴＪはシューティングとグレイシー柔術、ヒクソン・グレイシーとのコラボレーションで生まれた、その場所に居られたことは良かったと思います。

――シューティングとヒクソンのコラボレーションですか……。

中井　あとは、僕自身が甘かっただけで。
——2003年にサンパウロのホテルで中井さんと朝食を摂ったときに、「失明していなければ、PRIDEに出たかった」と発言されたことが、非常に印象に残っています。中井さんは結果的に右目の視力を失い、このスポーツをより安全に、戦う環境創りの礎になった。その中井さんをして、イベントを盛り上げるためには、安全面を犠牲にする、あるいは八百長と思われる試合を行なうところでも、「選手は強い相手と戦いたい」と言わしめる。「これが真剣勝負だ」と叫んでいた人、それが戦う人の真理なのかと、思えるようになったんです。
エンセン　私の場合は、八百長かって思えるようなおかしな試合があっても、それが八百長かどうか確信は持てなかった。自分に対しては、修斗の看板を背負って出ていた。修斗のチャンピオンが、世界中の強い人間を倒そうと思って戦っていた。
中井　うん、そうだね。修斗はヘビー級の有名な選手を招聘することができなかったしね。
エンセン　そう、だから自分が格闘技ファンを裏切っているという気持ちはなかった。プロレスはプロレス、PRIDEはPRIDEだから、俺はPRIDEのリングで命賭けて戦っていた。だから、誰もが命を賭けて戦えっていう気持ちはあったね。
中井　僕はVTJをクリアしたら、UFCに行くって言っていたんです（笑）。無差別だし。その後、エンセンがUFCに行ってくれたんです。僕はVTJ95の頃から、UFCでしたよ。
——その頃の自分の思いを教え子に託しているという部分はありますか。
中井　そういうことになりますね。
——エンセンは今、ジムで指導をしているのですか。
エンセン　震災後は被災地で活動することが多いから、あまりジムには行っていない。私はもちろん、今でも格闘技が好きだし、トレーニングを手伝う必要があったから、一緒に練習もします。だけど、私にとって格闘技はステップだったと思う。こんな言い方は失礼かもしれないけど、自分の人生のなかで、格闘技はステップだから、一段上がった。ジムに毎日行くことは、ステップバックになるね。格闘技で学んだことを生かして、前に進んでいきたい。

――エンセンがこの先に見ているモノは何なのですか。

エンセン　大きな目的は分からないけど、男としてもっと強くならないといけない。だから、遍路も2回した。自分のビジネスをしながら、大和魂は家族を守るものなのか、何なのかまだ分からないけど、自分の精神をもっと強くしないと。まだ、足らない。自分は自分を知っている。怖いものもいっぱいあるし、逃げ道も通るし。大和魂のエンセンは、怖いものなしなんてない。皆と同じ、全然変わらない。

――エンセンが、自分で自分の弱さを認める発言をすることが、弱くなったのではなく、強くなったのだと思います。

中井　以前は絶対に弱いところは見せようとしなかったからね（笑）。

――弱く見られることを嫌がっていました。

エンセン　あぁ、強くなかったからね。ソレは。中井さんは、小さい体でも、心が大きかった。ハワイで育ったから、周りは体が大きい連中ばかり。だから、私のおじいさんが「スポーツなんてやめて、頭を使って勝負しなさい」、「日本人は小さくて弱い」と言っていた。だから、日本人は強いというところを見せたくて白人、ハワイアン、誰とでも喧嘩した。でも、日本には中井さんのような人間がいた。本当の強さを持った日本人だと、中井さんを見て思いました。

中井　エンセン、ありがとう。

――さて、中井さん、『ゴング格闘技』は25周年を迎えました。最後に次の25年に向けて一言いただけますか。

中井　これからの25年……、まだまだこんなものじゃないですよ。面白いことになると思います。ようやく、準備完了という形になりました。海外に出ていくこともできるようになりましたし。国内はある程度、広めてきましたしね。東京でしかやってきてなかった格闘技を日本全国で嗜む人たちがいる。インフラは整ったと思うので。

エンセン　中井さんは、本当に動いた人間だから、言っているようにもっと面白くしてくれるよ。体を張ってきた人間だから。

中井　あとは……、ファンの皆さんには世界レベルで戦う人を見てもらえればと。以前はＰＲＩＤＥだったかもしれないけど、今はＵＦＣ。だから、あそこでがっちんがっちん戦う人を見てほしいです。日本で世界戦が行なわれますが、これからは日本人、そしてアジア人が絡んでいけるように——ということを考えています。

Nakai Yuki
1970年8月18日、北海道浜益郡出身。高校時代はレスリングを経験。北大では七帝柔道で活躍する。94年、草柳和宏を破り修斗ウェルター級王者に。95年、バーリトゥード・ジャパン95に出場。決勝戦をヒクソン・グレイシーと戦う。99年ブラジレイロでアダルト黒帯ペナ級3位。MMA戦績8勝2敗1分。170cm、70kg。パラエストラ東京主宰

Enson Inoue
1967年4月15日、米国・ハワイ州出身。20歳の頃からヒクソン・グレイシーの兄、ヘウソンに柔術を学ぶ。95年、修斗デビュー。97年、ジョー・エステスを破り、修斗初代ヘビー級王者に。98年、バーリトゥード・ジャパン98でランディ・クートゥアーに一本勝ち。その後はPRIDEに参戦。MMA戦績12勝8敗。180cm、95kg。PUREBRED大宮所属

「次は殺す」「俺も殺しますよ」

DEEP EMOTION
November 7, 1994

日本人格闘家同士が、寝技の状態で拳を落とす戦いを初めて見たのが、この試合だった。

ライブではない。プロ修斗公式戦を映像として残す必要性を修斗内部に説き、自費製作していた若林太郎さん＝現・修斗&柔術界の要人に仮編集中の素材を、試合の2カ月後くらいに見せてもらった。

佐藤ルミナがプロデビューした夜。リングに上がった一方の選手だけが、タイトルを手に出来る王座認定戦。勝ってもベルトを巻けない草柳和宏は、後輩の中井祐樹に敗れ、「今度は殺す」という言葉を残し、リングを下りた。

彼の背中に中井も、「俺も殺しますよ」という言葉を投げかける。

「これがシューティングなんだよ」と興奮する先輩の記者方をヨソに、僕は全く違うことを考えていた。

パウンドなんていう言葉もなかった時代に、日

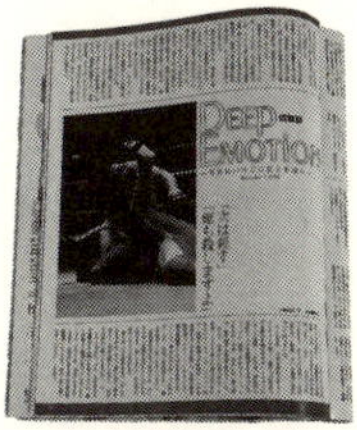

GONG KAKUTOGI NO.158
2005年6月号
text by Takashima Manabu

本人同士が寝技で互いの顔面を殴りあう。禁断の果実を齧る瞬間に居合わせた人たちは、一種の興奮状態の連鎖反応があったかもしれないが、時間を置いて映像を見た僕は、「迫力がないパンチだな」なんて、感じていたのだ。

2005年4月。パウンド、ストンピングは、格闘技ファンの間では、見慣れた光景となっている。

ただ、中井と草柳が戦ったころは、バーリトゥードという言葉が伝わってから、まだ1年しか時を経ていなかった。技術的な解明なんて、興味の対象外。それこそ「マジのストンピングだ」、「本当の弓を引くナックルパートだ」なんてシーンを待ち望んでいたに過ぎない。

UFCとヒクソンが持ち込んだ寝技での顔面殴打は、格闘技界の常識を覆したが、それを見る人間の興味は「凄さ」、「迫力」、「未知の領域」でしかなく、またその対極の「危険な行為」、「野蛮」という批判も常について回っていた。

そんななか、中井を初めとするシューティング勢——強さへの欲求だけを総合を続けるモチベーションにしていた連中——だけが、技術的に寝技のパンチを解明する入り口に立っていた。技術こそがバーリトゥードをスポーツ化、あるいは（彼ら流の）修斗化する筋道と捉えていた。

そして、中井はこの試合から5カ月後、1995年4月20日に行なわれたバーリトゥード・ジャパン95で、技術＋精神力が体格のハンデを凌駕することを証明し、最後の体重無差別ワンデー・トーナメントで、総合格闘家としての人生を終えた。

「クソッ、俺はこのスポーツに向いていない。笑顔で挨拶はするし、相手を殺そうと思っちゃいけない」

柔術界の父となった中井が、声にならない悲鳴をあげたことがある。このとき、「殺しますよ」の意味が、分かったような気がした。

彼らは「人を殺すかも」、「死んでしまうかも」

なんて思いながら拳を落とし、顔面を腫らしながら、自分との戦いに勝ってきたんだ、と。

ＶＴＪ95から、10年。人を殺める可能性がある戦いを見ることに、僕らは随分と鈍感になってしまったんじゃないだろうか。24歳でなりたくもなかった伝説に姿を変えた総合格闘家がいたことを、改めて肝に銘じなきゃいけない——と思う。

第3章 日本総合格闘技

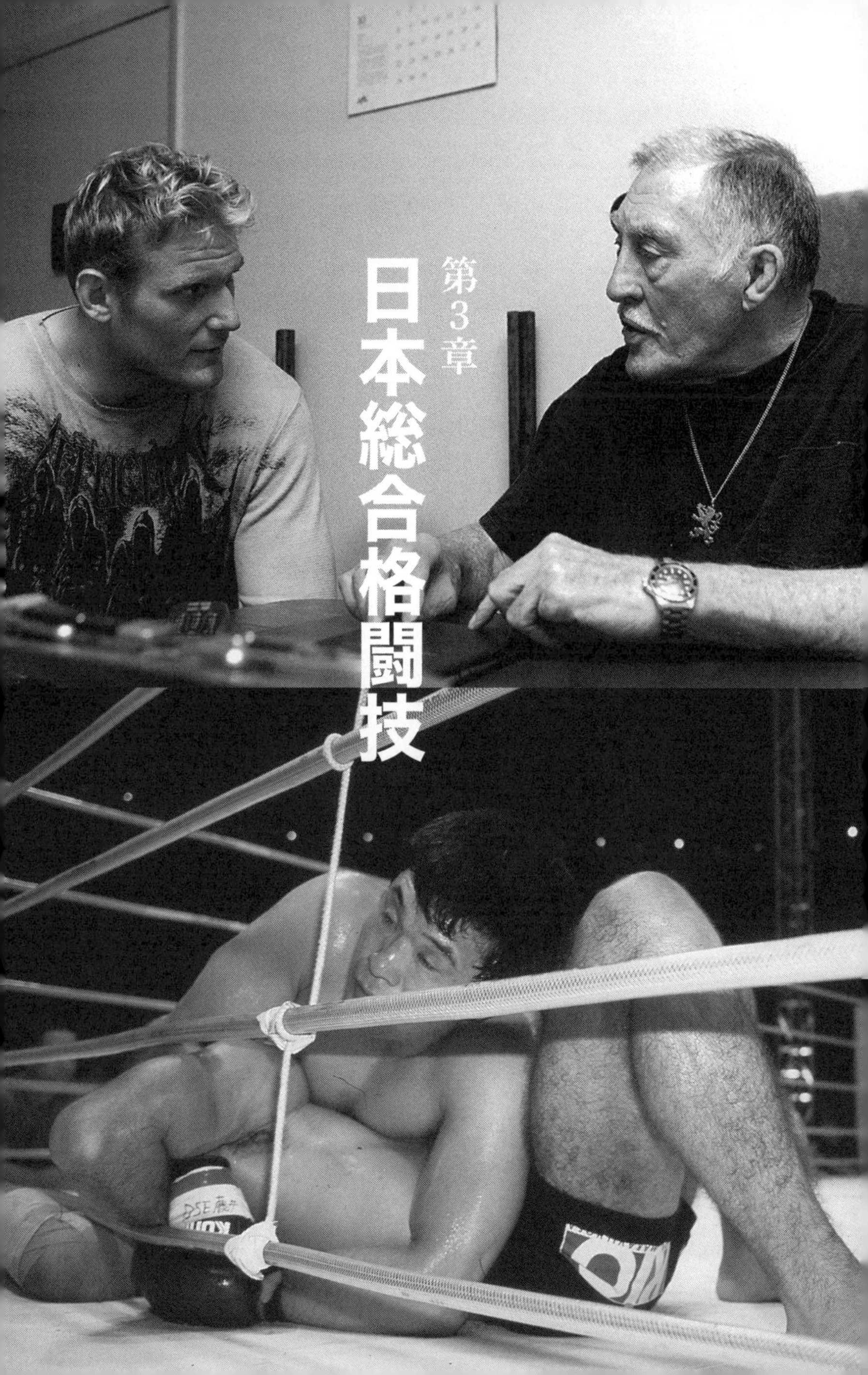

The Catcher in the Ring
カール・ゴッチ×ジョシュ・バーネット

「天国に一番近い場所」フロリダ州タンパに〝神様〟はいるという。公の場から姿を消して久しく、MMA全盛の現代から距離を置き、ひとり静かに暮らしている。いったい我々はキャッチレスリングの何を知り、カール・ゴッチの何を知っているのか。〝現代のキャッチレスラー〟ジョシュ・バーネットとともに、そのルーツを訪ねた。

群衆の中から頭ふたつほど抜けた191cmの長身のジョシュ・バーネットが、乗り換え場所であるマイアミ空港のロビーにやって来た。

長旅のせいか、少し疲れた表情で無精髭を残したままのジョシュは、大きな身体を空港のベンチに押し込むようにして腰掛けると、食事も出なかった国内便のサービスに軽く悪態をついてから、小さな笑顔を見せた。

聞けばPRIDEラスベガス大会翌々日に、いったんロサンゼルスまでレンタカーを運転し、そ

GONG KAKUTOGI NO.176
2007年1月号
text by Matsuyama Go

こからマイアミ行きの飛行機に飛び乗ったのだという。

２日前には、リング上でアトランタ五輪柔道金メダリストの総合格闘家パウエル・ナツラをアンクルホールドで仕留めている。

「ただ上から抑えこんでくるばかりでやりにくかったよ。殴ったり関節技を極めにきたりしてくれれば、すぐに切り返せたんだけど」――４年７カ月ぶりの米国凱旋試合にさしたる感慨もなく、早朝の空港で乗り換え便が来るまで、静かに目を閉じていた。

「旅は慣れている」という。プロレスラーとして町から町へ、体ひとつで向かうのが身上だ。

「昔のカーニバルレスラーも祭りの度に雇われてたんじゃないか。そこでバックボーンも分からない腕自慢たちの挑戦を受ける。ちょうど土曜日の僕のようにね。そこには合法的に隠されたキャッチテクニックがあったはずだよ」

高校から始めたレスリングはジョシュにとって実戦的なものだった。相手の急所をついてダメージを与える。レスリングの試合なのに関節を極めながらピンフォールを奪ったり、バックに回ればチョークで相手をマットに眠らせたりもした。アマチュアの枠に収まるはずもなく、大きな身体を持て余していたジョシュが、マット・ヒュームが主宰するＡＭＣパンクレイションの門を叩くまで、それほどの時間を必要としなかった。

ポジショニング全盛以前からレスリングと打撃をミックスさせ、パンクラスで極めを強化、さらにポジショニングまで貪欲に取り入れた知将ヒュームの下で、古代ギリシャの格闘技をイメージしたパンクレイションに触れたジョシュが、そのルーツに興味を持つようになるのは当然のことだろう。ヒュームが参戦したパンクラス、その創始者たちを遡れば必ず、ある名前に辿り着く。

カール・ゴッチ――レスリングでロンドン五輪に出場後、イギリスのビリー・ライレージムでランカシャーレスリング（キャッチ・アズ・キャッチ・キャン）を習得。藤原喜明や佐山聡ら日本のプロレスラーにシュートテクニックを伝えたとされている。

きっかけは一冊の教則本だった。ＰＲＩＤＥ無差別級ＧＰ準決勝で〝柔術マジシャン〟アントニオ・ホドリゴ・ノゲイラを相手に、フロント・ネックロック、アンクル・ホールド、ヒザ十字固めなどのキャッチテクニックを駆使し判定勝利したジョシュが、取材班が用意した藤原喜明の技術書に描かれたイラスト付きのメモに強い興味を示したことから物語は動き始める。

そのメモは通称「ゴッチ・ノート」と呼ばれる。海外修行時代の藤原がフロリダ州タンパのゴッチ邸に住み込み、寝る間を惜しんで書き綴ったキャッチレスリングの技術が、時代を経て一部のレスラーに伝えられ、ＭＭＡ全盛の今、一回りしてジョシュのような現代の総合格闘家に注目されているのだ。

「本物のゴッチさんに会いにいきませんか？」

編集部の申し出にジョシュはきっかけを待っていたかのように、賛同してくれた。

こうしてキャッチレスリングのルーツを辿る旅が始まった。

フロリダ州西海岸に位置するタンパは、温暖な気候のため、米国国内からの移住者が多いことで知られる。マイアミからタンパ空港へ降り立ったジョシュは、ゴッチ邸に向かう車中に一抱えの荷物を持ち込んでいた。

レスリングシューズにスパッツ。

６年前に大掛かりな臀部の手術をしてから足を不自由にしているゴッチが、どのくらい動けるのか、どれほどの時間を面会に充てられるかも分からないまま、車は病院の隣に位置する、定年を迎えた人たちが暮らす集合住宅の一画に横付けされた。呼び鈴を押し、開けられたドア。キャッチレスリングの〝神様〟は、矍鑠たる笑顔で訪問者を迎えてくれた。

本当のことを言っていいのかい？君はキャッチの動きをしていない（ゴッチ）正直に言ってください。私は正しい力の使い方を知りたいんです（ジョシュ）

ゴッチ　よく来たね。出身は？

ジョシュ　ワシントン州シアトルです。最初、地元でレスリングをしていましたが、あまりレスリングでは有名ではない地域なので、高校のチームでいろいろな場所を回りました。

ゴッチ　そうだね、シアトルではあまりレスリングの人気はないだろう。アメリカンフットボールとバスケットボール、野球があるから。

ジョシュ　レスリングを始めた時は、とても楽しんでいました。それから成長して、ＵＦＣで戦ってみたいと思ったんです。他のスポーツは私にとって「競争」ではないから。アメフット、バスケなどは遊びの要素が多い。でも「戦い」は遊びじゃない。レスリングはゲームじゃないんです。

ゴッチ　もっと戦略がいるからね。

（ＰＲＩＤＥ無差別級ＧＰ２００６のジョシュvsノゲイラの映像を見て）

ジョシュ　自分の試合を見るのは好きじゃありません。自分がやっていることが気に入らないんです。

ゴッチ　だから見るんだ。自分の失敗からしか学べないんだよ。

ジョシュ　ノゲイラはサイドポジションかマウントを取ったらそこに居座り、無理に極めようとはしませんでした。彼は自分が上にいるということだけで勝ったように感じていたのだと思います。でも私は彼がキャッチできないことを知っていたので焦ることはありませんでした。それから、スタミナは十分ではなかったけど、負けたくなかったので力を振り絞ってアグレッシブに戦いました。

ゴッチ　うむ……お客さんには礼儀正しくしないといけないからな。

ジョシュ　正直に言ってください。私は正しい力の使い方を知りたいんです。

ゴッチ　……分かった。君はキャッチレスリングの動きをまったくしていない。両手にグローブをして、パンチのことだけを考えている。それに相手がグラウンドにいるときは、その上で動くかわりに、相手を挟んで引き込んでいる。すべて間違っているよ。本当のことを言ってほしいんだろう？　2カ所も移植手術を受けて、もうロクに動けない83歳の老人がアドバイスをしている。でも、私はもう動けないが見ることはできる。三脚のテーブルを考えてみろ。脚を押しても動かない。でも脚を取って押せば簡単に倒れる。それが君のすべきことだ。敵のバランスを崩す必要がある。相手の足があったら、それを押しやるかわりに君は挟んだ。それは間違いだ。ヒジやヒザは何のためにあるんだ？　君はそれを使ってない。中に入ったらパンチじゃなくヒジを使え。顔面を狙えば相手はパニックを起こす。それから頭部、ボディーにもだ。

ジョシュ　この大会ではグラウンドでの顔面へのヒジ打ちは禁止されているんです。

ゴッチ　打つのではなく、押し当てるとしたら？　グラウンドではいかにヒジとヒザを相手の弱い部分に置くかを考えろ。瞬間的に押せば、相手のクラッチをたやすく切ることもできる。それに打撃として使う場合は拳を傷めることもない。

ジョシュ　はい。この上四方のとき、ノゲイラにクロックヘッドシザーズを極められれば良かったのにと思います。このＧＰでは誰もあの技を知らなかったから。

ゴッチ　そうだね。フロントフェースロックのように腕を使う代わりに足でも出来るはずだ。

ジョシュ　私はそのポジションを取るために対戦相手と常にレスリングをしています。彼らはダブルリストロックを防ごうと必死で、ヘッドシザーズについて予測していないから、あなたならきっと首を折りかけてます。

ゴッチ　クロックヘッドシザースは乗る場所が重要なんだ。ヒザを使って相手の頭の耳の下にポイントを押さえる。相手が痛がったら逃がしてやればいい。そしてそれとは逆の方向に捻るんだ。

ジョシュ　私は2種類のやり方を学んできました。ひとつはヒザを中心に旋回するやり方。もうひとつはつま先で回転するやり方です。

ゴッチ　ダメだ。君はまったくそんなやり方をしていない。見てごらん。

ジョシュ　はい、つまりあなたはつま先で立ってヒザを地面に着けるようにしろと。

ゴッチ　でも決して足は伸ばさないんだ。

ジョシュ　私がビル・ロビンソンに会ったとき、彼は両ヒザと首の手術を受けて動くこともままなりませんでした。でも、頭がよく働きます。ビリーとも話したのですが、もし、テコの原理や物理、身体力学の概念が理解できないなら、レスリングの最高レベルには達していないのだと。私が聞きたいのは、ヒザをどこに動かし、体重をどこに移動するか、というメカニズムなんです。

ゴッチ　それは必ずしも同じやり方でしなければいけないという意味ではない。人は皆、サイズも体の柔らかさも違う。仕組みを理解していれば、別のやり方でやればいいんだ。私は子供の頃にレスリングを始めた。戦争の直前、そこにロシアから来た男がいた。彼はサンボをやっていた。彼が去った時、私はその動きを常に練習したね。どうやって力を得るのか、あらゆる方法で調べたが、力ずくではやらなかった。君はおそらくパワーがあるからそれが可能だろう。でももし相手も力強かったらそれが通用しない。力の「強さ」と「強さ」の戦いは行き場がないんだ。

ジョシュ　たくさんのエネルギーを無駄にしますね。一番簡単な方法を探せばいい。正しい力のかけ方を見つければ、動きは簡単です。

ゴッチ　そのとおり。力をコントロールするんだ。骨と骨（ボーン・トゥ・ボーン）、テコを使って少ない力で大きな力を出せばいい。相手に何かを仕掛けようとするときは、釣りに行くときのように、えさを出すんだ。

ジョシュ　私はできるだけ早く相手を倒すのが好きです。関節技はもっと明確で、運では相手をキャッチできません。ラッキーパンチはあるけど、ラッキーキャッチはない。捕まえた相手がミスをすることはあっても、それは幸運ではなくて、彼が知らなかったか、私が彼を騙したかです。

ゴッチ　そう、それは幸運ではない。相手がミスをするときは、君が彼をそこに追い込んだんだ。彼らは君のためにミスをした。もし君が賢ければ、三手で極めることができる。もし相手も賢ければ五手、動きを読んでくるからね。相手を騙さなければいけない。そしてとにかく君は相手をキャッチする。これがレスリングだ。

ジョシュ　私はいろいろな学校でレスリングをしました。でもほとんど誰も私が教わったようにはやりませんでした。

ゴッチ　それらはもう失われた技なんだ。君のような人たちが話題を作って、わずかな間復活しても、以前のようには遠く及ばない。ランカシャーで始まったスポーツだが、この国で完成された。イギリス人が持ち込んだんだ。

ジョシュ　私ができるただひとつのことは、私がレスリングだと感じるものを無くさないことです。私はそれを人々に見せたり教えたりして、上手く行けば彼らも受け継いでくれる。今ではＷＷＥの他にもレスリングをする機会があります。アメリカでキャッチレスリングは滅びようとしていますが、格闘技がサンボや柔道といった違うアスリートをもたらしています。少なくとも「レスリング技術」はそれを学びたい人たちのために復活するでしょう。

ゴッチ　死ぬ前にもう一度レスリングを讃えられるように願うよ（笑）。私が思うに、柔術はやり方の違うレスリングだ。柔術はセルフディフェンスで、柔道は柔術を競技としてソフトなやり方にしたものだ。アイルランドに行ってみろ、人々はジャケットを着てレスリングをしている。ヨーロッパの違う地域には違うスタイルがあるんだ。

ジョシュ　トルコでは革のパンツをはいています。

ゴッチ　パンクラチオンの時代から、もう5千年以上も続いているものがどうやってずっと新しいままでいられるのだろうかと思うよ。原始人を見てごらん。彼らは狩りのためにレスリングをした。棒切れや自分の手足以外に戦う道具はなかったはずだ。

ジョシュ　レスリングは私が考えるどんな動きよりもずっと長く身近にあったのだと思います。

ゴッチ　もし誰も見ていなくても、それは以前に行なわれていたんだ。忘れられているだけでね。

ジョシュ　キャッチが終わってしまう前に教わるのに十分な時間がありました。上手く行けば誰かに教えることができるでしょう。

ゴッチ　40代になった時、自分に何も問題が起こらないように願うだろう。そしてそれからコーチをすることができるよ。

ジョシュ　学校を開いたり、ジムで教えたいと思っている人たちがいます。もし私が誰かを教えるとしたら、どうすれば最高の指導者になれるでしょうか？

ゴッチ　いいかい、もし今コーチをしたら、自分を切り売りするだけだ。なぜなら誰かにレスリングを教えることによって、自分を失うからだ。時間を取られ、選手としての質を下げる。普段からコンディションを大事にすること。人を教えるのは、君が競技生活を終えた後にすることだ。

＊

長い時間をかけて、それぞれのキャッチレスリングの考えを交換し合った2人。ゴッチは、自らジョシュの手足を取り、極めのポイントを伝授していった。

夜の帳が降りてきた1日目は、ここで終了。2日目は「病院へ行く前に猫に餌をやる時間なら」空いているという。早朝、ジョシュは自ら作成した〝Catch〟のロゴがプリントされたTシャツを手に、再びゴッチ邸のドアをノックした。この日、ジョシュが聞きたかったのは、「いかにしてカール・ゴッチは生まれたか」だった。

人は自分が費したものから何かを得る。シンプルだが、この競技を学ぶのは難しい

ジョシュ　「ゴッチ」の名前はフランク・ゴッチからきてるんですか？

ゴッチ　そう。私がアメリカに来たときの本名は「イスタス」だった。父がハンガリー出身、母がドイツ人だったから。ヨーロッパでは「イスタス」で何の問題もない。日本でもね。でもアメリカ人には発音しづらいんだ。彼らは興行にもっと人を呼ぶために私をドイツ人ということにした。私はドイツ語が話せてラッキーだった。ドイツ系といってもベルギー生まれなんだが、アメリカ人のビジネスには関係ない。ここの人口でもっとも高い割合を占めるのはドイツ人だったからね。80年代以前には60％がドイツ人だった。ドイツ語が話せたから働けたんだ。でも誰かに出身を訊ねられた時はあんまりいい気分じゃなかったね（笑）。

ジョシュ　10歳でレスリングを始めた？

ゴッチ　ああ。それは普通のことで、私の時代には、レスリングは貧しい人たちのスポーツだったんだ。子供の頃はサッカーなんて誰もやってなかった……。私が住んでいた町には当時38ものレスリングクラブがあったが、今はひとつもない。私は1924年に生まれた。その頃は第一次世界大戦のあとで不景気だった。何もなかったんだ。ベルギーのブリュッセルに住んでいて戦時中、道で声をかけられてね。戦争が始まって、働き手を捜していたらしい。私に「ドイツに来て働かないか？」と言ったんだ。

ジョシュ　では16歳でドイツへ？

ゴッチ　そう。それでドイツで過ごし、言葉やそのほかのことを覚えたんだ。ドイツにいたころは

フレーミッシュ（フラマン語）しか話せず、ドイツ語は勉強中だった。それで鉄道に連れて行かれた。夜間の仕事で、３つもシフトがあった。私はその仕事が大嫌いで抜け出すためにどうすればいいか考えたよ。とにかく、私はハイザーだった。ハイザーって分かるかい？

ジョシュ　いいえ。

ゴッチ　私も知らなかったよ。火夫のことなんだ。機械の手入れをして、火をつけてそこにいればいい。でも早朝、午後、夜と３つのシフトがある。私には重労働過ぎたよ。そこから抜け出すことを考えなければいけなかった。ある日帰って、私は雇い主に「レスリングをしている」と言った。レスリングはドイツでは一般的で、ドイツ人はレスリングが好きなんだ。私はレスリングをしていて、一度投げを食らってフロアの外に落ち、意識不明になって医者に行ったことを話した。そのとき医者は、将来私の視力に問題が発生する可能性があると言っていた。私は今、そのトラブルが起きていて、夜になると何も見えないと彼らに言ったんだ。それで私は機関車の下請けに回された。汚れ仕事だったが昼間に働けた。

ジョシュ　あなたはオリンピックにも出場されていますよね？

ゴッチ　ああ、１９４８年のロンドンだね。でも若くていい結果を出せなかった。悪くはなかったんだが、ツイていないことが二度あった。一人目の相手はトルコ人だった。トルコには５人金メダリストがいるが、彼はその一人で、世界チャンピオンでもあった。私はポイントで負けたが、試合後、彼は私に「スイス人やスウェーデン人とも試合をしたが、みんな強くなかった。君はとても強かった」と言ってくれたよ。次はフィンランド人（グレンダール）だった。フリースタイルではストックリー（スイス）と当たったんだ。そのころストックリーはレスリングの王者だった。それで二度負けて、トーナメントから外れてしまった。それでグレコでも、世界チャンピオンとオリンピックチャンピオンに当たってね。私は早くレスリングを本当によく学ばなければと思ったよ、組み合わせには頼れないからね。人間は時にうぬぼれてしまうから、苦労はしたほうがいい。私はうぬぼれるチャンスがなかったよ、ボコボコにされて負けたからね。そうやって学んだんだ。それから結婚して子供ができ、金が必要になったけど仕事をみつけられなかった。それでプロにならないかと誘われたんだ。

ジョシュ ああ、それでプロレスラーになったのですね。何かオリンピックの記念品は残っていますか?

ゴッチ いや。オリンピックの参加メダルは持っていたが、ある日ファンの子供にサイン入りの写真をねだられてね。当時はみんな写真にサインをしてファンに渡していたんだ。でも私は写真を持っていなかった。何もなかったんだ。でもその子の顔を見たら申し訳ない気持ちになってね。それで写真はないけど、これならいいよと言ってメダルをあげたんだ。そしたらその子は嬉しさのあまり泣き出してしまったよ。

オリンピックの後プロになった。近所に何人かファンがいて、彼らがロングコートや新しいシューズをくれた。試合が終わって控え室に行くと、プロモーターが来てギャラをくれる。その金を見て「なんてことだ!」と思ったよ。一度17分間のエキシビションマッチをしただけで、造船所で二週間重労働するよりもたくさんの金がもらえた。やり始めたからにはうまくなろうと考えた。練習してイギリスで働き始めた。イギリスでもいい金がもらえたし、その後も行く先々でいいギャラをもらえた。私はラッキーだったよ。

ジョシュ 何年にスネークピットのメンバーになったのですか?

ゴッチ 26歳のときだと思う。25歳でプロになったからね。ある年イギリスで仕事をしていたら、プロレスラーの一人が私に「お前、うまいな」と声をかけてきたんだ。それからトレーニングする場所があるという。私はいつも外に出て学ぶことに興味があった。人は死ぬ日まで学ぶんだ。何でもすでに知っていると思うなら、もうすでに死んでいるということだからね。とにかく私はそこへ行った。小さなところでね。私がそこに行ったときはただマットがあるだけだった。私は稼ぎがよかったからマットのゴムを買ったよ。工場から買うんじゃないんだ。そのころは軍のトラックが走り回っていて、頭部の保護用に屋根にゴムが付いていた。そこで運転手に金を払って古いトラックのゴムを買ったんだ。それでフレームをつけてラバーマットにした。ビル・オレイリーがマット清掃にツテを持っていた。それからシャワーをつける金も私が払ったよ。そこにいた間、オレイリーから学んだことはなかった。ジョー・ロバートソンの元でトレーニングしていたよ。

ジョシュ　当時のルールは？

ゴッチ　ルールは簡単だった。絞め技なし、目突きなし、髪を引っ張るのはなし、睾丸を引っ張るのもなし。それだけ。打撃や蹴りもなかった、難しすぎたから。相手が離れてしまうだろう？　でも抑え込めばヒジやヒザを入れたよ。

ジョシュ　時間制限やラウンドなしですか？

ゴッチ　試合によるね。30分以下はできなかった。それは初心者向けだったから。タフな試合では1時間ということもあった。嘘じゃない、1時間もマットや草の上にいたら本当に疲れるよ。

ジョシュ　ほかの格闘技の選手、例えば柔道や柔術などの選手と対戦したことは？

ゴッチ　日本の道場でやったことがある。彼らはいつもやってくるんだ。レスリングのことを聞いて挑戦したくなってね。相手を探したことはないよ。彼らは笑顔でやってくるが、帰りには涙を浮かべているよ。最古の道が最良の道だ。だれもキャッチレスリングを超えられない。ボクサーともやったし、誰とでもやったよ。ボクサーやほかの格闘技の選手は、立っているときは危険な存在だ。でも一度倒して固めてしまえばもう彼らは負けだ、誰もブレイクしろとは言わないからね。
ジョシュ　これまでにタップしたことは？
ゴッチ　始めたばかりの若いころ、よくタップしていたよ。昔は年上のレスラーは常に新人に厳しく当たった。普通のレスリングでもそうだった。なぜなら新人に甘くすると、1カ月も経てば彼らはほかのことをしたがるんだ。厳しく練習させて、2、3週間もそれを続けた後にそれでも残りたいと言えば、本気だということだ。もし2、3カ月もトレーニングしたあとに辞められると、また一から新しい人間とやり直さなければならない。だから見極めたいんだ。彼らは報酬を受け取らず好きでやっているんだからね。
ジョシュ　キャッチレスラーにとって一番大切なことは何でしょうか？
ゴッチ　何かを犠牲にできることだ。何よりも競技を優先しなければならない。レスリングにおいて、人は自分が費したものから何かを得るんだ。だからレスリングが最古のスポーツなんだ。シンプルだが、この競技を学ぶのは難しい。人生と同じだ。毎日が違う挑戦なんだ。だからレスラーはそれぞれみんな違う。

＊

猫がえさを綺麗に食べ終えたところで、時間がやって来た。

病院に向かうと聞いていた時刻は、とうに過ぎていたが、ゴッチは若きキャッチ・レスラーに何かを伝えようとしていた。すでに妻を亡くし、一人で暮らしていた彼は、腰を上げようとしたジョシュを引き留めると、居間から奥の部屋に向かい、一冊の本を手に持ってきた。

それは解剖学の学術書だった。

ゴッチは本を広げ、身体の構造を示す絵図を指差し、そしてジョシュの体に触れながら、一つひとつをあてはめていった。

それは何かの儀式のように、とても静かな時間だった。

「これはヒジと手首の筋肉と関節の図だ。君はこれのどことどこが連動し、どこまで可動するか知っているか？　そして肩関節、親指にも……」

ジョイントと呼ばれる関節の構造をゴッチは隅々まで把握していた。

ジョシュはときおりうなずきながら、老いてなお背筋を伸ばしたレスラーの言葉に耳を傾けていた。

診察に向かうゴッチを車まで見送るジョシュ。若きキャッチャーに向け、ゴッチは言う。

「常にアタックし、相手にプレッシャーをかけ続けろ。自分が相手にダメージを与えることによって、相手のミスを誘うんだ。それがダメなら狙いを次々と定めていけ。〝そのときに取れるものを取りなさい〟(Catch as Catch can)」。

ゴッチを見送った帰り途、タンパ空港のロビーで聞いてみた。

〝神様〟に会って、新たなキャッチ・テクニックの発見はあったのか、と。


その反応は意外なものだった。

「テクニック面で新たな発見はほとんどなかったよ」

「あのクラッチを外す動きは？」

「僕が知っている動きに似ていたけど……ディテールが違った。もうひとつやり方が増えたね」

「ゴッチさんがジョシュにかけたフロントチョークはギロチンじゃなかった。ダースチョークとも違う……」

「ソウ！　僕がノゲイラに極めたのがあれさ。相手の顎に手首の骨を当てて、自分の手首を掴んで首をひねる。〝グロヴィット〟——ビリー・ライレージムに古くから伝わるキャッチの技を今日、僕はゴッチさんから直に教わったんだ」

そう語るジョシュの顔は晴れ晴れとしている。

「僕を教えてくれたセンセイたちを、ゴッチさんが教えていた。今日もゴッチさんは、彼らに教えていたことを、僕にも教えてくれたに過ぎない。でも僕は、それがとても嬉しかったんだ」

嬉しかった？

「そう。ゴッチさんが教えてくれたことのいくつかは、基本的なチェーンレスリングの動きだった。でも、サブミッションに関することは、僕はこれまでゴッチさんに会ったことが一度も無かったにも関わらず、僕とカミサマは全く同じ考え方をしていたんだ！　これが喜ばずにいられるかい？　僕は僕のルーツに会ったんだ」

初日、訪れてすぐにいきなり始まった臨時「ゴッチ教室」。

試合の疲労が残る体ながら、ジョシュは嬉しそうにゴッチ先生がめくるトランプの数字をプッシュアップしていった。手の置き方を変え、リズムを変え、偶然のトランプに回数をまかせて。ひとつの練習にも決して飽きさせない小さな工夫が、神様の人生を豊かなものにしていったに違いない。

キャッチの源流のひとつに触れたジョシュは、早くも次のプランを思い描いていた。

「もし僕が近くに住んでいたら、毎日通って練習をしてみたい。あの流れるようなプッシュアップひとつをとってもゴッチ式だと思っていたやり方が少し、違った。きっと人から人へと伝わるうちにキャッチのディテールもビデオテープのように劣化しているのかもしれない。だから僕は、それをもう一度、新品のハードディスクに焼き直していこうと思う」

Karl Gotch
1924年8月3日、ベルギー出身。本名カール・イスターツ。1948年ロンドン五輪レスリングフリー、グレコローマンベルギー代表。188cm。ジョシュが訪れた9カ月後の2007年7月28日、タンパで永眠。82歳。

Josh Barnett
1977年11月10日、米国出身。第10代キング・オブ・パンクラス無差別級王者。第7代UFCヘビー級王者。191cm、110.2kg。MMA35勝8敗（2018年2月時点）。18年4月グラップリング大会「QUINTET」参戦。

※本稿は2007年1月号を加筆の上、収録。

佐山聡、修斗のすべてを語る。「修斗が打倒すべきは自分たちの姿、今の自分たちに満足しないことです」

創始者・佐山聡が人生のすべてを賭けた修斗。アマチュアからスタートしたこの総合格闘技は、いかに生まれ、進化してきたのか。96年に佐山が修斗の運営から離れる直前に収録されたこのインタビューには、修斗の理念が溢れている。その誕生、考察からバーリトゥード導入までを語った90分間を、全文掲載する。

——修斗は考案してからどのくらいになりますか。

「最初に考案したのは18歳ぐらいのときです。第一段階としてキックボクシングを始めたりしました。チャック・ウェップナー戦のときに相手を掴めるグローブを猪木さんのところに持っていったのが自分なんですが、そのときに新日本プロレスさんの方から、そういう格闘技をやっているのなら一緒にやりませんか、と。第1号の選手を自分にすると猪木さんに言われて、雲の上のような人から言われたことですから有頂天になって突き

GONG KAKUTOGI NO.41
2007年4月8日号
tex by Kumakubo Hideyuki

進んでいきました。そのうちキックボクシングの試合をやって負けて、みんなはよく頑張ったな、って言ってくれたんですけど、ある先輩にしょっぱいな、と言われて打撃に目覚めたんです。そのあとメキシコ、イギリスに3年間行ってくれ、ということになったんです。その3年間は飛んだり跳ねたりの練習ばかりしてました。それで、タイガーマスクとかいろいろな事件もあって、古いものを全部捨ててやめたかったんです。新しい格闘技をつくることが始まったのは、タイガーマスクを引退してからです。昭和58年（1983年）ぐらいですかね、まずルール作りを始めたのが第二段階のスタートです」

——修斗（シューティング）という名称はいつ頃からのものですか。

「最初は新格闘技と言っていました。なんでも良かったんですが、メジャー化するためにも名称は必要ですし、自分の気持ちの中で、自分がたとえ死んでも自分の気持ちというものを後世に伝えられるような名称にしたかったんです。いろいろな名前が候補に上がりました。パンクラスというのもあったのですが、それにすると僕の意志が伝わりそうになく、内臓の器官の名前であんまりよくないからやめよう、ということになりました。パンクラチオンにしても昔のギリシャの言葉ですから。僕はスポーツの中で浸透していけるようなものにしたい、という信念なんです。それに合う名前がないかな、といろいろなものを調べて一生懸命探したんですが、ないんですよ。2年がかりか、何年がかりか探してもなかったんです。それで、ある人が手天狗ってどう、って言うんですよ。無責任なこと言いやがって、って思ってたんですけど。でも、そういうのもあるのかな、って辞書を見たら修という文字がありまして、修に北斗の斗で修斗、斗いを修めるというのはどうだろう、と思ったんです。シュートというのは真剣勝負という意味で使われていて、撃つという意味ですから本当は使いたくなかったんですよ。シュートだと今いったような僕のイメージとは全然合わなくて、まるっきり逆のものにしたかったんです。わざと違うように、斗いを修める修斗、というようにすれば、イメージにぴったりじゃないですか。だから、手天狗のおかげで思い浮かんだんです（笑）」

――シュートというのはまず漢字で付けられたんですね。

「ボクシングはＢＯＸ、箱の中でファイティングするからボクシングといいますよね。シューティングは修斗でファイティングするからシューティングになっただけです」

――修斗と言うようになったのは、スーパータイガージムが始まってからですか。

「三軒茶屋に移ってかなり経ってからですね」

――具体的に考えていたものと、実際にやってきたものはかなりギャップはあったんじゃないでしょうか。

「最初のイメージが悪かったんです。ただ、殴って、蹴って、タックルとか全部覚えてレスリングやればいいや、関節技やればいいや、という形だったのですが、繋ぎがなかったんです。ただ集大成すればいいや、というのはただの総合格闘技だと思うんですよ。今の修斗では繋ぎが大事なんです。今のルールは実戦に合わせていますから、それに合わせて技術も発達してきました。最初は今のようなイメージはなかったですから、実際やってみて、上手く動いてるな、と思っていましたけど、あの頃と今では実力も技術もまるっきり違いますね」

――佐山さんの中では発案してからここまでくるのに長かったと思われますか。

「長くもあり、短くもあり、ちょっと分からないですね。何もない状態から僕はスタートしてますから、それを考えると短かったな、と。アマチュアもしっかり育ってますし、ルール的にも間違いのないところにきてると思ってますし、選手もある程度になってきてますし、間違いのない道を歩いているな、という満足感はありますね」

――最初の修斗は、特製マスク、グローブを付けて、八角形リングでしたが、当初の理想はどういうものだったのですか。

「八角形も僕の理想でしたし、八角形の外のエプロンも長くして2本ロープにしたのも自分の考えでした。ただ、リスクが大きすぎたのはありましたけど。八角形というのは円をイメージしたんですね。アルティメットの八角形はウチの真似かもしれない。ウチの方が先ですね（笑）」

――最初はタイガーマスクのようなマスクをつける、といわれていたような記憶があります。

「何のマスクでも良かったんです。マスクに強化プラスティックをつけて実際に自分で作りましたよ。目を守りたかったんです。バレーとかバスケットだと眼鏡で守れますけど、格闘技だと動いちゃいますからね」

――最初の構想ではもっと華やかなプロレスのようなマスクを作ろうとなさっていたんですか。

「プロとしてはそういうバカなことも考えていました」

――最終的にはぴったりしたマスクになりましたね。それで外れたり、ずれることがあって、大会の途中で外すことになったんですよね。

「そうです。業を煮やしましてね。あのマスクはみんな徹夜して作って、すごく苦労したんですよ。あの頃は体もボロボロでしたけど、試合に間に合わせるために、ルールもポスターも僕が全部やっていたんですよ。だから取れたときはショックでショックで……、堪忍袋の緒が切れたのでしょうね（笑）。それでシューターのところにいって、話し合ったんです。シューターの中には、顔面無しにしましょうか、というのもいたんですが、それではお客さんが納得しない。みんな顔面打ちを練習しているわけだから、対応してくれ、と言いました」

――実際、思ったより危険ではなかったですね。

「危険ではないですね。今まで事故もないですし。わざと目を突かれたりすると困りますけどね」

——そこからグローブも変わっていくんですね。

「目を突かれないようなグローブとかいろいろ考えたんですけれど、今のグローブのように目が突けるものでないと掴めないんですね」

——それが修斗の最初の変換期になるのですか。

「そうですね。顔面打ち有りにしたということでかなり変わりました。いろいろルールとかも変えましたが、今の状態が一番いいですね」

——そのあとにサンボのジャケットを着た修斗もありましたね。

「ジャケット修斗ですね。僕の本当の狙いは違うところにあったんですが、まあジャケットのあるなしで試合がだいぶ違ってきますから、また面白いんじゃないかな、と。ちょっとイタズラ的な気分でしたね」

——本格的な競技化というようには考えなかったのですか。

「競技化を考えても良かったのですが、あの当時の修斗はちょっと余裕がなかったですね」

「これが真剣勝負のチャンピオンです」と言ったときは、ここまで来たか、と

——アマチュア時代で思い出深かったことはなんですか。

「選手を育てるという意味で思い出深いのは合宿でしょうね。黒崎健時先生にも負けないくらいの厳しい合宿をやってきましたから、それで育ってきた選手というのはいい選手になりました。これだけの弱小競技が生き残ってこられたのも厳しい合宿のおかげではなかったか、という気もしないではないですね」

——今からは考えられないほどハードだったのですか。

「ハードでしたね」

——話は元に戻りますけれども、その後八角形リングを廃止しましたね。

「後楽園ホールとの兼ね合いです。八角形だと設

置が難しいということで、今でも八角形のリングは使えないんですよ」

――プロとしての初めての大会はどうでしたか。

「当時としてはレベルも高くなって良かったな、と思ってましたけど、まだまだ格闘技株式会社だったので格闘技ばかり追求していましたね。どうやったら強くなるか、とか、どうやったらもっと選手のレベルが上がるか、と。それも非常に狭い範囲で考えていて、自分のところの選手だけが強ければいいんだ、と。まわりの状況を総合的に高めていくことを考えていなかったので、狭き格闘技株式会社でしたね」

――それから初代チャンピオン認定戦がありましたね。関島康人選手がチャンピオンになったときに、佐山さんが涙を流されて「これが真剣勝負のチャンピオンです」と言われたのが印象深いです。

「ここまできたか、と思いましたね。よくぞ、みんな耐えてきてここまで付いて来てくれたな、というのがありましたし、よくみんなでつくってくれたな、という感謝の気持ちでしたね。すごく感激しました。よくここまで来ましたよね。今でもそう思います」

――あの頃の佐山さんは常に苛立っていたような印象があります。

「そうでしょうね。常に攻撃的でいなければならない、そうでなければ守れない、というような僕の考えがあったからでしょう。敵が非常に多かったですから、その敵に対して真っ向からディフェンスする態度もあったでしょうね。僕も強気だったけれど、当時の格闘技界も全部そんな感じじゃなかったでしょうか。肩に力が入っているところがありましたね」

――あの頃リング上でいつも「真剣勝負」と言われていたことが印象に残っています。

「それも思想の問題とかお客さんに分かってほしい、とかありましたけど、それをいうとお客さんがウケるんですよ。だから続けていかないといけない、というのもあったし、それをやらないと選手も付いて来なかったというのも理由の一つでしょう」

――最初はスーパータイガーが興行をやるということでプロレスファンが集まったというのもあったのではないですか。

「そうですね。今でこそいちいち真剣勝負です、なんて言わないけど、すごくいい試合があったときに、『真剣勝負は面白くないな』って言ってお客さんが帰っていったこともありましたね（笑）」

――当初はジレンマがあったのではないですか。

「ありました、ありました。プロレスから何か言われる度にありましたね。一方的に僕が言っているように見えましたけど、反対に陰口を何度も言われていましたから、それに対抗するような形から入ってしまいましたね」

――UWF時代のスーパータイガーのファイトを期待して見に来るファンもいたと思います。

「それもあったでしょうね。あの試合は違うんだよ、あの試合は面白いかもしれないけれど、芯の芯はこうなるんだよ、という部分を分かってくれよ、というのがありました。そういう部分で苛立ちがありましたね。なんだ、面白くないじゃん、とか、シューターなんか動けないじゃない、とか言われて、そうじゃないんだ、真剣勝負はこうなんだとか思いましたね。修斗なんかダウンがないじゃん、身体が小さいからスープレックス投げられないじゃん、とかそういうことばっかり言われたことに関しては苛立ちましたね」

――その頃の佐山さんはプロレス批判が盛んでしたね。

「その当時のプロレス批判というのは、僕だけが批判してたんじゃないです。ただ、僕の言葉があちらにはすごく気に障ったようで、本当のことですから仕方ないですけど（笑）」

――プロレス批判などもあって怒れる佐山というイメージがあったと思うんです。例えば渡部（優一）選手が試合不可能になってセコンドがそれでもけしかけていたので会長がリングに上がり、「バカヤロー死んだらどうするんだ」って怒鳴りつけたことがありました。

「普段の私生活では僕は全然怖くないですよね。ケンカになったときはもの凄く怖いんですけど(笑)。でもリングの上ではわざと怖いように努めているので、怖いイメージがあっても仕方ないと思います。今でもああいうことがあったら僕は上がっていくでしょうね。あそこまで死にそうなのにやらせようとしたら、怒ると思います。実際に怒ったら怖いと思いますよ。情熱に燃えに燃えてたということでしょうね」

——TBSの修斗のドキュメントで、広島の夏合宿を取材しているときもすごい緊張感があって、竹刀を持っている佐山さんは、とても怖かったです。

「あれは合宿では当然です。あれはアドレナリンを上げる練習だったんですよ。今だから全部……これを言ったら次の合宿で方法を変えるしかないんですけど、合宿のときはいかにアドレナリンを上げていくか、というのが僕の課題なんです。あの場面ではキックミットを蹴らせるんですよね。そして、『キミの100%の力で5発蹴ってみて』と言って、選手は思い切り蹴ってるんですが、100%の力じゃないんです。そこで僕が豹変するわけです。竹刀も輪っかを上げておいて、ぶらんぶらんにして音だけが出て痛くないようにして『お前、俺が言ったようになんでできないんだあ』って思い切り叩くんです。その後のビンタも音が出るように殴るんですよ。それを続けると10分でも100%の力が出るんですよ。これがアドレナリンなんです。これを体に染み込ませるんです。それであの後はカットされたんですけど、『ハイ、ストップ』って言って、選手を一人選んで『10引く6足す2は?』と尋ねたら『6です!』と堂々と答えたので、『よく分かったねえ、これがアドレナリンなんだよ。思い切り蹴っていても、計算ができるぐらい落ち着いているのが、本当の戦いの姿なんだよ』とガラッと雰囲気を変えるんです。

アドレナリンでみんなの中に緊張感を持たせて瞬発性を出させるためにやってるんですよ。これは黒崎先生からかなり学んでます。極限の状態で、極限のパワーを出せる、という。僕の理論は筋肉と筋力は関係ない、というものです」

——そういった指導方法は佐山さんが練習生として目白ジムに通ったことが活きているんですね。

「はい。それと本を読んだりしていろいろ研究しているんですよ。極限状態というのはリラックスした状態ですから、リラックスさせるにはどうしたらいいか、とか、極限状態で試合に出してはいけない、とかそんなことばかり研究してるんですよ。僕は技術の研究屋さんだけではないんです。そういった面も研究して何をやればいいか分かっている人間なのであああいう合宿をやるわけです。それで育ってきた人間というのは強いですし、結果を出していますから。怖いと思われた部分はシューターを伸ばすためのトリック、というか虚構の世界なんです」

——当時、控え室で、「今後一切『ゴング格闘技』などの格闘技雑誌は取材拒否です。出ていって下さい」とキッパリ言われたこともありました。

「あの時、選手から突き上げを食らったんです。僕達は真剣勝負をやっているのに、なんでプロレスと一緒に載っていて、その上なんで向こうがカラーページなんですか、ってずっと突き上げを食らっていたんです。こっちは死ぬか生きるかですよね、だからどう考えても僕は選手の味方なんですよ。それで選手に、なんでなんですか、って泣かれたりする状況の中でプロレスの方がスープレックスもあるし、強いだろうし、なんて思われているわけですよね。それをまとめるにはそうせざるを得ない状況があったのかもしれませんね。あと、理由がもう一つあるんです。下の選手が、華やかな状態ばかり見ていて練習もしないのにすぐリングに上がりたがるんですよ。そういう甘い考えをなくして１からやり直してみよう、と思っていたんです。その節はどうも失礼しました（笑）」

——佐山さんにとって冬の時代だったのですね。

「何もないところから始めるわけですから、ああいう時代もなければいけないのかな、と思いますけどね」

——佐山さんはプロレスラーだったから、と思って入門した選手も佐山さんの熱が移っていったのではないですか。

「もうすごいプライドですよ。プロレスラーと試合やりたい、と言うし、僕が抑えていたような状態でしたからね」

——プロレス時代からの佐山ファンがいなくなって、修斗ファンが生まれる過渡期に修斗の観客が減った時期がありました。

「それは試合が面白くなかったからでしょうね。それをなんとか打開しなければいけない、と思ってルール作りから始めたり。営業力もなくてチケットを売るにしても全部自分でやっていましたから。そういうのはいけない、と思っていたんですけど、スポンサーを見付けようとしても何だその格闘技、タイガーマスクやれよ、とか言われた状態でしたから。そういった意味では非常に苦労した時代でしたね。選手は本当によく練習してくれました。若かったですし、イケイケでしたけど、そうでなければ選手も付いて来ませんし、みんなすごくプライドを持っていましたから。またプライドを持たない選手は弱いんですよね。みんな侍でしたね」

アルティメットが出てきたのは修斗にとってラッキーだった

——そういった時期を越えて再び修斗が上昇していくのでは、と思われたのはいつ頃だったのですか。

「アルティメットが出てきてからですね。バーリトゥードをやり始めて、その頃からお客さんが、ああ真剣勝負ってこうなのか、と分かってきてくれてからではないかと思います。ファンの中にもプロレスが一番だと思っていて、あれ、戦い方が違うじゃない、何が本当だったのかな、と思い始めた部分があると思います」

――アルティメットというのは修斗が発展していくのに必要だったんですね。

「あれがあったからラッキーでしたね。あれがなければ、みんなスープレックスやってたんでしょうね」

――グレイシーの登場というのは総合格闘技の概念を変えるぐらいの影響を与えましたね。

「そうですね。格闘技の真の姿というか、戦いというのはこうなんだな、という考え方を変えてくれたと思いますね」

――USA修斗の2人が加わって、オープントーナメント、そして新格闘プロレスとの提携など外に向けて修斗が動きだした時期もありました。その一連の流れについて話して下さい。

「USA修斗に関しては作戦通りアメリカで育てた選手達ですよね。で、内輪だけの戦いはもうやめようと思っていたんです。同じジム内同士の戦いみたいなものでしたから、カードもマンネリ化しますし、選手自体も手の内を知られていますし同じジムの選手とやりたくないですよ。それで全部変えていこう、と。オープントーナメントというのは一つの手法でしたね。あれをきっかけにいろんな選手が来てくれたから良かったんじゃないかと思います。新格闘プロレスが参加してくれたのは有り難かったですね。あんな結果で終わるとは予想もつかなかったですが。とにかく何かをやらなくてはいけない、と思っていました」

――バーリトゥードが成功して佐山さんも最近温和になってきたように思います。

「イケイケの状態から柔和になってきた、と。そうかもしれないですね。元々柔和なんですけど、格闘技に関しては全然駄目なんですよ。最近どうして柔和になってきたかというと、格闘技から離れているからなんです。棺桶に両足突っ込んでたのがあの当時です。今は片足外してますから（笑）。

他の選手が全部やってくれますから。普段の僕は本当に柔和なんですよ」

――それからプロレス界との関係が復活したわけですね。

「そうですね。棺桶外して、修斗が育ってきて全部やったところで、もう関係ないんじゃないか、という雰囲気があるんですよね。修斗というウチのリングが神聖であればいいんじゃないか、と。もう泣いてくる選手もいませんし、まあ、いいかな、という感じですね」

――修斗という戦いの場は完成されたということですか。

「ある程度完成してるという自信はありますね。イケイケの状態ではないです」

――川口選手をはじめとする初期のシューターたちというのは修斗の中でどういう意味を持っているのでしょうか。

「すごいプライドを持っていましたし、僕と一緒に棺桶に入ってましたから。棺桶というかジェットコースターのようにすごい流れで、ガーッと走っていた時期ですから、到着目前になって息が切れた選手もいますが、ちゃんと到着すれば彼らが登場する状況も出てくると思います。なるべく深く関わりも持つようにしたいですね。みんなかなり一緒に走ってくれた、というか僕を持ち上げてくれましたから」

マウントパンチ導入は自分の独断で決めた

――グレイシー柔術の登場は衝撃的でしたか。

「マウントの取り方に衝撃を受けましたね。7月のバーリトゥードを行なう前に既に1月の時点で、相手の上に乗ったら何ポイント、というのを採用しようと思ったんです。これをやらないと総合格闘技で絶対に勝てないから、と。でも会議でやめましょう、ということになってしまったんです。7月に結果が出たので、みんなに懇々と説明して納得してくれたので復活したんですけれども」

――ホイスが登場したときに立ち技の打撃はいらないんだ、という風潮がありましたね。

「それは僕にはまったくないです。柔術の方が全然有利と言われていますが、実際には互角なんです。総合格闘技には総合格闘技の打撃があるんです。それと修斗の理想としては、街の中で誰と戦ったとしても対処ができるように、すべてを持っていた方がいいと思うんです。それが僕のいう打・投・極、あるいは戦いを修めるということなんです。ただ単に総合格闘技やバーリトゥードに勝ちなさい、というのではなく、打・投・極が回転してすべてが揃って修斗です。寄り集まって揃ったのが修斗ではないんです。ブラジルのバーリトゥードを見てるとみんな打撃をやっています。入られないために、または入るための突破口としての打撃がいろいろあるわけですから、それは必要だと思いますよ。たまたまホイスとやった相手は打撃を使わなくても勝てるような選手ばかりでしたけど、レベルが違うからですよ」

――修斗がバーリトゥードに入っていきましたが周囲の反対もありましたか。

「ありました。顔面パンチについての反対はすごかったです。毎試合後、選手会議というのをやっていて、選手の意向を聞いてルールを改定しているんですが、マウントのパンチだけは、自分の独断で加えさせてもらったんです」

――独断で決めるほど、修斗には必要だ、と。

「こんな大きな問題を独断で決めたのは初めてでしょうね。でもあれがなければ格闘技とは言えないし、修斗が生き残れないんじゃないかと判断しましたから強引にやらせてもらいました。選手たちにも修斗はここで変わってしまったから、時間はかかってもいいからポジション取りを覚えてくれ、と言いましたが、嫌だという選手もたくさんいました。そこで合宿をやって、中井、九平たちには、全部言い聞かせました。君たちの時代から修斗が変わるからポジション取りを率先して覚えてくれ、と。その選手たちは今、マウントも全部できる選手になってます。よく育ってくれました」

——修斗は変わるということに関して抵抗はないですか。

「全然ないです。僕にとっての修斗は自分の理想であって、メジャーなスポーツをつくるというのが一番の目的、真の格闘技の姿でもあるわけです。メジャーなスポーツにするためにはちゃんとしたルールをつくらなければいけないし、強くなくてはならないんです。そのためにはどうしても必要なことだったのです」

——修斗の技術でグレイシー柔術を倒そうとは思っていないんですか。

「選手たちにもオリジナル技術というプライドがあったと思うんですが、オリジナル技術があるとすれば、打撃からのタックルとか、タックルへの打撃……そんなところであって、自分にはオリジナル技術なんてないと思いました」

——すると、グレイシー柔術の登場によって真の修斗が生まれたというわけですね。

「そうだと言えますね。まあ、これが本当かどうかはまだ分かりませんが。僕は今のベストを尽くすだけであって、修斗は流派ではありませんから、オリジナルな技術といったようなことは考えていません。スポーツとして完成されたルールを作ってお客さんに対しても面白いといわれるもの、それがスポーツとしてのメジャー化ということでしょう。このルールにあわせてどういうような戦い方があるかを僕は探し出さなければいけない、それが僕の仕事です」

——修斗は打倒グレイシー柔術を目指しているのですか。

「目指してません。ブラジルに追い付けですよ。追い付き、そして世界的なスポーツになるということでしょうね。打倒するのは自分たちの姿です。今の自分たちに満足しないということです。その一つの到達点としての目標がブラジルなんです」

——バーリトゥードにしてしまおう、とは考えていないのですか。

「それも考えていません。バーリトゥードと修斗は違うものですから」

——これから修斗はどのような道をたどっていくのでしょう。

「アルティメットのような野蛮なイメージとはまるっきり逆をいくでしょうね。スポーツ性を重視していき、もっとスポーティな動きをする選手を育てていくでしょう。そして、グレイシー柔術よりも優れたものができればいいですね」

Sayama Satoru
1957年11月27日、山口県下関市出身。修斗創始者。1975年に新日本プロレス入門。78年にメキシコ遠征、その後英国マットを転戦し、81年にタイガーマスクとして帰国。一大旋風を巻き起こす。83年、突如引退表明するも、84年に旧UWFに参戦。85年9月に離脱後、修斗を創立。日本における総合格闘技の礎を創った。掣圏真陰流興義館総監。

修斗25周年、カリスマ引退。

The Beginning of The End. Rumina Sato

２０１４年５月５日、後楽園ホールで佐藤ルミナが引退式を行なうことが決まった。１９９４年11月７日にプロデビュー。格闘技が格闘技として、勝負できなかった時代。ルミナは対戦相手だけでなく彼の言葉を借りれば「狂気じみた」想いで、世間とも戦っていた。そして時代を創った。ルミナの前にルミナなく、ルミナの後にルミナなし——などと言ってはいられない。日本のＭＭＡ界は一つの時代が本当に終わり、新しい時代が本当にやってくる。終わりの始まり。プロフェッショナル・シューター佐藤ルミナ、ゴン格最後のインタビュー。

——あらためて佐藤ルミナ選手の戦績を眺めてみたのですが、足掛け18年でＭＭＡ戦績は26勝17敗2分という現役生活となりました。

「途中から戦績もよく分からなくなっていたんですが、終盤は酷いモノですね」

GONG KAKUTOGI NO.264
2014年6月号
text by Takashima Manabu

——さきほど、ジムの皆と撮影をする際、ルミナ選手がふざけて「格通でしたっけ?」と言われた時、ドキリとしました。正直なところ、私がルミナ選手を取材した多くは『格闘技通信』時代です。その『格闘技通信』が存在しないのが、当たり前となってしまった格闘技界。ルミナ選手の引退を一番大きく扱うべき雑誌がない。

「そういえば、なんか三次（敏之氏※元『格闘技通信』編集長）さんから、話を聞きたいって言われています。まぁ、格通がなくなった。格闘技界が変わったということですよね」

——実はルミナ選手が引退すると、ＭＭＡでは私がこの仕事を始める前にプロデビューした選手が、いなくなるんです。

「引退宣言をしていない選手たちはいますけど……。まぁ、僕のデビューが１９９４年の11月だから、そうならないとマズいですよね」

——5月5日に引退式を行ないますが、正式に引退しようと決めたのはいつ頃なのでしょうか。

「去年の年末ですね。２０１２年の所（英男）君との試合から1年間、結構考えて……。所戦では勝っても負けても辞めようという気持ちだったんですけど、あまりにも試合内容がトホホ過ぎたので……。ちょっと気持ちのなかでも引っ掛かる部分はありました。全力で戦って、燃え尽きることができれば負けても問題なかったのですが、あんな試合になってしまったので……」

——39秒ＴＫＯ負け、キャリアの集大成という内容にはならなかったですね。

「まぁ、スッキリしない。胸につかえるモノがある内容でした。怪我とかもあって、坂本（一弘）さんに少し考えさせてほしいと伝えて、1年間悩み続けました。結果、もう無理だなぁと。プロで戦うことができるだけのクオリティを保った練習が、コンディションの関係で出来ない。当然、モチベーションも下がる。自分のなかで戦いたいという気持ちも無くなってきたので、こんな状態で戦ってもお客さんに失礼だし、きっぱり辞めようと決めました」

――その肉体を見ると、なかなか踏ん切りをつけることは難しかったのではないかと想像できます。

「無理してやれば、できないことはない。でも、どのレベルで試合をするのかってこともありますしね。戦えないことはないんだけど、これ以上ファンの方を失望させたくもなかったし」

――所戦の前に「勝っても負けても最後」という気持ちになっていたということは、いつぐらいから現役引退を考えるようになっていたのですか。

「震災があった時だから、3年前ですね。震災の直前、3月9日に息子の誕生日ということもあってハワイにいて、サーフィンをやっていたんです。で、波待ちをしている時に、なんか足がおかしくて。『なんだろう、コレ』って思ったんです。海外へ行くと結構な距離を歩くじゃないですか。その影響かと思って、帰国してから検査すると、臼蓋形成不全（※大腿骨頭を受けている寛骨臼が先天的に浅く、不完全な症状。通常よりも狭い面で体重を支えないといけない）と診断されたんです。骨盤のかぶりが悪い。左右両方とも浅いけど、左の方が極端に浅くて。『30代ぐらいになると歩行障害とか出てくる』と、親は僕が子供の頃に医者から言われていたらしくて。それが本当に出て来てしまった。以前は筋力だとか、若さで補っていたものが、もう誤魔化せなくなっていて。レントゲンを取ると、状態が良くないことが分かったんです」

――ルミナ選手は若い頃から歩く姿勢が悪かったですよね。そこも関係があったのでしょうか。

「そこはどうか分からないですけど、腰が悪いのも影響していたんじゃないかと。とにかく3年前に検査してもらい、かなり疲弊していてダメージも酷い。そのまま格闘技を続けると、歩行困難になる危険性があるという診断内容でした」

――……。

「足が股関節から離れ、戻るという繰り返しなので走ったり、練習ができなくて。ランニングをすると、次の日は階段が昇れないような状態に陥ってしまって。それ以降は誤魔化しながらやってきたけど、集中して練習もできない状態でした。寝技とか動いている時は平気だけど、その後で問題が出てしまう。現代医学では進行を遅らせることはできても、完全に治癒させることは無理なんです。インナーマッスルを鍛えて、周囲の筋肉をサポーターの役割にしていく必要があるけど、格闘技の練習をすると傷める方向にしかならない。症状も徐々に進行していったんです。左足は自分で蹴る時もそうですが、ブロッキングするときの衝撃が凄くて……」

——そんなに厳しい状態だったのですね。

「もう蹴りの練習はできなかったです。違和感を持ち続けていました。練習がコンスタントにできないことで、モチベーションの低下につながりました。体の衰えと闘志の衰え、両方ですね」

——所戦を終えてなお、正式決定まで1年を要したのは、やはり完全燃焼したかったからですか。

「その通りです。アレでは終われないって、応援してくれる人もいるのに。毎日のように続けるのか、辞めるのか考え続けましたね。ただし、あと1試合戦っても、ちゃんと練習できないなら、またああいう結果に終わる可能性がある。なら、辞めた方が良いなって結論を出しました。この先の人生も考えたし、子供と遊びたいですしね」

——ルミナ選手とは何度か、引退のことを話す機会もありましたが、やはり自覚症状が出てからでは遅いという気持ちは、2001年の五味隆典戦で負けたあたりから強く想うようになりました。

「もう何かしら、蓄積はありますよ。特に五味戦のダメージは相当あると思います。ヨアキム・ハンセン戦もそうですね。あの2試合は、暫く頭が痛かったですね」

——ルミナ選手の引退は、一つの時代が終わる象徴的な事例ですが、ルミナ選手自身は現役生活を続けるうえで、時代の変化を感じ続けていたように思われます。率直に伺いますが、終盤、現役生活を続けることは辛くなかったですか。

「そういう気持ちは正直、持っていました。最初にグワっと勝ち続けていた時に、知らないうちに色々なものを背負うようになっていて……。ホントのところは、本心から戦いたいと思ってやっていたのかって疑問を感じる部分はありました。そんな気持ちも持ちつつ、キャリアの終盤には自分らしく戦えることもあったんです」

――ルミナ選手がキャリアの終盤に自分らしく戦えた試合というのは？

「ＶＴＪ09のコーリー・グラント戦ですね。あの時、長谷部さん（※インスピリット・デザイナーの長谷部敬伸氏）が亡くなって、絶対に試合で恩返しがしたいって思っていて。ジョー・ウォーレンの代役だったんですけど、全てを賭けて戦いました。自分らしい戦いができて、結果も出た。久し振りに自分が出せて。あの後に松根（良太）と戦ったときも充実していたんです。まぁ、本音を言えば石川真に勝って環太平洋王座を取った後は、辛かった。いや、ギルバート・メレンデスの時はやる気もあったけど、その後のアントニオ・カルバーリョあたりから、心の底から戦いたいって思える状態ではなかったです。そんなこと、今頃言って本当にファンの方には申し訳ないんだけど。リオン（武）まではしんどかったです」

――ルミナ選手が練習に身が入っていないという話は、やはり伝わって来ていました。

「うん、そうでしょうね（笑）」

――メレンデスからリオン戦まで、その後の上田将勝戦、あるいは２００３年12月のペケーニョ戦など、ルミナ選手はサスティンの興行、ひいては修斗のために戦っていた。オファーがあれば、「ノー」と言わなかった試合が本当に多かったと思います。

「そうですね。そういう風に捉えられることもあるかもしれないですが、そこで戦うこと、勝つことで修斗も自分も上がることができるという気持ちは持っていました。犠牲心で戦ったわけじゃないですよ」

――ルミナ選手は、格闘技と名乗っていてもそうでない、平たく言えば八百長――、八百長をしていても、格闘技専門誌に試合が掲載される団体がある時に、そんな現状をひっくり返すために戦っていた世代です。だから、その後の世代よりも修斗というものを個人の想いと天秤にかけても、より大切に思っていたんじゃないかと。

「その辺はね。そこが俺にとって一番のモチベーションだったから。それは高島さんだって、良く分かっていると思うけど。もうね、プロレスと格闘技を一緒にされなくなった。その頃から、自分のモチベーションは低下していたかもしれないですね。世間の評価をひっくり返すことに対して、本当に狂気じみたところも持っていましたから」

――同時にあの時代があったから、ずっとやってくることができたという部分はないですか。

「創ってきた自負は持っています。もちろん、僕の力だけじゃないです。格闘技が格闘技としてやっていける流れを創った。そのきっかけになった人間の一人ではあると思っています。僕がそういう状況に身を置くことができるまでに初代シューター達の皆さんや、中井（祐樹）さんの尽力があった。本当に中井さんの存在が一番デカかったし。朝日（昇）さん、川口（健次）さん、坂本（一弘）さんもそう。皆の努力を中井さんが一気に引き上げてくれて、僕がさらに広げさせてもらった。そこにはエンセン（井上）もマッハ（桜井速人）もいました」

MMAが進化して、僕の試合は賭けのようなことが増えた

――格闘技が格闘技として勝負が出来るようになった時、ＭＭＡは途方もない進歩を遂げるようになりました。それを一番実感できた試合が、個人的にはハビエル・バスケス戦でした。

「完全に固められましたよね（笑）。〝ショータイ

ム〟とか呼ばれていて、あんな地味に来るとは思わなかったです。舐めていた部分ももちろんありましたし。派手な試合で足関節とかも仕掛けて来るっていう前評判だったから、『上等だよ』って。そうしたら、ガッチリ来られて（笑）」

――ルミナ選手は真剣勝負で、八百長以上に派手な試合をファンに提供したいと思い続けていましたよね。

「もちろんです」

――でも、ショータイムと呼ばれるバスケスは八百長と張り合う必要はないから、勝負に徹することができた。それと同じ精神的な背景が、その後もルミナ選手が修斗の後輩たちと戦ううえで常について回っていたのではないでしょうか。

「まぁスタイル的なモノもあるけど、面白くないじゃないですが、お客さんがワクワクしない戦い方で勝っても。もちろん、試合だから勝たないといけないっていうのはあるんだけど……。そこが天使と悪魔の囁きですよ。まぁ、悪魔の囁きに耳を傾けることもあったし、天使に導かれることもありました。だから、皆に応援してもらえたんだろうし」

――ファンに喜んでもらって勝つ。ハファエル・コルデイロ戦までは、悪魔の囁きを聞いても一本を取っていました。

「通じなくなっても、自分のスタイルを変えたくないという気持ちは持ち続けていました。お金を払って見に来てくれるお客さんが、驚くようなことをしたいっていう気持ちは」

――面白くない試合でも、ルミナ選手が勝つ姿を見たいファンも多かったと思います。

「う～ん、そうかもしれないけど、半分ぐらいはそうじゃないファンもいたと思いますよ。それは半々ですよ（笑）」

――坂本さんも最初にジェイク・シールズが修斗に来日した時に、強いけど……って渋い顔をしていました。

「強いのは分かりますし、凄い選手です。否定もしないです。でも、僕はああいう試合はしたくなかった……やっぱり。MMAが進化したから、僕の試合は賭けのようなことが増えましたよね。自分が望んだ世界が実現したら、さっきも言ったけどモチベーションが低下しちゃって」

――人間的にも落ち着きましたね。

「落ち着きましたね。世の中を変えてやろうと思っていた時より、興味が削がれた部分はありました。それは間違いないです。でも、修斗の代表として見られていたし、頑張らないといけないっていう気持ちは持ち続けていましたけどね」

――純粋に楽しかったのは、いつ頃までですか。

「そうやってあらためて聞かれると……、う〜ん、五味とやる前までかな（笑）。あと宇野（薫）君との試合もそうだったんだけど、相手は僕と戦いたくても……。う〜ん、今だから言えるけど、僕とすれば別に後輩と戦うのに、そんな風に無心に戦いたいなんて思えなかったですよ（苦笑）」

――そうでしょうね。

「やっぱり、後輩ですからね」

――そこなんです。そういう気持ちは、ランクが上がったファイターは誰だって持っていた。そして、実際に下の選手とは戦いたくないという意思もまかり通るようにもなった。それでもルミナ選手は、ずっと後輩と戦い続けていましたよね。

「そこに関しては、ジレンマを感じ続けていました」

――戦うのは常に後輩で、佐藤ルミナに勝ったという勲章を手に入れようという対戦相手ばかり。

「名前がなくても、俺より強い選手はいくらでもいるだろう、そいつらと戦って勝ちに行けよって思っていましたよ。僕はもう実力よりも、名前が先行していたのは分かっていたし。五味や宇野君と戦った頃とは違いますよね。『名前があるけど、勝てるじゃん』って思われていたから」

――悔しくなかったですか。

「そうですね……、でも戦わないといけない背景もあった。何よりも、負けないと思って戦っていた。それが大前提として存在しています。そうじゃないと戦っていないです。と同時に心の底から、『何言ってんだ？　やってやるよ』という気持ちが無かったことも確かです。心の底からわき上がる闘志がないと、プロとして戦ってはいけなかったんだと思います」

——現役最後のインタビューなので、失礼を承知で言わせていただくと、2000年ぐらいまでの眩しすぎるルミナ選手を追っていた記者として、あの迸る想いを持っていたルミナ選手と、2005年以降のルミナ選手は同じ選手に見えなかったです。あの頃は体中から世界を変えるという我慢汁が噴出していたようでしたから（笑）。

「アハハハ、書いてよ。今の（笑）。あの頃は楽しかった。時代が変わるの、記者としても分かりましたよね？」

——分かりました。楽しかったです。

「デビュー戦と比較しても、後楽園ホールに来るお客さんの数が目に見えて増えていって。NKホールと横浜文体がソールドアウトになる。時代を変えているという実感があったから。僕もそうだし、修斗にも求心力があった。間違いなく、世界の格闘技シーンを変えていました。変えていましたよね？」

——変えていました。ルミナ選手は人間として無敵感が漂っていました。

「でも、段々辛くなっていって（苦笑）。でも、コーリー・グラント戦では純粋に戦う楽しみを想い出せたんです。もう若くないけど、どこまで続けられるのかなっていう気持ちが自分のなかに芽生え、新しいチャレンジ精神が湧いてきたんです。松根との試合は、熱くならずに冷静に、小野寺力と綿密に立てた作戦通りの試合ができた。最後のヒザ蹴りからのパウンドは、本当に思い描いた通りのフィニッシュだったんです。新しい自分のスタイル、大人の戦い方ができたっていう実感がありました。かつ、自分らしさもあって、こういう風に戦い続けることができればなっていう気持ちになったんです。そうしたら、その次の試合を迎える前に臼蓋形成不全と分かって。練習も怖くなりました。松根戦で感じたことを全うできなくなったのは辛かったですね。あの後の試合なんて、酷いモノですよ」

――……。

「負けた僕がそんな風に言うのは、戦った相手に失礼になってしまいますが。う〜ん、あんな状態で戦って、上田君やニコ・ファレイゼンには申し訳なかったです。最後の所君との試合は交わるはずのなかった相手だし、周囲も盛り上がっていたので、修斗の試合ではないですけど、ＶＴＪで戦って良かった。最後に後楽園ホールで試合がしたかったですが、修斗が関わっているケージ大会で、修斗の転換期にあることは間違いないので。そんな大会でメインを務めさせてもらえたんで」

――引退を決めた時、家族の反応はいかがでしたか。

「親は大喜びですね。メレンデス戦の頃から引退しろって言われていたし。家内は格闘技に興味がないから、ケガをしないで欲しいというのがあって歓迎していますよ」

――引退を決意するに当たって、40歳という年齢は、要因の一つになりましたか。

「いや、それはなかったです。筋力的にも体力的にも衰えていないし、上がっている部分もある。でも、ジョイントがダメならね、もう（苦笑）」

――引退を契機に新しい格闘技との付き合い方のようなモノは？

「特別新しい付き合いはないですけど、指導する時間が多くなり、新たな発見が増えました。僕は感覚で戦っていたんで、それを生徒に説明するのに理論立ってないといけない。言葉で説明するようになって、あらためて自分のやってきたことが再発見できています。現役生活とは違った意味で、楽しくなってきたんです。運動はサーフィンもやっているし、汗をかくことは大好きなんで、股関節に負担のない程度に続けます。柔術もマスターやシニアで無理ない程度で出ようとも思っています」

——おぉ、そうなのですか。

「やっぱりプロの試合って、穴を開けちゃうことが絶対に嫌だから、無理しても出てきた。だから、今後もグラップリングでもスペシャルマッチとか、プロとして戦うつもりはないです。でも、自分で参加料支払って出場する大会だったら、体調と相談して参加を決めることもできるので、皆に迷惑を掛けない状態で、続けることができればなって思っています」

——柔術でもルミナ選手と戦う相手は、懸命に食ってやろうという意思を持っているのではないですか。

「そこなんですよねぇ。もう、それが嫌で。だから、もう若い子とはやりたくない（笑）。でも、バスケスとかアンドレ・ペデネイラスとか、負けん気だしてやってみるっていうのは楽しいかも。ジョエル・ギャルソンとはインスタグラムでフォローし合っているんですよ」

——旧交を温める試合は、ぜひ見てみたいですね。ところで、平たい質問になってしまいますが、一番思い出に残っている試合は何戦になりますか。

「平たいですね（笑）。やっぱり宇野君との最初の試合は、色々と分からされてインパクトが強かったです。天狗の鼻をへし折られた試合です。あの横浜文体の盛り上がりも含めて、一番の思い出になっています」

——ルミナ・チャンピオンTシャツの行方が今も気になっています。

「インスピ関係者の寝間着になっていますからね（笑）」

——終盤は辛いことも多かったかもしれないですが、今はやり遂げたという気持ちでいますか。

「やっぱりね、全てが良い経験でしたよ。結果がついてこなかったことも含めて、本当に楽しい格闘技人生でしたよ。最後はスッキリできなかったけど、それも含めて格闘技なんで。こんな悔しい想いとか、そうそう経験できるものじゃないですよ。本当に色んなことがあった。普通に選手やっていても、マスコミの手の平返しとか、経験できるもんじゃない。俺、別に自分のことカリスマなんて言ってないしって（笑）。世界の裏表も見られて、楽しかったです」

修斗で結果を残せていないのに、海外に出ていくことはできなかった

――これからも格闘技と付き合い続けることになると思いますが、格闘技界の現状をどのように捉えていますか。

「アメリカが盛り上がっていますからね。日本の状況は色んな要因もあるけど、継続していれば絶対にまた人気も上がります。まぁ、爆発的にドーンということはなくても、もっと浸透していきますよ。UFCがあって世界的にMMAは広まっているので、数十年後、百年後に競技として残っていくことは間違いないと思っています」

――以前はそれが修斗であってほしいというのがルミナ選手の意見でした。

「今も修斗であって欲しいですよ。でも、修斗の功績は変わらないから。世界の格闘技界に与えた影響は。これも前から言ってきたように、別にパンクレーションでも、MMAでも名前は修斗でなくても良いんです。一つの統一したルールがあって日本、環太平洋、そして世界王者がいる。そんな風に格闘技がスポーツとして発展することに寄与したいですね。そこが修斗という名前なら、なお良いってことで。それは昔から変わらないです」

――ルミナ選手は本当に昔から、言っていることが変わらない。「どの駅で下りても、修斗のジムがある世の中になってほしい」と言い続けてきました。

「かなり、実現しましたよ。今の日本の格闘技界を見て、人気が無いとかいう人もいるけど、僕が始めた頃と比較すれば、どれだけ広がったんだって。坊主頭だった植松（直哉）が、ジムを経営して食っているんですよ。和道（稔之）だって、仁さん（秋本じん）だって皆、ジムをやっている。プロレス好きの兄ちゃんだった勝村（周一朗）が、ジムで結構な金を稼いでいる。そんな世界になった。そういう格闘技界にしたんだもん、俺らが」

――それはＰＲＩＤＥ以前から格闘技に関わってきた人間の多くが思っていることですね。

「だからＰＲＩＤＥが今、あるのかって。ＨＥＲＯ'Sはどこに行った？　僕はずっとこの世界を見て、格闘技を続けてきたんだから目先のことじゃなくて、もっと先を見ていきたい。ＴＶでやっていて、俺にオファーを掛けてきたところ全部、潰れたじゃないですか」

――繰り返しますが、本当に佐藤ルミナは言っていることが変わらないです。

「変わらないですよ。本気で信じていることで、本気で目指していることだから。生粋の真剣勝負をやり続けて、ＵＦＣと修斗は残ったんですよ」

――ルミナ選手にとってＵＦＣはＰＲＩＤＥが無くなったから、その代わりにあるビッグショーではないんですよね。そのＵＦＣのライト級がなぜ、１５５ポンドになったのか、今、ＵＦＣ、ＵＦＣって言っている人も多くが知らないと思います。

「何で、ですか？」

――本人が覚えていない（笑）。２０００年6月9日のＵＦＣ26にサステインの北森（代紀）広報が視察に出かけ、当時バンタム級と称されていた階級が１５０ポンドで制定されることになっていたんです。

「あぁ、何か思い出しましたよ。で、僕の体重をＵＦＣ関係者が北森に尋ねて……」

――ハイ、私は現地にいたのでハッキリと覚えています。大会前日にルミナ選手の体重を尋ねられた北森氏が「１５５ポンド」と答えると、翌日の会場で流れたＣＧには、新しい階級は１５５ポンドと記されていたんです。実は前夜の時点では１５０ポンドだったんですよ。

「じゃあ、ライト級じゃなくてルミナ級にしてくれれば良かったのに（笑）。その話、僕自身が忘れていましたよ」

――この質問をすると気を悪くする関係者も少なくないと思いますが、最後ということで聞かせていただきます。ＰＲＩＤＥに出ることがなかったファイター人生をどのように思っていますか。

「３年前にマイホームを購入したんです。その瞬間からローンというものが発生しました。あの時、『あぁ、出ていれば良かったな』って思いました（笑）」

――ハハハハハ。

「まぁ、ＰＲＩＤＥに限らず、大晦日にイベントを開いていた興行から、何度か声は掛けてもらいました。でも、僕がやってきた格闘技のコンセプトではない。そこには世界で一番強い人も戦っていました。同時に芸能人が出たり、自分が思う格闘技とは表現方法が違っていた。今も言えるのは、別に出なくても良かったということです」

――自分のなかでは小林聡選手がＫ‐１に出なかったことと共通しています。

「リッキー、小野寺力もそうでしょ」

――出なかったことで手に出来なかったモノもあるでしょうが、それで得た人間としての信用もあったでしょうね。

「でも、それは人の取り様だから。友達とかは出て欲しかったみたいだし。修斗の歴史を考えると、出ることで歴史を否定していますし。俺みたいな変わり者が一人ぐらいいても良かったんじゃないですか（笑）。後悔は全くないです」

――では、あれだけラブコールがあったＵＦＣにも結果的に出ることはなかった。そのことに関しては、どのように思っていますか。

「ラスベガスで戦いたかったとは、本当に思っています。修斗のチャンピオンになって出ようと思っていて、結局、修斗でトップになれなかった。自分が弱かったから。だから、土屋（大喜）に僕の代わりに出られるよう頑張ってもらいます。そうですね……、修斗で結果を残せていないのに海外に出ていくことはできなかったです。理想は修斗のトップとして向こうへ行き、ある程度名前を売って、チャンピオンになってから、また修斗に戻ってくる。高い理想でしたね（笑）」

――日本のビッグショーに出なかったのも佐藤ルミナゆえ、UFCに出なかったのも佐藤ルミナゆえ。

「理想と夢は誰よりも大きかったですよ。だから、ここまでやれたと思います。最初から理想が低いと、到達点も低いままですからね。まぁ、ルミナはそんなもんだったんだって思う人もいるだろうけど。でも、俺は俺の考えでずっと変わらない。周りに左右されないで続けてきたから。これからも俺らしく生きます。プロ云々よりもアマチュア、底辺の拡充にはどんな形だろうが、携わっていきたいです。俺らしく」

――本当に長い間、お疲れ様でした。そして、これからもよろしくお願いします。

「5月5日に後楽園ホールに足を運んでもらうことができないファンの人も含め、応援してくれる人達のおかげで、ここまで続けることができました。修斗を続けて来て、最高に幸せで、刺激的な楽しい人生でした。修斗はこれからもずっと続きます。僕もこれからも良い選手、強いファイターを育て、良い道場を創っていくので、佐藤ルミナともども修斗もよろしくお願いします――という感じで（笑）。これからも楽しい格闘技人生を送っていきます」

Sato Rumina
1973年12月29日、神奈川県小田原市出身。高校卒業後、木口道場入門。1994年6月、全日本アマチュア修斗選手権準優勝。同年11月プロデビュー。96年、VTJ'96でジョン・ルイスとドロー。97年、柔術黒帯のヒカルド・ボテーリョに一本勝ち。VTJ'97のルイスとの再戦を腕十字で勝利。99年1月、チャールズ・テイラー戦で跳びつき腕十字で6秒一本勝ち。同年5月に宇野薫に一本負け。翌2000年の再戦でもKO負け。01年の修斗ウェルター級王座決定戦で五味隆典に敗れるも、2005年3月、石川真に判定勝利し、環太平洋ライト級王者となる。09年、修斗世界ライト級選手権試合でリオン武に敗れる。2012年12月24日、所英男に1R TKO負け。2014年5月5日、引退。プロMMA戦績26勝17敗2分。167cm。roots代表

船木誠勝×宇野 薫
9年目の誌上再会で、宇野君が涙した訳。

『DREAM.6』にて現役復帰後初の勝利を飾った船木。満面に笑みを浮かべて蘇ったことを喜ぶ彼を、スタンディングオベーションで祝福する宇野の姿があった。ご存知の通り、宇野にとって船木は中学時代から憧れていた存在であり、船木が所属していたパンクラスの入団テストを受けたこともある。そんな二人がゴン格1999年8月号以来、9年ぶりに対談で誌上再会した。

――お二人の対談はゴン格99年8月号以来、実に9年ぶりとなります。

船木　99年ですか。場所は確か広尾でしたね。どんなタイミングでしたっけ？

――宇野選手が修斗ウェルター級王者になった時です。ご褒美企画として憧れの船木さんと対談、というコンセプトでしたね。船木さんがまだ一度目の現役の時でした。対談以後、何か交流はあったんですか？

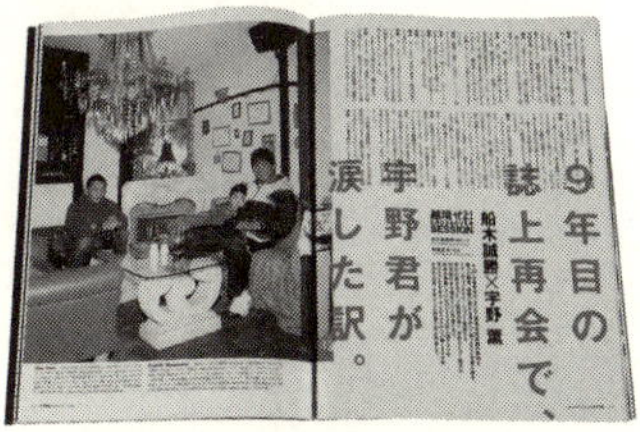
9年目の誌上再会で、宇野君が涙した訳。
船木誠勝×宇野 薫

GONG KAKUTOGI NO.198
2008年12月号
text by Kumakubo Hideyuki

船木　一昨年くらいかな。大晦日の解説で一緒になった時から、たまに柴田（勝頼）と三人で練習していました。

――あ、一緒に練習されてたんですか？

宇野　はい。僕の方からお願いしました。その時は、解説者として一歩退いた目から総合格闘技の世界を見ていらっしゃいましたので、違う視点で見える所があるのではないかと思い、機会をいただけませんか、とお願いをしたところ快く引き受けて下さいました。

船木　最初に練習したのは、レンジャー品川ジムでだったよね？

宇野　そうです。僕がアリ・イブラヒム（07年3月12日）と対戦する前ですね。

船木　その時はたまたま、自分が教えた十字の入り方で一本取ったんだよね。

宇野　はい。

船木　あ、上手い具合に練習の成果が出たなと思いました。

宇野　オーソドックスな下からの十字なのですが、船木さんから教わったことを普段の練習でも反復してやってみて、その中で使えるようにしていました。

――それが本当に初めての一緒の練習？

宇野　そうです。僕は（横浜高校レスリング部の先輩である）鈴木みのるさんに許しを頂いて、何回かピーズラボ横浜道場へ練習に行かせていただいたことがありましたが、その時は船木さんと直接練習できる機会はなかったんです。

――機会があれば一緒に練習したいと思っていたんですか？

宇野　また違った角度からアドバイスを頂けると思っていました。僕は最初プロレスラーを目指そうと思っていて、そのきっかけになった憧れの選手でしたから、そういう機会を頂けたのは夢のようでした。

――船木さんは解説者としてご覧になっていた時、宇野選手をどのように評価していたんですか？

船木　何回か自分が解説している時に、K－1のリングでたった一人だけ総合の試合をやっていたんですね。その頃からずっと見ているので、凄く頑張っているな、という目で見ていました。HEROS'の時に何回か決勝トーナメントで負けていたじゃないですか。それでちょっと落ちそうな時に、もうちょっと頑張ってと励ましたりして、この間、石田（光洋）選手と試合をして勝った時には本当に嬉しかったですね。

――一緒に練習されている時は、どんな練習をしていたんですか？

宇野　内容的なものは実戦に近い、実戦を想定したものです。僕が慧舟會で元々やっているものとは、また違うものでした。選手として総合格闘技をやっていた視点から見た、こういうものが必要だっていうものを凄く理解されている方だと思いました。あ、こういうものが大事なんだって改めて自分の中で感じましたし、また、技術も自分はまだそこまでやってないんだなと感じました。

――今の総合格闘技と、船木さんの総合格闘技は辿ってきた経緯も違うし、異なる部分もあるんじゃないですか。

宇野　より基本的なというか、最初に始まった頃からやっていたわけですよね。それ以前にUWFから戦いという部分でも始めていらしたわけですから。技術的な部分だけではなくメンタル的な部分も勉強になります。先ほど言われた、選手が落ちてることなどもよく理解してくださっていると感じましたし、そういう時に言葉を頂けるとまた上がっていけるきっかけになるんです。

――宇野選手は桜庭選手とも練習をしていましたが、同じU系でも二人は違うんじゃないですか？

宇野　はい、また違う形です。桜庭さんとはどちらかと言うとスパーをやったり、技を受けたりして覚えるという感じです。船木さんの場合はコーチングですね。悪いところがあったらそこで出すとか、こういう場面ならこれが使えるなど、合間に色々なことをアドバイスしてくださるんです。

僕と柴田選手がスパーをしている時に、悪いところがあると一度止めて、そこで教えてもらいまたそこからスタートするとか。

船木　実は、そのやり方ってゴッチ式なんですよ。自分がカール・ゴッチさんに教えてもらったやつをそのままやってます。ストップ・スパーリングという名前でやっていたんですが、スパーをやっていてそこで出来ることがある瞬間、ストップをかけて止めるんです。出来ることがあるのに、そのまま素通りして違う動きに行くのはもったいないので、その形で止めて出来ることを教えてまた続けるという。

宇野　桜庭さんの場合ですと、まずスパーをやって終わった後に、こういう時はどうすれば良いんですかと質問をして教えていただけるという形でした。

船木　あ、それはどちらかと言うと藤原式だと思うね。藤原喜明さんがそういう感じなんですよ。全部終わった後で、今日思ったことは何だって聞くんです。多分、それは髙田延彦さんとかが桜庭にそうやったのかも知れない。まず聞いてこなければ絶対に教えない、というような。

宇野　そうです、聞くと教えて下さるんです。それまでは淡々と技を掛けられたりして、そういう所で感じないとただ一本取られただけで終わってしまう。自分はせっかく来させていただいているので、ほとんど聞いちゃっていました。

——そういう教え方の違いもあるんですね。

宇野　またそういったことを習えたのもよかったですね。もし自分が引退した後で、後輩を育てる立場になった時、その経験が活きてくると思います。

——船木さんの格闘技の元となっているのは、やはりゴッチさんから教わったキャッチレスリングですか?

船木　そうですね。一番最初に揉まれたのが、藤原さんとのマンツーマンのスパーリングで、17~19歳くらいまでずっとやっていましたから。それが基本になって、あとはUWF、藤原組、パンクラスとずっと後輩とのスパーでした。自分がやったのは、早くスパーリングパートナーになる強い選手がいっぱいいた方がいいと思ったので、どんどん答えを先に教えちゃうんですよ。まずは防御を完璧にさせてその後にこうなったらこうなるって技の答えをいっぱい入れていくと、けっこういいスパーリングパートナーになるんです。

——船木さんは何歳くらいで後輩に教える立場になったんですか？

船木　パンクラスになってからなので、23歳くらいからですね。元となったコーチング技術は藤原さん。それと22歳の時にゴッチさんが1カ月半くらい日本にいて、その時は集中攻撃で自分だけやられました。スクワット2千回から始まり、あとは自分だけ相手を変えられて、一人ずつ5分間スパーをやる、いわゆる回しですね。なんで俺だけやるんだろうって、最初は不思議に思いましたよ（笑）。鈴木もそれをやりたがっていたんですが、やらせてもらえませんでしたね。

——宇野選手は元々プロレスファンですから、ゴッチさんの教えとかにも興味があったんじゃないですか？

宇野　高校の時はそういうゴッチ式と呼ばれるトレーニングを、プロレス雑誌とか格闘技雑誌で見て、レスリング部でやっていました（笑）。これキツイな、とか言いながら。やっぱり凄いなと、まだプロにはすぐ行けなかったなって思いました。船木さんから教えていただいたものがゴッチ式かどうか僕には分かりませんが、一歩引いた視点で総合格闘技を見ていらっしゃったので、そういう気付かないようなところまで教えていただきました。

——船木さんが取り入れた、藤原式またはゴッチ式コーチング術とはどのようなものでしょうか？

船木　基本はマンツーマンなんですが、本当は1人に対して3人は欲しいんですよ。ゴッチさんが常々言っていたのは、コンディションが一番大事だ、と。普通ではあり得ない、相手が5分おきに変わるという状況で、こっちはどんどん疲れるんですが向こうは回復してまた向かってくるという。その中で一番動けるものが、最終的にその人の一番得意な動きになると思うので、それが重要だなと思います。宇野の時は自分が見ていて、柴田しかいなかったのでそれは出来なかったんですが。

――試合で見ている時とはまた違った感覚があると思うんですが、どう見ましたか？

船木　最後の極めの部分が、ちょっともったいない所がありました。今でも思うんですが、極めの形に入るのが上手い人はいっぱいいます。でも逆になぜそこから逃げられてしまうんだろうというのが多くの試合を見てきてありました。1回その形になったら完全に極める技術は藤原さんとかゴッチさんが一番長けていると思いましたね。

――船木さんが得意とするアンクルホールドやヒールホールドも、宇野選手に伝授したんですか？

船木　この間、ミノワマンに極めた技も教えました。あれは永田選手とやる前くらいだったかな？

宇野　そうです。足関節技を重点的に教えて下さいました。僕はなかなか出来なかったんですけれど（笑）。でも、教えていただいたので、船木さんとミノワマン選手の試合であの形になった時、あっと思いました。ミノワマン選手は付き合わない方がいいんじゃないかな、と思っていたらやっぱり……という感じでした。

――出来なかったというのは？

宇野　得意不得意もあると思うのですが、慧舟會は元々昔からの柔道がベースになっているので、足関節はあまりやってなかったんです。個人個人で上手い人や好きな人はいますが、僕は教わったことはない。それこそ、UWFごっことかパンクラスごっこをやっていた時くらいで、僕はあまり得意ではありませんでした。

――アンクルのバリエーション（ミノワマン戦で船木は足を内側で三角に組んでいた）もけっこうあるんですか？

宇野の試合を見てハイブリッドレスリングの理想型がここにいたと思いました(船木)
進化していく総合格闘技の中で、足関節の大事さって見直されてくると思います(宇野)

船木　ありますね。膝十字からアンクルにいってヒールホールドとか。アンクルホールドは、正直、ゴッチさんからも藤原さんからも教わっていないです。自分がドイツに行った時に、ミレ・ツルノという選手と、もうおじいちゃんなんですけれどスティーブ・ライトの先生でチャーリーという方に教わりました。

——ビリーライレージム出身ですか？

船木　多分そうだったと思います。それで日本に帰って来てUWFに入団して、自分だけアンクルホールドを使えたので、けっこう有利でしたね(笑)。つま先と足首をクラッチして捻る技なんですが、それだけだとなかなか極まらないので、足の使い方が重要になってきます。また、首も腕も同じなんですが、最初に掴んだ時の感触が一番重要になりますね。取れる時って、なんかしっくり来るんです。ちょっとグラグラしている時は、逃げられるなっていうのが分かる。だから腕十字にしても、クラッチの手先の感触と足の絞りが凄く重要。そこだけしっかり極まっていれば、あとは体で一気に絞ればすぐに極まります。自分の場合はまずその形を作って、ここだと思った瞬間に思い切り絞る。そうすると相手から声が出るんです。一瞬で100％まで振り切りますから。この間、ミノワマンに極めた技はパンクラスでヒールホールドが禁止になった時に、自分で開発した技ですね。

宇野　僕が習っていた時も、ガッと一気に行かれたら怖いなっていうのが常にありました。それは総合格闘技の中で大事なことなんだなと船木さんから教わりました。

船木　もちろん、一気にやるのは試合の時だけだよ（笑）。

宇野　躊躇してはいけないということですよね。僕もそうならないといけないと思いました。自分では分かりませんが、どこかに優しさというか、一気に行けない部分があったかもしれません。

船木　そう、行く時は最後まで行く。俺とバス・ルッテンのタイトルマッチの時もやって、バリバリッと音がしたんですが、ロープエスケープがあったのでブレイクして続行になってしまったんですよね。だからバリバリッ、ボキッまで行かないとダメなんですよ（笑）。近藤と2回目にやった時も何回かバリバリッまで行ったんですが、ギブアップしないんです。だからもう、関節技の場合は壊さないとダメですね。本当に人間が集中している時は、バリバリッだけでは我慢されてしまいます。

宇野　進化していく総合格闘技の中で、足関節の大事さってまた見直されてくると思うんです。別に足首を取ってはいけないというルールはないですよね。幅を広げる事に関しても、船木さんから教わるそういうものは凄く大事なのではないでしょうか。技的にはちょっと古いのかも知れませんが、今の総合格闘技にも十分に通用しますし、逆に知らない選手もいると思います。だから凄く大事なことだと思います。

――U系と言われる選手はみんな足関が得意ですよね？　あれはなぜなんでしょう。

船木　藤原さんが最初にやっていたからじゃないですかね。それにゴッチさんは足関が凄く好きでした。あの時代に足を極める技ってないじゃないですか。だからそっちの方が得意になったんだと思いますね。その影響なのでは？　藤原さんも足をしつこいくらいにやってましたから。だから自分たちも自然とそうなったんじゃないですか。

――二人でスパーもやったんですか？

宇野　やらせていただきました。凄く勉強になります。それ以上は言えません。なぜ言えないかというと、教わった技がいっぱいあるからです（笑）。そこを今、自分の中で練習しているところですから。相手選手が嫌がるような、細かいところでの技があるんです。あと、形に入られた時の恐怖感、殺気みたいなものがありました。

――ファンとしての感覚はどうでした？

宇野　最初はそれでした（笑）。色々な人とスパーをやらせていただきましたが、船木さんとだけは出来なかったので、初めて実現した時は感激しました。

――宇野選手は桜庭和志選手、髙阪剛選手とも練習していますから、いわゆるU系の動きはその中から感じ取れましたか？

船木　ああ、一番自分が感じたのは、U系というよりもパンクラスの動きの最終形に一番近いと思いました。ハイブリッドレスリングの理想系だと思いましたね。止まらないということが自分の理想だったので、なるほど、ここにパンクラスの理想系がいるなって。特に試合を見ていても、打撃と組み技のちょうどいいバランスがとれていて……何よりも宇野の試合は止まらないじゃないですか。それが自分の思い描いていた、最初のパンクラスの理想です。パンクラスを旗揚げして半年くらい、ずっとハイブリッドレスリングって何だろうって追い求めていた時期があったんですよ。その時に思ったのが、止まっちゃいけないってこと。自分が動けば、相手も動かないといけないじゃないですか。でもその試行錯誤している頃は、動きっ放しだと今度は極まらなくなるんですよ。どこで極めたらいいんだろうって感じになってしまった。それに途中でグレイシーが入ってきて、今度は全く逆の相手を封じ込めてしまう戦い方が出てきた。そうこうしている内に何でもありの戦いになり、ハイブリッドレスリングのことをちょっと忘れていた時期があったんですが、いま気が付いてみたら宇野が自分の理想のこれだよなっていう試合をしてるんです。そうかと思えば、グレイシーの進化系である青木真也っていう選手が出てきたり。ちょうど対極なんですよ。動くのと、相手を封じ込める戦いはまだ続いているんだなって思いました。でも、宇野は青木選手に極められてないですから。自分の中ではまだ負けてないと思います。

宇野　……凄くジーンと来たというか……言葉が出ないですけど、光栄というか……。入団テストを受けに行った時のことを思い出して、鈴木さんにも声をかけていただいたのに……僕は横浜道場の前まで行ったのに逃げ出して……。船木さんにそう言っていただけて嬉しいです。すいません……。

宇野の顔はみるみる内に真っ赤となり、目からは涙が溢れ出した。何とか喋ろうと声を振り絞ったが、もはやこれ以上言葉は出てこなかった。有名なエピソードとして、入団テストに落ちた宇野は、その後も何度かテストを受けようと道場の前まで行ったが入るのをためらい、中から飛び出してきた國奥が吐くのを見て恐ろしくなって逃げ出した、という話がある。宇野は今となっては笑い話のように語っているが、本当はずっとこの時のことが胸の中につかえていたのではないだろうか？逃げ出した過去の自分を清算できずにいたのではないか。しかし、船木の言葉でようやく胸のつかえが取れ、気持ちが楽になったことで涙が溢れてきたように思えた。ハンカチで涙を拭う宇野を見て、船木はしばらく微笑んでいたが、彼をかばうかのように話し始めた。

船木　動きを止めないというのは大事なことだと自分は思うんです。血液が濁って止まると人間は死ぬじゃないですか。濁り始めるといろんな病気が発生しますよね。でも、流れ続けて動き続ければ進化していけるんです。そう考えると、グレイシーの動きが病気に見えてくる（笑）。だけど、今の柔術は昔の柔術と違って、ジャカレイなんかを見ると動く柔術になっていますよね。そういう意味では俺が思っていた方向は間違ってなかったと思います。まずゴッチさんがその志向だったんですよ。「MOVE!」そればかりでした。試合はチェスだと。どんどん動いて相手を封じ込めに行き、最後は王様を取りに行く、と。

――感動していた宇野選手も落ち着いたようなので、改めて船木さんが復帰したことについてお聞きしたいと思います。

宇野　復帰第一戦はお二人とも憧れの選手だったので、一ファンとして見させていただきました。この間のミノワマン選手に勝った時は嬉しくて、僕はフェンス内の選手席にいたんですが一人だけ立って喜んでいたんです（笑）。現役を退かれて、また一から作り直してというのは相当大変なことだと思います。

船木　うん、今だから言うけれども、やっぱり大変だったよ。

宇野　パンクラスでの現役の時とは違う見方で、僕は一戦一戦が凄く感動します。教えられている感じもありますし、怪我をしなければいいなとも思います。

船木　自分も宇野の試合の時は祈ってますよ（笑）。

――現在は練習されていないそうですが、また一緒にやりたいですか？

宇野　はい、また教えていただければと思っています。まだ次の試合が決まっていませんが、決まったら相手の対策などをアドバイスしていただきたいです。こういうのが得意だとか、選手を見抜く目が凄いのでいつもアドバイスを頂いているんです。

船木　人のは出来るんですけれど、いざ自分の試合になると相手の観察よりも自分の本能に従って動こうと思ってしまうんです。だからこの間のミノワマン戦も全く何も予想してませんでした。不思議ですね。人の時は緻密になるのに。だから勝つか負けるか分からないような試合になってしまうのかもしれませんね。自分自身もハラハラしながらやっていますから。

――次に宇野選手に教える機会があれば、こういうことを教えたいというのは？

船木　自分がいま改めて思うのは、極めのしつこさ。それだけは周りがどんなに進化していても変わらないと思います。人間の体の構造が変わらない限りは。あとは動きの中で取るというのが絶対に必要。それと、今は打撃を研究しているんです。総合の中で使う打撃って発展途上だと思うので、スタンドとグラウンドの打撃を考えています。

宇野　総合の打撃はボクシングでもキックでもなく、総合独特の細かい技術があると思います。一番最初に船木さんに教わった鉄槌の打ち方があるんですが、凄く痛いしあまり思いつかないようなやり方なんです。その発想が凄いな、と思いました。

船木　でも、あれは練習の中では使えないよね。ダメージが残ってしまうから。やられた方が怒ってしまうでしょう。なんでそんなに本気でやるんだって（笑）。

宇野　そういった細かいところの気付きが船木さんは凄いと思います。みんな大体は教えられますが、より緻密な、総合格闘技ですから同じレベルならそういった細かい技術を出せる選手が試合を有利に運べると思いました。

船木　同じことをやっていたら勝てないよね。特別な人間だけが勝てる時代になってます。凄い時代です。

宇野　やっぱり総合格闘技は難しいっていうことを改めて感じます。

Uno Caol
1975年5月8日、神奈川県出身。96年10月の桜井"マッハ"速人戦でプロデビュー。99年、佐藤ルミナを破り第4代修斗ウェルター級王者に。01年よりUFCでBJ・ペンらと対戦。06年、HERO'Sミドル級T準優勝。08年、DREAM.5ライト級GP3位。対談から8カ月後に2度目のUFC参戦。17年には修斗世界フェザー級王座に挑戦している。172cm、70kg。

Funaki Masakatsu
1969年3月13日、青森県弘前市出身。93年に鈴木みのるとパンクラスを設立。第4代・第6代キング・オブ・パンクラシストに。00年5月「コロシアム2000」でヒクソン・グレイシーに敗れ引退。07年12月の桜庭和志戦で7年ぶり復帰。08年9月、ミノワマン戦で足関節を極め、9年ぶり勝利を挙げた。182cm、90kg。

「なぜ一本なのか?」を初めてクソ真面目に60分間語る桜庭和志の勝負論。

試合3日前に急遽「DREAM.11」参戦表明、見事に一本勝ちを飾った桜庭和志。過密する試合スケジュールをぼやいているうちに、いつの間にか話は違う方向へ……。桜庭和志はなぜ一本勝ちにだけこだわるのか。数多いるグラップラーの中で桜庭の存在が飛び抜けているのは、彼の意識の持ち方にある。そんなことを「なぜ？」とずっと掘り下げていったら、気がつくと1時間近く経っていた――。

――実は取材前、改めて12年前のUFC-Jの映像を見直したんですよ。

「あれ、ストップじゃないですよね？（笑）」

――マーカス・コナン・シウヴェイラとの1回戦ですね。相手のパンチ連打に対してガードを固めて、桜庭選手がタックルに入った瞬間に止められた。

「あれ、どう見たって、あれダウンじゃないじゃないですか」

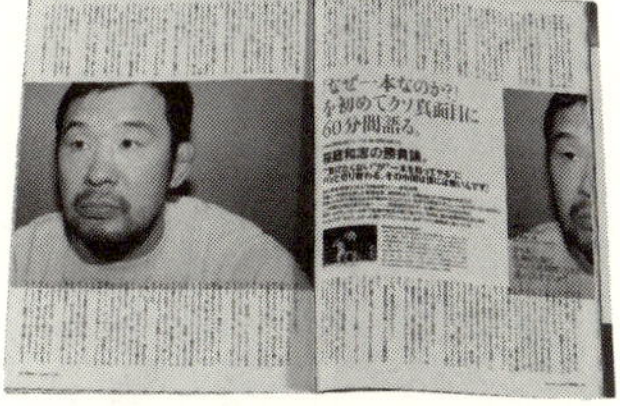

GONG KAKUTOGI NO.210
2009年12月号
text by Waragai Koichi

――そうですね。桜庭選手のアピールが結局認められて、トーナメントのもう1試合は勝ったタンク・アボットが拳を負傷したので、決勝で再試合となりました。試合展開は覚えていますか？

「覚えてないですね（笑）」

――本人に展開を説明すると（笑）、金網に押し込まれて片足タックルで倒されたんですが、その後、バックを取られながらもずっとアームロックを狙っていく展開が続きました。

「それで最終的に引っくり返して、僕が上になったんですか？　それともタックルに入ったんですか？」

――上になったのは、立ってバックに付かれた状態から桜庭選手が片足を取って倒したからです。最終的に上になってハーフから足を抜いた瞬間、回り込んで腕十字に入った。

「十字しか覚えてないですね。トントントンという感じで十字ですよね？」

――スパッという感じで入った十字ではなかったです。

「あれ、すごく迷ったんです。それだけ覚えている。『十字いって、抜かれたら殴られるんだよなあ、どうしよう』と思って。でも『いいや、いっちゃえ』ってやったのは覚えています」

――そもそもこの試合自体、急遽決まったものですね。

「そうですね。3、4日前ですよね？」

――当時の記事を見ると、12月14日にキングダムの試合があって、『今年の試合は終わりだ』と2日間朝まで飲んでいた（笑）。そんな桜庭選手のところに話が来たのは16日ということですから、試合5日前ですね。急な話で、初めての金網、グラウンド顔面ありの初めてのバーリトゥードを迷わずにやれたんですか？

「そのときは、『せっかく話が来たから、金網でやることもないだろうし、経験としてやっといたほうがいいかな』と思って。2日連続で飲んでいたのはありますけど、その前はちゃんと練習していましたんで」

――グレイシーの黒帯から日本人が初めてバーリトゥードでタップを奪ったということで、格闘技界は大騒ぎになったわけです。でも、桜庭選手自身は「グレイシーを破った」ということ自体にはそれほど関心が無い感じでしたね。

「無かったですね。（コナンが）グレイシーだとは思わなかったですもん。何とかコナンという名前しか知らなかった（笑）」

――グレイシー姓は付いていないですけど、カーウソン・グレイシーの黒帯ですけどね。ちなみにグレイシー繋がりで言うと、今年5月にヒクソン・グレイシーさんが来日して、浜松でやったヒクソン杯で静かに引退を発表していたんですよ。ご存知でしたか？

「知らないです。いくつでしたっけ？」

――今年50歳ですね。

「僕も50歳までやりたいなあ」

――結局、あれほど待望されたヒクソン戦は実現できずに終わってしまったことについては？

「……まあ、どっちでもいいんじゃないですかね（笑）」

――2年前のHERO'Sの大会で、リングサイドにいたヒクソンさんに『そろそろ僕らも歳なんで、お兄さんやりましょうよ』と呼びかけていたじゃないですか。

「あれはネタですから（笑）」

――一人の格闘家として、引退試合をやらずに静かに去るという現役の終わり方についてどう思いますか。

「僕も引退試合をやりたいというのは別に無いんですけど、逆に、あの人の場合はやったほうがいいと思います」

――ずっと『次の試合はいつ？』『次の相手は誰？』というファンの関心を引っ張り続けてきた存在として。

「そうそう。ただ、試合をやるとかじゃなくて、あの人のマウントは体感してみたかったですね

（笑）。どんな感じなんだろうなと」

――ヒクソンのマウントは絶対返せないと言われますよね。逃げようとしてもバックマウントを取られてしまう。

「はい。マウントは〝ヒクソンポジション〟って言われてたんですよね？　あれを体感してみたかったというのはありますけどね」

――桜庭選手も昔から言っていますけど、マウントはサイドに比べたら安定感あるポジションではないじゃないですか。

「安定感ないですね。でもあの人のは返されないですから、すごいなあと思って」

――UFC‐Jの話に戻ると、優勝後のインタビューでは、例の『プロレスラーは本当は強いんです』という名セリフが生まれました。その2カ月前のPRIDE1で、最初の高田延彦vsヒクソン戦が行なわれているんですよね。

「はい、それである雑誌に『結局、弱いじゃん』というようなことを書かれて、周りにいる人間全員に言われている感じがしたんですよ。『ちょっと待てよ、俺、一生懸命練習しているのに。プロレスはプロレスだけど、実際にやったら分からないじゃん』みたいな感じだったんです。あとは、インタビューする人がそういうフリをしてきたから言ったんで、いきなり僕がそれを言ったわけじゃないです」

――プロレス自体を馬鹿にされたくないという気持ちもあった？

「プロレス自体じゃなくて、一緒に練習していたキングダム系の人たち、エンセンさんたちとか僕らのグループみんなのことが馬鹿にされているような感じがして、嫌だったんですよね」

――この言葉がその後、独り歩きして、いろいろなところで使われるようになった。でも、桜庭さん自身は、ちゃんと練習をしていないプロレスラーまで含めて『プロレスラーは本当は強いんです』と言ったわけではなかったから、実は怒っていたと聞いています。

「怒ってはいないですよ。ただ、僕らのプロレスというのは、どっちかというと、コレ（格闘技）っぽいプロレスじゃないですか。僕、エンセンさんとも練習していたし、でもプロレスはプロレスで難しいところもあるし……」

――誤解されがちだと思うんですけど、あの発言は別にプロレスラー全体を擁護しようとしたものではないと。

「そういうのは全然無いです。逆に、その頃は『そんなこと言った割には、あいつプロレスじゃ全然結果残していないじゃん』とか言われていたじゃないですか。向こう（プロレス側）からも反感じゃないけど、そういうことを言われたし。『別に僕は全体のことを言ったわけじゃないんで』という気持ちはありましたよね」

――12年前、という時代を感じさせる話ですね（笑）。

「まだ、今もゴッチャですけど、昔はもっとゴッチャだったじゃないですか」

――ダン・スバーンもプロレスをやっていて、UFCでもチャンピオンになりましたし。

「そうそう。結局、プロレス側はそれをネタに使うじゃないですか。そういうのが嫌だったですね。実際、ダン・スバーンは強かったかもしれないけれど、プロレスの練習を見たらひどかったですからね」

――ひどかった？

「サンドバッグの音がバンバンして、振り返って見たら、往復ビンタの練習をしていました。ちょっとキビシイなあ……って（笑）。ダン・スバーンはレスリングの基本があるし強いですけど、でも、逆にプロレスでは何の実績も無いじゃないですか。そういうところで、あのネタを使われるのが嫌でしたね」

――分かりました。また金網の話に戻りますが、12年前、リングとの違いで一番感じたことは何でしょうか。

「『リングより全然広いな』というのは感じまし

たね。今度DREAMでやる金網がどれぐらいの大きさなのか分からないですけど」

——UFCを経験した選手がよく言いますね。戦っているときにリングだったらあと何歩で後ろに詰まるかだいたい分かるけど、オクタゴンだと広くて分からないという。

「分からないです。コーナーの角が無くなって、丸くなっちゃっているし、自分から行っても、詰めることができないから難しい」

——広いし、角はないから相手は回り込めるし、つかまえにくい。

「そうそうそう。だから、ある意味、体育館でやっているような感じですね」

一番嬉しかった判定勝ち？判定勝ちでは無いです

——試合についてはまずは、10月6日「DREAM11」を振り返っていただきます。急きょ参戦が発表された試合でしたが、ルビン〝Mr.ハリウッド〟ウィリアムズとの試合の率直な感想は？

「ローキックが入ったのはいいんですけど、痛い顔をしたあと構えを変えられて、相手が完全にカウンター狙いになっちゃったんで、『やばいなあ……』という感じはスタンドではありましたね」

——でも、ローを蹴り続けて。

「パンチでいったら絶対やられるし、とりあえずキックをやったら、今度はキックの距離になっちゃって、逆にタックルに入れなくなっちゃった(笑)。それで、もういいやと思って、タックルに入ったら何とか倒せたんで」

——タックルで倒した後、上から相手の身体をビンタするように叩いていたのは何のためですか。

「あれは意識がそっちのほうに向かっていくようにしたんです。顔をバンバンやりながら、体もバンバンやって、意識を散らしておいて、腕に行こうかなと」

——グラウンドになってからも、桜庭さんは極めに行くまでに時間をかけたように見えました。

「あれはバランスを取っていたんですよ。一気に行けば多分行けたと思うんですけど、隙間ができて腕を抜かれちゃう感じもあったんで」

――最後はアームロックで、相手の頭をまたぐ形でした。

「あれは、何かゴチャゴチャッとしたら首を足でロックしようかなと思って。保険ですね。いつも練習でしていることです」

――タップさせた瞬間は、どんな気持ちでしたか。

「『とりあえずKOされなくてよかった』みたいな感じです（笑）。KOされて試合も覚えてないとか、もう嫌なんでホッとしましたね」

――やっぱり総合デビュー戦の相手でも、初めて戦う選手、しかもデータがほとんどない選手というのは、桜庭さんでもけっこう慎重になるんですね。

「慎重に行きましたね。だって身長185㎝ぐらい、リーチが190㎝以上あると聞いたんで、僕もリーチは190㎝近くあるんですけど、こっちのパンチは届かないなと思って。『レスリングをやっていたみたいよ』とか『そのボクシングジムでは隣で総合格闘技も教えているんだって』とか聞いたし、それもどこまでやっているかも分からないから、だいぶ慎重に行きました」

――結局、10月25日の「DREAM12」には、続けて出場する予定でしょうか？

「まだ交渉の話が来ていないので、分かりません。僕は別にこのまま何もなければ、シレーッとしているつもりだし（笑）。相手が誰だから試合してくれと言われれば、『僕も、さすがに連戦は精神的にきつい』とかそういう話はしますけど」

――それで大晦日にも出場する？

「一応頭の中に入れていますよ。でも、25日に出て怪我したら、絶対無理です」

――関係者から、大晦日は桜庭さんが○○○選手とやるという案があると聞きましたが。

「いや、体重差があるんで……」

——体重差を超えた戦いというのは興味がない？

「軽い選手とは、あまりやりたいとは思わないですね」

——でも、ホイラーとは戦ったじゃないですか（笑）。

「あのときだって最初は断ったんですよ。体重差があって勝って当たり前、負けたらボロクソ言われる試合なんてしたくないって。ただ条件として、『勝ったらヒクソンを出すよ』という話だからやったんです。軽い選手とやるんだったら、逆に重い選手とやったほうがいいやって思いますね」

——実際、桜庭さんは重い選手とはいっぱいやってきましたね。

「ホイラー以外は、みんな同じぐらいか重い選手ばっかりですよ。ホイスとかヘンゾとかニュートンとか、あの辺は同じぐらいです。他はだいたい90kg以上あったりしましたからね。ニーノとか身長は低くても90kgぐらいあったし」

——桜庭さんは彼らのようなグラップラーと試合をやるとき、割と打撃を多用しますよね。

「やっぱり試合というのは相手の弱いところを突いていくもので、グラウンドが強いというのであれば、打撃でも行くし。打撃は嫌がらせというか、いなしとか、崩しみたいな感じで、嫌がったところをくっついていくという感じです」

——ホイラー戦なんか、嫌がるだけ嫌がらせて。

「はい、嫌がるだけ嫌がらせて（笑）」

——ピンタのようにハイキックをくれてやったりしましたね。

「はい（笑）。それで最後（フィニッシュ）につながればいいかなという感じなんで。だから、蹴ってても、セコンドに時間を聞きながらやりますけどね」

——試合をやりながら『一本取れなさそうだな』と思うときもあるじゃないですか。それなら判定でポイントを稼ごうとか思ったりしますか？

「試合中に？　いや、基本的に『取れなさそうだなあ』っていうのは、最後まで無いですね」

——そうですか!?

「何とか動かしていこうかなという感じですね。そこは考えます。覚えているのは、ランペイジとやったときですね。力で返されたじゃないですか」

——ああ、十字とか三角絞めをパワーボムみたいに叩きつけられて。

「そうそう、『やっべえ、こいつどうやって取ろう?』って考えましたもん。『足か首しかねえな』と思って、足は力が強いから無理かなあと思って、フェイントかけたらラッキーにもバック取れたんで首に行きました」

——でも、試合中、『これでジャッジのポイントはつくな』とか、レフェリーとかジャッジの存在は本当に考えることはないですか?

「考えないです。僕はレフェリーよりも、相手に対してギブアップを取ろうとしているから。別に第三者に『ギブアップしたから止めてくれ』と言ってるんじゃなくて、レフェリーが見ていなくても相手が手を叩いてくれればいい。『お前、いま叩いただろ、ギブアップしたな』って、そういうふうに勝ちたいんです。僕が勝負をしているのはその相手一人だけであって、別にレフェリーとかジャッジと勝負しているわけじゃないんで。

僕、いつも思うんですけど、殴りながらレフェリーに『止めろ!』とか言う選手がいるじゃないですか。僕も一回ホイラーとの試合のとき、『危ないですよ』ってレフェリーに言ったことがありますけど、でもそれと『止めろ!』は違うじゃないですか。僕がレフェリーだったら、『お前がとどめを刺せ、そしたら止めるから』って言いますよ」

——でも桜庭さんは純粋に相手と戦っているつもりでも、相手のほうがレフェリーとかジャッジのほうを向いて戦って、その結果、判定負けという結果が出たら悔しくないですか?

「そのときは自分が一本取れなかったことによって、『ああもう負けだ』と思いますね。判定は、第三者が決めることだから、どっちでもいいやっていう感じです」

――そういう感覚って他の選手にはあまり無い感じがします。

「どうなんですかね。僕、昔レスリングやっていましたけども、レスリング的にはポイントを取って勝ちというのはありますし、その頃は僕もそう思ってました。でもレスリングをやっているときも、どっちかといったら、僕、ポイントよりもフォールを狙っていたんですよ。僕、ポイントだったら、『あれは本当は体が返っていない』とか、ウダウダあるじゃないですか。そういうのが面倒くさいし、背中を付いたらおしまいというルールだから、いくら相手がポイントで勝っていても、背中が付いちゃったら何も言えないところがあるじゃないですか」

――では、プロになって一番嬉しかった判定勝ちというのはありますか。

「エェーッ！　一番嬉しかった判定勝ち？……無いですね（笑）。判定勝ちでは無いですね」

――すごく嬉しかった判定勝ちぐらい、あるんじゃないですか？

「ビクトー（・ベウフォート）に勝ったときも判定じゃないですか」

――あれはなかなか気持ちいい試合じゃなかったですか？

「いや、あれは自分的には別にそんなでもなかったですよ。『あの試合が一番すごかった』と言ってくれる人もたまにいるんですけど、最初にラッシュかけられたじゃないですか。自分的にははっきり勝てたとは思わないです」

――バックキックがズバッと入ったりしたじゃないですか。

「あれ、練習したのは前日ですよ」

――それはびっくりします（笑）。

「僕もびっくりしましたよ。『あれ、入っちゃった』みたいな感じで。前日、練習したローリングソバットが入っちゃったから面白かった、というのはありますけどね（笑）。勝って、気分的に『やった！』というのは無かったです」

――ビクトー戦のほか、判定勝ちで覚えている試合は？

「ハイアンとやったときも覚えています。あれは10分１Rの特別ルールだったし、あそこで判定で優劣をつけられても、僕もちょっと困ったし、勝ったけど『すみません』とか言ったような記憶がありますね。あとは……ああ、この間の年末（田村潔司戦）もそうだ」

――判定負けという結果だから、当然悔しいでしょうけども。

「負けと判定されたという意味では悔しいですよ。でも、自分の気持ちのほうがやられた感じがしないから」

――先ほどから桜庭選手が言っていることの裏返しですね。一本にこだわるのは、逆に判定で負けた人間がこういう気持ちになるから、ということですね。

「はい。判定で負けたほうも、『まあしょうがねえや、第三者が勝ち負けを決めちゃっているわけだから。別に気持ちは折れてねえし』と思っちゃう。ギブアップを取られたり、ＫＯされちゃったら『あーあ』となるんですけどね」

――でも、判定でも結果として負けというのは残りますし、外からの目は違ってきますよね。

「そのときは『自分は負けていない』とは言わないですよ。ただの負け惜しみになっちゃうから。でも、自分の中ではそういう感覚はあります」

――そういう判定に対する感覚はＰＲＩＤＥに出始めたときから？

「多分そうだと思います。でもＫＯされたりとかはあるけど、判定負けってほぼ無いですよね？」

――ＰＲＩＤＥ時代の判定負けはホジェリオ戦ぐらいですね。

「あのときは一本取れなかったし、自分もヘロヘロだったんでしょうがねえや、という感じですね。あと最近の判定負けで覚えているのが、ホイスとアメリカでやった試合。判定になったとき、『一本取れなかった俺が悪い』って思いました」

〝負けたくない〟が〝一本を取ってやる〟にパッと切り替わる。その中間が僕には無いんです

――でも『負けたくない』という気持ちが強くなるときは、桜庭さんでもあるんじゃないですか？

「ああ、ありますよ。でも、やっぱり一本取ったほうが気持ちよくないですか？」

――たとえば上になっていて、十字固めを取りにいったら、失敗したときどうしようとか思うわけですよね？

「うん、それ考えますよ。前回のインタビューでも言いましたけど、ＵＦＣ‐Ｊのときはそんなに技術がなかったから十字に行くのをすごく迷ったのを覚えているんです。今は技術も付いてきたので、『十字を逃げられても、別に何とでもなるよ』という感じはありますね。十字も下にならない取り方ができるし、当時と比べたら今のほうがポンと入れると思うんです」

――なるほど、技術が付いていけば、その分迷いがなくなると。

「そうだと思いますよ。ほんとに勝ちだけにこだわっちゃったら、自分がさっぱりしないんじゃないですか？」

――でも、たとえばこの試合に負けたら自分の価値がガクッと落ちてしまうような試合って、やっぱりリスクを冒しにくいですよね？

「そんなのは気持ちを入れ変えて、行っちゃえばいいんじゃないですか？　勝ったときはすっきりするし、負けたときはガクンと落ちる。それが勝負だと思いますけど」

――試合中、『一本を取りに行くよりも、このままキープして判定勝ちだ』と思うことは無いんですか？

「……ないかな。レスリングをやっているときは、ちょっとあったかもしれない。ポイントという目

に見えるものがあるから」

――普通の格闘家は、ある意味自分のプロとしての商品価値を考えたら負けたら駄目なので、判定勝ちでもすごく喜ぶんですけど。違いますかね？

「いや、違う。判定勝ちでも、ほんと一方的に判定勝ちだったらいいですけどね」

――嫌らしい話ですけど、負けたら自分のプロとしての商品価値が落ちるとか、そういうことが頭によぎったりします？

「そういうのもありますよ。あるけど、やっぱり自分の商品価値としては、一本を取ることが商品価値だし。お客さんは何を求めているかといったら、ダラダラの判定勝ちを求めているんじゃなくて、一本決めて、相手が何も文句を言えないような勝負を見に来ているわけじゃないですか」

――でも、桜庭さんほど極めにこだわっている選手は稀有ですよ。みんな『一本で勝ちます』とか言っても、勝てば判定勝ちでも嬉しいですよ。

「だったら、始めから『一本で勝ちます』じゃなくて『一生懸命頑張ります』でいいじゃないですか？　でも、そういう選手とメルヴィン・マヌーフとかアンドレ・ジダと比べて、どっちにお金を払うと思います？　僕はメルヴィンとかジダに払いますよ。負けても、『次はKOするんじゃねえか？』って思いますよね。僕も仕事でやっているんで、いい仕事をしたいし、お客さんにさっぱりした気分にさせたいというのはありますね」

――桜庭さんには、お客さんのためにという気持ちも強いですよね。

「やっぱり自分で一生懸命に働いて得たお金なんで、使うときは選ぶでしょう？　たとえば昔大学生の頃とか、3枚で千円のTシャツとかあったじゃないですか。結局、あんなTシャツって1回引っ張ったらビョーンと伸びちゃう。でも今って技術が発達してきて、千円のTシャツでもなかなか伸びなくなっているじゃないですか」

――ユニクロとか。

「でも昔は、千円のTシャツを買って伸びたらすごくショックだった。今はいろいろ経験を積んで、ある程度の値段を出してTシャツを買いますよ。やっぱりつまらないものにはお金を出したくないんで」

――格闘技の興行というのは決してチケットは安くはないのに、お客さんはこの不景気の時代に奮発して見に行っているんですからね。

「そうそう。たとえば第1試合からメインまで、全部判定だったらどうします？　だったらスカパーで3、4千円するやつをみんなで割って見ようかとなるじゃないですか。でもある程度の金を出せば、あの空間の盛り上がりを直に感じることもできるじゃないですか」

――でも、せっかく自分が勝った試合でも観客からつまらないと言われたらどうします？

「それはもう謝りますよ。『今日はすいません、もっと練習してきます』って（笑）。次に頑張ろうと思うしかないじゃないですか。やっぱりお客さんはスッキリした試合を見たいと思うんですよ。だから、僕、『待ちのスタイルは好きじゃない』ってよく言うじゃないですか。カウンターを狙うスタイルよりも、自分から仕掛けて試合をつくったほうがいい。もし動かない相手がいるのであれば、逆に自分が動いて、相手も動かざるを得ないような状態にして、というのが理想です。でも、そうできないときもあるんで……（笑）。そのときは『もっと練習しないといけないな』って思いますよね。

ヒクソンがすごかったのは、全部一本勝ちしているからですよね。今まで判定勝ちが多くて、『すごい』と言われた人って、どこかにいます？」

――柔道だって、ずっと記憶に残るのは古賀稔彦の一本背負いだったり、井上康生の内股だったり。

「そうでしょう！　一本取らないと、何の勝負をしているのか分からないというのもあるし。だから、商品というより人間としてだと思います。誰と勝負しているのかって、勝負しているのは相手のみじゃないですか。そいつから一本を取っちゃえば、もう何も文句言ってこないじゃないですか。『俺は負けてねえ』『判定がおかしい』とか、一本取っちゃえば何も言われないでしょう?」

――桜庭さんから見て、自分と同じような考え方をしているなという選手は誰かいますか。直接話さなくても、試合とか見て分かりますか。

「他の人の試合、あんまり見ないんで……(笑)」

――見ないとは言っても、会場でチラッとは見るでしょう(笑)。

「会場でチラッとは見ますよ。スッキリ勝ったときとか、『この人はいい仕事したな』って思ったりするのはありますよ」

――桜庭選手みたいな人は、実はあんまりいないんじゃないかと思うんです。やっぱり判定でも勝ったら選手は嬉しいじゃないですか。だって、いっぱいその試合のために練習して、自分が負けるかもしれないような相手に判定でも勝ったら嬉しいですよね?

「極めかかったりKOしかかったりした勝ちはいいんですけど、テイクダウンしたから勝ちとか、ずっと上になっていたから勝ちとかは別に……」

――よく判定の瞬間に、お互い一票ずつ入って、最後のジャッジが自分に入ったとき、ブワーッという感じになるじゃないですか(笑)。判定2―1で勝ったらどうですか。

「僕はあんまり好きじゃないですよ(笑)。試合が終わった瞬間、ホッとしたいんです。終わっても、まだホッとしないんですよね。レフェリーに手を握られて、判定が1対1でドキドキして……そんな試合したくないです」

――2対1の段階で、どっちが勝ってもおかしくなかった試合だったと言っているようなものですからね。

「そうですね。判定はジャッジとかレフェリーの見方じゃないですか、上になっていれば強いなと思ったら上になった人の勝ちだし、打撃を多く当てたほうが勝ちだと思ったら多く当てた人の勝ちになるから」

——レスリング出身のジャッジのなかには、総合でも基本的にレスリング的な基準で判定をつける人がいますね。

「そういう意味では、百人いたら百通りの見方があるだろうし、判定で負けたら悔しいは悔しいですけど、しょうがないやという感じです」

——あくまで相手以外、周りの目は関係ないということですね。

「そうですね。自分の中では判定の基準とか、あまり関係ないので。ただ、相手に負けたくないだけ。その『負けたくない』が『こっちが取っちゃえばおしまいじゃん』ってなるんです」

——すみません、しつこく聞きますけど(笑)、その「負けたくない」の裏には、普通の格闘家は「負けたらもう試合が組まれなくなっちゃう」というのがあって、結局のところ判定2—1でも喜ぶわけじゃないですか。

「自分が取っちゃえば終わりじゃないですか?」

——でも、取ろうとすると隙間ができて、いいポジションにいたのに逆転される可能性もある。

「でも勝負って、そんなものでしょう? 野球でピッチャーが負けたくないからって、投げなかったら試合にならないじゃないですか(笑)。サッカーだって、負けたくないからって自分の陣営から出なければ勝てないじゃないですか? 出ればやられる危険性もあるし、スポーツってそういうものだと思いますけどね。

判定2—1で喜ぶのも別に分からなくもないですけど、人の心に響く試合をしたいし、ハンセンvsアルバレスは面白かった。ああいう判定だったら全然OKです。それはみんなそう思ってやっているんじゃないですかね?」

——みんなではないと思いますよ。

「どっち派なんですか、藁谷さんは!?」

——いや、みんな桜庭さんほどは思っていないから、桜庭さんは少数派だと思います(笑)。たとえば優勢に試合を進めていたとして、「あと何分?」とかセコンドに聞いた後、倒すパウンドじゃなくて印象点を稼ぐパウンドとか、みんな普通にやっているじゃないですか。

「僕も聞きますよ、『あと何分?』って。それは極めに行くタイミングとかあるじゃないですか。いい形になっているときに、あと1分あるんだったらチャンスがあるから一本取ろうと思いますし。分かりますよ、言っていることは」

——「極めて勝ちます」とか言っても、桜庭さんほどみんな思っていないということです。

「思うから言いたいわけですね（笑）。でも、それは見ているお客さんが分かればいいんじゃないですか。それが自分の人気につながっていくだろうし」

——自分を強く信じているというのは大きいんじゃないですかね。たとえちょっと劣勢だったとしても、絶対に一本を取れるという自信がある。

「自信というよりも……その『負けたくない』ということが、『一本取っちゃえばいい』に切り替わっちゃうんですよね。『絶対に負けたくない』というのが『絶対に一本を取ってやるぞ』って。その中間が無いんですよ」

——ああ、「中間がない」という話は面白いですね。

「だから、正直、ホイスと最初にやったときも、『やった！』みたいなのはなかったですね。とりあえず『あ、やっと終わった、よかった』みたいな感じで（笑）」

——そうなんですか？　あれはＰＲＩＤＥファン的には、桜庭選手の試合で一番感動した試合にあげられると思うんですけど。一本ではないけど、タオル投入で決着がついたじゃないですか。

「でも、これ（手を叩く）じゃなかったから。あとインターバル中に、『もう2、3Rやったらギブアップしようかな』って思っていたら、向こうからタオルがバサッと入って（笑）」

——じゃあ、すべてひっくるめて一番嬉しかったのはどの試合ですか？

「一番嬉しかったのは、文句言われたけど、ケン・シャムロックとやったときです」

——けっこうすぐにＫＯ勝ちした試合ですね。

「周りの人間に言われたんですけど、１発目が入った後に2発目、３発目で追いうちかけたら眼をさましちゃったから、１発で終わらせちゃえばよかったって（笑）。でもあのときは嬉しかった。セコンドにフジマールとかハファエルとか付いてくれて、確かショーグンとかもいた」

——シュートボクセ修行から帰って1発目の試合ですね。

「はい。その前、アローナに負けてるんですよね。あのとき、ものすごく嫌だったというのもあってシュートボクセに行って、それで勝てたから、すごく嬉しかった。泣きそうになりましたもん（笑）。ケン・シャムロックは文句言ってましたけどね。『あんなのはストップじゃねえ！』みたいなことを英語で言ってたんですよ。だから『ＯＫ、ＯＫ、ワンモアタイム、ワンモアタイム』って言ったら、『ワンモア？　ＯＫ！』、それで控室に帰っていったんです（笑）」

——ワンモアと言いながら、そのままでしたけどね（笑）。

「だって、試合を組むのは僕じゃないもん（笑）。あの試合も『絶対負けたくない』というのが、最終的にＫＯ勝ちという結果につながったから嬉しかった」

——窮鼠《きゅうそ》猫を噛む、みたいな切り替わりですよね。「噛まれたくない」から「噛んでやる」側に切り替わる。「負けたくない」から「一本を取ってやる」に切り替わる。

「試合っていつもそんな感じですよ。『絶対やってやる！』というんじゃなくて、『やばいなあ……』って思ったほうが勝てる。逆に自信を持ちすぎて行っちゃうと、やられちゃったりするから」

——分かりました。今日は桜庭さんのことが少し分かった気がします。長時間、ありがとうございました。

Sakuraba Kazushi
1969年7月14日、秋田県出身。秋田商業高校、中央大学でレスリングを経験し、92年7月にUWFインターナショナル入団。キングダム、高田道場、Laughter 7からフリーに。97年UFC-Jヘビー級トーナメント優勝、2000年PRIDE GPではホイス・グレイシーと15分無制限Rの完全決着ルールで勝利。グレイシー一族に次々と勝利したことから〝グレイシー・ハンター〟と呼ばれた。「DREAM.12」ではUFC-J以来12年ぶりの金網の中で一本勝ち。15年のRIZINを経て、18年、グラップリング大会『QUINTET』を旗揚げした。180cm、83kg（試合時）。

※本稿は2009年11月号および12月号を加筆の上、収録。

青木真也ーRIZIN
＝格闘技の人。

RIZINというフィルターを通すと、青木真也の格闘技が浮き彫りになる。2015年12月29日、青木は日本のリングで桜庭和志と対戦した。ONEを主戦場とする彼が猪木祭以来、1年ぶりに日本マットで感じたこととは？

――年末の試合から今日が1月11日、成人の日ですが既に普通に練習しているのですね。

「練習は4日から始めています。正月の三が日が明けて4日から始動という人が多かったので、そこに合わせた感じですね。ただ、試合後の高揚感というものは試合を経るごとに感じる期間が短くなっていると思います。昔は1週間とか2週間ぐらいそういう時間があったのが、今は2日か3日で落ち着いてしまいます。それも分かっているから、すぐに1月の3日か4日から動けるなって感じでいました」

――高揚感に浸る時間が短くなった。それは対戦

GONG KAKUTOGI NO.285
2016年3月号
text by Takashima Manabu

相手も関係していませんか。

「いや、相手じゃないですよ。安藤（晃司）選手と戦ったあとは高揚感とかではなくて、とにかく安堵感。本当にホッとして。そうやって考えると、今回の桜庭戦も高揚感よりホッとした感じが強いですね」

――安藤戦のホッとした気持ちと、桜庭戦のソレは同じとは思えないのですが。

「単純に競技者として負けたくなかった。負けて良い試合なんてないけど、負けるわけにはいかなった。どの試合でも負けると悔いは残ります。負けて悔いなしなんて、ただの良い格好でしかない。負ければ、どこまでやっても悔いが残る。選手を辞める時は悔いだらけですよ。だから、ここで勝ってまたチョット続けることができるって解放された感じがしました」

――この5年、いや敢えて7年と言いましょうか。格闘技に携わってきた者として青木選手が勝って良かったという気持ちがありました。でないと、この時代に格闘技を続けてきた全選手が報われないというか。

「負けちゃいけない。僕は7年でなく『失われた10年』と形容したんですけど、この間も格闘技をやってきたんだから、『舐めんなよ』という気持ちも当然あった。僕と桜庭さんは戦ってきた時代が違う。でも僕がやってきたことと桜庭さんがやってきたことを比較しても、何ら劣っていない。その自尊心を保つ意味でも負けられなかった」

――桜庭選手の現在のコンディションがどうであれ、本来の体格が違う対戦。桜庭選手の格闘技に関する知識は蓄積されたままです。そんな相手と打撃があるなかでのキャッチウェイト戦は、本来は認めるようなことができない試合です。

「そういう部分でも怖かったですよ。勝負論はあったと思います。だからこそ、6週間シンガポールへ行ってイヴォルブMMAで調整したんです。これまで通り、100パーセントの調整をして臨みました。グッドシェイプのままで増量して、必死に練習して作り込みましたから」

――安藤戦やこれまでのONEでの戦いとは違う意味で、負けてはいけないという感情だったのでしょうか。

「そんなこと考える余裕がないくらいの状況でした。それだけ必死で。試合はしたいけど、したくない。『嫌だな』、『早く解放されたい』と思う。苦しい想いから解放されることに酔っているのかもしれないけど、だからこそ最高の練習をして戦うんです」

――今回のセコンドはエディ・アングだけ。ONEの時のようにタイ人トレーナーもヒース・シムスも就いていませんでした。

「チャトリ（シットヨートン＝イヴォルブMMA会長）がどこかで見守ってくれているわけじゃない。これはもう随分前に割り切ったことではあるんですが、全ての試合でベストな環境を築けるわけではない。ONEでもシンガポールの時とドバイの時とは違う。日本で戦うなら、日本の状況下で考えられるベストの状態で戦う。『ヒースがいなかったから負けた』とか、『チャトリがいないと負ける』なんて気持ちがあると、戦う自分以外に勝敗を委ねることに通じてしまいます。それって甘えだと思うんです。どんな状況でも100パーセントの自分で戦う。だからセコンドがエディと北岡（悟）さんだったことに不安はなかったです」

――なるほど。

「ただし、何をされるか分からない緊張感を持って戦いに臨んでいました」

――というのは?

「体重計だって、いじってくるかもしれない。食べ物に何か入れてくるかもしれない」

――……。そこまで考えていたのですか!!

「入場を待つ場所の暖房が切られて、凄く寒いかもしれないですしね」

――いつもそこまで考えて戦っているのですか。それとも今回が特別だった?

「今回が特別でした」

――……。ＲＩＺＩＮに関しては専門誌だからこそ苦言を呈さないといけない部分も我々はだんまりを決め込み、それでいて青木選手の発言をもって伝えようという心苦しさがあります。

「だって雑誌は言えないでしょ？　ただ、選手はどうなのかなって。僕はそれだけの覚悟と緊張感を持って戦っていたから。それはヒジ打ちについてもそう。ヒジ打ちは合意の上だけど、それがなくなる。それも想定内。含み損」

――含み損ですか……（苦笑）。

「それが日本のＴＶショーで戦うということなので。これはＲＩＺＩＮへの不満ということではなく、何が起こっても文句は言えないという覚悟を持っていました」

――私たちの立場では体重差のあるマッチメイク、何年も実戦から離れた選手の起用とともに、この間に戦ってきた選手が重宝されないという面は気になっていたのですが、食べ物に何か盛られるというような危機感は持ちようがなかったです。

「格闘技は性善説がないと成り立たないというヤツですね。だって北岡さんとも『どんな状況でブレイクが掛かるか分からない。だから１Ｒに何度テイクダウンすれば良いんだろう』って話をしていました。でもテイクダウンを取り続け、殴り続ければ俺が勝つだろうって――そんな感覚でした」

――それだけ自分の技量に自信があるが故、負ける恐怖も倍増してしまいますよね。

「でも、人のせいにしてもしょうがない。レフェリーがどうだとか、何か食べ物に盛られたからどうだって。負けてしまえば、記録でいえば未来永劫に僕の負けでしかない。僕の場合はＲＩＺＩＮはあくまでも日本的なＴＶ格闘技。スポーツ格闘技、ＭＭＡのようなものではないと思っているので。それぐらいの覚悟がないと、あのなかでは戦えないです。ＤＪ．ｔａｉｋｉの試合では、ヒジが直前になって使えなくなった。本来あってはならないことだけど、ここではありえること。それも踏まえての試合。それが日本のメジャー格闘技だから。人のことになってしまうけど、元谷（友貴）選手はそこまでの覚悟がなかったんでしょうね」

――そこを青木選手が言うなら結果論ですが、相手が違うということも私は言及しないといけなくなります。

「そうですね。元谷選手の相手、強かったです。しかも体重オーバーがあったわけだし。あそこで断ることができない状況が可哀想だし」

――青木選手なら断っていましたか。

「僕なら断っています」

――たくさんファイトマネーが積まれると？

「戦います（笑）」

――そうですよね。

「でも元谷選手はそうじゃない」

――そもそも青木vs桜庭は体重の面でいえば元からその条件で戦うようなモノですから。それだけのモノを手にしないと戦えないというか……。

「でも格段に良いわけではなかったですよ。桜庭さんは僕にとって憧れの人でした。２００８年の大晦日。エディ・アルバレスと戦った時のメインは田村潔司vs桜庭和志でした。なぜ、そうなったのか。僕らに集客能力がなかったから。あの頃の僕は自分とアルバレスが戦えば、ＪＺ（ジェシアス・カバウカンチ）とやれば良いカードだろうと思っていましたよ。でも世間様からは引きがない。そこで桜庭さんが試合をして僕らを助けてくれていたんです。だから、桜庭さんと戦っておきたいという気持ちがありました」

――お金じゃないと。

「僕はお金、お金って言うけど……今回に関しては余りなかったかもしれないです。あとね、これは格好つけでもあるけど……なかなか使命感を燃やせるとか、大仕事のような試合、そういう格闘技界の気運を背負ったような大仕事はもうそんなにできないって思っていたんです。そんな時に巡ってきた大きな仕事だから。こういうモノには意味合いを持てない人もいるだろうけど、僕のなかでは凄くやり甲斐のあることなので、ＲＩＺＩＮで戦ったんです」

――あぁ、それが言ってみれば日本のプロ格闘技。Ｊ―ＭＭＡの良さ、皆が忘れられない醍醐味なのかもしれないですね。

「そう僕は感じています」

――……。私は今でも青木選手にＵＦＣで戦ってほしいと思っています。

「ハイ。分かっています」

――ただＵＦＣで戦っている選手、今の位置にある日本人選手はショーを背負って戦うなんてことはないですよね。

「持っていたとしても、それはロンダ・ラウジーとか億単位の金を稼ぐスーパースターだけですよ。ホント、あとは勝つか負けるかの生き残りの場だし。そんなＭＭＡ界にあって、さいたまスーパーアリーナの大会で、フジテレビで放送されるなかで戦わせてもらうことに対し、格闘技を生業としている人間としてやり甲斐を感じていたんです。だから、今回の試合に関しては後悔していることが一つあります」

――それは？

「10月から12月にかけてＲＩＺＩＮのプロモーションをすることが僕の仕事でもありました。まぁＲＩＺＩＮサイドにもそこまでの余裕がなかったこともありますが、ほとんど協力できなかったことは心残りです。10月8日の記者会見がピークのような感じになってしまって……。ＰＲは髙田（延彦）さん、それと橋本（マナミ）さん？　彼女に頼ってしまっているような」

――それが最近の格闘技界ではできないＰＲ方法だったのは確かですが……。だからこそ、格闘技を扱ってきた人間とは違うベクトルで動いているんだなと、ＲＩＺＩＮのあり方を傍観していた感はあります。

「それと共通するかと思うんですけど、僕や桜庭さんは元谷選手や長谷川（賢）選手と比較すれば良い条件で戦っています。最近の格闘技界で頑張ってきた人でなく、桜庭vs青木にこんなに金を使うのかって。高阪（剛）さんやサップ、曙に使うんじゃなくて、頑張っているファイターの人参として使ってほしかった。これは本当にそう思うんです。人参があった方が選手も自分自身、そして大会のためにも頑張ろうっていう気持ちになれるはずだし。これは元谷選手や長谷川選手にもっと払ってほしいという直接的な意味ではなく、彼らのように今のMMA界で頑張っている選手にチャンスを与える。そのために金を使ってほしかったです」

——RIZINと今の格闘技との剥離という部分では、青木選手の言葉からも分かる様に、青木選手はもう上の世代なんです。対して、中継で桜庭選手と青木選手の試合で世代交代なるかという風に伝えられる。格闘技界とTV格闘技界の感覚がこれだけ違うのだと。

「ホントに長谷川選手と元谷選手ぐらいですよ。僕より下の世代から出場していたのは。だから彼らは勝たないといけなかった。僕らが日本で国際戦、強い外国人と戦ってきたような経験を今の選手は積むことができない。でも、RIZINなら可能。割り切って1試合契約で自由になるんだから、出て絶対に勝たないと。それで負けてしまったら、持っていないことになる。でも、日本の若い選手にも選択肢が増えた。これは良いこと。PXCとかどこかっていうなかで、選択肢が出来たので」

——あくまでも青木選手の定義する格闘技界に属する若い選手には、ですね。

「今回のRIZINに出た選手たちなら、DJや高谷（裕之）選手も格闘技の人としましょう。そういう選手がRIZINで潤ったのかと。そこにお金は落ちていない。結局、TVショーの人が持って行ってしまう。それなのに格闘技の人が『大晦日、やったぞ』と思ってしまっているのが滑稽でした」

――そういう意味でＲＩＺＩＮと対等にビジネスできていたのは格闘技の人では青木選手だけだった。日本の格闘技界では圧倒的に選手よりプロモーターが強い。

「僕はノーと言える状態でいました。体重もあまりにも無理を聞かないといけないなら『ゴメンなさい』するつもりだったし。そういう意味で僕はフェアなビジネスができたと思っています」

――日本関連の出場選手でいえば、ＲＩＺＩＮによる大晦日の格闘技復活という状況以上に、そこを利して足跡を残したのはＲＥＮＡ選手。それに青木選手とアンディ・サワーが続く。それが私の印象です。

「あぁ、分かります。ＲＥＮＡがフューチャーされるのは分かる。でも……じゃあ格闘技界の人は――ってなりますよね。『お前がやっていることは何なんだ?』という反論があることは承知で、ＲＥＮＡもアンディ・サワーも僕がやっている格闘技の人ではない。元谷、長谷川、ＤＪ、高谷さんは僕の定義する格闘技の人であっても」

――飲み込まれないよう、近づき過ぎない。そうやって自分のポジションを明確にした人も業界にはいます。

「だからこそ、格闘技の人はもう少しやりようがあったんじゃないかと思います」

――私はどういう背景があって青木選手がプロレスをしているのか分からないのですが、それは格闘家がファッションショーに出たり、株や先物取引のトレーダーをやるのと変わりないんです。青木選手はＵＦＣに出ていなくても、現代ＭＭＡの日本社会のトップであるので。

「プロレスは人前に出て、自分の中で楽しいことをやっているんです。バイト感覚でお金もらえるからやっているんだろうと思われることも分かっています。でも、好きでやっているんで。自分がファンだったことをやらせてもらっている。だから、これがお金かといえば、お金でもないんですよ」

――私はプロレスについて言及すべきではないと思うのですが、私がプロレス社会の人間なら2日前にMMAをやってきて、プロレスを舐めるなよ、青木と思うでしょうね（笑）。プロレスを軽んじていると。

「その意見も分かります。ただ、求められていたから。そしてIGFには2年間お世話になっているという想いもあります。気持ち良く仕事をさせてくれたので、恩返しがしたい。でも、それも色んな人の取り様だから。僕のMMAにしても、プロレスにしても。プロレスもケガをする。だから細心の注意を払っていることは確かです」

なぜケージを使わないのか、今のMMAを理解して語ろう

――青木選手と桜庭選手は大晦日にプロレスで相対していれば、RIZINだけではなく大晦日関連、最大の勝者でしたね（笑）。

「桜庭vs青木に関しては、僕は本当に多くの想うところがあります」

――試合後の怒りのアピールに関しては、単にストップが遅いという感情だったのですか。それとも色々なことが織り交ざっての言葉だったのでしょうか。

「もちろん止めろということが一番です。でも、止まらない。北岡さんにも向こうのタオルはどうなっているか確認しました。でも投げない。また、人を潰して盛り上げるのかって。そこで試合後に桜庭さんが僕に『これが仕事だよ』って言ってきた時に、もうふざけるなって感情が爆発しました。桜庭さんにそれを言わせた連中に、ですよ。もう半分は、そういうつもりでリングに上がっている人に対し試合を止めない。戦うことは僕だって仕事ですよ、桜庭さんと同じように」

――桜庭選手も悔しくて、そういう言葉を吐いたのではないですか。

「そうだったら嬉しいです。仕事って割り切ろう

が、本当は気持ち良くやりたい。だから試合後も嬉しくなかったです」

――その一方でストップが遅いとアピールがあったことは、格闘技を守ってくれたという気持ちです。ストップするだけのダメージが桜庭選手にあったかどうかではなく、もう局面を打開する力がなく、殴られ続けている状況に対して。

「僕は格闘技の人間だから。試合後に美木（航）さんに怒ったのは、あの人が格闘技の人だから。美木さんはそうなった時のためにセコンドに就いているんだろって。桜庭和志の試合でタオルを投げられない気持ちも分かりますよ。でも、美木さんは格闘技の人間だから」

――並み居るビッグショー経験者でなく、あの試合を裁くことになって福田レフェリーも気の毒だったと思いますが、それでもやはり私自身、福田さんへの期待も込めて止めてほしかったです。

「それがＴＶ格闘技の怖さですよ。パンクラスなら止めていたでしょうね。でも、ああなることを覚悟して、桜庭さんも試合をしていたと思います。だからね、そんな覚悟なしに、自分が勝つことだけに集中して戦っている選手の試合がＴＶで流れるＵＦＣは凄いですよ。僕も阿呆じゃないから、それぐらいは分かっています。そういう試合をやって、世間に認められているんだから。格闘技の価値観のなかでＴＶショーが可能になる。それは本当に凄い」

――でも日本では人気がない。

「だから、ああなる。僕も分かって戦っています。バランスですよ。１００パーセント競技であれとも思わないです。見る人がいて成り立つのがスポーツ・エンターテインメントだから。でも、そのバランスが格闘技として最低限保たれないと。でね、危険な発言になってしまうけど、やっぱりケージでやりたい（苦笑）」

――ハハハハ。それは多くの選手が思っていることではないでしょうか。

「ケージは楽です。サッカーボールキックも踏みつけもそんなに気にしない。ヒジは合った方が良い。そしてケージが楽。やっぱりコーナー、90度の角があるのは……。IGFの道場にリングがあって、試合前に一度使わせてもらったんです。その時も感じたんですが、角は嫌でしたね。ケージの方が回りやすい。普段から壁でやっていてリングの方が特別な環境なんですよ」

——その通りですね。

「リングを使い、レフェリーの介入があって試合が成立する——そんなRIZINのMMAを否定はしないです。それも一つの形なので。でもね、ただUFCと違うものとか、お客さんに見えやすいという論点でなく、なぜケージを使わないのか、今のMMAを理解して語ろうぜって」

——そこも本来は我々が発しないといけない部分ですね……。

「今のMMAがどうなのか。それが分かっていないとK-1もムエタイも同じキックボクシングになる。そういう風にMMAも見られてしまいます。多くの人は実際にそうですよね」

——5分が3回か5回。そこで戦術が成り立ってしまっていたので、1R10分もまるで別モノの様に感じました。

「しんどいですよ、10分なんて。まぁ、意味不明です。10分・5分・5分の試合形式だと、ミット打ち自体が変わってしまうから。基本は5分5Rなのに2R目が異常に長かったりして。2回ほど、チャトリに殺されかけました。で、ヘロヘロになっていたらチャトリが『2R目は10分でやったから』と言ってきて。それぐらい分かるって(苦笑)」

——練習が変わる。つまり競技が変わるということですし。

「10分と5分は全く違います。そこはケージとリングと同様に別モノです。この2つの要素は負けた時に悔いが残る可能性が高い。だから嫌なんです」

——ケージならと考えてしまうわけですね。

「ちゃんとした試合では拘りたいです。RIZI

Ｎの試合が、やたらと好戦的になっているのは東欧的ＭＭＡなんでしょうけど、だからってケージレスリング的な要素を無効化されるのはしんどいです。それでも地上波で試合が流れ、誰もが知っている桜庭さんに勝った。そういう意味で貯金が増えた感はありましたけど」

――さすが青木真也（笑）。

「表現方法は悪いですが、また何か誰かが大仕事をする必要になった時は、僕に声が掛かるだろうなって。そういう点では大きいことをした。でも心地よい達成感であるかといえば、またそれも違います」

――青木選手は主催者と手を取り合って大会を盛り上げる。そういう気持ちが実は強い選手でしたよね。

「ずっと持っています。だから五味っていう名前も出たと思います」

――では今後、青木選手とＲＩＺＩＮの付き合いはどのようになるのでしょうか。

「ＲＩＺＩＮと今、契約が存在するわけではないので。また良い話があればやらせてもらいます。五味隆典という名前を出したのも物語をつなげるためだし。これは僕の中に残るジャパニーズＭＭＡのやり方です（笑）。それにつながらなかったら、つながらなかったで、別の物語になりますから」

――あの言葉、試合前から考えていましたよね？

「ハイ。スケベなことをいえば青木vs五味なら金になる。一番金になるカード。会場にいたお客さんにも喜んでもらいたいし、自己プロモーションでもありましたね」

――どれだけ皮算用しているのか分からないですが、ＯＮＥで戦う時は盛られるとか心配はないわけですよね。

「だから本音を言えば、ＯＮＥでもっと試合があった方が良いですよ。面倒くさいことが全くないので。これは日本のＴＶショーだからってことでなく、ＲＩＺＩＮには加藤（浩之※元ＤＳＥ専務）さんがいなかったじゃないですか。その分、選手へのホスピタリティ面が落ちていました。今回、RIZINに出させてもらったことは榊原さんに感謝しています。でも僕は榊原さんに拾われた人間じゃないから、加藤さんがいなかったことは寂しかったです。青木vs五味をやるなら、加藤さんがいるところでやりたいですね」

死んじゃダメなんですよ。リングでも計量でも

――加藤氏の今後も、五味選手の今後も青木選手にはコントロールできないことです。現実問題として、2016年の青木選手のプランはどのようなものでしょうか。

「ONEでちゃんとやっていきたいと考えています。5月のシンガポール大会。誰と戦うことになるのか分からないですが。でも、そうなるとまた年に1試合になってしまうので、本当はもう少し早く最初の試合を戦って、2試合はやりたいです」

――以前は3試合は――という考えでした。

「今のような取り組み方でやっていると2試合でも良いかなと思います。2カ月間キャンプして、突き詰めてやっているので」

――ONEのライト級戦線を見渡すとエイドリアン・パンやローウェン・タイナネスが挑戦者候補だと思うのですが。

「そこに関しては……どちらでも良いです、本当に。ビビアーノ・フェルナンデスにしても、去年だとベン・アスクレンにしても誰と戦っても結構苦戦している。ONEもこれだっていうマッチメイクを創り上げるのは難しいだろうし……。アリエル・セクストンがエディに勝っているから、あり得るかもしれないです」

――……。そこまで考えるならヴィンセント・ラトゥールも候補に入ってくるのではないですか。それよりもカザフスタンやロシア勢の台頭が楽しみです。でもライト級だとラスール・ヤキャエフが既にタイナネスに敗れていますね。

「あの選手はフェザー級王者のマラット・ガフロフのような強さはなかった。いずれにしても、僕もあとどれくらい精根尽き果てるまでトレーニングができるか分からないし、ちゃんとした試合がしたいと思います、ホントに」

――その練習の成果が出る試合ですが、ＯＮＥがハッキリしないと、また方向性を探る必要がありますす。国内はＲＩＺＩＮとＩＧＦ以外に急成長中のパンクラスも視界に入ってこないでしょうか。

「エッ、僕がですか？　うーん、あの成長具合は予想できていなかったですけどスポーツＭＭＡなら、ユニファイドでなくてもＯＮＥでできているので。日本で戦うならジャパニーズＭＭＡ。そうなると、パンクラスは違ってきます。それにＯＮＥは契約でモノゴトが進んでいくので凄く楽なんです。今はそれが普通になっていますしね」

――ＯＮＥでは新しい計量システムを実施することになりました。

「アレ、どう思います？」

――良いことだと思います。でも、本当に実施できるのかはまた別問題かと。

「守れないですよね？　リカバリーを規制すれば良いと思うんですけど、でも選手が亡くなってしまったから。５月の大会で第１試合に出ていた選手なんですよね。試合が終わった後に写真を撮ってほしいって言ってきた選手で。それはねぇ、やっぱり色々と考えさせられますよ。でもね、減量方法が変わる云々で済んでいるけど、ＯＮＥっていうプロモーションが消滅してもしょうがなかった大事件だと思います」

――……。

「だって人が死ぬってことは、それだけ大きなことですよ。人が死んでしまったんだから、もう解決に向けて是非はともかくとして皆で努力するしかない。ＯＮＥのフィリピン大会で、亡くなったのが中国の若い選手だった。前も計量前に亡くなった選手はブラジルでしたよね。これがもしＵＦＣだとか、日本人選手が減量で亡くなっていたら、日本の格闘技界だって大騒ぎして、減量方法の見直しに懸命になっているはずですよ。人が死ぬってホント、あっちゃならないこと。本当にこういうスポーツだからこそ、安全を第一に考えないと。20歳ぐらいの子が亡くなったことは、しっかりと受け止めないといけないです」

――12月29日の青木選手の言葉に通じるモノがありますね。

「本来、僕のパンチなんかで人は死なないですよ。でも、続けたらどうなるか分からない。リング上で、レフェリーのストップが遅くて、セコンドがタオルを投げなくて人が死ぬ。もうこのスポーツは終わっちゃう可能性が出てくる。とにかく、そういう危険性は全力で回避しないといけないの。格闘技は死んじゃダメなんです。でね、そういうことも含め世界のMMAで何が起こっているのか、格闘技に関係しているならちゃんと追っていかないと。格闘技は身を守るもの。そしてスポーツだから遊びの延長。死んじゃダメなんですよ。リングでも計量でも」

――つまり、そこが最低限のライン。TV格闘技でも、スポーツMMAでもUFCでもONEでも同じ。バランスを保つという部分で青木選手が何を言いたかったのか、計量での死亡事故の件でより鮮明になったと思います。

「PR面とかではないから。人手不足でもどれだけバタバタでも守るべき聖域、バランスだけは保たないといけないんです」

Aoki Shinya
1983年5月9日、静岡県出身。2003年、DEEPフューチャーキングトーナメント優勝。これまで修斗世界ミドル級、DREAMライト級、ONE世界ライト級のベルトを獲得。15年、RIZINでの桜庭和志戦後は、ONEでエドゥアルド・フォラヤン、ベン・アスクレンに連敗も、18年1月にマラット・ガフロフとのグラップリングマッチで一本勝ち。180cm、70.3〜77.1kg。Evolve MMA所属

藤井 恵

女子ＭＭＡ界のレジェンドが語る

浜崎の王座奪取、インヴィクタ、そして日本女子格闘技。

海外、世界というキーワードをもって考えると、藤井恵は海外には巡り会えたが、世界が彼女に追いつくことはなかった。引退から1年9カ月、愛弟子がインヴィクタという頂点に立った。今だから、ラスベガスだからこそ、フジメグに聞いてみたいことがあった。

――愛弟子の浜崎朱加選手がインヴィクタの王者となりました。どのような想いでいますか。

「ただただ試合後の朱加の笑顔が見られて嬉しかったです。私が現役の時から一緒に練習してきた仲間として見てもそうですし、世界の女子格闘技と日本の女子格闘技という部分で見ても、感慨深さもあります。日本人が世界の頂点に立つ、ベルトを巻けたということは」

――試合前の戦況としては、どのような戦いになると予測していましたか。

「今、私は広島に住んでいるので、朱加とは離れ

藤井 恵
浜崎の王座奪取、インヴィクタ、
そして日本女子格闘技
Fujii Megumi
VEGAS

GONG KAKUTOGI NO.279
2015年9月号
text by Takashima Manabu

ているのですが、東京に行った時に練習を見て、メールでもどのような練習をしているのかというう連絡は取り合っていました。そういうなかで対戦相手の動画を見て研究し、こういう形でいけば取れるかなというのもありました。エリカ・チブルシオ選手はミッシェレ・ウォーターソン戦では、本当にチャレンジャーの気持ちで前に出て勢いで勝っていました。その勢いが大切で。迷いなく攻めてくると怖いというのはありました」

――ハイ、凄くプレッシャーを掛けてくる選手だと事前には思っていました。

「打撃にしても寝技にしても、互いに得意な部分は違っていて、朱加の得意なところを出していけば、相手の得意な部分は消すことができるという話をしていました。ただ、もうケージに入れば本人次第。いくらアドバイスをしても、本人が前に一歩出ることができるか、その心のあり方次第で戦い方は変わってきます。昨夜はそういうメンタルの部分が良かったと思います」

――つまりはメンタルが課題だという風に藤井さんは見ていたということですか。

「何ていうんですか……、強さはあるんです。柔道でも大学の時に強化選手になっていたり。MMAを始めてからも結果を出し続けているので。その強さの中に一瞬、弱さが顔を覗かせることがあるんです。一度、それが顔を見せると戻すのに時間が掛かってしまい、1ラウンドは5分というなかで試合を組み立てるのが難しくなってしまうということはありました。だから心の部分を強くしていかなければならないというのは――ありましたね」

――なるほど。

「本人は気付いていないかもしれないのですが、ちょっと自分のやっていることに対して、自信がないことがあるのか。いえ、自信はあるんです。でも、そうでない部分もある。それが動きとか表情に出たことがありました。だから、凄くアバウトな言い方なんですけど、『自信を持っていこう』

というのは毎試合後に話してきたことです」

――今回は世界戦、５Ｒとそれこそ心を強く持たなければならない条件は揃っていました。

「前回の米国での試合は負けていますしね。それを気にしてしまうだろうし」

――日本人選手が勝てないという状況も続いています。

「それもあるんですが、朱加はそういうことは気にしないタイプでもあるので、そこがしっかりと出ると勝てるとは思っていました。だから、チャンピオンにもなるべくしてなった……他の人が持っていない感覚、強さを彼女は持っているので」

――昨夜はその強さが出た試合だったと？

「１Ｒ、２Ｒはいつもと同じ。頑張って集中して戦っているけど、どこかぼやけている。でも３Ｒから集中力が上がって顔つきも変わりました。だから、セコンドとして励ますことしか言わなかったです」

――作戦としては、どのようなことを練り、伝えていたのでしょうか。

「テイクダウンしたらパウンドですね。でも、チブルシオが小さくて、少しでも隙間を作れば立って来られると感じたんでしょうね。そこは朱加の感覚を信じて、『パウンドにいくならパウンド、抑えてコントロールできる、もしくは不安があるなら抑えていこう』とも言っていました。だから、無理にパウンドを打つことはなかったんだと思います」

――インヴィクタは冠に世界とつけていません。ただし、アトム級はＵＦＣが制定していないこともあり、事実上世界で一番の王座といえます。

「世界がついていなくても、世界一ですよね。ほんの何年か前まで、こういう状況に女子格闘技はなかったです。もちろん、私以前にやられていた方たちの時代は、より何もなかったです。戦ってきた時代によってやるべき仕事、果たすべき責任は違うと思います。だから羨ましいという気持ちよりも、自分たちが望み続けてきた世界が、今はあるというのが凄く嬉しいです。その世界で自分が指導をした子が活躍し、同志でもある日本の女子選手がベルトを巻いたという喜びは……ひとしおです。念願が叶ったという部分でも。同時にここからが始まりだとも思います」

——一階級上げて、MMA界の頂点であるUFCに進出することに関しては？

「UFCに女子があることは凄く大きいです。一番になったら、一生食べて行けるようなお金も入ってくる。目標としては目指しやすいです。ロンダ・ラウジーさんのような良いモデルがいるので。ただ、朱加の今後に関しては、あまり言及したくないです。やはり適正体重というものがあるので。出られるだけの強さはあるかもしれないですけど2年、3年と先を見ていかなければ。一番ということを考えると、長い目で見ていかなければと思います」

——なるほど。

「体は大きくても、体の使い方を分かっていないと。上の階級は皆、大きくなりますから。朱加は今はまだ先端でしか体が使えていないので、体全体が使えるパワーになれば52kgでも通用すると思います。力はあるので、それをどれだけ噛み砕いて使えるのか。そのためには今、出来ているモノを一度捨てないといけないという怖さはあると思います。変えるということは、今持っているものを捨てないといけないので。ただし、そのあとにもっと良いモノはつくれます。だから、何年後かにチャレンジしてほしいなと思っています。ただし、それは私たちの夢で、彼女の将来は朱加が決めることです」

羨ましいという気持ちよりも、自分たちが望み続けてきた世界が今はあるのが凄く嬉しい

——ところで、藤井さんは現役時代にボードッグ、ベラトールで戦い、当時は女子の頂点と言われて

いたストライクフォースは階級の違いもあり、セコンドとして現地に赴いていました。

「ほぼ通常体重で52kgの試合に出て、それより小さな相手はいなかったですからね。赤野（仁美）さんの階級、135ポンドだけストライクフォースにあって、やっぱり夢がありましたね。出たかったという気持ちもあります」

――それら女子に力を入れていたプロモーションとインヴィクタの違いを何か感じられますか。男子のなかに組み込まれる、女子だけのイベントという違いもありますし。

「どちらのあり方も良さがあると思います。自分が一番になりたいという気持ちは男子も女子も同じです。誰もが存在感を高めたいと思うなか、男子の大会で女子の試合があることも刺激し合えるはずです。日本と海外の感覚は違うかもしれないですが……。そういうなかで男の人たちにひけを取らない戦いができるようになっていくことも有りです。何だかんだといっても、男の人も出ているイベントの方が見る人の数も多いです。見てもらってナンボなので、上とか下ということではなく、男の人が戦っているプロモーションの方が一人でも多くのファンに試合を見てもらえます」

――ただ男女揃って大会の規模が日米では違ってきてしまいました。

「そうですね、いまはプロとしてはこっちで戦うことが最終目的、存在意義が大きいかと思います」

――インヴィクタを初めて現地で取材し、ごくごく普通のＭＭＡ大会だと感じました。普通に女子選手だけで、ＭＭＡイベントを開いているという感じか。「女の子を売りにする」という雰囲気が感じられなかったです。他の大会と差異がない。

「それが普通だと思うんです。もちろん、個人でいえば女性をアピールする選手は多いです。でも、それが興行側の色にはなっていないですよね」

――そう、だから会場の雰囲気が他のＭＭＡイベントと変わりないというのが、正直なところチョットした驚きでした。

「昔からそうでした。米国で初めて女子だけのMMA大会となったHOOKnSHOOTに出た時から、そうでしたね。きっと、それは格闘技に限らず、女子だからっていうスポーツのプッシュの仕方はないと思います」

――思い切り舵を切って、中途半端でなくモロにお色気で売るか。

「ハイ。文化の違いかと思います。見る人たちも、普通のスポーツとして捉えてくれていると思います」

――嫌らしい尋ね方になってしまいますが、インヴィクタが普通だとすれば、日本の女子格闘技イベントは普通ではない？

「日本人選手もちゃんとやっている選手は体を見れば分かります。でも、そうじゃない選手が目立ってしまうこともあります。だから、そういう選手が増えていけばそうじゃない選手は振り落されていきます。米国とは既に競技人口が違います。100人にいて1人と、10人の中の1人では、しっかりとやっていない選手の目立ち方も違ってきますし」

――そうじゃない選手を女子だからという部分でプッシュしてきた過去は、過渡期とはいえ存在したことは確かです。

「はい。そうじゃないと、注目しづらいというのはあったとは思います。興行サイドのことは私も分からないですが」

――実際のところ、日本の女子MMAは普通に変わってきているのでしょうか。

「私も広島に引っ越してからは、時々しか見られていないのですが、やはり自分が現役でいた時代に頑張っていた若い子たちのなかから、何人かは中堅になって同じように頑張っています。新しい選手も出てきました。でも、数は限られていますよね。私も柔道出身ですけど、柔道でも男だからとか、女だからってなくて、女の人が頑張って柔道自体の人気が上がることもありました。だから、サンボもそうですけど、いつになったら日本の総合は普通にスポーツとして見てもらえるようになるのかなっていう目で見ていました」

――米国は違う？

「普通に、戦ったことを評価してもらえますし。女性が格闘技をやっていて、筋肉がついていることも普通なので（笑）。最近は違いますけど、現役の頃は練習すればするほど筋肉がついて、筋肉がつけばつくほど『女のくせに』という視線と戦わなければならなかったのも事実です」

――女のくせに？

「ハイ、『気持ち悪い』と言われることもありました。でも、そういうのって他の競技だといわれることはないじゃないですか。対人競技でないスポーツの女子選手だって十分にバキバキですよ。そうしないと勝てないから、筋肉がない方がおかしいはずですから」

――持論を述べるなら、私は格闘技として競技レベルがプロに達してないプロ選手たちの存在の方が受け入れられなかったです。ところで今、広島に移った藤井さんは以前のように女子ＭＭＡを何とかしたいという気持ちを持ち続けているのでしょうか。それとも一線を引いた形ですか。

「応援はしています。女子の格闘技が大好きなので。頑張っている選手は評価してもらいたいですし。日本だけでなく、どんどん海外にも進出してほしいと思っています。だけど、私が表に出て何かを言うというのは、もちろんないです」

――「もちろん」ですか……。まだまだ、応援する立場の藤井さんの助言を必要としていると思います。特に今回のようにラスベガスで、ＵＦＣのインターナショナル・ファイトウィークのなかでインヴィクタが行なわれ、その目で見ているのは藤井さんなので。

「とにかく普通に見てもらえるようになってほしい。米国にも色んな人がいますが、多くが普通に見てくれています。アジア人が活躍しても、雑誌にいつの間にか掲載されていたり、ランキング１位にもランクされて。ベルトも持っていなかった人間なのに――評価をしてくれました」

――それは藤井さんのことですね。

「ハイ。そういう風に普通に評価してもらえたことが嬉しかったです」

――日本の女子ＭＭＡがそうなるには、これはプロモーターだけでなく、選手も意識を変える必要があるのではないでしょうか。

「そうですね。日本がそうじゃないというわけではないですし、応援してくれる方も多いです。だから、一人ひとりが自覚を持ってやることが一番だと思います。道場単位で選手が育つようになってほしいと思います」

――それはどういうことですか?

「エクササイズ目的に入った女の子も試合に出たいと思うようになることもあると思います。だから道場主さんのほうでも『女の子だから危ない』と止めるのではなく、選手を目指すのであれば、男の人と同じように精神面やトレーニングの両面で育てて行ってほしいです。興行側が何かをやる。今を頑張っている選手が、頑張り続けるということだけではなくて、道場単位で選手を育てていくことが、日本の女子ＭＭＡの人口が増えて、活性化につながるのかと考えています」

――女子格闘技と付き合っていくには、長い目で見ることが必要でしょうか。浜崎選手の今後に関しても。

「うーん。ゆっくりというか、ゆっくりで良いとは思います。ただ、朱加の今後と同じで、タイミングですね。今のことだけでなく、今のことをやりつつ、2年後、3年後のことを考えていけば、それが1年でできることもあるので。焦らないことです。まぁ、あの子はそういうところは大丈夫かもしれないです。私は『アレやって』、『コレやって』と詰め込んできたので。好きでやってきたのに、それがストレスになっていったので」

――ハイ、今、藤井さんが言われたことは、よく理解できる人も多いと思います。

「朱加に日本の女子ＭＭＡを背負わせたくないで

すし。彼女の場合は、彼女がやるべきことを積み重ねてやっていけば、周囲もついていく。マイペースで焦らずやっていく。それが彼女にとって良いかと思います」

Fujii Megumi
1974年4月26日、岡山県出身。柔道、サンボを経てMMAへ。2004年8月、SMACKGIRLでプロデビュー。04年11月、HOOKnSHOOTでエリカ・モントーヤに判定勝ち。修斗、Bodog等を経て、2010年6月、Bellator参戦。サラ・シュナイダーにTKO勝利。同8月には後の初代UFC女子世界ストロー級王者カーラ・エスパルザに腕十字で一本勝ち。13年10月、VTJでジェシカ・アギラーと再戦し引退。26勝3敗の内、海外戦績は6勝2敗。現在は広島県福山市の総合格闘技道場BURSTで後進を育成。

RIZINが頂点の時代に老舗3団体とインディの間で、選手の価値観が多様化

女子MMAの潮流を変えたRIZIN。実力派の台頭も見られた1年だった。

若い世代の成長と層の薄さ、修斗は期待と課題を併せ持つ。

DEEPも本格ケージ時代に突入、弾ける感の再来を望む。

ディファで充実&安定のイベントが見られたパンクラス。

RIZINが活動を開始するまでの数年間、J—MMAの目標はUFCだった。

アジアを目指したファイター、あるいはベラトールに行きついた選手、国内を盛り上げようとした男。

国内の一線級のMMAファイターで、UFCで戦うことを考えなかった者はいないだろう。そして、UFCへ行ける力があり、ファンから期待されていた青木真也はUFCを選ばなかったことで、今も批判されることがある。

RIZIN誕生以降、UFCを目指すという声よりも、RIZINに出たいという声は圧倒的に多くなった。

もちろん、地上波放送という魅力もあるだろうし、応援してくれる人々の前で試合を

再生&復活路線のGRANDSLAMは一大会で、田中路教の復活を後押し。

RIZIN景気を最も受けたJEWELS。後楽園規模へ発展はあるのか。

TTF CHALLENGEもケージ大会開催、空気感の良いイベントとなった。

名古屋で独立独歩のHEATは、コアファンを唸らす国際戦を組んだ。

ディファから大田区へ。GRACHANはワンアップ感が欲しいところだ。

新生GLADIATORは関西でポジションを確立、DXFCとの交流も始まる。

したいという気持ちもある。

なによりもＵＦＣのスカウティングが、完全実力主義ではなく年齢制限など、ケージの中のパフォーマンスだけでなく、コントロールの及ばない要素が増えたことも影響しているだろう。

修斗、パンクラス、ＤＥＥＰはＲＩＺＩＮとＵＦＣとの橋渡し的な役割を担っているが、自らの庭に置いて相互交流は見られない。

決して選手の層が厚くない現状において、強い選手を生み出すには長年の閉塞感に終止符を打ちたいところだ。

同様にインディ系と呼ばれるイベントは横のつながりが見られるようになり、選手が自ら輝ける場の選択肢は増えつつあるといえるだろう。

ＵＦＣありき——と、させなかった夜明け前の歩み

武術が紡いだ、人材育成とプロレスの影響が関係したＪ—ＭＭＡ

文・高島　学

この項では日本のＭＭＡの変遷について書き記すにあたって、ＭＭＡ及び全局面武道あるいは武術と、それらのジャンルに当てはまらない格闘競技と一線を画しているが、この両者の間には一切の優劣は存在しない。また、格闘技の範疇に入らないとしたプロレスに関しても、性質の違いを述べているだけで決して存在を否定するものではないことを最初に断りを入れておきたい。

日本のＭＭＡの歴史は、１９９２年11月12日に始まったわけではない。

海外のＭＭＡを振り返るページで全ては第1回ＵＦＣから始まったと書いておきながら、矛盾していると誹りを受けてもしょうがないことだ。世界的規模でいえば、ＭＭＡの歴史はＵＦＣから始まったことは間違いない。ただし、国単位で見ると米国をはじめ世界中の国のほとんどが打撃と組み技&寝技が合体したコンバットスポーツをＵＦＣで知ったのとは違い、日本にはそこに通じる格闘技、武道&武術文化が存在していた。それはバーリトゥードの母国であるブラジル、コンバットサンボが存在したロシアなどと同様に非常に稀なケースである。さらに我々の国にはプロレスという——殴って、投げて、極

める動きがリング上で繰り広げられるエンターテイメントが、しっかりと根付いていた。

日本の格闘技界は１９９３年11月12日の時点で、総合的な格闘技や全局面を想定した武道、さもなくば武術の血が連綿と受け継がれ、プロレスという衣服を纏っていたのである。

全局面を想定した武術の代表格は琉球の手（ティー）であり、大東流合気柔術であろう。何でも有りで最強を目指した日本空手道極真大山道場、ＭＭＡに通じる格闘志向を持ち合わせていた佐山聡が日本には顕在していた。また防具を装着し突き、蹴り、投げ、逆のある日本拳法を創始考案した澤山宗海などは総合格闘競技＝ＭＭＡの和の先駆者であったかもしれない。

流派、競技を問わず選手を募集した極真はこの時代のUFCだった。

ただし、ティーは１９０５年に糸洲安恒によってピンアンの型が創られ、沖縄県立第一中学校で体育教科に採用された時点により、一度に集団を指導する空手というスポーツとして本土で広まることとなる。その空手から松濤館流や剛柔流を学んだ大山倍達が開いた大山道場と門下生は、寸止め競技でない直接打撃を鍛錬し、何でも有りの状況で実戦・地上最強を目指すようになった。

１９６４年２月に大山道場から黒崎健時、藤平昭雄（大沢昇）、中村忠がタイに渡りムエタイに挑戦し、異国での顔面直接殴打のある戦いで２勝１敗の結果を残した。同年４月に国際空手道極真会館が設立されたが、後に黒崎や大沢は極真を離れる。当時は禁断の直接打撃のオープントーナメント全日本空手道選手権は、高々とフルコン空手ルールを確立し、極真は文字通り地上最強のカラテの道を進むこととなった。

大山門下から多くの猛者が巣立ち、自らの流派を創るなか、１９８１年２月に第９回全日本大会優勝の東孝がスーパーセーフと拳サポーター着用、顔面への打撃を採り入れた大道塾を設立した。これは後の全局面武道競技＝空道に通じ、また東の弟子から西良典が慧舟會を立ち上げ、東京本部において数々のＭＭＡファイターが育ったことと並び、特筆すべき事例だろう。

ＵＷＦは組みと関節、打撃と組みの接合を促した

総合格闘技にプロレスが大きく関係しているのもブラジルのルタリーブリ・アメリカーナとバーリトゥードの関係性だけに通じる、特殊な例であろう。実際、今もストロングスタイルを標榜していた新日本プロレスを率いたアントニオ猪木の一連の異種格闘技戦こそ、そのルーツであるという意見は根強い。しかし、プロレスとは強さを追い求めているかもしれないが、勝利を追い求める格闘技ではない。見る者が想像力を掻き立てるアスレチックな芸能だ。そのプロレス界から、佐山聡が輩出された。

１９７７年11月15日に開催されたキックボクシングイベント「格闘技大戦争」でマーク・コステロと対戦した佐山は、その後はタイガーマスクという空中殺法を巧みに採り入れた稀代の名プロレスラーとして絶大な人気を誇りながら、絶頂期にマスクを脱ぎ、プロレスのリング上で見せていた打撃、投げ、サブミッションホールドで勝敗を争うシューティングを考案する。

その後、佐山もスーパータイガーとして参加したＵＷＦは勝敗を争うコンバットスポーツではなく、勝敗を争う姿を見せるエンターテインメントであったが、ロープに飛ばない、場外乱闘がないプロレスを見せたことで、より鑑賞する人口が多いファンに向けて関節技や打撃に対する関心を高め、格闘技側

の人間にも組みと関節、打撃と組みの接合を促す役割を果たしたと断言できよう。

１９８５年にスタートを切り、翌年に協会が設立されたシーザー武志率いるシュートボクシング（SB）、同じ１９８６年には麻生秀孝のサブミッション・アーツ・レスリングが世に生み出された。総合的な格闘技への関心が強まるなか、シューティング＝修斗のプロ化第１戦が１９８７年５月18日に行なわれ、同大会に先立つこと２カ月、協会も発足している。階級制を用い、掴めるグローブを着用した修斗にはプロレスのリングで見られた異種格闘技戦やUWFと違い、体系化された技術が存在した。

１９９２年３月にはK‐１前夜の正道会館が主催した格闘技オリンピックに大道塾から市原海樹、SBの平直之、そして慧舟會の西が参戦、プロレス畑ではない総合志向の格闘家が集った。翌１９９３年９月にパンクラスが旗揚げする。その後は紆余曲折がリング上で見られたパンクラスだが、当時の若きパンクラシスト達はプロレス界において最も強さと勝利を求めた前衛的な集団であったことは間違いない。

パンクラス誕生から１カ月と３週間後、第１回UFCが開催されパンクラスからケン・シャムロックも出場。UFCの衝撃は総合格闘技、全局面武道というビジョンを持った日本の格闘技界を直撃した。オープンフィンガーグローブを使用し打撃、投げ、寝技が認められた修斗は、UFC以前は最も制限の少ないコンバットスポーツだった。その修斗でなぜ、寝技の膠着が見られ早目のブレイクが採用され、10カウント制を用いていたのか。寝技への顔面直接殴打が許されていなかったからだ。

佐山聡はプロレスとMMAの両面で、天才振りを発揮し続けた。

日本のMMAの歴史においてUFCは全ての始まりではなかったが、最大の転換期となった。それからの数年、安全性や見た目の印象という部分で、是非が論議されながらもUFCは日本のMMAの確立に大きな影響を与え続ける。先陣を切ったのは、やはり佐山聡だった。1994年7月、米国に渡りUSA修斗の代表となっていた弟子の中村頼永がヒクソン・グレイシーと親交があり、このグレイシー最強の男を招聘してバーリトゥード・ジャパン・オープンの開催に踏み切った。ヒジ打ちこそ反則だが、パウンドを採り入れたルールの8人制トーナメントでヒクソンは危な気なく優勝を飾る。

対照的に修斗から出場した川口健次と草柳和宏は惨敗を喫した。佐山は修斗勢の敗北を技術力不足と捉え、翌年6月の修斗公式戦におけるパウンド全面解禁まで短期間ながら、公式戦でパウンド有りのフリースタイル、パウンド禁止のノーマル・ルールという2つのルールを並行して施行している。

ノーマル・ルールにおけるポイント配分こそ、佐山が天才と呼ばれた証だ。柔道の一本に値する投げを3ポイント、そうでない投げは1ポイントという点はさておき、寝技においてトップに1ポイント、そしてボトムに2ポイントを与えていた事実は瞠目に値する。テイクダウンを取られた選手が、クローズドガードを取るとポイントでリードできる——スポーツとしてはおかしな話だ。しかし、佐山はマウントパンチ導入へ向け、下での防御の大切さと、コントロールを重視する慧眼の持ち主であった。

さらにマウントと同様にキャッチに3ポイントを配分している点も、日本人がMMAで如何にして勝てるのかを見越していたといえよう。スタンドの打撃では10カウント制を採用している裏で、ダウンがあった場合は10—6、ダウンがなくても明確な差は10—8、微差は10—9と規定している。マウントとパウンドばかりに目がいっていた日本の格闘技界にあって、ポジショニングとガードワーク、まずは防御という論理立てができていた佐山の先見性には舌を巻く他ない。

後にシュートボックス＆ノーギ柔術というべきα＆Ωを考案、寝技はパウンドのみの掣圏道を興した佐山が１９９６年に修斗から離れていなければ、彼らのケージ化やヒジの解禁がここまで遅くなることはなかっただろう。さらにいえばスクランブル時代を見越して、佐山聡ならどのようなアマ修斗変革をやってのけていたのか――今となっては夢想するしかない。閑話休題。

多様化が進むＭＭＡ。選手が結果を残す必要があることはＵＦＣ前と変わらない

第１回ＵＦＣからの数年間は修斗以外にも慧舟會のトーナメント・オブ・Ｊ、真武館の武人杯、大道塾が疑似マウントパンチを導入するなど、ＭＭＡに近づくべきルールや技術にメスが入られ続けた時間であった。つまりはホイス・グレイシーの戦いを目にし、強さに憧れて鍛錬を積む者にとって、ノールールと呼ばれたＭＭＡは避けては通れない道であったのだ。骨法が『格闘技通信』とタッグを組んで、七帝柔道と接近を持つ。一時的とはいえ時代の寵児のような存在になっていたのもＵＦＣ効果といえる。

他方、Ｕ系の安生洋二がヒクソン・グレイシーに道場破りを仕掛け、チョークで落とされるなどイメージとして強さが必要だったプロレス界もＭＭＡと関わり合いを持ち続ける。佐山ですらＶＴＪやプロ修斗公式戦にプロレスラーを登用したように、国内のＭＭＡ界がビジネスとして

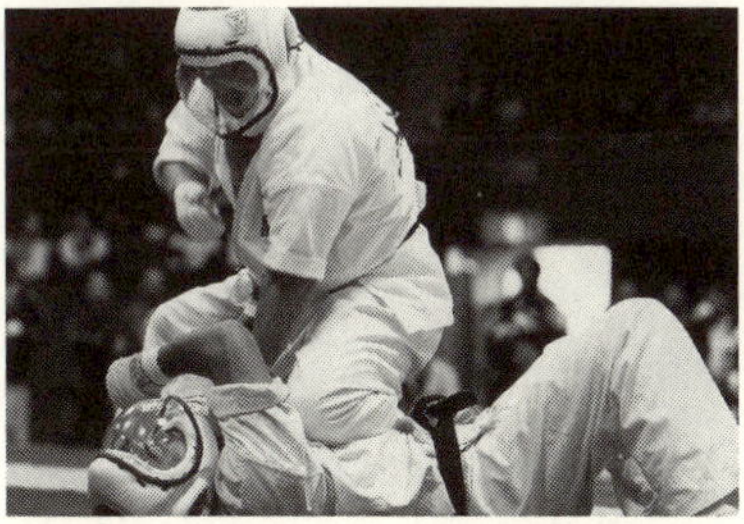
実践派を唱える流派ほど、UFCの影響を真剣に捉えるようになった。

成立するためにプロレスラーは欠かせない存在だった。この関係性が、桜庭和志とＰＲＩＤＥの時代を作ることになる。

１９９７年10月11日、ＰＲＩＤＥ01開催。１９９８年12月19日にはパンクラスがノールール・スペシャルマッチとして、掌底でなくＭＭＡグローブ着用の試合を採用した。

２００１年に活動を始めたＤＥＥＰは、当然のようにパウンド有りだった。この時点で日本のＭＭＡの基礎は固まり、これからの方向性は時のビッグプロモーションの隆盛に寄ることとなった。

グラウンドで顔面パンチを認めていなかったＲＩＮＧＳのＫＯＫを継いだＺＳＴなどは、あえてパウンドを禁じたことで差別化を図り、独自性をアピールすることになる。この事例はＵＦＣが絶対的に影響力を持つ今のＭＭＡ界にあって、ＲＩＺＩＮの採った戦略に通じるのではないだろうか。

ＰＲＩＤＥとＨＥＲＯＳ'、日本の総合格闘技絶頂の終焉期、ＤＲＥＡＭと戦極がその空気感を持続させようと活動を開始する以前に、慧舟會ではケージ大会ＤＯＧをリニューアルし、ＣＡＧＥ　ＦＯＲＣＥにグレードアップ。北米ユニファイド・ルールを一足早く採り入れている。

PRIDEからRIZINの系譜

text by GONG KAKUTOGI

プロレスラー高田延彦とヒクソン・グレイシーの対戦を実現するために立ち上げられた大会、それがＰＲＩＤＥだ。1997年10月11日に旗揚げ大会「ＰＲＩＤＥ．1」を開催。当初はスタンディングバウト、組み技ルールなどが混在する形でスタートした。後に一本化される総合格闘技ルールでは、一定の条件の下、両手両足をマットにつけた4点ポジションでの頭部への蹴りやヒザ蹴りを有効とし、ヒジ打ちは禁止に。1R10分・2&3R5分の変則タイムの採用は極めを重視した形で、今日のリングでの試合を含め、今日のＲＩＺＩＮにも一部引き継その後UFCを頂点としたMMAのグローバリゼーションが進むと、パンクラスは2014年5月よりケージ化、修斗は2015年6月にケージを導入し、翌2016年7月から後楽園ホールでもケージを使用するように。DEEPは2009年からDEEP　CAGEを開いてきたが、2017年より通常大会でもケージを使い、DEEP　CAGE　IMPACTという大会名は首都圏では見られなくなった。

老舗3大会が地上波中継を復活させたRIZIN、世界をリードするUFCに目配りをするなか、インディ大会が3団体の縦関係に属さない活動を行なうようになりつつある日本のMMA。選手のキャリアアップ方法も多様化し、ゴールも個々で違う。UFCなのか、RIZINなのか、それともアジアか。いずれにせよ選手達が強さを求めるだけでなく、結果を残す必要があることはUFC前と変わりはない。

ケージフォースはいち早くユニファイドMMAルールを採り入れた。

がれている。

道衣やシューズの着用を認めるなど、異種格闘技戦の色が濃く反映された試合の中で、98年から桜庭和志が参戦。対グレイシーで人気を不動のものとした。01年にはヘビー級&ミドル級王座を新設。以降GP開催によりヒョードル、ミルコ、ノゲイラ、シウバらの戦いで世界最高峰に。03年には中軽量級に特化した「武士道」シリーズも開催している。米国進出後、07年にズッファ社オーナーのロレンゾ・ファティータに興行権を譲渡。事実上消滅するも15年にDSE代表だった榊原信行氏が格闘技界に復帰。PRIDEの遺伝子を継ぐRIZINがスタートしている。

第4章 MMA、世界の頂

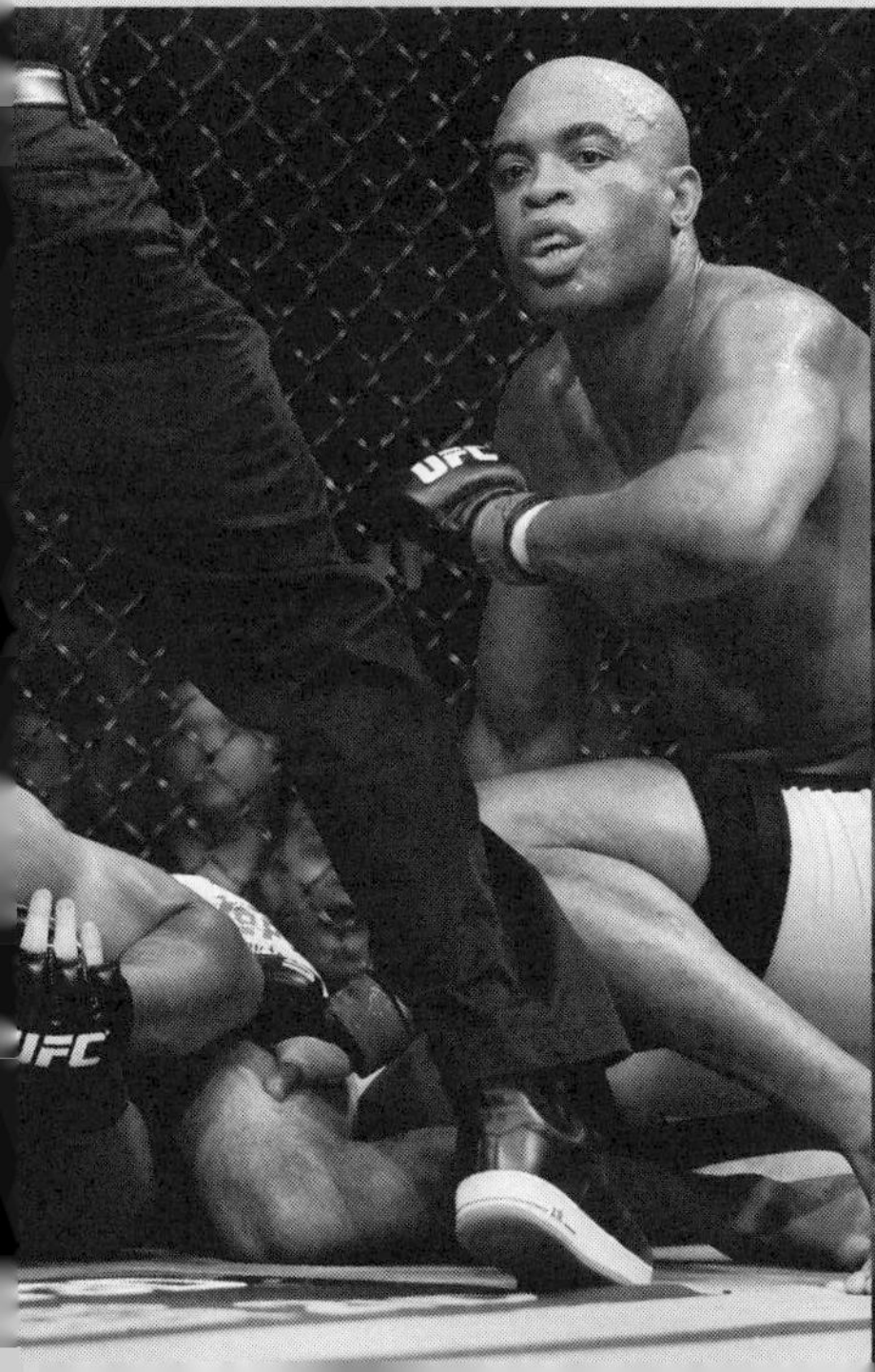

プロ格闘技を創った男

ズッファ体制が終焉した今、ダナ・ホワイトが語る「UFCのすべて」

本誌がこの30年間報道してきた世界の格闘技界において、最も重要な組織を一つ挙げるとしたら、それはUFCに他ならない。93年に「何でもありの戦い」を披露し、世界に衝撃を与えたこの団体。その舵を2001年から取り始めたダナ・ホワイトの手によって、MMAは米国、そして世界のメジャースポーツに引き上げられた。UFCはここに至るまで、いったいどれだけの量の格闘技への情熱に支えられてきたのか、この男の言葉から分かっていただけるだろう。

——多忙を極めるなか、本誌30周年ということで特別に時間を取っていただきありがとうございます。

「いやいや、私はゴング・マガジンのファンだよ。30年というのは素晴らしい。コングラチュレーション！　スペシャルな号に載せてもらえて光栄だ」

——今回は記念インタビューということもあり、

ズッファ体制が終焉した今、ダナ・ホワイトが語る「UFCのすべて」
DANA White

GONG KAKUTOGI NO.294
2016年12月号
text by Horiuchi Isamu

時事的なことよりも、歴史的なことに重点を置いて質問させていただければと思っています。あなた方がいかに現代の格闘技の歴史を変え、切り拓いていったかを振り返りたいのです。

「オーケイ！」

——では最初の質問です。今から30年前、本誌が創刊された１９８６年、あなたはどこで何をされていましたか？

「ハハハ。１９８６年だったら私はまだハイスクールだ。メイン州のハーモンにある学校に通っていたんだ」

——その当時、なにか将来の夢を持っていましたか？

「神に誓って言うけど、私は当時からファイト・ビジネスに関わりたいと思っていたんだよ。それが私の将来の希望であり、夢だったんだ」

——なんと！

「もちろんそれがＭＭＡになるとは思ってなかったけどね。私はボクシングの大ファンだったから」

——当時すでにボクシングのトレーニングはされていたのですか？

「いや、本格的にボクシングをはじめたのは１９８７年、つまり1年後なんだ。ハイスクールを卒業した後ボストンに移ったんだけど、そこでピーター・ウェルシュというボクシングトレーナーと知り合って、彼の指導を受けたんだよ」

——そこで実際に10試合ほどアマチュアの試合を経験されたんですよね。プロになろうと思っていた？

「そうだ。プロになりたいだけでなく、世界チャンピオンになりたいと思っていたよ。ハハハ！　それも夢だったんだ」

——世界一のファイターを目指すことから、ファイト・ビジネスへと目標を転換した理由は？

「そりゃ端的に言って、私には世界チャンピオンになる才能がなかったからだよ（笑）。不運なことにね。まあ、みんなやがてそういう現実を悟るようになるのさ。でも私には大きな問題ではなかったんだ。どちらにしてもファイティングの、コンバット・スポーツの世界でやっていきたいと思っていたからね」

――そしてボクシングのプロの道を断念した後に、ボストンでボクシングのイベントをプロモートしたりもしたのですよね。

「いや、ボクシングショーをプロモートしてはいないよ。逆に言えば、ボクシングに関してはプロモーター業以外のすべてのことをやったけどね。私はジムを経営し、選手のトレーナーもやったし、セコンドにも付いたし、レフェリーもやった。もちろん試合もした。ただプロモーターにはならなかった。私が最初にプロモートしたショーは、UFC30だよ」

――そうですか。ボストンの地元の子供たちのためのボクシングショーに関わっていたという話を聞いた覚えがあったので。

「ああ、そのことか。私はボクシングジムを経営し、そこで町のストリート・キッズに教えるためのボクシング・プログラムをやっていたんだ」

――チャリティーのような形で?

「そうだね。子供たちにボクシングを教えていたんだ。それで、毎年聖パトリックの祝日（アイルランドにキリスト教を広めた聖人の命日）に、大きなボクシングショーをやっていたんだよ。私はボストンのアイルランド人地区に住んでいたから参加していたし、多くの子供たちがやってきていたけど、あれは私のショーというわけではまったくないよ」

――よく分かりました。やがてあなたはそうやって過ごしたボストンを離れてラスベガスに引っ越すわけですが、その理由はアイリッシュ・マフィアから逃げるためだったというのは本当ですか?

「ハハハ。ホワイティ・バルジャーって知っているかい?」

――米国のマフィアのボスの?

「そう、ボストンのマフィアの大物だ。そいつの手下の者たちが、私のやっていたボクシングジムに現れて金を脅し取ろうとしたんだよ。そこで以前にいたラスベガスに戻ることにしたんだ。１９９５年のことだ」

——第１回のＵＦＣが開催されたのは１９９３年ですから、まだあなたがボストンにいた頃ですね。当時のＵＦＣのことを知っていましたか？

「オーイエス！　私は最初のＵＦＣをライブで見たよ。ＰＰＶを購入してね。まったくクレイジーな大会だったよ。ああいうことをやるという話は聞いていたけど、当時は誰も本当にノールールの下で戦わせるなんてことが起こるとは信じていなかったからね」

——どう感じました？　プロボクサーのアート・ジマーソンが片手だけグラブを着用してホイス・グレイシーと戦い、あっさりチョークでやられてしまったりしましたが。

「いやあ、とにかくクレイジーだと思ったよ。そして全くバカげているとも感じた。こんなものが続くわけはないなってね」

——それはやはり野蛮かつ暴力的すぎたからですか？　当時は思い切りノールール、何でもアリだ！と宣伝していましたが。

「いやいや、ＵＦＣ１はクレイジーだったけど、それでも試合自体はすごく面白かった。でもそのうち回を重ねるにつれて試合が退屈になっていっただろう？　２人の選手がグラウンド状態で膠着して、長いことノーアクションのまま動かなかったりね。だからこりゃ退屈だなって思ったんだ。私は自分がトレーニングをしてみるまで、このスポーツの素晴らしさをまったく理解できなかったんだよ。後に私自身が柔術の練習を開始し、さらに足に蹴りをもらってはじめて、『ワオ！』って思ったんだ。このスポーツはインクレディブルだ！ってね」

——なるほど。当時はその真価を理解していなかったにしても、当時からＵＦＣをフォローされていたのですね。

「そういうことだ！」

――そして話を戻すと、1995年にラスベガスに戻ったあなたは、そこでもボクシングの仕事をするのですよね。

「ああ。トレーナーとしては、私が育てたボクサーの1人にジミー・ラ・ブランクというキッドがいて、オリンピック出場を目指していたんだ。でも予選で、後にプロとしてミドル級世界王者になるフェルナンド・バルガスに負けてしまった。また地元出身のデリック・ハーモンというキッドがいたんだけど、彼をロイ・ジョーンズ・ジュニアと戦わせたこともあった。そしてラスベガスでは3つのジムを経営して、私自身もビジネスマンや主婦たちにボクシングを教えていたんだ」

柔術を始め、蹴りをもらうまで
このスポーツの素晴らしさを
理解できていなかったんだよ

――同じラスベガスで、少年時代の友人のファテイータ兄弟と再会するんですよね。

「そうだ。フランクとロレンゾの兄弟と私は一緒にジョン・ルイスの下で柔術を習い始めたんだ。ある晩フランクと一緒にベガスのハードロック・ホテルにいたんだけど、フランクがそこで『見ろよ、あれってUFCファイターじゃないか?』って言ったんだ。見てみたらジョン・ルイスだった。私は彼のことを知っていたんだよ。そうしたらフランクは『私は昔から柔術をやりたかったんだよ』と言ったので『私もだ』と答えたんだ。そこで私たちはジョン・ルイスのところに行って、次の月曜にレッスンをしてもらうように約束したんだよ。そこで私、フランク、ロレンゾの3人で彼のクラスを受けたんだ。そうしたらたちまち我々はすぐに柔術の虜になってしまったんだよ。中毒状態なくらいにね」

――プライベート・レッスンという形で教えを受けたんですね。

「そういうことだ」

——柔術のどこに魅力を感じたのですか？

「最初のレッスンでジョンの技を受けた時にすぐに『ホーリーシット！　まさか他人が自分にこんなことをできるなんて！』って感じたよ。私だってそれまでずっとファイティングを経験していたのにね。『まったく、なんでこれをもっと早く習おうとしなかったんだ！』ってね。それから私たちは夢中になって、1週間に3、4回練習して新しい技を学ぼうとしていたよ」

——なるほど。

「私はフランクやロレンゾより多くの技術を学ぼうとしたんだ。習っていない技を練習して、次のクラスで奴らから一本取ろうとしたりね！　でも他の2人も同じことを考えていたんだ」

——当時のあなたの一番得意な極め技はなんだったのですか？

「ギロチンだ。なかなか強力なギロチンの使い手だったんだよ！」

——おお！　以前からあるノーアームですか、それとも相手の腕を一本抱えるアームインの形？

「ああ、ノーアームだよ」

——いやあ、楽しい話です。ところであなたは現在もお子さんたちに柔術をやらせているのですよね。

「そうだ。フレジソン・パイシャオンの下でね。でもうちの子たちは、柔術だけでなくボクシングやレスリングやムエタイもやっているんだよ」

——そうなんですか！　差し支えなければ、お子さんたちの年齢を教えてもらえますか。

「息子たちは15歳と14歳で、娘は10歳だよ」

——その全員が柔術等の各種格闘技を？

「そうだよ」

——もしかしてその中に、将来のＭＭＡファイターが？

「いやあ、私の知る限りそういうことはないと思うよ（笑）」

——3人とも、ひたすら格闘技が大好きなだけだと。

「実はね、私の娘はこの地球上最大のロンダ・ラウジーファンなんだよ！」

――そうだったんですか！

「部屋の壁いっぱいにロンダのポスターを貼っているし、オーストラリアでロンダが負けた時は、ロンダの絵を描いて彼女に送ったんだ。そうしたらロンダもそれを自分の家の壁に掛けてくれたんだ」

――二人は仲良しなのですね。話を戻すと、ジョン・ルイスに柔術を習ってMMAの魅力も知ったあなたは、彼を通じてティト・オーティスやチャック・リデルとも知り合ったのですよね。

「そうだ。そのうち彼らのマネジャーをやることになって、（当時UFCを所有していた）SEGのボブ・マイヨウィッツと派手な契約上の争いを行なうことになるんだ。その過程で、UFCが大きな問題を抱えていて、今にも倒産しようとしていることを知ったんだよ」

――柔術に夢中になり、MMAの魅力を理解したあなたには、当時のUFCはどのように見えましたか。

「私たちがはじめてライブでUFCを見た時のことを今でも覚えているよ。観客席に座りながら『なあ、もし俺たちがここをこういうふうにしたら、どれだけ盛り上がると思う？　これはもっとでかくなるぞ！』って話していたんだ」

――そして2001年、ファティータ兄弟とあなたはズッファ社を設立し、実際にUFCを2百万ドル（約2億円）で獲得することになるのですが、当時のUFCのどこに問題があり、どこを直せばいいと思ったのですか。

「ひとつは演出の改善だね。特にライブショーにおける話だ。ライブに来てくれた観客の頭を、まずヴィデオや音楽の演出でブチ抜くんだ。たとえばボクシングのショーを見に行くと、試合はいいけど、次の試合が始まるまでの間にすごく長い空き時間が、何もないままだったりするんだよ。でも我々のUFCイベントではそういうことはない。

我々は次々に試合を見せてゆくし、その間にも音楽やヴィデオを絶えず流し続ける。ショーの開始から終わりまでずっと観客をノセ続け、アドレナリンがずっと体の中を駆け巡るようにさせるんだ！それが当時の我々の目標の一つだったんだよ」

――なるほど。

「さらに、そうしてライブイベントをアメージングなものにした上で、テレビで見ている視聴者にも魅力のある番組にしようとしたんだ。そして当然試合も最高のものを提供する。世界最高の選手たちを呼び、毎回ベストファイターとベストファイターが戦う舞台を作ったんだよ」

――そのようにズッファ体制ではさまざまなテコ入れをしてみたものの、UFC人気にはなかなか火がつかず、これ以上は継続が困難な地点まで追い込まれてゆきます。その原因はどこにあったとお考えですか。

「いつも考えていたのは、より良いテレビの契約が必要だってことだ。UFCを大きくするには、PPVではなく無料で見られるテレビ局で放映しなくてはと思っていたんだ。そしてその考えは正しかったんだけど、問題はどうやって然るべき最高の番組（right fuckin' show）を作るかってことだったんだ。分かるかい？　私たちはテレビでただ試合を流してみたりもして、数字も悪くはなかった。でももっと選手たちをスターに仕立て上げるような仕組みを作った上で、試合をテレビで流す必要があったんだ」

――そこでとうとう見つかった正解が、2004年に最後の手段として制作し、ケーブルテレビの拡大ベーシックパッケージには必ず付いていた局であるスパイクTVで放映した『ジ・アルティメット・ファイター（TUF）』だったということですね！

「そういうことだ！」

――でも当初の企画はTUFではなく『アメリカン・プロモーター』という名前の番組で、あなたが興行をプロモートしていく姿を追うものだったんですよね。

「そうなんだよ（笑）。実は今でもスタッフたちはこの番組をやりたがっているんだけどね。でも私にそんな時間があるわけがない。私はTUFにも出ているし、UFCを経営しているし、その上でもうひとつ自分の番組を持っているんだから」

――『Lookin' for a Fight』ですね！　あなたが悪友のマット・セラ等とともに、全米の小さなショーを回りながら未来のスターを捜していく楽しい番組です。セージ・ノースカットやミッキー・ガルのような若手がすでに発掘されました。

「ありがとう。とにかくそういうわけで、私にはもう一つの番組を作る時間はないんだよ」

――そうでしょうね。ところでそのアメリカン・プロモーターという当初の企画を、TUFに変える案を出したのはマッチマイカーのジョー・シルバだったという記事がありました。

「うーん、そうとも言いきれないかな。基本的にリアリティショーの制作を担当してくれたのは、我々のパートナーであるクレイグ・ピリジアンという男なんだよ」

――ファティータ兄弟を追った『アメリカン・カジノ』を制作した人ですね。

「そうだ。選手たちを連れて来たのは私たちUFC側で、それをリアリティショーというフォーマットに変えたのはピリジアンのチームだ。だからTUFは両方のチームの合作なんだ」

TUFシーズン1の収録をしていたとき、4000万ドルの赤字を抱えていた。UFCに注ぎ込める最後の投資だった

――なるほど。そのTUFにおいては選手間のドラマはもちろんのこと、ともすれば気が弛みがちとなる選手たちに対して、放送禁止用語を連発して容赦なく叱責するボスとしてのあなたのキャラクターが当初から際立っていました。ファンから『デイナ・ファッキン・ホワイト』と渾名を付け

られるほどに（笑）。こういう状況は予測されていましたか。

「いやいや（笑）。リアリティＴＶの素晴らしいところは、実際に起きたことをそのまま映し出すことだよ。最初のシーズンの収録をしていたとき、我々は４０００万ドル（約40億円）くらいの赤字を抱えていて、番組の制作資金の１０００万ドルが、ファティータ兄弟がＵＦＣに注ぎ込める最後の投資だったんだ。だから私にもすごく大きなプレッシャーがかかっていたんだよ」

――選手たちへのあの強烈なハッパは、ＵＦＣ存亡の危機という紛れもないリアリティの反映だったと！

「そういうわけだ（笑）。それがリアリティショーというものなんだよ」

――あれはカメラを意識して作っていたわけではなかったんですね。

「いやいや。私は俳優ではないからね」

――そしてそのＴＵＦのシーズン１の成功でブレイクを果たした後、ＵＦＣが凄まじい勢いで成長を続けていったのは周知の事実です。時は流れて２０１６年、ズッファ社はＵＦＣを超大手芸能事務所のＷＭＥ―ＩＭＧに40億ドル（約４千億円）で売却しました。率直にこれは何を意味するのでしょうか？

「今までフランクとロレンゾと私が成し遂げて来たことを振り返ってみてほしい。私たちは、これまで試合のプロモーションなんてしたことなかったし、テレビ番組を作ったこともなかったし、ＰＰＶビジネスにおける経験も何もなかった。それでこれだけのことをやってのけたんだ。その上で現在私は、（ＷＭＥオーナーの）アリエル・エマニュエルという男と仕事をしようとしているんだ。彼は業界のキングであり、この仕事の専門家であり、最高峰の存在なんだ。そう考えれば想像できるってもんだろう？　今すでにこれだけの場所にあるＵＦＣを、我々がどれだけの高みにまで持っていくことができるかを」

――説得力がありすぎます。

「ファティータ兄弟は、このスポーツをさらに発展させることができる人間以外には、決してUFCを売却したりしないんだよ」

――よく分かりました。ところで、この売却が決定した後、これまでこれだけの修羅場をくぐり抜けて来たあなたが鬱状態に陥って、ホテルからしばらく出て来れなかったとメディアに告白しています。

「そうなんだよ。私自身、こんなふうに反応するなんて想像だにしていなかったんだ。でも本当に精神が参ってしまった。(ラスベガスの) パレス・ステーション(ホテル)のスイートに2日間籠ってしまい、寝ることも何も食べることもできずにいたんだ」

――今までそんなことはなかったと。

「一番大きいのは、これまで私は20年間もファティータ兄弟と一緒にやってきたということだよ。本当の兄弟みたいな存在で、3人でいろいろと最高の経験をしてきたんだ……。さらに今回の買収について、世間がいろいろなことを言って騒いでいる。それらに対して私は、自分自身絶対にあり得ないと思っていたような形で影響されてしまったんだ」

――でもすでに完全復活されているようですね!

「そうだ。I'm back! 今までにないくらい忙しく、次のプロジェクトに向かって動いているよ」

――ところで今回の買収劇において、ファティータ兄弟とともにもう一人UFCを去った重要人物として、先ほども名前が出たマッチメイカーのジョー・シルバがいます。もともと熱狂的な格闘技ファンで、SEG時代から働いていた人物です。

「ああ、ジョーは我々がSEGからUFCを買った時、最初に雇った男なんだよ。まず電話で話をしたんだ。人間としても好ましかったし、格闘技について、そしてマッチメイキングについて話したんだけど、気に入った。それまでUFCのマッチメイキングは別の男がやっていて、ジョーにはその経験はなかったんだけど、信頼したんだ。この男こそふさわしいとね」

――実際に期待に応えてみせたと。

「ああ。私は試合を組むことについての彼の哲学やスタイルを評価しているよ。この16年間、私とジョーの意見が常に一致していたとは言わないよ。でも彼のことはマッチメイカーとして常にリスペクトしていたんだ。仕事仲間としても友人としても、16年にわたって非常にいい時間を過ごさせてもらったよ」

――彼のマッチメイキングの神髄はどこにありますか。

「ジョーは常に、ベストファイターとベストファイターを当てることを強く主張していたんだ。あるいは今後有望な選手同士を当てることをね。そういうふうにやってゆくことで、必ず誰がベストなのかが見えてくるんだよ」

――そのやり方は、シルバが去った後も継承されるんですよね。

「そうだ。（新しく主任マッチメイカーとなる）ショーン・シェルビーは長くシルバと一緒にやってきているし、今回我々が新しく雇ったミック（メイナード）も、この７年間レガシー・ファイティングで数多くの有望選手を育て、ＵＦＣに送り込んできているんだよ」

――その辺の不安はないようですね。さてファイター以外で、あなたとファティータ兄弟とシルバに加えてもう１人、ＵＦＣ人気の爆発において大きな役割を果たした人物を挙げるとすれば、それは２００２年からＵＦＣ中継の解説をしているジョー・ローガンだと思います。この人の格闘技への熱意と試合を見る目、その見所と興奮を視聴者に伝える能力はまさに圧巻です。

「全く同意するよ。ローガンこそベストだ。我々がＵＦＣを買収した時のアナウンスのチームには、正直満足できていなかったんだ。だからそこは取り組むべき改善点の一つだったんだよ。それでＵＦＣ獲得時に私はニューヨークに出向いて、（前オーナーだったＳＥＧの）オフィスを片付けて全てをラスベガスに持っていったんだけど、その時にＶＨＳのテープを見つけたんだ」

――ほう！

「で、それを再生してみたら……キーネン・アイヴォリー・ウェイアンズって覚えているかい？」

――いえ。

「ウェイアンズ兄弟は米国の有名なコメディアンだよ。顔を見れば誰だか分かると思うよ。とにかくテープを再生したらそれはキーネンのトークショーで、ジョー・ローガンがゲストだったんだ」

――ローガンも、もともとスタンドアップコメディアンですからね。

「そこでローガンはマーシャルアーツについて話していたんだけど、ものすごく知識が豊富で、面白くて、さらに伝統的なマーシャルアーツを批判することにもまったく躊躇していなかったんだよ。それを見た私は『これこそ私が必要としている男だ！』と思って、ローガンに電話をしたんだ。そうしたら『ぜひともやらせてほしい』って返事だったんだ。実際にローガンは、最初の12、13大会は無料で解説の仕事をしていたんだよ」

――確か、自分の友人達のためのリングサイドのチケットだけもらえればいい、って感じだったんですよね。

「そうだ。この仕事ができるなら金なんていらないって姿勢だったんだ」

――彼は試合解説と煽りのスキルも凄まじいですが、自分のラジオ番組に選手を招いて行なうトークの内容の濃さと面白さも圧倒的で、格闘技インタビュアーとしても個人的に手本とすべき存在というか、あのくらい深いレベルで選手と話せればと思ってやっています。ともあれ、柔術に魅了されたあなたとファティータ兄弟、さらにシルバやローガンなど異常なほどの格闘技への愛と情熱に衝き動かされた男たちがいたからこそ、現在のＵＦＣがあるのですね。

「ああ、ありがとう」

――さて、UFCが開始して今年で24年、あなたが率いるようになって16年となるわけですが、この長い期間におけるベストバウトを選ぶとしたらどれになりますか。

「いやあ、それはもうたくさんあるなあ。振り返ってくれれば分かるように、UFCでは多くの選手が活躍しては去っていった。ティト（オーティス）のケン・シャムロック戦、チャック・リデル戦、マット・ヒューズ対GSP、GSP対BJペン、アンデウソン・シウバ対チェール・ソネン、アンデウソン対ヴィトー・ベウフォート、ブロック・レスナー時代、TUF1フィナーレのフォレスト・グリフィン対ステファン・ボナー、そしてコナー・マクレガー対ネイト・ディアズはUFC史上最高のPPV売り上げを出したんだ。あとはロンダ・ラウジーの全ての試合も……本当にたくさんありすぎるよ」

――一つだけ選ぶのは困難だと。

「どうしても一つ選ばなくてはならないというのなら、私は常にグリフィン対ボナーを挙げることにしているんだ。この試合こそ、全ての流れを変えてくれたからね」

――凄絶な殴り合いでTUFシーズン1の成功を決定づけて、UFCがメインストリーム入りするきっかけとなった歴史的試合ですね。

「まさにね」

――ところで現在、日本にはRIZINというイベントがあります。かつてあなた方にPRIDEを売却した榊原信行氏が率いているものなのですが。

「うん、知っているよ」

――どういう印象をお持ちですか？

「いやあ、大会は見ていないんだ。どうだい？　いい大会をやっているのかい？」

――はい。もちろんかつてのPRIDEと同じスケールとは言えませんが、魅力的な試合が多く行なわれています。

「そりゃいいね！」

――本日は30周年記念インタビューに応じて下さり本当にありがとうございました。最後にあと二つだけ質問をさせてください。まず一つ目。これから30年後、あなたはどうしていますか、そしてUFCはどうなっていると思いますか。

「30年後には私はほとんど80歳だよ！　ハハハ！　なにかのプロモートをしているというより、その頃まで生きていられればいいなあとは思うよ。でもUFCに関して言えば、これからももっともっともっと大きくなり続けるよ。MMAというスポーツとともにね。その次の章を楽しみにしているよ」

――なるほど。では最後に日本のファンにメッセージを。

「うん、私は大会のために日本を訪れるたび、それがPRIDEであろうが自分たちのショーであろうが、いつも感じるんだ。とにかくMMAがすごく魅力的になる場所なんだと。日本人の大会の開き方、格闘技の見方……いや、本当にこれは言葉で説明するのが難しいんだけど、MMAに関しては日本というのはマジカルな場所なんだ。ベリーベリーベリークールだよ。私がこのように言える場所は本当に数少ないんだ。このスポーツの歴史を見ても、日本というのは本当に大きな位置を占めているんだよ。だから、我々はまた日本に戻って来るよ！」

Dana White
1969年7月28日、米国コネチカット州マンチェスター出身。18歳の頃にボストンでピーター・ウェルシュのボクシングジムに入門。アマチュア試合やトレイナー、ジム経営を経験。95年にベガスに移り、ボクシングジムの経営や選手の代理人業を開始。01年、少年時代の友人のフェティータ兄弟とともにUFCを200万ドルで買収し、代表に就任。04年開始のリアリティ・ショー『ジ・アルティメット・ファイター』におけるボスキャラクターが人気となる。この番組のヒットをきっかけに急成長を遂げたUFCを、16年7月に40億ドルにて超大手芸能事務所のWME-IMGに売却。その後も引き続き同団体代表として辣腕を振るっている。

ＵＦＣ世界フライ級絶対王者
デメトリウス・ジョンソンが明かす「ファイティング」の奥義。

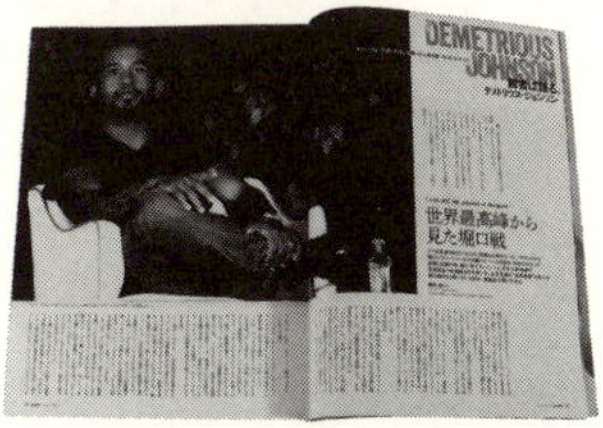

GONG KAKUTOGI NO.294
2016年12月号
text by Horiuchi Isamu

それは言葉も出ないほどの、完璧なる勝利だった。２０１５年4月25日、「ＵＦＣ１８６」メインで、1ラウンドから挑戦者・堀口恭司にプレッシャーをかけ続けてペースを握り、24分間にわたって圧倒した挙げ句、残り1秒でフィニッシュしたＵＦＣ世界フライ級王者デメトリウス・ジョンソン。日本人初のＵＦＣ王者誕生の期待を打ち砕いた、正真正銘の〝世界最強〟の目に堀口戦はどう映っていたのか。徹底的に聞いてみた。

――堀口恭司選手に完勝して6度目の王座防衛、おめでとうございます。

「サンキュー！」

――今はご家族とリラックスされているところですか？

「そうだよ。新しい子供も生まれたし、ワイフとガレージショップでいろいろ購入しようと思って、今は自宅のガレージを片付けているんだ」

――お子さんは2人目ですよね。生まれたのは…。

「試合の少し前だよ。今回も男の子さ」

――1人目のお子さんも、ジョン・モラガ戦の直前に生まれましたよね。でも奥様は強い女性だしまったく心配せずにトレーニングに打ち込むことができたと話されていました。そして実際試合でも完勝しました。そして今回も……。

「そうさ！　こういう状況にはもう慣れていたから全然問題なかったよ。前回も今回も、ちょうど試合の10日前くらいに生まれたんだよね」

――父として、ファイターとして、相変わらずの揺るぎなきマインドですね。ところで、前回のインタビューの時に、当時はまだ対戦が決定していなかった堀口選手の印象を伺ったところ、「キョージはカラテファイターというよりは、師匠のキッド・ヤマモトに似たレスラー&ボクサータイプだと思う」と仰っていました。

「そうだね」

――しかし今回の試合直後にオクタゴンで受けたインタビューでは、あなたは堀口の戦い方を「カラテスタイル」と表現していました。対戦が決定して堀口選手を研究して、その印象が変わることはありましたか。

「いやいやいや。前回、君と話したあの時すでに、キョージと試合をしたらこういうふうになるだろうなって思っていたんだよ。キョージは瞬発力を活かしてKOを狙って来るってことも分かってた。基本的にキョージはキッド・ヤマモトのヤング・バージョンだよ。ただ、より大きな爆発力を持っているけどね」

――「リョート・マチダのようなカラテファイターとは違う」という当時の見立ては試合を終えた今も変わっていないと。

「うん。キョージはカラテのバックグラウンドを持ってはいるけど、その戦い方はマチダよりは断然キッド・ヤマモトに近いよ。リョートはそこまでフットワークを使ったり、相手と距離を取ることを好んだりしないだろう。でもキョージは距離を取るのが好きだよね。ということは、自分から攻撃して相手を倒すには、時間をかけて然るべき仕掛けを作っていく必要があるってことだ。でもリョートの場合は、そういうスペースなしに近距離で相手を倒すことができるよね」

――あなたの師匠のマット・ヒューム氏は以前、「ホリグチが距離を取ってステップを踏んでいる間は相手に対するプレッシャーもないし、こっちも心配する必要がない」と語っていました。

「まったくその通りだよ。相手が遠い距離で踊っているなら、相手が何をしているかなんて気にすることはないんからね。でも実際にキョージと戦ってみたら、彼はこっちが予想したほどは踊ったり動き回ったりしなかったんだよ。それでこっちはテイクダウンのタイミングを計ったり、距離を詰めるのが容易くなったんだ」

――遠い間合いでのステップは相手の攻撃に対処する上では有効であるが、今回のタイトル戦では堀口はそこを活かし切れていなかったと。ヒューム氏はさらに「ホリグチは自分の戦いをすることに重点を置き過ぎているようだ。もし相手にプレッシャーをかけられ、相手のペースで戦わざるを得なくなったらどうなるのか」と疑問を呈していました。今回の試合は、まさにその見解に沿ったものだったように映りました。

「まったくさ。僕はあくまで自分のペースで戦うことを心掛けたんだ。そしてもしキョージがそれについて来られるようなら、さらにペースを上げてプレッシャーをかけてやろうと考えた。おそらくそうすれば5ラウンドのなかで徐々に向こうは疲れてきて、自然とフィニッシュのチャンスが生まれて来るだろうとね」

常に相手に僕のやりたい戦いを強いるんだよ。僕のレスリングが、キョージの打撃を無効化したんだ

――計画通りだったわけですね。1ラウンドから、デメトリウス選手は堀口選手相手に距離を詰めて

プレッシャーをかけることで、彼の得意な距離を潰していったわけですが、その際にとにかく臨機応変にスタンスをスイッチしていましたね。

「ただ常に距離を詰めようとするとああなるってだけだよ。ああいう相手に自分の好きな距離を取らせたらダメだからね。そうすると、向こうも自分のペースで自分のやりたいことをしようとするだろう？　僕はそういう戦い方はしないんだ。常に相手に僕のやりたい戦いを強いるんだよ」

――堀口選手はカウンター狙いも得意としているので、ただ自分から前に出てプレッシャーをかければいいというものでもないですよね。

「もちろん！　今までもキョージはカウンターをうまく使って勝ってきているからね。相手がミスするのを待っていて、そこに強烈なカウンターを合わせる。そうして相手に恐怖心を植え付けることで、試合を自分のペースに持っていって自分のやりたいことをするんだよ」

――実際に試合では、堀口選手がデメトリウス選手の蹴りに合わせてカウンターの右を放ったり、タックルにヒザを合わせる場面が見られました。しかし結果として、あなたが大きなダメージを浴びることはありませんでした。カウンターを封じるための最大の鍵はなんでしょう？

「レスリングだね。こっちのレスリングが、彼のストライキングを無効化したんだよ。組み付いてレスリングで背中をマットに付けさせてパスガードすることで、キョージが動いて脱出しければならない状況に追い込んだんだ」

――なるほど。ただ最初のラウンドは、デメトリウス選手がテイクダウンに成功しても、堀口選手もすぐに立ち上がってスタンドに持ち込みました。

「そうだね。そしてそれはまさに予期してた通りのことだったよ。長く大変な試合になると予想してたんだ。キョージはそれだけグレイト・ファイターだし、体調も万全にしてこっちをＫＯしに来るし、最後の最後まで諦めずに戦い続けるだろうって分かっていたんだ」

――決して楽な試合になるとは考えていなかった。

「全然。大変な試合になることは分かっていた。キョージが今まで唯一負けた相手はウエーダ（上田将勝）だ。彼も強い選手だ。それに対してキョージは最後までハードに戦っていたからね。楽な試合になるわけはないよ」

――序盤は堀口選手のローやミドル、そしてヒザをもらう場面もありましたね。

「ああ、なかなかいいローを当てられたね！　おっ、いいのを打って来るなあ！　オッケーオッケー!!　って思ったよ」

――（苦笑）。

「だってこれはファイトだからね。ファイトにおいては基本的に相手がしてくる攻撃の全てが痛いんだよ」

――その痛みも含めて全て織り込み済みだったと。

「まさに。キョージ戦がタフでキツくて長い試合になることも、キョージの打撃が強いこともね。まあこっちとしても望む所だし、ファンのためにもハードに戦って最後は一本を奪えて嬉しいよ」

――ラウンドを追うごとに、テイクダウンの成功率がどんどん上がっていきました。タイミングを掴んできたということですか。

「向こうは勝つために打撃を放って来る、そのタイミングが分かって来たんだよ。同時にキョージを疲れさせることもできていたからね」

――あなたの試合を見ていて驚くことが一つあります。近年のＭＭＡにおいてグラップラーとストライカーが試合をすると、序盤はグラップラーがテイクダウンを取って優位に立つものの、ストライカーに立ち上がられ続けているうちに、やがてグラップラーが疲弊してテイクダウンを取れなくなるパターンがよく見られます。テイクダウンを狙い続ける方が、守り続けるより疲れるということです。でもデメトリウス選手の場合はそれがない。テイクダウンを狙い取り続けるあなたは疲弊せず、守り続けている方がどんどん削られてゆく。

「それはつまりね、僕がやっているのが〝ファイティング〟だってことだよ。僕には特定のスタイルはない。ただのストライカーでもグラップラーでもないんだ。僕のスタイルは、ファイティングなんだ。僕は相手がやられたくないことを常にするんだ。例えばキョージは絶対にグラウンドに持ち込まれたくないし、背中を付けられたくないはずだ。僕はそれをするんだよ。僕が疲れないのは、いつもそういうふうに戦いに向けて準備しているからだ。次の相手はキョージ・ホリグチか。彼はグラウンドは好まない。ならグラウンドに持ち込んで、それから打撃を当ててやろう。動かざるを得ない状況を作って、動いたところに打撃を当てて疲れさせてやろうってね」

――確かに、堀口選手が立ち上がろうとする度にあなたはボディにヒザを入れ、さらに振りほどこうとする離れ際には必ずパンチを入れていました。

「それこそがこちらのゲームプランだったからね。キョージが立ち上がろうとするなら、そのことの代償を必ず払わせ続けるんだ。さらにまたプレッシャーをかけてグラウンドに持ち込んで打撃を当て続ければ、やがて向こうは疲れて展開は一方的になり、こっちはずっと上を取れるはずだ。上を取ればキョージの打撃は全て封じられる。フィニッシュするまでそうやって攻め続けるんだよ」

――ご自身のスタイルを、ストライキングにもグラップリングにも限定されないファイティングと形容されました。確かに、デメトリウス選手はスタンド打撃をテイクダウンにつなげ、テイクダウンを取ると打撃を放つなど二つを自在に連携させていました。皆そういう連携を練習しているのでしょうが、あなたほど見事にやれる選手はいません。

「うん、それができるから僕はこうやって他の選手より強いチャンピオンでいられるんだよ。でもそれはマット・ヒュームやブラッド・カートソンといったコーチ達のおかげなんだよ。彼らはいつも僕にいろんな攻撃を織り交ぜろと指導するし、打撃からテイクダウン、パスガード、フィニッシュまで全ての動きを洗練させてくれるんだ」

ファイティングとは打撃もレスリングも柔術も全てが融合したもの。僕はそれを、相手という波に乗るがごとく戦う

――なるほど。さて、抜けられないアリ地獄のような攻撃で堀口選手を疲弊させ一方的な展開に持ち込んだデメトリウス選手は、最終回終盤に試合を決めてみせました。そこで目を見張ったのはフィニッシュ一歩前の動きです。堀口選手のバックについたあなたは、腹固めを狙うように両足で堀口選手の片腕をフック。そのままチョークを狙ってゆくものの、堀口選手はそれを嫌がって下にずり下がるようにエスケープ。するとあなたはフックをキープしながら、堀口選手のもう一つの脇をすくってサイドを取り、マウンテッド・クルスフィックス（いわゆるマット・ヒューズポジション）を完成させました。あまりに見事な流れだったのですが、これは普段から道場でも得意とするパターンなのですか？

「いや、試合の流れの中でそうなったってだけだよ。僕は相手の動きに合わせて自分の動きを対応させるんだ。ＡＭＣで生徒たちに教えるときにも言ったりするんだけど、要するに波に乗るように動くってことさ。相手は常に動く。だからサーファーが波に乗るように、こっちも流れに乗って動くんだ。波の動きは予測が難しい。次にどう動いて来るか分からない。対戦相手も同じさ。振り落とされることなく対応していく必要があるのさ」

――それは見事な喩えですね。堀口選手はまさに荒波のように下から激しく動きましたが、デメトリウス選手はそれに乗り続けて最後には制圧してしまいました。

「そういうことさ！　そういうことさ！」

――最後は、試合時間残り僅かのところからマウントに移行し、迅速な仕掛けで腕十字を極めました。流しても間違いなく判定で勝てたというのに。

「ハハ！　そうだね。コーチ達がいつも僕に『絶

対フィニッシュしろ！　相手を破壊するんだ！』って言って来るからね。あの場面では腕十字のチャンスだったから『アームバーだ！　アームバーだ！』ってセコンドが叫んでいたからね。おかげで、UFC史上もっとも時間をかけたフィニッシュ（4ラウンド4分59秒）という記録を作ることができたよ。この記録はUFCが6ラウンド制にでもならない限りは破られないよね。満足さ」

——あの時「アームバーだ！」って叫んでいたのはヒュームコーチですよね？

「そうそう。で、僕はその通りにやったんだ。そしてそうあるべきなんだ。マットは人形師で、僕は彼の操り人形さ。それが僕の仕事なんだよ。NFLでクウォーターバックの言うことをみんなが聞くだろう。オクタゴンでも同じさ」

——中継でも音が拾われていたのですが、マットコーチはラウンド間もすごく具体的なアドヴァイスをしていましたね。

「そうだね。僕はキョージにプレッシャーをかけようとしてパンチが大振りになってしまっていたんだ。それではカウンターをもらう危険があるから、もっとシャープで振りの小さいコンビネーションを打てと指示されたんだ。まさにあの時の僕に必要だったアドヴァイスだ」

——マットコーチは、テイクダウンにおける細かい修正点なんかも指示されていましたね。デメトリウス選手も極めて落ち着き集中して耳を傾けて、しっかり返事をしていたのも印象的でした。

「僕はコーチの言うことに文句を言ったりしないからね。ゲームプランを実行しコーチを喜ばせるのがどれだけ大変か、不満を言ったりしないんだ。コーチ達がしてくれる批判には常に耳を傾けるよ」

——マットコーチの試合中の指示を聞くと、盤石の強さを誇るデメトリウス・ジョンソンにも改良点はまだ存在するようですね。

「もちろんさ！　僕はストライキングをもっと鋭く細かくキレのあるものにしたいし、グラップリングももっとタイトにしたいし、レスリングだってまだまだ向上できる。改善の余地は常に存在するんだよ」

――デメトリウス選手のテイクダウンからの抑え込みはラウンドが進むにつれ威力を増してゆきましたが、それでも堀口選手に立ち上がることを許したのも事実です。そこも改善点の一つですか？

「確かにそうだ。でも同時に、いつも相手を抑えようと必死にやっていると自分がスタミナを消耗してしまったりするからね。だからあえて相手に立ち上がらせることで、疲れさせようとするのも戦術なんだよ。トレーニングでも、常に相手を抑え続けるような練習をすればいいってもんじゃないんだ。僕は練習時ではグラウンドで上にいても、自分から立ち上がるようにしているよ。普段からそういう状況も想定して練習していないと、試合で相手に立ち上がられた時に対応できないだろう」

――なるほど！　戦ってみた堀口選手は、他のトップランカーと比べてどうでしたか？　ジョン・ダッドソンに劣らないスピードや、バガウティノフのような爆発力を持っていると感じましたか。

「そういうことを言うのは難しいよ。どの選手もみんな別の強みがあるからね。ただ僕が見るに、キョージはフットワーク、いかに動いてカウンターを取るかということに関してはランカー達の中でもベストだと思う。でもそれ以上のことを言うのは難しいな。みんなそれぞれユニーク・スタイルの持ち主だからね。その中でもキョージは特にユニークだ」

――王者が見たところでは、堀口選手は今挙げた選手やジョセフ・ベナヴィデスらと互角か、それ以上の戦いをできるでしょうか？

「いやあ、そういうのはホント分からないよ。どうなるかやってみないとね。選手のスタイルによって試合展開は変わるから。こないだフロイド・メイウェザーに負けたマニー・パッキャオは、メイウェザーが倒すのに10ラウンドかかったリッキー・ハットンを2ラウンドで仕留めただろう。どの試合も違った展開になるんだよ」

——堀口選手に何かアドヴァイスすることがあるとしたら、どうなりますか。

「前向きないい精神状態と体調で、トレーニングを続けようってことかな。まだ24歳と若いから、そうやってトレーニングを続けて選手として進化していけば、未来は明るいはずだよ」

——技術面など、ここを強化するといいとかは。

「そりゃ僕が口を出すべきことじゃない。キョージがなにをしたいかは、本人が見つけることだ」

——分かりました。UFC全階級を見回しても、あなたほど見事にいろいろな要素がブレンドされて完成された「MMA」の戦いができている選手は見当たらないと思います。デメトリウス選手には、その戦いを参考にしたり真似をしようと思うような存在っているのですか。

「ノー。僕はただデメトリウス・ジョンソンであろうとしているだけだ。あえて言うならマット・ヒュームのクリンチの戦い方やヒザの打ち方を真似したりするけど、それもすべてマット・ヒュームスタイルを僕のやり方に取り込んでいるってことだ。あとビビアーノ・フェルナンデスという素晴らしい寝技の使い手がトレーニングパートナーにいるから、彼の動きも僕の柔術を強化するために取り入れたりするけど、それらを含めて全てデメトリウス・ジョンソンのスタイルさ。複数の攻撃を織り交ぜ常に上下に動いて、相手の打撃をかわして攻めてゆくんだ」

——なるほど。堀口戦でも後半は、堀口選手が打撃を出して来るたびにカウンターのテイクダウンを決めていました。まるでウェルター級王者時代のGSPのようなタイミングだと思ったのですが。

「いやあ、僕に言わせれば僕のテイクダウンのタイミングの方が優れているよ。だって僕は試合をフィニッシュするからね!」

——確かに判定勝利が多かった当時のGSPに対し、最近のデメトリウス選手は極めて高いフィニッシュ率を誇っていますね。これだけ圧倒的な強さを誇るデメトリウス選手が次に目指すことは？

「次？　とりあえずは家族との時間を過ごすことだね！」

――そうですね（笑）。2人目のお子さんも産まれたことですし。

「それと来週の頭に日本に行くんだよ！　マニラ大会に顔を出して、それから東京に行くのさ」

――チャンプ、今回もありがとうございました。もし日本でもお会いできたら嬉しいです。

　堀口恭司に完勝しUFCフライ級王座6度目の防衛に成功したDJが電話取材後に初来日。多忙なスケジュールを縫い、実演を交えてその闘いの哲学を存分に披露してくれた。全階級の王者のなかでもっとも完成された技術を持つと言われるDJによる、まさに世界最高峰のMMA講座。絶対王者が何を語っていたのか、紹介したい。

「（本誌の表紙を見て）いいね、これ！　キョージは『やられた……』って顔をしているな！　これ（〝敗れても　なお〟というコピー）は何て書いてあるの？（「『彼は敗れた。しかし……』という感じです。完全に打ちのめされたわけではない、というニュアンスを持たせています」との説明を受けると）うん、キョージは復活して来るだろうね！」

　そう言って笑顔を見せたUFC世界フライ級王者のDJは、ジムこそ我がホームといった慣れた足取りで、マットのなかに入っていった。

　本誌からの「UFC世界王者のMMA哲学を、動きとともに示してほしい」というリクエストを快諾してくれたのは、対戦相手の母国に、そして師匠ヒュームのルーツのひとつである日本の格闘技に敬意を表してのものだったように思う。

　かくして、DJが我々の前で見せてくれたのは「波に乗るがごとく」というまさにMMAならではの王者の哲学が体現された動きだった。

　なぜ、デメトリアス・ジョンソンは王座を防衛し続けるのか。そして試合をフィニッシュできるのか。その秘密の一端を、彼の動き・言葉から感じてもらえれば幸いだ。

＊

「キョージのスタイルは、相手との距離を常に保ち続けるものだ。カウンターを合わせたりして、うまく攻撃をできない相手が苛立って下がったところでペースを自分のものに持って行く。だから僕はそれをさせずに、キョージの動きに合わせてスタンスを変えて常にプレッシャーをかけていったんだ。クリス・ワイドマンがリョート・マチダを攻略したやり方に似ているよ。距離を取って打撃の仕掛けを作りたいリョートに対して、ワイドマンは前に出続けてリョートに仕掛けを作るチャンスを与えなかった。ハファエル・ドス・アンジョス対アンソニー・ペティスも同じだよ。ペティスは距離を取って、ビッグキックを当てたい。そのための余裕が必要なんだ。でもドス・アンジョスは前に出てそれをことごとく潰しただろう。

僕も一発強打を当てて下がって、また強打を狙うっていうヒット&アウェイの戦い方はできるよ。でもこれでは相手をフィニッシュするような衝撃を与えるチャンスは少なくなる。特に相手が強いアゴの持ち主だったら、フィニッシュまではすごく時間がかかるんだ。僕の戦い方は違う。僕は常に相手にプレッシャーをかけ、相手とコネクトし、相手の動きに応じて攻撃をし続ける。打撃、レスリング、グラップリングとどの方面でもね。そういう戦い方なら、相手をフィニッシュするのは時間の問題なんだよ。相手がミスを犯したら、次の瞬間、僕はビックショットを当てることができるんだから。それが僕のファイティングさ」

僕は相手よりもはるかにデカい道具箱に、あらゆる道具を入れて持ち歩いているんだよ

「（前回のインタビューで『波に乗るように動く』と形容されてましたね」との質問に）その通り！

相手という波に乗り続けるんだ。どう動くか分からない相手が、どんな局面でどんな動きをしても対応して攻撃を続けるんだよ。そのために必要なのは……。僕も対戦相手も機械工だとするとね、相手もツールボックスのなかにそれなりの道具を持っているだろうけど、僕ははるかにでっかい道具箱に、あらゆる道具を入れて持ち歩いているんだよ。それだけ多くのスキルセットを持っているってことだ。だから試合中にどんな問題が起ころうと、それを解決できるんだ。

ジョン・ダッドソンと戦ってケージ際に移行したとき、ジョンは姿勢が良くてなかなか崩れなかったんだ。だから跳び乗ってヒジを落としていった。ジョン（の姿勢の良さ）が僕にそういう機会を与えてくれて、また僕の道具箱のなかにこういう道具が入っていたからこそ、使えたんだよ。必要なときに使えるものを入れた道具箱を持ってるってことが大切なんだ。

でも同時に、これらの道具を無理に使う必要はないんだよ。キョージとの試合ではムエタイ・クリンチを使う場面はあまりなかったから跳び乗る必要はなかったし、僕はヒールフックも跳び十字も跳び三角絞めも全てツールとして持っているけど、別にそれらを使う必要はなかったんだ。それらを使わなければいけないような機会がなかったからね。キョージはこっちの動きに対応して動いて来た。だから僕もそれに対応したんだ。ファイティングってそういうものなんだ。状況に適応する必要がある。ファイティングにおいて、ひとつだけこれという戦い方はないんだ。

僕はやりたい戦いを相手に強いるけど、ひとつの決まったことだけを無理強いしない。たとえば、道で美しい女性を見たとするだろう。僕はその人に対して自分の意志を無理強いしたりはしないよ（笑）。そうじゃなくて、向こうがどういうことに興味を示すかを探っていくんだ。ファイティングでも同じだ。もし僕がなにかを無理強いするとしたら、緊急事態のみだ。試合終盤で判定で負けているときとかね。でも時間があるなら、じっくり機会を伺い、相手の弱点を見極めながら戦うよ。

キョージをテイクダウンしたとき、パスして仕留めようとしていたのは確かだけど、試合においては相手がどう動くかは分からない。実際キョージが立とうとしてきたら、無理に抑えることに固執せずにそれに応じてパンチやヒザを当てたのさ。だから僕は、別にキョージを打倒するための特定の答えを最初から持っていたわけじゃないんだ。人にはそれぞれナチュラルリアクション（自然な反応）というものがある。誰かの顔を無理矢理バケツに突っ込んだら、顔を起こそうとするのが自然な反応だよね。キョージをテイクダウンしたときの彼のナチュラルリアクションは立ち上がることだった。キョージはグラウンドで柔術の攻防をしたくないからね。だからそれに応じて立たせて攻撃をしたのさ。僕がやっているのはレスリングや柔術ではなくファイティングだからね。でももしキョージが、テイクダウンされたところから柔術で戦おうしたなら、それも全然構わなかった。僕は柔術でも戦えるからね。パスして、相手の体を伸ばしてサブミッションを狙っていくのさ。

キョージがレスリングや柔術で勝負したがらないことは分かっていたよ。でも、だからと言ってそちらの練習を疎かにして、キョージのストライキングへの対策ばかりを立てていたわけじゃない。そんなことをしたら自分も相手も見くびってることになる。試合に向けて、キョージのグラウンドがものすごく上達していることだってあるかもしれないからね。キョージの試合は見たけど、それに対して特定の対策をするというより、自分の全てのスキルがある基準以上のところまで高めることを重視してたんだよ。

ファイティングでもう一つ大事なことは、相手の動きを読み取ることだ。僕はアマチュア時代からいろんなタイプの相手と試合していた。その頃から、試合開始直後は距離を測って相手の反応を試していって、相手のスタイルを見極めるような戦い方をしていたんだ。こう攻撃したら相手はこう反応するから、そこでこうしようとか、そういうことを経験を通して学んでいったんだ。長年そういうことをやってきたのが今に生きているんだよ。マット・ヒュームとのスパーリングにおいてもそうだ。向こうは僕と同じことをしてくるからね。そういう経験のおかげで、僕には膨大な知識が蓄積されていき、今では相手がどう反応しようが、いかに相手を最悪のポジションに追いやれるかが分かるんだよ。

僕のこれまでの試合を全て見てくれたら、初期のものでは僕が距離を取って、相手の反応を見ながらヒット&アウェイを用いて戦っていたのが分かるはずだ。でも今は相手の動きを見ながらも前に出て手を出し、相手の反応に応じて動いて戦えるだけのスキルセットを身につけているんだよ」

＊

ジムでの実演解説後、しばらく考え込んだＤＪは、取材陣に「カメラを一切しまってくれ。まだ公開したくないんだ」と言い、堀口戦のフィニッシュシーンでもう一つ狙っていたパターンを披露してくれた。

それは、取材陣全員が唖然とするような、今までに見たこともないような強烈なＭＭＡの攻撃の形だった。受け手を務めたヒデ三好氏が「絶望を味わいました」と語る、ＤＪの創造力。今回の貴重極まりないレッスンから、世界の頂点のあまりの高さを改めて思い知るとともに、そこに追い付くには何が必要か、考える契機としたい。

Demetrious Johnson
1986年8月13日、米国ケンタッキー州マディソンヴィル生まれ。高校時代にレスリングを始め、州2位に。卒業後マット・ヒュームに弟子入り。2007年にプロデビューし、以後10連勝。2011年にドミニク・クルーズの持つUFCフェザー級王座に挑戦するも、5R判定負け。その後適性階級であるフライ級王座がUFCに新設されると、王座決定Tに参戦。12年、ジョセフ・ベナヴィデスに5R判定勝利し、UFCフライ級初代王者に。2015年4月の堀口恭司戦で6度目の防衛後、さらに5人の挑戦者を退け、UFC史上最多となる11度目の王座防衛に成功している。160cm、57kg（試合時）。AMCパンクレーション所属

※本稿は2016年12月号および2017年1月号を修正の上、収録。

UFC史上最多防衛王者
アンデウソン・シウバにブラジルで挑戦

岡見勇信が語る、敗因。

GONG KAKUTOGI NO.233
2011年11月号
text by Takashima Manabu

２０１１年８月27日、ブラジル開催の「ＵＦＣ１３４」で念願の王座挑戦、完敗を喫した岡見勇信が９月某日、ひかりＴＶのドキュメンタリー番組収録のため、メディアの前に姿を現した。アンデウソン・シウバ戦を振り返った収録を『ゴング格闘技』独占、完全公開する。岡見が語った、敗戦の理由とは――。

――残念な結果に終わってしまったＵＦＣ世界ミドル級王者アンデウソン・シウバ戦から、10日ほど経過したのですが、今はどのように過ごしていますか。

「肉体的には問題なく、過ごしているのですが、精神的には……まだ整理はついていないですね（苦笑）」

――アンデウソン・シウバと戦ったこと自体、総括できる状態ではないということでしょうか。

「あの試合がどういうものだったのか、まだ一言で振り返ることはできないですね。いろいろなことが整理できていないので。ハッキリとしたことは言えないです……」

――そんな岡見選手の心情も汲み取りたいところなのですが、今日は少し、厳しめに話を伺わせていただきます。まず、試合直後に引退が、頭をよぎりましたか。

「戦う前は、もちろん、この試合が最後だと思って戦うという意識はありました。負けたら引退もあり得ると思っていましたが、今は敗北を喫して、ここで終わるわけにはいかないっていう気持ちです。いろんな人にサポートしてもらったのに、結果を出せなくて……」

――練習は再開しているのですか。

「体は動かさないといけないと思うのですが……。これまで負けたときは、何が何でも体を動かしていたんですよ。敗北から、いろいろなものを見つけて。でも、今回はチョット、動いていないですね。次の試合に向けて、いろいろとやらないといけないことも分かっているんですけど、止まっている状況です」

――今回の世界戦前は、かつてない体制を敷き、ポートランドのチーム・クエストで最終調整を行ないました。そこでは、岡見選手は右ワキを差してからのクリンチで、バージョンアップともいうべき、トレーニングに従事していました。従来のように頭を相手の頭の外側に持ってくるのではなく、下に持ってきて、右足も相手の左足の外でなく、両足の間に持ってくる。トレーニングの目的は、ダブルレッグやシングルレッグに移行し、よりテイクダウンを奪うオプションを増やすというもので、削り合いの上級編に入ったという感じでした。

「自分のなかでは、良い感触を掴めました。自然に動くというまではいかず、考えて動いている状態だったのですが、その体勢に持っていくことができていました。ポートランドの5週間でやるべきことは、しっかりとできていたと思います」

――専門家の方が揃っていても、コンダクターがいなければ、上手くいかない部分もあるんだなというのが、ポートランドでの練習を見て、事前に雑誌で書くことはできなかった本音の部分です。

「うーん、でも自分がずっとついてもらってきたトレーナーやマネージャー、先輩、後輩、信用を置いている方たちばかりですから。あの試合以前も勝つことができていた体制に、今回はさらに厚みが加わったのであって。トレーニングに関して言うと、それぞれが個々の意見を持っていると思うんです。僕はそれぞれの個々のやり方を信じているので、迷うことはなかったです。作戦も出来上がっていたし、自分がやるべきことも分かっていたので。マット・リンドランドさんの考え、礒野（元・セコンド）さんの考え、2人が交流して、意思の疎通もとれていましたし。自分にとって、凄く良かったと思えるポートランドでの最終調整でした」

――つまり、やり残したことはなかったということですよね。

「練習でも、礒野さんがいてくれて、自分の気付かないことをアドバイスしてくれたり、マットさんの言っていることも、噛み砕いて説明してくれたので。練習以外でも苦労したことがなかったので、やり残したことはなかったです。チーム・クエストでの練習が終わったとき、心のなかに何も残っていない状態でした」

――なるほど。ブラジルに入ってからは、強く印象に残っているのが、オープンワークアウトの待ちぼうけです。小雨の降る中、丁寧に寝技まで披露して、そこからアンデウソンが来るまで、1時間半ほど仮設テントのなかで待っていました。

「昔なら、もっとイライラしてしまって、礒野さんになだめられていたと思います。その辺りは大人になりました。まぁ、イライラはするんですけど、『これがUFC』っていう開き直りがありますから」

――取材陣も、選手と同じようにレッドカーペットのようなところを歩いて、ワークアウトの仮設テントに行くのですが、日本のＴＶクルーが砂を放られたんですよ。

「えッ、そうなんですか？」

——ブラジルの洗礼だと思いました。

「あの公開スパーの場所に行ったときは、正直、凄いところに来たなって（笑）。大勢のファンが待ち受けていましたし。基本、外でファンと触れ合うこともなかったのですが、その熱は感じました」

——まさに熱が違いましたよね。

「ただ、これまでもアウェイで戦ってきたので……。そのなかでも、最高にアウェイ状態になるのは分かっていたので、アンデウソンと戦うことだけに集中しようと意識していました。正直に言えば、最初は嫌でしたよ。できれば、米国で戦いたかったです。でも、ブラジル大会が正式に発表されたときに、自分とアンデウソンの試合が、ブラジルで行なわれないわけがないと、冷静に受け止めて、覚悟していたんです（笑）」

——オープンワークアウトのあとで、宿泊していたホテルで、ブラジルについてから初めて言葉を交わしたのですが、相当、顔つきも厳しかったですし、緊張しているように感じました。

「あの頃は、まだ大丈夫だと思っていたんですけどね。前の試合のことを考えることもなかったですし。アンデウソンという存在は大きかったのですが、やるべきことをやらないといけないと自分に言い聞かせていましたね」

——では、試合当日について。試合当日の朝、どんな心境でいましたか。これまでの試合と違うようなことはありましたか。

「まず、下手な試合はできないなっていう部分で、これまでの試合とは気持ちが違っていました。自分の変な逃げとか、消極的な部分だとか、ああいう部分を出すことはできない。絶対にしてはいけないっていう気持ちがありました」

——それは観客に対してですか、それとも岡見選手自身の気持ちの部分で、ですか。

「自分自身もそうだし、たくさんの応援してくれている人たちのためにも。それにビッグイベントでしたから、ファンのためにも下手な試合はできないという思いでいました。会場に入ってからは、もう体を整えて戦う準備をするだけなのですが、そういう意識は持ち続けていましたね」

――メイン出場となると、会場入りはプレリミナリーが始まってからですか。

「第1試合が始まった頃だったと思います。当日に、会場入りの時間が2時間ぐらい早くなったんです。凄い渋滞だから、そういうことを考慮したんじゃないかと」

――聞いたところによると、ダナ・ホワイトは計量の日なども、ヘリコプターで会場入りしていたそうです。

「へぇ、恰好良いですね。でも、僕は怖いから、ヘリコプターは嫌ですね（笑）。時間が早まった甲斐があったのか、渋滞もなくスンナリ会場には着きましたし」

――会場の雰囲気は、控え室に伝わってきていましたか。

「特に米国での試合と変わらない程度、少し耳に入ってくるくらいでした。でも、盛り上がっているのは、分かっていました。隙間から僕の姿を確認したファンからは、ブーイングが飛んできましたし」

――実際にオクタゴンへ向かうときに、会場の雰囲気に呑まれそうにはならなかったでしょうか。

「入場のときは、もう観客の声とか関係ないですね」

――あそこに恐怖を感じないというのは、それは凄いことだと思います。

「やるしかないですから」

――それでも、表情は硬かったように見えました。

「緊張は、どの試合でもしていますからねぇ。でも、会場の声とかは本当に気になっていなかったです」

自分の理想形を求めて……、そう戦えるように練習をしてきました

――アンデウソンと向かい合った時、怖さを感じましたか。

「始まった時には、怖さはなかったです。凄く集中できていたと思います」

――序盤の打撃の攻防のなかで、前に突っ込み過ぎてケージに顔をぶつけました。あのシーンを見て、前に出るという岡見選手の強い意思が感じられました。

「とにかく前に出ることを意識して戦っていました。ただ、簡単に追い込むことはできなかったです」

――アンデウソンの打撃は、見えていましたか。

「1Rは見えていました」

――威圧感を感じることもなかった？

「ケージに詰めた時は、自分のなかで大丈夫だと感じました。首相撲の対処にしても」

――左手を首の奥に回し、まず首相撲を潰しました。その後、右ワキは一度、差せています。

「差し切れなかったですね。試合が終わってから考えると、もっとこだわるべきだったんでしょうね」

――ワキこそ閉められ、首相撲の体勢に戻されましたが、その後、シングルレッグダイブにトライしました。あれこそ、新しい岡見選手の姿で、オレゴンでのトレーニングの成果が出たシーンでした。ダブルレッグへ移行だって思ったぐらいです。

「戦っている時は、組んで感触が掴めたんです。組みに関しては大丈夫だと」

――その後、自ら距離を取り、ラウンド終了間際に左ハイを受けて、結果、初回を落としてしまいます。

「(ハイは) 見えていなかったですね。やっぱり、硬かったと思います。やるべきことが、できなかった。もっと組みにいくべきでした」

――ハイを受けて、動揺はありましたか。

「いえ、打撃に関して言えば、距離をしっかりと取っていればっていう感覚で。2Rに入っても、変に大丈夫だと思ってしまったんです。そうしたら、見えないパンチをもらってしまって。ビックリしました」

――ダメージがあって、後方に倒れたのですか？ それともビックリ・ダウン？

「いや、分からないですけど、効いたからダウンしているんでしょうね。パンチが下から出てきて。タイミングの取り方も巧いんでしょうね、アンデウソンは」

――出所の見えないパンチ、アンデウソンの強さを改めて見た思いがしたのですが、ダウンを喫して、なお組みにいかなかったのも、疑問に残りました。

「なぜでしょうね。最後もなぜ、倒れたか分からなくて。真っ白になってしまって。とにかく守らなきゃだめだっていう感じになっただけで。何で倒れたのかは分からなかったです。フックをもらったような記憶はあるんですが……。試合を止められたことは覚えています」

――私は日本でUFC中継をするようになった、ひかりTVのスタッフと現地で行動を共にしていたんです。皆、敗北後に口を揃えて「残念だ」と言っていました。

「ハイ……」

――ただ、私自身は残念という気持ちも起こらなかったというのが、本音です。あえて言えば、サッカー日本代表がブラジルに乗り込んできて、セレソンに0―5だとか、0―8で負けた。そんな感じで。

「まぁ、チーム・クエストや礒野さんが考えてくれていた、自分がやるべきことができていなかったわけですから。アンデウソンが強かったというのが、もちろんあるんですけど、相手の土俵で戦ってしまった。まぁ、戦わされてしまったのでしょうね。自分のやるべきことはできなかったですね。ホントに、実力不足です」

――岡見選手がどれだけこの試合に賭けてきたか、さきほど言われた良い試合をしたいという気持ちも分かるのですが、この試合はそこを封印すべきじゃなかったのかと感じていました。良い試合など必要なく、壁に押し込んで、テイクダウンを狙い続けるべき試合だったと思っています。なぜ、これまで築きあげてきたモノを、一番大切な試合で捨ててしまったのか。

「うーん、何て言うんですかね……。打撃からのテイクダウン、それが軸にあったことは確かです。昔の自分と比較すると、正々堂々と戦っているというか、相手の強い部分で戦っていました。自分が組みついたのも、一度だけでしたね。試合を戦っていて、自分のなかで、打撃戦でも変に自信を持ってしまったんです」

――いつ、自信が持てたのですか。

「1Rです。組んで金網に詰めていたのに、離れてしまったのも、変に余裕を持ってしまったから。自分の甘さで、余裕を感じてしまったんです」

――余裕があって離れたと。

「ハイ、また組みつける、打撃でしっかりできると思ったんです。アンデウソンが、そういう風に誘ったっていうこともあるとは思うんですが、そう感じてしまったんです」

――失礼な意見なのは承知しているのですが、なぜ、岡見選手が自ら離れたのか、本当に理解できなかったです。現場で、我が目を疑ってしまいました。

「ホントに、そうですね。自分が甘い。甘いですね……」

――アンデウソンの首相撲に対し、まずは左手を首の後ろに回し、殺しています。一旦、右ワキも差せました。そこからアンデウソンがワキを閉め、背中でなく尻だけで金網に触れるように立ち、力が体全体に伝わるよう懸命に対処していました。あそこまでアンデウソンを追い込めた、その強さを岡見選手は持っているのに、生かし切れなかった。

「やるべきことをやろうという気持ちは、ずっと持っていたんですけどね……」

——あそこで一発パンチを見せてだとか、倒しにいける体勢も作っていました。

「そういう良い感覚は、体でも覚えていたんです。2Rにも組みにいくタイミングは、いくらでもあったと思います」

——その2Rに入ると、アンデウソンもギアが一段以上、上がりました。

「はい、それでも組める機会は改めて試合の映像を見ると、いくらでもあったんです。なぜ、組みにいくという選択肢が頭の中から消えてしまっていたのか……。消えていましたね、完全に。そこが本当に、悔やみきれないところですね」

——その選択肢をアンデウソンが消したという見方も成り立ちます。

「そういう部分もあると思うし、誘われたっていう部分もあると思います」

——岡見選手は一番大切な試合だから、相手の強いところで戦うことが、自分の成長だという気持ちが、意識のなかに植えついていたのかと。打ち合わない、危険察知能力の高さが、岡見勇信という選手の強さで、結果を導いてきたものなのに。

「自分の理想形が……、理想形を求めてずっと戦ってきて、そう戦えるように練習をしてきました。昔の戦い方は、僕自身が好きじゃない。好きじゃないというか、理想形ではない。勝利を得るために、その過程であういう試合展開になっていました」

——世界戦は、キャリアの集大成であるという精神的作用も働いたのでしょうか。そういう場で、打撃戦ができるのが、岡見勇信という選手の成長の証だと。

「集大成だから、自分の目指すべき姿はありますし、打撃っていう部分は凄く大きいです。そこから繋げていく攻撃は、重要だし。だから、打ち合える姿を見せるという気持ちもありました」

――UFCで強い人間と戦うなかで、ファイター自身が強くなることと、試合で勝つことは、実はパラレルワールドのように並行な世界であって、同一線上にあることが、改めて理解できたような気がします。試合前に、この部分が分かっていたのは、ひょっとすると礒野さんだけだったのかもしれないですね。

「前に出る姿勢は、勝つためにも、強くなるためにも必要だと思います。ただ、僕の場合はもっと高いレベルで前に行くことができなかった。打撃に付き合い過ぎたことは、良い意味にも取れるのですが、組みにいくなど次に繋ぐことができなかったんです。打撃で戦えて、組んで倒すのが、自分の理想形なのに、アンデウソン戦ではそこまで辿りつけていなかった」

――アンデウソンの顔面にパンチが届く距離で戦えたというのは、UFCで戦ってきた岡見選手の成長以外、何モノでもないと思いました。その心の強さを、これまでの試合で身につけることができてきたんだと。

「昔の僕だったら、きっと、へばりついてでも、テイクダウンを狙っていたでしょうね（笑）。あのジャブも、フィニッシュの前のパンチも、もらっていなかった。あそこを普通に堂々と受けてしまうのが、この試合において、本当に必要な部分であっただろうし……。いろいろと、この休んでいる間に考えています。難しいですよね」

――過剰な期待を持ち、過剰な否定をしてしまうのですが、改めて試合を振り返ってみると、完敗ではあったけど、岡見勇信という選手のポテンシャルの高さを見た気がします。今後、どうあるべきか試合でも見えてきたので、やはり期待したくなります。

「そう言ってもらえると、有り難いです」

――これまでが強くなるための試合だったのが、アンデウソン・シウバとの戦いは、試合に勝つことを構築していくうえで必要な試合だったのではないでしょうか。

「アンデウソンと戦って、こういう経験ができた。自分の戦いはまだまだ続きますから。この経験を必ずプラスにして、次の試合からは、もっと自分の動きが大切になってくるので、その部分を深く考えていきたいです。そして、またアンデウソンと戦うことを目標にして、やっていこうと思います」

——持ち前の勤勉さで、やるべきことをどんどん追求していってほしいです。

「勤勉さ（苦笑）。やるべきことはハッキリしているので、そこをしっかりやって、試合で出したいなと」

——UFC日本大会が2月26日に開催されることが決まり、記者会見も行なわれました。気持ちが入れ替わるのにも、良いタイミングだったのではないかと。

「会見がなかったら、ずっと引きこもっていたかもしれないですし、日本大会の発表会見は良いタイミングでしたね。もう、かれこれどのくらい日本で戦っていないんだろうって、そんな感じなので、日本で戦ってみたいし。気持ちを入れ替えて、次の試合のために動くというのが、一番なんで。あとは行動するしかないですから……。やるしかないです」

——これまで通り、これからの岡見選手に期待させてもらいます。

「ありがとうございます」

Okami Yushin
1981年7月21日、神奈川県出身。柔道をバックボーンに2001年、和術慧舟會入門。パンクラス、MARS、D.O.G、PRIDE、HERO'Sを経て、M－1、ROTRなど海外大会にも参戦。06年にUFC参戦。以降、UFC戦績10勝2敗で11年8月、ブラジル大会でミドル級王者アンデウソン・シウバに挑戦し2R2分04秒TKO負け。シウバ戦後3勝2敗と勝ち越すもリリース。WSOF、PFL、DEEP、PANCRASEで戦い、2017年9月、UFC日本大会でUFC復帰。OSPを相手に2階級上のライトヘビー級で敗戦。18年4月14日「UFC on FOX 29」でウェルター級でディエゴ・リマと対戦。MMA戦績34勝11敗。188cm、77kg（試合時）

ドミニク・クルーズ戦から5時間後の水垣偉弥

慟哭の夜「たった1分かよ」

あれほどの泣き声をあげて泣く大人の男を見たのは初めてだった。その厳しすぎる現実を見つめ直したからこその涙。そこに至るまでの、言葉とともに水垣偉弥のインタビューをお届けしたい。

——試合が終わってから5時間ほど経過しましたが、今はどのような心境ですか。

「いやぁ……、早かったなぁというのが素直なところですね（苦笑）。何ですかねぇ、２年間、何とか勝ってきて、やっと目標に辿りついたのに『1分で終わっちゃったのかよ』っていう。何やっているんだろう？　って感じですかね。ハイ」

——試合内容はどれぐらい覚えているのですか。

「記憶が飛んでしまったところ以外は覚えていますよ」

——では、記憶がなくなったのはどの時点からなのでしょうか。

「殴られたことを覚えていないんです」

GONG KAKUTOGI NO.233
2014年12月号
text by Takashima Manabu

――つまりテイクダウンされ、バックを譲りながら起き上がってきた。その後のパンチということですか。

「テイクダウンを許し、起き上がろうとし潰されたところまでは覚えています。ただ、そのあとのことは覚えていない。こうやって負けているのに、1発も殴られた記憶がないんですよね（苦笑）」

――ダメージの方は？

「あのあと病院へ行き、CTも撮りましたし問題はなかったです。ダメージもありません」

――……。完敗を喫したけど、殴られた記憶がないというのも、なかなか厳しいものですね。まず今回のドミニク戦に関して、どのような作戦を立てていたのでしょうか。

「やっぱり組みをなるべく……、組んでくるのは分かっていたので、なるべくスタンドの時間を長くするというのが、一番最初の目標でした。あとは前に出続ける。プレッシャーをかけ続けるというのが大まかなところですね。下がると、ババババババと攻めてくるイメージがあったので。それをされると、ポイントを取られてしまうので、自分から前に出て、プレッシャーを与えようと思っていました」

――前に出るというのはパンチを当てることが目標だったのか、それとも当たらなくてもパンチを出して、動き続けることでも良かったのでしょうか。

「もちろん、当てることです。でも、最初に前に出た時に『これは思ったように当たらない』『掠ることも難しい』『全然当たらないな』と思いました。だから、いくら空振りしようが当たるまで、とにかく手を出し続けようと思った直後にテイクダウンを取られてしまったんです」

――普段ならパンチが届く距離でも、ドミニクには当たらなかったのですか。それともパンチが当たると思う距離にも入ることができなかったのか。

「かわされた感じでしたね。実際に戦うまで、ドミニクがあれだけ動くのは相手に的を絞らせないためだと考えていました。それが戦ってみると、こっちのパンチに対応して動いているんだと感じました。それは想定していなかったです」

――なるほど、決して相手を混乱させるために無闇に動いているのではなく、相手の動きを見て動いていると。

「ハイ。体を揺らして的を絞らせないのではなくて、相手の動きに合わせてちゃんとパンチを避けている。そして、次の動きに移動している。そんな風に見えました。そこが予想外でした」

――間合いが詰まった時は、ドミニクが手を出した直後など、水垣選手のパンチは当たる距離にあったようにもケージサイドでは見えましたが……。

「当てられないと勝てないですし、もうそれでも前に出るしかなくて。組みで勝負したら絶対に勝てないだろうし。何か突破口が必要だと焦りを感じていたところで、右ジャブをもらいました。そうしたら、次は右のジャブからダブルレッグでもっていかれた形です」

――あのシーンは、水垣選手には申し訳ないのですが、ＭＭＡの歴史を見ても最高のテイクダウンではないかと思える見事さでした。

「右のパンチが少し当たったみたいで……。直後にはもう入られていました。パン、パンって感じでテイクダウンを切る反応も何も、そんな間も与えてもらえなかったです。戦っている時は『何？』って全く分かっていなかったです。全く反応ができていなかったので。試合が終わって映像を見てみたんですが、その前にジャブをもらっていたことが分かったんです」

――そこも、あとで映像を確認して分かったことなのですか!!　どれだけドミニクは凄い動きをしたのか……。

「ホントに分からなかったですね……」

――水垣選手には申し訳ない話になってしまいますが、そこまで見事なテイクダウンを我々は目にすることができ、水垣選手は体験したのですね。

「いやぁ、もうパーンって感じで飛んでいましたよ（苦笑）」

——そこでファンクロールが決まっていれば……。

「……ファンクロールはまだ使う自信がなかったです。ただ、ファンクロールを植松（直哉）さんのところに学びに行ったのも、最近はただ背中を見せて立つのは危ないなぁって感じるようになっていたからなんです。でも、もう体に染みついちゃっているんですかね……。それにドミニクはテイクダウンを取った後、もっと抑えにくるかと思っていたのですが、フワッとした感じで立つことができたんです」

——それもドミニク陣営は水垣選手の動きを研究し、バックを取りに来ていたのかもしれないですね。

「そうなんですよ。バックを取るために逃していたんだと今は思います。ただ、戦っている時は『アレッ、抑えに来ない。なら、とにかくケージ際へ逃げよう』と思いました。なんで、こんなに動かせてくれるんだろうって。疑心暗鬼ではないですけど、釈然としないモノは感じていたんです。そしてケージが近づいてきた途端に前に崩されていて……。そこまでです、覚えているのは。その次の記憶はレフェリーが目の前にいて試合を止められていたところまで飛んでしまっています」

2年間何とか勝ってきて、やっと目標に辿りついたのに、何やっているんだろう？って

——その直後に後方から強烈なパンチを受け、それでも立ち上がろうとしたところにまたパンチを受け、最後はストップが遅いと思えるほど、パウンドを被弾していました。ただ、自分としてもそれは後から映像を見た感想で、試合をケージサイドから見ている時は「アッ」「アレ?・」「うわぁ……」という感じで、茫然と眺めるしかなかったのですが。

「レフェリーが突然、目の前に立っていて、僕も

『えっ』って……。もうオクタゴンのなかには、他にいっぱい人が入ってきていて。『アレッ?』って感じた時には、全て終わっていました」

——その情景が見えて、負けたと認識できるのですか。

「そうですね、負けた時、ダメージを受けた時は、特有のバァーとした感覚ってあるんですよ。ぼやぁっとしている感じで」

——自分は人生で殴られて意識を失いかけたのは正味、2度だけあり。どちらも白い靄がかかっているような感じでした。

「ぼやぁっとしていて、レフェリーが目の前にいて、自分が崩れている。でも、自分がなぜそうなっているのかも全く分からない。崩されたところまでの記憶はあったので、あのあとやられたんだって……。でも、その間が10秒なのか、10分間なのかは分からないんです」

——……。

「今回はすぐに終わったという感じはしていました。去年の日本大会でブライアン・キャラウェイと戦った時も記憶はなかったのですが、勝ったなという感覚だけあったんです」

——そういうものなのですね……。改めてファイターは凄いと感服します。

「そういう、何か流れのようなものは残っているんですよ。記憶でなくて、感覚、感触のような感じで。だから今日も『すぐに終わったな』という感じはしていました。で、セコンドの安田(けん)さんか、マネージャーのシュウ(・ヒラタ)さんと話をしたのか、あるいはレフェリーだったのか。そのあたりも記憶は曖昧です。あぁ、負けてしまったと思っただけで……。ホント、それだけです」

——そんな状況で取材を受けていただき、スイマセン……。

「いえ、そのあとのことは、しっかりと覚えているので。病院にいたこと、何を食べたかなどちゃんとわかっています。いずれにせよ、ドミニクは僕が絶対に立ってくると踏んで、そっちの方に試合を持って行っていたのでしょうね」

——試合後の会見でも「ミズガキは典型的なシュートボクサー」と言っていました。倒されずに立つファイターの習性を理解したうえで戦っていたのでしょうね。今、どのような想いが水垣選手の胸のなかで去来していますか。

「終わったあと、正直に思ったことは例え負けるにしても、もっと味わいたかったということなんです。もっと、やりたかった。ドミニク・クルーズがどんなものなのか。やっぱり1分しか……、せっかくの機会なのに1分しか戦えなかった。しかも、3分の1ぐらいは記憶にないわけですし……。(呟くような声になり) いやぁ、勿体ないなぁ……という感じですかね」

——試合後の涙の理由は?

「何ですかね……。試合をする前はそれこそ『負けたら終わりだ』っていうぐらいの気持ちでいました。だから、『アッ、終わっちゃった』と。それも1分で。たった1分なんです。これまで2年間、コツコツ勝ってきて辿り着いた試合だったのに、1分で終わっちゃったのかよって。ホントに悲しかったです。何というのか、そういう感情ですね」

——仕事柄、絶対に試合タイムは聞き逃さないようにしているのですが、その間、何をしていたのか、ただオクタゴンを見やっていました。自分でもそんな風になってしまうのですが、水垣選手の気持ちを考えると……。

「悔しいという気持ちにもなれないんです。内容が内容で、完敗過ぎて。ホントにただ終わっちゃったという……。ドミニクと戦うということは、ずっと長い間、夢見てきた時間だったんですけど、それが1分で終わってしまった……。悔しいのでなく (涙声になり) 悲しかったです。スイマセン」

＊

インタビュー開始から11分19秒が経過した時、取材前もごくごく普通に周囲とも会話し、インタビューもいつものように明朗に対応していた水垣が、ここで崩れた。

　平静を装っていた水垣の心が、取材を通し、試合を思い出すことで乱れた。

　ファイターは自らの感情をコントロールするという部分でも、まさにプロフェッショナルである。自分をコントロールして初めて、対戦相手をコントロールできる。そうでなければ、金網のなかで憎くもない相手を殴りつけるという非日常を日常とすることは不可能だ。

　そんなセルフコントロールに長けた水垣の感情の昂りが、取材という公の場でありながら――ある一線を越えたのだろう。

　本来は水垣の言葉を可能な限り、現場の空気感をもって再現すべきであるが、ある意味、活字の限界点を越えてしまった水垣の感情を誌面でインタビュー記事として、再現することは諦めざるを得ない。

　涙腺が決壊してからの水垣の言葉は、これ以前の言葉を発した時間と比較して、３倍に当たる30分以上を要したものである。

　その涙はオクタゴンの中での涙と違い、号泣と表現して良いものだった。

　よって、ここからの水垣の言葉は誌面で、記事として成立させるために、本来はずっと時間を要していたものを、間隔を空けずに構成したことをご了承願いたい。

＊

「スイマセン。本当は練習に付き合ってくれたり、自分を支えてくれた人たちに申し訳ないっていう気持ちで涙しないといけないのですが……。情けないことに、自分のやってきたことを振り返って、自分のために泣いています。八景ジムの渡辺（喜彦）会長にも『男は人のために泣くものだけど、お前は自分のためにしか泣かない』って言われているんですけど、今も自分のために泣いています。『1分かよ』って悔しくて」

――……。

「1分っていうのが本当に悔しくて」

——世界最高のＭＭＡファイターと1分といえども戦える機会を得ることができるファイターは、ほんのひと握りです。水垣選手はそういう時間を61秒、経験できたんですよ。しかも、史上最強のドミニク・クルーズと。今夜はこれまで以上に強いドミニク・クルーズだったと思います。

「それは……そうなんですけど。いやぁ……、写真だけは勘弁してください。この顔は雑誌には載せられないです……」

——先ほどまで平気な感じで下ネタまで話していたので、この号泣には驚きです。この敗北は、精神的にも少し引きずってしまいそうですか。

「どうですかねぇ、ケロッとしているかもしれないですが、引きずってしまうかもしれないです。分からないです。ただ、少し休みたいですね。今までやってきたことが、結果として出せなかったですし。考え方も変えないといけないのかもしれない。そういうことも含めて、もう一度、気力が湧いてくるなら……。そうすれば、また数カ月後にオクタゴンのなかで戦っているかもしれないし……」

——追い打ちをかけてしまうような問いになってしまいますが、今、絶望を感じているようなことはありますか。

「そうですね……。覚えていない、気が付いたら負けていたということもありますし。もう少し、長い時間戦って『俺、全然通用しないわ』っていうのを味わっていれば……。しょうがないって諦めることができて、引退するなら納得もできると思うんですけど……。何も……1分しかできなくて……。これで負ければ終わるつもりでしたけど、諦めがつかないところもあるし。でも、もう1回っていう気力が湧くかどうかも分からないです。ちょっと休みたいですね。休んで気力が戻れば……っていう気持ちです。今は」

——日本のＭＭＡ界で今の水垣選手の気持ちが分かるのは、究極のところ岡見勇信選手だけではないかと思います。そこまで世界の頂に手がかかったのは2人だけです。無責任に頑張ってくださいとか、これを糧になんてことは気楽に言えないです。なんせ、世の中の多くの人間が一生で殴られる数分ぐらいのパンチを今夜だけで受けているわけですから。とにかくお疲れ様でした。

「まぁ、僕のなかでは1発も殴られていないんですけどね（苦笑）。練習仲間、トレーナーや会長、そして応援してくれたファンの皆さんには、ホント全く良いところを見せることができなくて申し訳ないです。同時にこんな自分に付き合ってくれて、感謝の気持ちでいっぱいです。日本に帰って、これからのことは少し考えます。応援ありがとうございました」

敗戦17日後、水垣からこのようなメッセージが読者に届いた。

「気力は戻っています。今は、まずもう一度体を作り始めています。組技スパーリングも軽く始めました。打撃の方は、パンチに関しては10月中はスパーもしない予定です。蹴りのスパーとミットだけやっています。

じっくりもう一度、やり直したいと思っています」

水垣は植松直哉とも連絡を取り、1カ月に一度だがプライベート指導を受け、その後の1カ月間の課題を与えられ、翌月に洗い直す。同時にまたその後の1カ月間の課題を与えられるという形で、組技で新たな取り組みを行なうことを決めたそうだ——再び、オクタゴンに足を踏み入れるために。

Mizugaki Takeya
1983年12月16日、神奈川県出身。高3で八景ジムに入門。2005年プロデビュー。同年の修斗新人王TでMVP獲得。08年、CAGE FORCE初代バンタム級王者に。09年よりWEC、11年よりUFC参戦。12年からUFC5連勝。日本人最高位となる世界5位にランク。14年9月27日、UFC178で元王者ドミニク・クルーズと対戦も1R KO負け。16年12月のエディ・ワインランド戦後リリース。17年からACBに参戦。MMA戦績21勝13敗2分。170cm、61.2kg（試合時）。

引退 イーブス・エドワーズ

Professional MMA Fighter
Yves Edwards
Oct.26 1997 - Nov.22 2014

イーブス・エドワーズが引退を決意した。ＭＭＡに軽量級が無かった頃、世界一の場で戦いたいと修斗に自らの試合を編集したビデオを送ったこともあった。日本の軽量級が一番の頃にＵＦＣ軽量級スタートに立会うも頓挫。ＰＲＩＤＥにやって来て、本場がＵＦＣに移るとベテランとしてオクタゴンで戦った。日本で10カウントを聞くに相応しい、そんなイーブスが日本との関係を中心に17年に及ぶ現役生活の想い出を語ってくれた。

——最後の試合から3カ月が経過したけど、今、どんな気持ちでいるんだい？

「現役ファイターとして戦わないというだけで、僕の人生はマーシャルアーツと共にある。格闘技と付き合うという旅に終わりはないよ。ヒカルド・リボーリオを見てごらんよ。彼は僕よりも年上だけど、格闘技を学ぶことを止めることはない。僕も学び続ける。『引退』とは試合に出ないということでしかないんだ」

GONG KAKUTOGI NO.275
2015年5月号
text by Keith Mills

――試合に出ないという決断を下した理由は？

「ひとつじゃない。色んなことが重なった。常にATTでは最高のキャンプを用意してくれたのに2年近く勝てなかった。あれだけ練習しても、ちゃんと試合で結果を残せないことに落胆していた。何より試合に負けても、『ここを修正すれば、次はより強くなれる。次は勝てる』って思えなくなったんだ。それと……UFCという最高の場から離れたくなったことも大きいね。UFCが全ての始まりだったから」

――君の世代のファイターは、TUF以降のUFCでなく、ホイス・グレイシーの時代のUFCということだね？

「そう（微笑）。MMAがNHB（ノーホールズバード）と呼ばれていた頃、いやNHBなんて言い方もなかったかな？　一番最初のUFCを見た。17歳だった僕は、父にPPVを購入してほしいと嘆願した。もう高校に行っているのに、父にすがるようにお願いしたんだ。そんな僕も38歳になった。もう、UFC以外で勝ち星を挙げてUFCに戻り、世界王者に挑戦しようなんて歳じゃない。1、2年前は違ったよ。アンソニー・ペティスに勝つ、ベンソン・ヘンダーソンに勝つという気概を持っていた。それがキャリアのゴールだと、揺らがぬ信念を持っていたのに」

――それにしても、MMA業界は変わったね。イーブスが初めてUFCで戦った2001年と比べても、まるで違う世界にいるようだよ。

「僕が初めてUFCと契約した時、ファイトマネーは4×4（出場4千ドル、勝利ボーナス4千ドル）だったけど、そんな大金を貰うのは初めてだったよ。MMAデビュー戦で手にしたのは160ドル、相手は200ポンドもあった（笑）。当時は銀行で働きながら練習し、試合に出ていた。いつの日かMMAで食べられるようになりたい、UFCに出たいって思いながらね」

――今じゃ、4×4しかもらえないなら戦わないという選手も多いだろうね。

「時代が違うからね。思い出すよ、ダナ・ホワイトから初めて電話をもらった時のことを。まだUFCがズッファに買収される前で、ダナはティト（オーティズ）のマネージャーをしていた。当時、僕はティトの練習を手伝い、彼がフランク・シャムロックと戦った時はコーナーマンだったんだ（※1999年9月）。その時にダナとは顔を合わせていたんだけど、それからかなり経って……『君のマネージメントをやらせてもらえないか？』っていう電話があった。すぐに契約書が送られてきて、サインをして送り返した。2、3日してダナから電話がまたあった。『イーブス、悪い知らせがひとつ、そして良いニュースもある』ってね」

——……。

「ダナはこう続けたよ、『もう、君のマネージメントはできなくなった。これがバッドニュースだ。良い方の知らせは、私たちはUFCを買収した。だから、マネージメントはできないんだ』。そして、『また、すぐに会おう』ってね（笑）」

——ワオッ!!

「しばらくしてジョー・シルバから電話があった。人生ってさ、いくつか忘れられない思い出ってあるけど、これらの出来事は間違いなくそのひとつだよ。ガールフレンドのところまで走っていき、『UFCに出るぞ!!』って伝えたよ。17歳の時からUFCに出たいって思うようになり、8年経って夢が叶ったんだ」

修斗だけが小さな人間でも戦える階級制を敷いていたんだ

——それでもまだMMAだけで生活できる時代ではなかった。

「そうだね。でも、160ドルで戦っていたんだから、まるで問題じゃなかった。ただ、UFCは夢ではあったけど170ポンドまでしかなかったから、現実的な夢は修斗に出ることだったんだ。まだPRIDEも始まったばかりで、ヘビー級ばかり。結果的に先にUFCで戦うことになったけど、格闘技と共に成長した僕にとって日本で戦うことは、ずっと特別なコトだった」

――えぇと、君が確か初めて修斗で戦ったのはUFC参戦中の2003年8月のことだったね。

「確かに僕が日本の修斗で初めて戦ったのは、タツヤ・カワジリ戦だった。でも、修斗で初めて戦ったのは2000年4月、ハワイのスーパーブロウルでルミナ・サトー戦だよ。多くの人はスーパーブロウルの試合だと思っているようだけど、スーパーブロウルで組まれた修斗の試合だったんだ」

――なるほど。

「当時、軽量級ファイターの現実的な夢は日本、修斗で戦うことだった。ハワイだろうが修斗は修斗だ。あの試合の意味の大きさは今となっては分かってもらえないだろう。高校の時か、卒業して間もない頃か、僕のアメリカン・オンラインのパスワードは『JAPAN98』だったんだ。分かる?98年までに日本で戦うっていう誓いを立てたのさ。UFCが始まって間もなく、世界のMMAのことを調べた。そうしたら、日本の修斗だけが小さな人間でも戦える階級制を敷いていたんだ」

――確かにその通りだった。今では当たり前になっているけど、当時のMMAは重い体重のファイターが戦う場だった。

「結局、98年までに日本で戦うことはできなかったけど、ハワイだろうが修斗の試合でルミナ・サトーと戦うことができる。これがどれだけ特別なことか……」

――それも今ではなかなか分かってもらえないことなんだろうね、きっと。

「僕らの階級には2人のビッグネームがいた。ルミナ・サトーとカオル・ウノだ。そして、僕にとって初めて155ポンドで戦う試合だった。だって、155ポンドなんて階級は米国のMMAにはなかったからね。試合に出るために体重を増やしていたけど、初めて減量して試合に臨むことになった。正直に言うと、あの頃サトーに負けてもしょうがないと思っていた。でも、18秒で負けたことは……。開始直後、ルミナは突っ込んできた。僕のジャブを避け、頭を下げてボディロックに来た時、同時にヘッドバットを受けてしまった。彼は1発もパンチを出していないのに、僕は流血した」

――そして、RNCで敗れた。

「あの時、思わずロープを掴んでしまって、レフェリーがロープに触るなって言っている間に、背中に飛び乗られていた。試合後、ルミナは僕に手を差し出してくれたけど、僕はボォッとして応えることができなかった。何度もテープを見直したよ。ルミナと戦うことで日本に僕の名前を知らしめたいと思っていた。でも、何も……本当に何もできなかった。あの試合でもっと戦えていたら、きっと2003年にカワジリと戦う前に日本の修斗で戦えたと思う」

――ようやく戦うことができた日本はどんな国だった？

「とにかく日本で戦えることが嬉しかった。既にUFCで戦っていたけど、さっきも言ったように軽量級のファイターにとって日本、そして修斗は特別だったから。会場は決して大きくなかった（横浜文化体育館）、観客席は暗くてファンの顔は見えない。物凄く静か。そして、リングでは軽量級のベストファイターが戦っていた。ただ、TVのインタビューが試合前にカワジリについて、挑発するよう求めてきたんだ。アレは参った。そういうのは僕のスタイルじゃないから。契約書にサインをしたら、相手の顔面は殴るよ。でも、何も悪く言うつもりはない」

――それこそイーブスだ。

「ただね、試合は最悪だった。カワジリはテイクダウンして、トップから抑えることに集中していた。これはファイトじゃないって思ったよ。でも、それがルールで許されているからしょうがない。レッスルじゃなくて戦いたかった」

――思い焦がれていた日本、イーブスらしく戦えたのは、実はPRIDE武士道になってからと言えるだろうか。とは言っても最初の試合の三島☆ド根性ノ助戦は腕十字で一本勝ちだったけどね。

「狙いはキムラだったけど、腕十字になった。本来、僕は腕十字は仕掛けない。キムラが無理なら、スイープをしようと思っていたら、ミシマはハーフガードをパスしてきて自分で腕十字の形なったんだ。『うわっ、腕十字の形になった。じゃぁ腕十字にしよう』って感じで（笑）。だいたい、腕十字で試合を決めるのって本当に難しいから、好きじゃないんだよ。ポジションを失うリスクも高いし。キムラだったら、極まらなくてもポジションは同じままだからね。実は同じようなことをヨアキム・ハンセンとの試合でもできるかなって思ったけど、やっぱりよそうって（笑）」

――ヨアキムとの試合はスプリットで負けたけど、凄い激闘だったね。

「ハンセンとは戦っていて楽しかった。ハンセンのガードの中からパンチを落とすと、彼は背中をマットにつけているにも関わらず、殴り返してきた。それが信じられないくらい痛かったんだ。あんな経験は後にも先にも、あの試合だけ。どうやったら、あんな強いパンチを下から打てるのか、今も分からない。きっと腰とか切るタイミングで肩を入れるとか、何か工夫しているんだろうけど、今も分からないままだ。あと、それにもましてあの試合では印象に残っていることがあるんだ（笑）」

――それは何だい？

「ハンセンがすっごく臭かったこと。マット・リンドランドも、試合の時に凄い匂いをさせていると聞いたことがあるけど、あの時のハンセンは半端なかった。試合前にリングの中央で向かい合った時、何ともいえない匂いが漂ってきて、コーナーに戻ってもまだ臭い。試合が始まっても2、3分は気になっていたよ（笑）」

――それは凄い思い出だ（笑）。

「あのあと、どこかでハンセンにあって『あの匂いは何だったんだい？』って本人に尋ねたけど、彼は要領を得ていない感じだった。きっと減量中にたくさん汗をかいたのにシャワーを浴びなかったんだろう。でも、匂いが試合に影響を与えるって知ることができたよ（笑）」

――ハハハハ。本当に長いキャリアを重ね、日本以外にも2度に渡りUFCと契約し、ライト級のパイオニアとして活躍したイーブスだけど、一番の思い出の試合は何かな？

「これは誰も知らない、僕だけのベストファイトだけど、2度目のエルミス・フランカ戦なんだ」

――ユーフォリアで戦った時だね。

「そう、UFCの最初のライト級の試みが頓挫し、僕らはリリースされた。エルミスとの試合の前、息子が病院に入院していた。予定日より12週間も早産だったから、問題だらけで。特に肺の状態が悪かった。そして、病院から手術をするのに2500ドル必要だと言われた。まだPRIDEで試合をする前だし、お金を工面するのに苦労した。そしてユーフォリアのマッチメイカーのミゲール・イトゥラテに相談したんだ。直後に後ろ髪を引かれる思いで、ヒューストンを離れ、セコンドに就くためにAFCが行なわれていたフロリダへ行った」

――ミゲールはAFCでもマッチメイカーをしていたよね。

「会場に到着すると、ATTのオーナーのダン・ランバートが僕の横にやってきて、『ミゲールから聞いたよ。これを息子さんのために使ってくれ』って3000ドルの小切手を手渡してきたんだ」

――AFCはランバートがプロモーターだったからね。でも、エルミス・フランカはATTの選手だよ。

「そう、ダンは僕に『これで息子さんを治して、しっかりと試合の準備をするんだ』って言ってくれた。ただ、病院に通い詰めだったから、ちゃんとした準備はできなかった。そして、すぐにスタミナが切れた。ギロチンに捕まった時は、もう何も考えられなかったけど、ダンの好意に報いるためには、自分から試合を諦めることだけはできないって強く思ったんだ。結局、そこを乗り切ることができ、3Rを戦い抜いて判定勝ちできた。なんとか控室まで戻ったけど、息が整うまで30分以上もかかるほど、体力は限界を超えていたんだ……。ファンにとっては何でもない試合だろう。でも、あの試合のことは忘れることはできない」

——それもあって、ATT入りを決めたのかい？

「それはまた話は別だよ。MMAは進化した。それ相応のトレーニング環境、トレーニング・パートナーがいないと強くなれなくなった。2007年7月にボードッグでホルヘ・マスヴィダルに負けた時、ヒューストンの自分のジムでやっていても強くなれないと判断した。大きなジムへ行こうと。そして、リボーリオが誘ってくれていたATT入りすることを決めたんだ」

——なるほど。では、これからは？　今は自分のジムは持っていないよね。

「ヒューストンを離れATT入りした時にジムは閉めたよ。後から自宅だけはオースチンに建てたけど、ジムを開こうとは思わなかった。試合前になると僕はフロリダへ行く。指導者やオーナーが留守になりがちな状況で、ジムを開いてビジネスをするのはフェアじゃないからね」

——今後は時間もできるだろう？

「そうだね。どうしようかと考えている。何よりも今はUFCのFOX中継の一員になることを目指しているんだ。まずは計量の中継から。どれだけの人が計量の模様を視聴するのかは分からないけど、そんな仕事にも挑戦しようかと思っている」

Yves Edwards
1976年9月30日、米国テキサス州出身。1997年、WPCでプロデビュー。2000年4月、SuperBrawlで佐藤ルミナに敗れるも、2001年7月、HOOKnSHOOTミドル級（-76kg）王座戦でアーロン・ライリーに勝利し王座獲得。以降、修斗、UFC、PRIDE等で宇野薫、八隅孝平、川尻達也、小谷直之、三島☆ド根性ノ助、池本誠知ら日本人とも対戦。MMA戦績65戦42勝22敗1分1NC。日本国内戦績4戦2勝2敗。対日本人7戦4勝3敗。

メイウェザー×マクレガーは MMAの終わりの始まりか？ ロシアの脅威とアジアの躍進

DJがスープレックス腕十字で11度目の世界王座防衛。

2年連続、UFCの掉尾を飾る一戦は女子世界戦となった。

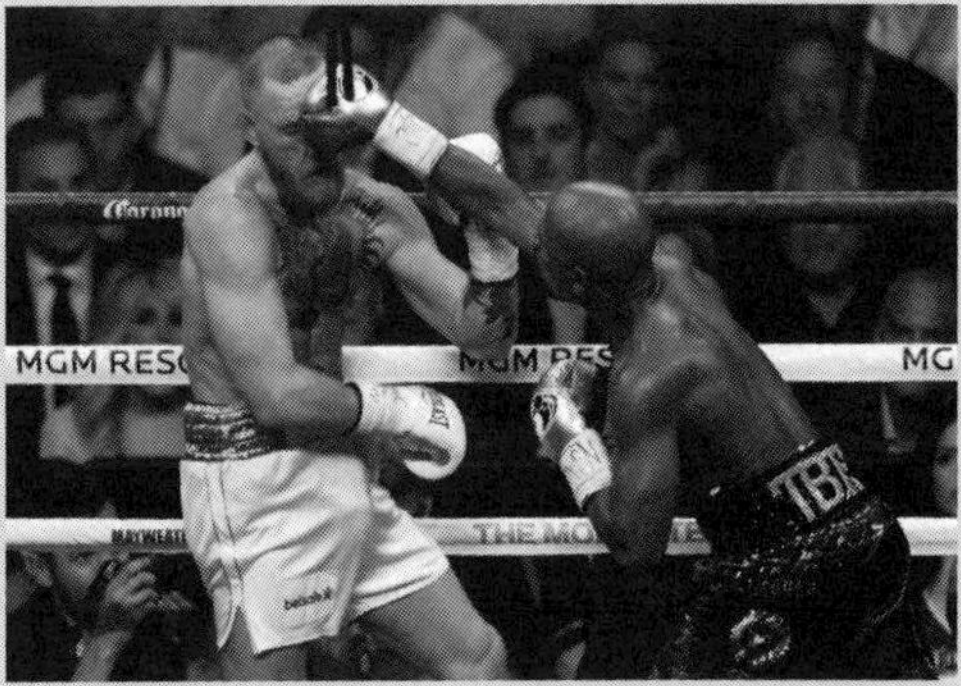

フロイド・メイウェザー×コナー・マクレガーはPPV430万件を記録した。

一方でエド・ルース、アーロン・ピコ、AJ・マッキーら箱入り息子を育成中。

ベラトールはレジェンド路線とUFCベテラン路線の融合でビッグショーを開催。

井上直樹が20歳で初陣。リクルートの低年齢化が顕著に。

２０１７年、海外ＭＭＡシーンで最も話題になったのはコナー・マクレガーとフロイド・メイウェザーの一戦であったことは間違いない。

デメトリウス・ジョンソンのスープレックス・アームバーや、ジョン・ジョーンズの王座剥奪よりも、両者のボクシングマッチはニュース性が高かった。

ただし、ＭＭＡ王者と５階級制覇の伝説のボクサーのボクシングマッチが、４００万以上のＰＰＶ契約数に達したことは、ボクサー×ボクサーのボクシング、ＭＭＡファイター×ＭＭＡファイターのＭＭＡの敗北を意味する。

そして、この試合がＭＭＡでなくボクシングで行なわれたことはＭＭＡの敗北だ。

韓国RORD FCは中国にも定着し、$100万ライト級Tを開催。

質と量、ワールドワイドなイベント開催。ロシアのACBが存在感を一気に増した。

5月にスタジアム・イベントを成功させたポーランドのKSW。

ONEはマーシャルアーツ路線で東南アジアに完全定着、ルール等も独自路線を往く。

UFCの階級増がINVICTA FCにどのような好影響を与えるのか。

25年掛けてスポーツとして進化したＭＭＡの攻防よりも、中間距離で蹴りもテイクダウンもない拳の交換が見たい人間の方が多かったのだ。

なら『ボクシングでイィんじゃね？』と興行会社ならなりかねない。

もちろん、これは一過性のモノだ。ただし、その一過性の試合が、打撃偏重傾向に拍車をかけている。

注目を集めるのならクリス・サイボーグと男の選手のＭＭＡマッチの方が、持っている武器を使えるという点でＭＭＡとして説得力がある。

メイウェザーとマクレガーのボクシングマッチが、ＭＭＡの多様性に関して、終わりの始まりとならないことを願うばかりだ。

UFCから始まったMMAの25年

MMAには人類五千年の徒手格闘技が散りばめられている

文・高島 学

全ては1993年11月12日に始まった。

2018年。大小問わずしてMMAという名称のコンバットスポーツ・イベントは世界のいたる場所に存在し、その模様をライブ観戦は当然として、テレビやインターネットのライブストリーミングを通して、肌の色や文化、当然のように言語も違う国の人々が鑑賞している。

このように世界中で見られるMMAに関して、「今、最も勢いがあり世界中で成長しているスポーツ」というプロモーションの宣伝文句は、決して誇大表現されているわけではない。

アメリカ合衆国コロラド州デンバーのマクニコル・スポーツアリーナでアルティメット・ファイティング・チャンピオンシップが行なわれて以来、この25年間で我々は一つのスポーツの進化を目の当たりにすることができた。野球やサッカー、ボクシング、スキー、カーリングのファンや関係者には、MMAのように誕生から成長と共に歩めた者は現代社会には居ないだろう。そんなMMA、25年間の世界への拡散状況を、UFCが誕生するのに必要だったピースから掻き集め、改めて振り返ってみたいと思う。

近年、戦争と紛争の影響で大きな被害を受けた、イラクの古代遺跡バビロン。その壁画に残る紀元前

３０００年頃に２人の男性が組み合うレスリングのような徒手格闘技。同じく紀元前１６００年頃に古代ギリシャで生まれたパンクラチオン。西暦４９５年に建立された嵩山少林寺で伝えられてきた武術。時が流れ１５８４年にシャム王国で国技となったムエタイ。18世紀に朝鮮の村祭りで行なわれていたテッキョン。松村宗昆、武田惣角、本部朝基らが鍛錬し、伝播した術。それら全てがＭＭＡには散りばめられて、絡み合っているといっても過言でない。

１８８２年には天神真楊流、起倒流柔術などを学んだ嘉納治五郎が講道館柔道を創設し、１９０４年に富田常次郎を団長とした柔道使節団が米国へ渡った。使節団の一員だった前田光世は世界各国で他流試合を繰り返し、１９１１年にブラジルへ辿り着く。１９１６年、ブラジルに帰化しコンデ・コマを名乗るようになっていた前田の教えをカーロス・グレイシーが受ける。カーロスが１９２５年にリオデジャネイロでグレイシー・アカデミーを開いた後、３年を経た頃には米国のＮＣＡＡでレスリングが初めて採用されると、オクラホマ州立大が優勝している。１９３２年、エリオ・グレイシー×フレッド・エバート戦。１９３７年に船越義珍が松濤館を設立。ソビエト連邦でサンボが国技となった翌年＝１９５１年には木村政彦がブラジル遠征を行ない、10月23日にエリオを腕緘みで下している。

ブラジルではグレイシーに関係なくバーリトゥードが行なわれていた。

それから四半世紀を経てブルース・リー・ブームの勢いを買い、エリオと長男ホリオンの柔術デモンストレーションを見て挑発した空手家がホーウス・グレイシーにチョークで敗れる。

1981年5月、オランダはアムステルダムでキックボクシングのトム・ハーリックとサンボのクリス・ドールマンによって古代パンクラチオンを模した目潰し以外、どのような攻撃も許された大会が開かれたもののアムステルダム市警より以降の開催を禁じられる。日本では1987年に佐山聡が修斗協会を設立し、5月にプロ化第1戦を後楽園ホールで開いた。佐山が袂を別ったUWF系プロレスからは、第1回UFCの2カ月前にパンクラスが誕生している。

MMA――ミックストマーシャルアーツにはこれら五千年の徒手格闘術の叡智と経験値が結集している。とはいっても実際のところUFCでホリオンは、グレイシー一族がブラジルで柔術の優秀性を証明するために行なってきた他流試合、ポルトガル語で〝何でも有り〟を意味するルールのない戦い＝バーリトゥードをワールドワイドに展開したに過ぎない。体重無差別、時間無制限、ブレイク&判定決着なし、反則は目潰しと噛みつきのみのノールール・ファイトは英語では「していけないことはない」という意味に当たるノー・ホールズ・バード（NHB）という呼称が与えられていた。

UFCが世界の格闘技界に衝撃を与えたのは、倒れている相手の顔面を殴る行為。今でいうパウンドだった。サッカーボールキック、グラウンドでのヒザ蹴り、下腹部への攻撃も許された戦いは事実上イベント・プロデューサーだったホリオンが描いた、柔術の伝播に必要不可欠な要素であった。

1993年当時、世界中に数多ある武道、格闘技にあって1対1の試合形式で何でも有りを想定していたのは柔術のみ。他の競技会が開かれている格闘技は、その全てが個々のルール内において勝つことを優先していた。つまり、ノールールに対応してトレーニングを積んできたホイスがUFCで優勝することはホリオンの計画通りだったのである。

そんな第1回UFCに出場したファイターで、ホイス以外に何でも有りに近い状況を考えて練習している可能性があったのはケン・シャムロックとジェラルド・ゴルドーの両者だ。ただし、ゴルドーは組み技を習得しておらず、パンクラス旗揚げメンバーのシャムロックにはポジショニングという概念が存在しなかった。同時に見る者を戦慄させた危険な戦いで、何でも有りの現実を見せつけたのもゴルドーだった。彼は決勝でホイスと対峙した時には右足の甲を骨折し、右の拳も負傷するなど既に満身創痍の状態。ゴルドーが自らの打撃で自身を傷つけたことで、相手をできる限り傷つけず自らもケガをすることなく勝ち上がるというホイスの戦い方を際立たせた。

直接対決においてもゴルドーの打撃を完封し、組んで倒してから首を絞めて勝つことで、ホイスは柔術の優秀性を世界に示すこととなった。結果、ホリオンの目論見通りグレイシー柔術は世界中から注目を集めるようになり、ノールールの戦いの第一次拡散期を迎える。

1994年7月、佐山聡がホイスの兄ヒクソンを招聘しバーリトゥード・ジャパン・オープンを開催。1995年3月にはウクライナで、IFCが開かれイゴール・ボフチャンチンが優勝を果たした。

この間、UFCでは柔術が広まったことで、ホイスの小よく大を制すという戦いに陰りが見えるようになる。その後、時間制限が設けられたワンマッチ＝30分×1R戦ではホイスのガードのなかにシャムロックが延々と留まるという展開で時間切れドローに。この1995年4月のシ

ホイス・グレイシーの勝利が世界中のコンバットスポーツを変えた。

ャムロック戦後、ホリオンは時間制限の撤廃を主張するも、PPV中継時間内にイベントが終了しなければUFCはビジネスが成り立たない。PPV中継を全うさせるための時間制限の導入を契機に、ホイスが簡単に勝てなくなる状況を見越していたホリオンはUFCに関して自らが持つ権利をイベント運営面を統括していたSEGに売却し、オクタゴンから撤退したのであった。

グレイシーがUFCから姿を消してもNHBの普及は勢いを増していく。ホイス×シャムロックがドローとなった直後にオランダで初のケージファイトが行なわれ、6月にはベルギーでゴルドーが同様のイベントを開いた。さらにロシアでは我こそが何でも有り世界一と主張して譲らないコンバットサンボ勢の肝いりでアブソリュートFCが7月に行なわれ、イリューヒン・ミーシャがサンボの威信を守る勝利を挙げている。8月にはNHBの母国ブラジルでバーリトゥード・ブラジル・オープンへの出場権が賭けられたバーリトゥード・ナショナルが行なわれ、決勝でカーウソン・グレイシー一派のエース＝アマウリ・ビテッチが、カポエイラのメストレ・フッキに敗れている。

10月には米国でUFCに次ぐ大掛かりなNHB大会＝ワールド・コンバット・チャンピオンシップが開催され、ヘンゾ・グレイシーが優勝。その1カ月後に第3団体＝エクストリーム・ファイティングが活動を始めた。エクストリーム・ファイティングはUFCに先んじて階級制を導入し、レスリングやサンボ、キックボクシングで結果を残している一流のアスリートが参戦するようになる。そんな彼らが何でも有りを考慮した戦い方を実践したことで、NHBは技術的には幅を見せるようになり、エクストリーム・ファイティングは後のUFCのルール整備に関して、修斗とともに深く影響を与えるようになる。

ただし社会のNHBを見る目は厳しく、同大会は当初の予定ではNYのブルックリンで開催予定だったが、州議会議員と市議会議員が反対会見を開き、ノースカロライナの人口7万人の田舎町に移動を強いられる。PPVを成立させるためだけに、何とか大会を成立させたというのが実情だ。

迎えた1996年5月にUFCは史上初のオール・ワンマッチ大会に踏み切った。実はこの大会前に共和党のジョン・マケイン議員がUFC廃絶を声高に訴え、開催地デトロイトの裁判所でイベント開催の是非が問われていた。結果、頭突きが禁止となり、MMAグローブの着用が義務付けられたシングルマッチでの開催がなんとか許された。この後もUFCバッシングは勢いを増し、ついにはケーブルネットワークのPPV放送が締め出されることに。これ以降、UFCを主催するSEGはファイナンシャル・プロブレムが付きまとい、エクストリーム・ファイティングは活動停止に追い込まれた。

ズッファUFCの顔ダナ・ホワイトの根底にはMMA愛が溢れている。

UFCのケーブルネットワークでのPPV復活は、2001年のズッファ体制になるまで5年の時が必要となった。この間、SEGもNHBでなくMMAというスポーツとして、世間に認められるようにルールやレギュレーションの整備を進めていくのだが、興行としてUFCは規模縮小を強いられMMAの中心は1997年10月に日本で戦いの幕を切って落としたPRIDEに移っていった。

その一方で、既に全米で中小規模の大会が見られるようなったMMA社会は生き残りを賭けて、安全面の整備に取り掛かり、ユニファイドMMAルールが制定されるやUFCも2000年11月のニュージャージー大会より、同ルールを採用しシューズと道衣の着用はオクタゴンで見られなくなった。同時にこの大会はニュージャージー州アスレチック・コントロールボードの認可を受けており、UFCが公的機関に認められた最初のイベントとなった。

そして、MMAは新たなるチャプターを迎える。

2001年1月、ズッファによるUFCの買収劇。ネヴァダ州ボクシング・コミッションと結びつきの強い彼らはUFCをエンターテイメントのメッカ＝ラスベガスに定着させ、9月にケーブルネットのPPV中継を復活させると、翌年の7月にはFOXスポーツでフリーTV中継を試みる等々、着々とインフラ整備を進めていった。PRIDEがさいたまスーパーアリーナに大観衆を集め続け、日本の総合格闘技がピークを迎えるなか、米国ではズッファが現在の繁栄の基礎を着々と築いていたわけである。

その一方で、コミッションから派遣されるジャッジは、世界に広まったボトムにおける防御&コントロールを理解せず、上を取っている選手の優位性を一方的に支持するようになる。そう、今のMMAに通じるガードからの仕掛けに関しては、フィニッシュ以外は有効と見なされないというボクシング&レスリングのスクランブルMMAがこの〝スポーツ〟の中核をなしていくことになる。

2005年、莫大な資金を投入しながら、一般層への浸透が進まなかったズッファはUFCとの大型契約を賭けた若いファイターたちの生き残り合戦をテーマとしたリアリティTVショーを自主制作し、SPIKEの枠を買って中継という最後の大勝負に出る。この賭けに勝ったUFC、ジ・アルティメット・ファイター＝TUFのヒットはMMAの未来を光り輝くモノとした。

SPIKEは年に2度のTUFだけでなく、ノーPPVショーをUFCに持ち込み、一気にMMAはジェネラル層に広まっていく。2006年、PRIDEが地上波TVの後押しを失ったことで、まさかの凋落とズッファへの売却という事態で終焉を迎えたのとは対照的に、米国ではＴＶのナショナルネットワークを基盤とする第二次ＭＭＡ拡散期を迎えることとなった。

２００６年３月、ベイエリアのキックボクシング大会ストライクフォースのスコット・コーカーがＮＢＣの深夜枠を買い取り、ＭＭＡが解禁されたカリフォルニアでビッグショーを催した。４月には録画中継ながら、ＦＯＸスポーツネットで団体戦を売りにしたＩＦＬが活動をスタート。

２００７年２月になると、ＣＢＳとケーブルネットのショータイムがＭＭＡイベントに着手、エリートＸＣが誕生した。旗揚げ戦にはジーナ・カラーノが登場し、女子ＭＭＡ隆盛への一歩が踏み出される。

UFCが頂点にあるMMAだが、PRIDEを感じさせる大会も少なくない。

雨後の竹の子のように生まれる新団体に対し、ズッファは北カリフォルニアのローカルショー＝ＷＥＣを買収し、バーサスＴＶの中継によって軽量級の普及を手掛ける。ユライア・フェイバーやジョゼ・アルド、ドミニク・クルーズといったスター選手を養成した後、ＵＦＣはＷＥＣを吸収合併した。

その一方で新興団体ではＩＦＬの活動停止に続き、２００９年にはショータイムがＥＸＣを手放す。その権利を引き継いだストライクフォースがＵＦＣにとって、唯一の競合相手と目されるようになったのも束の間、ズッファは２０１１年３月にストライクフォースまで買収してしまう。

ＵＦＣの独走を許さじと、討って出たのは彼らとともにＭＭＡをお茶の間に広めたＳＰＩＫＥであった。ズッファが同局との契約を打ち切り、

ＦＯＸと長期契約を結んだ２０１１年の秋にＳＰＩＫＥの親会社ヴァイアコムが、２００９年４月に新規参入していたベラトールを買収し、満を持して２０１３年１月から同局で中継を開始。さらに元ストライクフォースのコーカーを舵取り役に任命し、ＵＦＣから世界王者クラスやレジェンド級のファイターを引き抜き、瞬く間に業界第２位のＭＭＡプロモーションの地位を獲得するほどの成長が見られる。

ケージの中を見渡してみると、ウェルラウンダー化が浸透し、戦いの軸にボクシング＋テイクダウンがしっかりと根付いている。つまりガードワークや極めに対する評価の下落は決定的となり、ボクシングとテイクダウン防御＆スクランブルがストップ高に。スクランブルの強化、コントロールの進歩により、米国フォークスタイル・レスリングの重要性に世界が気付き、加えてレンジ、サークリングなどＭＭＡ独特の距離のコントロールを駆使した戦い方が急激に発展する。

日進月歩のケージ内と同調するようにケージの外でも米国でのビジネス成立を機に、世界各国で投資家、広告代理店や映像権利会社の参入を誘い、ＭＭＡはファイティング・エンターテインメントに昇華することとなった。ブラジルや英国、豪州などはＵＦＣを頂点としたヒエラルキーのなかで、自らのプロモーションのチャンピオンをオクタゴンに送り出すフィーダーショーが数多く活動し、マーケットは広がりを見せ続けている。ＭＭＡ創世記からその下地があったロシアでは、潤沢な資金を背景に海外進出まで果たしたＡＣＢやＥＦＮというイベントまでもが、トップファイターをＵＦＣに供給している。

他方、ロシアに近い東欧圏ではポーランドのＫＳＷやリトアニアのブシドーＭＭＡが個々の世界観のなかでファイターを切磋琢磨させ、イベント内で自己完結が可能となっている。

アジアに目を向けると、ＰＲＩＤＥ時代からＭＭＡプロモーションが誕生しては消滅を繰り返してきた韓国で２０１０年10月に生まれたロードＦＣが、人材育成大会から発展・成長を続けると国内での支持を集めるだけでなく、中国資金を得てさらなる成長を遂げている。２０１１年9月にシンガポールで産声をあげたＯＮＥチャンピオンシップは東南アジア全域に急激な勢いでＭＭＡを広める役割を担っている。この両プロモーションはユニファイド・ルールを使用せず、ＵＦＣとは一線を画した独自の世界観を創り上げることで成果を挙げている。さらに莫大な国内市場を持つ、中国のクンルンファイトＭＭＡはUFCを顧みる必要もない。アジアは北米ＭＭＡのエッセンスを取り入れつつも、格闘&武道文化と接近を図り、各国で知名度を絶対のモノとしてきた。いわば、ＵＦＣとはいえうかつに足を踏み入れると火傷するようなマーケットを開拓したといえよう。

進化と共にMMAがマーシャルアーツの集合体である事象が増える。

技術的な側面で現代のＭＭＡを俯瞰して眺めると、依然としてスクランブル&打撃という絶対的な幹が存在するものの、ファイター達は枝葉の部分でアドバンテージを得るために、さまざまな格闘技の要素を取り入れ、戦いの幅がさらに広がっている。

時には幹自体がボクシングやレスリングではなく、空手やテコンドー、散打という個性的なファイターも見られるようになってきた。この25年間には格闘技、武道、武術の叡智と経験値が詰まっている。世界中に土着格闘術が見られるように格闘技は文化だ。その文化と経済がシンクロした今、ＭＭＡはどのような発展をしていくのか。僅か25年、されど25年――これからの25年は果たして……。

第5章

空手とは何か

極真超人録

大山倍達総裁が語る極限への挑戦。

全ての原点は、大山倍達にあり――。

昭和28年、大山倍達の目白自宅庭で稽古が開始されてから1993年で40年。極真カラテは〝史上最強のカラテ〟の称号を不動のものとした。直接打撃制という過酷なルールを提唱、実践し、「超人追求の道」を驀進し続ける極真軍団だが、その原点にはやはり〝ゴッドハンド〟大山倍達の存在が燦然と輝いている。

GONG KAKUTOGI NO.198
1993年10月号
text by Kumakubo Hideyuki

「超人になりたかった」と大山総裁は過去を振り返る。そのために、過酷なまでの修行を己に課した。

その大山倍達「超人追求道」の原点は、山籠りにある。昭和22年10月、身延山（あるいはその奥にある七面山）に入った時を皮切りとして、何度か山籠りを強行したといわれている。しかし、七面山に入ったのは、「純粋に空手の修行のために山に籠ったのではない」と大山総裁は言う。

「物語、小説、ドラマ、そして『空手バカ一代』にはカッコ良く書いてあるけれども、実際には逃げ場が無かったから山に逃げたということだよ。戦後は、非常に社会が混乱していたし、弱肉強食の時代でもあった。徒党を組んだヤクザの横暴な振るまい、それに輪をかけてひどかった進駐軍の略奪などが日常で行なわれていて、私はそれをどうしても許せなかったんだな、正義感で。

万一、私が要領よくそういう人間についていたならば、今、私は巨万の富を持っていただろう。そして、ろくでもない事をしていただろうよ。しかし、いつも私が自分自身に誓い、戒めていることは強者の味方にならずに弱者の味方、勝者の味方にならないで敗者の味方、富者の味方ではなく貧者の味方になるということである。これが私のモットーです。

常に私は弱い者の立場であったから。生まれた時から、そういう環境で育ったこともあったんだろうね。だから常に権力にこびない、金の奴隷にならない、暴力に屈しない……これが私の信条です。そうやって今日までずっときたから、海外から来てお金がありません、という者はお金をとらずに寮へ入れてあげるよ。良い悪いは別にして、それが大山倍達の一部です。

話を戻すと、山に籠らなければならなくなったのは米兵等を相手にケンカをしてしまい、警察、MPから指名手配になってしまったからです。空手の修行だけのためではない。それが真実だよ」

寂寥感に包まれ、世間から逃げる形で山に入った大山倍達は、身延寺で生活をさせてもらうことになった。

「最初は山に逃げたのだから、空手の修行をするつもりでは無かった。しかし、思慮してばかりいてもしょうがないから、せっかく山に入ったのだから空手でもやろうかな、と」

〝空手の修行をするつもりではなかった〟ため、当然稽古に必要な用具などは持ってきてはいない。そのため稽古は自然を利用してするしかなかった。

「始めは木登り。あの頃は、腕脇といっていた。それから、逆立ち、腕立て、木渡りといった練習が最初は主だったね。だから稽古は他力本願の稽古では無しに、自力本願の稽古、自然のままの稽古をやっておったよ。今の若い人は全員、ボディビル・センターへ行ってウェイトトレーニングをやるよ。だがね、私の場合はウェイトトレーニングというのが無かったんだからね。

　自力本願の稽古とは、俵や石を持ち上げてみたり、約3メートルぐらいの長さの布を口にはさんで、それが地面につかないように走ったりすること。走る時も道を走るのではなく、道の無い斜面を駆け下りるんだよ。これを、縮地法という。だから足腰が強くなる。

　腕立て伏せも、最初は普通にやっておったのだが、これではおもしろくない、と。今でいう拳立てにした。それから5本の指で腕立て伏せをして、次は逆立ちができるようにする。これは昔の忍法の稽古法だ」

山籠もりのつらさは、何といっても夜だ。山全体が私を襲ってくるような気がした

　大山総裁はこの他にも、立ち木に藁や蔓を巻いて巻き藁を作り、木と木の間を一気に駆け抜けながら突きや蹴り出すなどの稽古を行なった。

　次は食事。

「食事は1日2回。今、大豆を酢につけておいて食べる酢大豆というのが有名だろう。これはね、昔の忍法の人たちがやったのよ。私が七面山に上がる時、そこの門番が『修行をやる時にはこれを持っていけ』と教えてくれたんだけどね。それを毎日食べて、あとはスルメをたくさん食べた。スルメを食べると、アゴが強くなる。

　山に入った時は、私の友人の香山というものがひと月ぶんぐらいの食料を毎月、ふもとのところまで届けてくれた。

酢大豆、スルメ、それに生米を食べるのよ。もちろん炊いても食べるが、1日1回はよく洗った生米を食べた。あと私が好きだったのは、黒ゴマ。それも毎日たくさん食べた。バターや、自分で釣った魚を干して火にあぶって食べたりもしたね」

七面山を降り、京都で行なわれた大会に出場した大山倍達は、再び東京に戻った。しかし、まだ街のあちこちに指名手配のビラが張られており、今度は友人の勧めで清澄山に入ることになる。

清澄山での山籠りは、今度は逃げる、隠れるという意識ではなく、「生涯を空手の道に捧げる」ことを決意してのものだった。

「清澄山では、山の中腹にある陸軍の監視所に寝泊りした。そこはもう誰も使っていなかったし、トイレもあるから。雨漏りはしたけども。

山籠りのつらさは、何といっても夜だ。夜になるとね、清澄山全体が私を襲ってくるような、木々が落ちてくるような気がするよ。そして空も落ちてくるような気がする。苦しくて、息ができなくなる。恐怖感だろうね。何度も逃げようと思いました。もう一つは、あの頃は私も25~28歳で若かったから、女性が恋しくてたまらなかったね。

それを克服するために、眉を剃ったり、夜中に稽古をしたり色々なことをやった。ところが、3カ月も過ぎると不思議なもので、今度は山の精気が自分に降り注いでくるような感覚になってくる。まるで山が自分を守ってくれているような安堵感を感じるようになったんだ」

山での生活は、ほとんどの時間を空手の稽古に費やしたという。夜明けとともに目覚め、日が暮れて辺りが真っ暗になると休む。その間、大山総裁は何を考え暮らしていたのだろうか。

「〝俺は昭和の宮本武蔵になるんだ、誰にも負けない〟ということを考えていたね。私は自分自身が大きくないことを知っていた。1メートル73センチしか無くて、体重も80キロちょっとしかなかったから。でも、俺はこの小さい体で世界を征服してやろうじゃないか、と思った。それには強さしかない、と。学問ができるわけでもなければ、科学者になれるわけでもなく、他の人のように知識が豊富でもない。頼れるのは自分の身一つ、すなわち自分の肉体、これしかない。

それには、超人的な記録を作るほかに道は無い。では、超人的な記録とは何か、と。超人的な記録とは、人に出来ないことをやるということだよ。人に出来ないことをやるには、どれくらいのことをしなければいけないのか？　そんなことを毎日考えていて、一発で牛が倒れるくらいになってやればいいじゃないか、と思ったんだね。

さしずめ、今だったら小錦あたりとやってみたかっただろうね。何発で倒れるか、ということをテストしてみたかっただろう。〝小錦、お前は250キロある。俺はお前の3分の1しかない。しかし、俺と君とどっちが強いか立ち会ってみようじゃないか〟と言っただろうね。もちろん、小錦は相手にしてくれないだろうけども（笑）。

力道山のインタビューの時に、梶原一騎が何気なしに〝大山と戦ったらどうだ〟と言ったらしいんですよ。そうしたら、『大山は人間じゃない。あれは化物だよ』と力道山が言った。『キミ、それは君が大山を知らないから、そういうことを言えるんだよ』と。だから、力道山が私に一目置いていたことは間違いない、と梶原一騎が私に言っていたよ。

だから私は牛と戦って、次は熊とやってみたい、と。ではその次は世の中で一番強いのはライオンだからライオンと一回やってみようと。それが私の宿望だったのだがね、その時は今とは時勢が違うから、今だったらそれができたかもしれないが、結局できなくて齢をとってしまったんだがね……」

超人追求のために、牛を倒す。それが大山総裁が山籠りの末に出した結論であった。

清澄山を下山すると、同じ館山にある屠殺所に出向き、牛殺しのため牛の生態、行動などを研究することにしたという。

「周りの人間は全員、私のことを狂っていると言っていたよ。ボタンを一つ押したら原爆で世の中が無くなる時代に、牛とやるとかライオンと戦うとかお前おかしいじゃないか、と言われた。私の友人にだよ」

その後、館山、清澄山での合宿を経て、大山倍達は〝牛殺し〟を試み、角折り（※後に角折りが禁止され、引き倒し）に成功している。超人追求における一つの夢がかなったのだ。

山籠りが苦しいことは分かるが、逆に大山総裁が山籠りをして良かったと思うことはないのだろうか。

「良かったことね……刑務所に入らなかったことが良かったんだろうね（笑）。山に逃げなければ、間違いなく刑務所に入っていたんだから。それと、山の中で運動と空手と読書をたくさんできたということだね。吉川英治先生の『宮本武蔵』は、何ページにどんなことが書いてあるか、ということまで暗記した。他には『太平記』『太閤記』『三国史』……主に歴史の豪傑たちの物語を読みましたね。あとは毎日日誌を付けたことが良かったな」

山籠り、米国遠征、数々の特殊鍛練……大山総裁が実践してきた荒行は数多い。その中でも、最もつらかった修行とは何なのだろうか。

「人間にとって一番怖いのは、腹が減ることだ。その次は孤独になること。話し相手がいなくなるということだよ。山籠りの時も孤独に耐えかねたが、山の中では大きい声を出せるし、一人で稽古ができるからまだ良かった。

私の修行で一番つらかったのは、言葉のできない海外へ行ったことです。壁にぶつかった時。生活、風習、言語……こういうものができない時が、一番つらい」

最後に、大山総裁にとって修行とはどんな意味を持つものなのかを聞いてみた。

「私にとって修行とは……、人間形成への道だった。昔の私は、話し合う前にまず殴っていたよ。口より手が先だった。でも、今は違います。それが修行の成果です」

Oyama Masutatsu
1939年、京都義方会の曹寧柱に剛柔流空手を学び、木村政彦と出会う。上京後、船越義珍の松濤館入門。1952年、プロ柔道の遠藤幸吉と渡米。1956年、池袋・大山道場を経て、1964年、国際空手道連盟極真会館を設立。多くの弟子・名選手を輩出。フルコンタクト系各流派を生み出す源流となった。1994年4月26日、永眠。

※本稿は1993年10月号を加筆修正の上、収録。

あの日、極真の歴史が変わった――フランシスコ・フィリオ×数見 肇

「数見がいてくれたから、フィリオがいてくれたから」

ゴン格と言えば、極真空手。確かにそういう時代があった。誌面を彩ってきた数々のスター空手家たちがいたが、最強最大のライバル関係はこの2人だった。外国人初の世界王者となったフィリオ、極真魂の権化と呼ばれた数見――。あの歴史的一戦から12年、奇跡の再会が実現した。

――ビッグな再会が実現できて光栄です。こうして顔を合わせるのはいつ以来のことですか？

数見　第7回世界大会（1999年11月）以来だと思います。

フィリオ　多分そうですね。またこのようにお会いできたことを光栄に思います。数見さんはとても素晴らしい選手でしたし、尊敬しているので、こういう場を設けていただき感謝しています。

数見　私も同じ気持ちです。選手時代、フィリオさんは世界で一番強い選手だと認識していました。ある意味、自分を鼓舞するのに凄くいいライバル

GONG KAKUTOGI NO.235
2012年1月号
text by Kumakubo Hideyuki

という想いがありましたね。試合から離れて、またこうやってお会いできるのは不思議な感じもしますけれど、全然変わられていないですね。

――選手としては、お互いにどのような印象があったのでしょう？

フィリォ　まず足腰がしっかりしていて、下段廻し蹴りの強さがとても印象に残っています。そして、最後まで諦めないという姿勢が凄いと思っていました。

数見　私が最も印象に残っているのは、並外れたパワーですね。フィリォさんとは2度対戦していますが、見た感じと実際に当たった時のギャップが凄く大きかったんです。見た目以上にとてもパワフルかつ技が多彩で、これは日本の中だけで勝つことを意識して試合をしていたら対応するのが厳しいな、と思いました。だからこそ自分も目標を高く持つことが出来たと思います。

――第5回世界大会での、フィリォ師範の衝撃日本デビューをどのように見ていましたか？

数見　第6回の時と比べたらだいぶ細身でスマートな体型でしたよね。テクニシャンというイメージで、スピードと技が秀でている印象を受けました。第5回ではやはりアンディ・フグさんに一本勝ちしたことが、もの凄く衝撃的でした。

――あの試合を見て「これは第6回で強敵になる」という意識はありましたか？

数見　いえ、第5回の時は八巻（建弐）先輩の付き人をしていたんですが、私にとって当時、世界大会はまだ遠い存在だったんです。ですから次の世界大会を目指そうという意識すらありませんでした。

フィリォ　第5回は自分にとって何もかもが初めてのことばかりで、驚きの連続でした。日本に来たのも初めてでしたし、当時は大会前後に10日間滞在したんですが、慣れないことばかりで体重が減ってしまったんです。数見さんが言われた通り、当時はまだそれほど身体は大きくなかったですし、技術的にはほとんど蹴り技のみでした。手技の使い方はまだまだで、蹴り技が9割を占めていましたね。だからこそ、アンディ選手に一本勝ち出来たという側面もあると思いますが、当時はとにかく無我夢中でぶつかっていっただけでした。

――フィリォ師範の名を轟かせたのがそのアンディ・フグ戦でした。極真史に残る番狂わせでしたが、どんな感想をお持ちですか？

フィリォ　あの試合のためにアンディ選手を徹底的に研究して臨んだのです。4回戦で必ず対戦することになると予想し、しっかりと対策を練って準備をしました。アンディ選手が上段廻し蹴りやカカト落としで攻めてくることは予想していたので、アンディ選手の足が上がったら必ずブロックすることを心がけていましたね。

――数見館長はアンディ選手とゴン格で対談したことがありましたね。

数見　実際にお会いしてみて、とても優しい雰囲気を持った方だったという印象が残っています。試合の時とはまるっきり違うというか、凄く温かみのあるお人柄でした。

――第5回から第6回の間で、フィリォ師範は体格も戦い方も大きく変わりましたよね。あれはどう思いましたか？

数見　脅威以外の何ものでもなかったですね。稽古をしている時にも「今のままの稽古でいいのか」と考えることもありました。正直なところ怖さを感じていましたね。

フィリォ　たしかにその期間に、蹴りだけでなく手を使ったコンビネーションをより多く使えるようになりました。様々なトレーニングの結果、体重も大幅に増やすことが出来ました。なぜそうなったかと言えば、自分が世界チャンピオンになるためには何をやらなければいけないのかを考え、いろいろなことを試してみた結果です。

数見　田村（悦宏）師範が世界大会の前にブラジルへ行かれたのですが（93年2月）、ブラジルはとにかく凄いというお話を聞かされて、メディアでもブラジル勢の稽古を目にして怖さはありました。第7回前にはブラジル支部のサンドバッグに「KAZUMI」と書いてあって。ああ、マークされているんだなと思いましたし、チューブトレーニングとか見たこともないような稽古をしていたので、大丈夫かなって心配はありました。でも、それは自分がとにかく稽古をして、そういう不安を解消するしかない。不安に思ってもしょうがないわけですから。自分を徹底的に追い込めるところまで稽古しました。彼らの存在がなかったらなかなか自分を追い込めなかったと思います。本当にフィリォ選手の存在は大きかったですね。実際に試合をして、体力的にも技術的にも間合いも、今まで経験したことがないような、全部が違うんだと思いました。だから、やりながらその場その場で対処していくしかない、頭で考えている余裕はなかったです。

——日本の選手たちは空手母国として世界王座を渡さないという意識で世界大会に臨みますが、ブラジルの選手たちはどういう意識で臨んでいたのでしょうか？

フィリォ　空手は日本が発祥の地ですから、日本選手たちが王座を守らなければいけないという義務感を持っていることは理解していました。その義務感の強さに我々外国人選手たちが打ち勝つのはとても難しいことだったと思います。しかし、日本選手に勝たなければ自分たちが世界チャンピオンになることは不可能なので、とにかく日本に勝つんだという強い意識で稽古にも試合にも臨んでいました。

——第6回大会では数見・八巻両選手が日本のエースだったんですが、より強く意識していたのはどちらの選手でしたか？

フィリォ　八巻選手には第5回で負けているので、出来れば第6回の決勝戦でぜひ再戦したいと思っていました。数見さんは若い世代だったので〝こんなに強い日本人がいたのか〟というサプライズの方が大きかったですね。しかも、大会の中でもどんどん成長しているのが分かったので、私も数見さんと当たった時のことを真剣に考えなければいけないと思いましたし、不安は倍になりました。

数見　第6回の時は本当に無我夢中でした。先ほどの空手母国という話ですが、世界大会になると否が応にもそれを意識せざるを得ません。でも、それが自分にとって稽古の時も試合の時も苦境に立たされた場面で支えになったんです。何が何でも生き残る、勝たなければいけないという意識が心の支えだったんですね。ただ第6回の時は初出場でしたし、周りに先輩方がいっぱいいましたから、頼れる人たちがいるから大丈夫だろうという思いもありました。

――ということは、第6回の時はご自分が優勝することよりも、八巻さんをサポートするという意識の方が強かったんですか？

数見　自分が優勝するではなく、日本が優勝するという意識の方が強かったですね。その手助けが出来ればという気持ちが強かったかもしれません。

――そして準々決勝ではフィリォ師範の後輩であるグラウベ・フェイトーザ選手と数見館長が対戦し、歴史に残る名勝負になったわけですが、フィリォ師範はあの一戦をどうご覧になりましたか？

フィリォ　あの試合は衝撃でした。ただ、結果については信じられない部分もありました。数見さんの戦いぶりは素晴らしいものでしたが、ずっと一緒に稽古して充分に強さも知っているあのグラウベが負けてしまうなんて、という動揺があったのは事実です。

――その次の準決勝でお二人がついに拳を交えました。

フィリォ　私と数見さんを比べたら、体力的にも技術的にもそれほどの差はないと思います。だから今日試合をして明日また試合をしても結果は違ったものになるでしょう。その証拠に第7回の決勝では私が勝ちましたが、第6回の準決勝では数見さんが勝ちました。その2試合ともに試割り判定です。実力的には同等だったと思います。

――準決勝で敗れた時、数見選手に勝つためにはどうすればいいと思いましたか？

フィリォ　神様の力がなければ勝つことは無理だったのではないかと思います。第6回で優勝するために、私は凄く一所懸命に稽古を重ねてきました。それが残念な結果になってしまったことで、あの時は正直、もう試合に出場するのはやめようかとさえ思ったのです。第6回の後、しばらくは何も考えることが出来ませんでした。

数見　フィリォさんが先ほど言われたように、今日は勝っても明日は負けるかもしれないという力関係だったのだと思います。第6回の時は私の運が良かったんでしょうね。本当にギリギリの勝負だったと思います。私にとって第6回のグラウベ戦&フィリォ戦は身体の中に凄くいい材料としてインプットされて、それを元にまた4年間稽古をしました。日本の中だけで満足していたら絶対に世界大会では勝てない、と。それと先輩方がみんな一線を退いて、今度は自分が背負っていかなければいけないという責任感もありましたし、常にブラジルの選手を視野に入れて稽古をしていました。だからこそ4年間しゃかりきになって稽古が出来たと思います。全日本で優勝することだけを考えていたら、あそこまで出来たかどうかは分かりません。やはり世界大会が常に具体的なものとして視野に入っていましたし、今度は自分が日本を引っ張って行くんだという気持ちを持つようになったからでしょうね。

――2度目の対戦は第7回の決勝戦です。

フィリォ　その戦いは数見さんとの戦いではなく、まさに自分自身との戦いでした。なぜなら、第6回で負けてしまったことによって自分は1度死んでしまったのだという気持ちを持っていたからです。第7回の時の私は、また生まれ変わったという新鮮な気持ちで戦っていました。ですから第7回の時は落ち着いて自信を持って戦うことが出来たように思います。自信を持つことによってもっと相手のことが見えるようになりましたし、以前に戦ったことがあるため体力や技やスピードも知り尽くしていたので、戦いやすい部分もありました。ただ、先ほども言ったように神の力があったからこそ勝つことが出来たと思います。

――試合後に磯部清次師範からお聞きしたんですが、おそらく試合では差がつかないだろうから、試割りで数見選手よりも多く割ることを意識していたということでしたが……。

フィリォ　結果的には試割り判定で勝つことが出来たわけですが、正直なところ試割り判定まで行くことは考えていませんでした。出来ればそれまでに決着をつけたいと思っていたからです。ただ、試割りをやっている時に自分が枚数的に有利になった場面があったので、そこで試合ではこれがアドバンテージになるだろうとは思いました。

――では意識していたわけではなかった？

フィリォ　枚数で勝つであろうことは想定していましたが、特に意識はしていませんでした。たしかその時、数見さんは私よりも多い板を割ろうとしていたのですが、私はそこで無理をするよりも試合で勝ちたいと思っていませんでした。

数見　私は何も考えていませんでした。最初からこの枚数に挑戦すると決めていましたので、試割り判定のことは考えていませんでしたね。手刀で失敗して、そうなると次の試技では慎重になって枚数を抑えるものなんですが、4種目とも自分の頭の中で決めていた枚数に挑戦しただけなんです。たまたま位置が隣同士だったので、多少気にはなりましたが（笑）。でも、それ以上に「あ、気にしているんだろうな」と周りに思われるのが嫌だったので、なるべく気にしないようにしました。

――再延長が引き分けだった時はどう思いましたか？

数見　第7回大会は自分の試合人生の中で最も気力・体力が充実していたんです。本当にやるべきことはやったので、試合場に上がる時も今までとは違った感じで〝よし、やるぞ〟という活力が身体の芯から湧き上がってきました。ただ、フィリォさんとの試合に関しては負ける気はしなかったんですが、勝てるという気もしませんでした。そういう状況で、何も考えず無心で戦っていたんです。ですから再延長が終わった時点で〝これはどうなるんだろう?〟と思いました。これは勝ったとか負けたとかは一切なかったんです。どっちに旗が揚がるんだろうか、と。

——無の境地だったんですね。しかし、判定は引き分けとなり、試割り判定でフィリォ選手の勝利が告げられた時はショックだったのでは?

数見　これはえらいことになった、と思いました。何十年もずっと日本が王座を守ってきた伝統が、自分の責任で終わってしまったわけですから。心の中で〝あともう1回延長戦をやってくれれば……〟と思ったりもしました。もちろん、ショックでした。

——正直なところ、再延長で勝ったとは思いませんでしたか?

数見　勝ったとも負けたとも思いませんでした。相手はフィリォ選手ですし、本戦、延長、再延長と3回あるから焦らずにやろう、と考えていたので、今から思えば悠長に構えていた部分があったかもしれません。本戦と延長1回目はけっこう見合ってしまったというか、自分から攻める展開ではなかった。あとで試合を映像で見て、本戦・延長でもっと自分から攻めていればよかった、もっと攻めるポイントがあったとは思いましたが、あの時はあれが精一杯でしたね。どうしても入っていけないというか。行ったら何かが飛んでくるという感覚があったので。引き分けになった時点で負けたか、という感じでした。

——あの時は満身創痍でしたよね。

数見　そうですね。でも、それはあまり気になっていなかったんです。

——絶体絶命の心境ではなかった?

数見　絶対に勝てるとは思っていませんでしたが、負ける気はしなかったんです。先ほども言いましたが、あの時は体力・気力が充実していて、徹底的に自分を追い込みましたからね。大会前に故障はしましたけれど、むしろあの当時は稽古の時に故障するくらいがちょうどよかった。何かしらどこか折ったり、ヒビが入ったりというのがあったんですが、そうなると〝調整は順調にいってている〟というふうに思っていました。逆に怪我をしていないと、追い込み方がまだ足りないんじゃないかって思っていましたから、その意味で大会前にやるだけのことはやったと思います。私は元々、トーナメントで勝ち上がって行きながらエンジンがかかってくるタイプだったので、最初は緊張していてガチガチですぐに息も上がってしまいました。でも段々と、準決勝でグラウベ選手とやるくらいから〝よし、やるぞ〟という気力が増してきたのです。この〝よし、やるぞ〟という感覚がそれまでの試合ではあまり実感としてなかったんです。自分の中ではどこか淡々としていた部分があったので。それが第7回大会で唯一あったのが、フィリォ戦、グラウベ戦の2試合だったんですね。

苦しい稽古の時は必ずフィリォ選手の顔が浮かんできました（数見）数見さんだけはまるで自分を見ているかのようでした（フィリォ）

――フィリォ師範は現役時代、最強の敵でしたか？

数見　最強であり最高の敵、ライバルですね。当たった時の圧力が他の選手とは全く違うんです。それと何と言っても蹴り技ですね。あの蹴りを喰らったらアウトですから。距離が日本人とは全然違うので、入っていくのが難しいんです。日本人や他の外国人選手と比べても全く違いましたね。

――フィリォ師範に勝つためにどんな工夫をされましたか？

数見　とにかくあの蹴りを喰らわないように、蹴りを受けるための練習ではなく、蹴りを出させないためにはどうすればいいかを考えていました。

あの当時、私は合わせ技を主体にしていたんですけれども、相手が蹴ろうとする技の起こりの動作に合わせて攻撃することを意識していました。蹴りが来た時点ではもう遅いんです。あの蹴りを受けるのは絶対に無理ですよ。だから相手が蹴る前に何か対処をしなければいけなかった。当時はまだ具体的な意味は分からなかったんですが「先の先」「後の先」というのが武術の中にありますが、何となくですが自分なりに解釈してそれを意識していました。そしてあの当時はよく言っていましたね。「機に発し感に敏なる組手を目指す」と。あとは意識改革ですね。私は稽古をしないと痩せてしまうタイプなので、とにかく体重が落ちないように、なおかつ動ける身体を作るために、絶対に当たり負けしないように考えながら稽古を積んでいました。世界大会を経験できたこと、大きくて速くて技があって、という選手とやれた経験はもの凄い財産ですよね。世界王座を目指すことで自分の稽古の取り組み方が、あともうひとふん張り、さらにもうひとふん張り……という意識になりましたから。フィリォ選手という存在が自分を強くさせてくれました。

——逆にフィリォ師範は世界チャンピオンになられた時はどんなお気持ちでしたか？

フィリォ　もちろん、その時はやるべきことをやったという達成感でいっぱいでした。ただ、自分としては遅すぎたという風にも思っていたのです。本来は4年前の第6回大会で世界チャンピオンになりたいと思っていましたから。でも、優勝できてよかったですし、世界大会優勝がその後の人生の糧になりました。

——フィリォ師範が優勝したことによって、「外国人でも優勝することが出来るんだ」と世界中の選手たちの意識革命が起こったと思います。

フィリォ　影響は非常に大きかったと思います。何事も第一歩が一番難しい。その第一歩を自分が踏み出すことが出来たので、第7回以降はもっと簡単になったと思います。もう一つ言えることは、世界チャンピオンになるためには体力、技術、勝つという意欲が必要ですが、それらの要素だけではないと思います。周りの方々の力であったり、応援であったり、サポートだったり、他の人たちが自分に与えてくれるエネルギーが重要で、自分一人で試合に出るわけではなく、周りの支えがあってこそ戦うことが出来るんだという意識が選手にも、サポートする周囲にも必要だと思います。

数見　いま言われたように、第7回でフィリォさんが優勝したことによって他の外国人選手たちが「自分たちにも出来るんじゃないか」という意識付け、勢いがついたと思います。先ごろの第10回世界大会でもロシアの選手が優勝したとお聞きしましたが、日本の選手は海外の選手があれだけ強くなっているので本当に大変だと思いますけれど、日の丸を背負っているという意識を持って戦っていただきたいですね。もちろん皆さん持っていると思いますが、私は国旗掲揚の瞬間、自分は日本を代表しているんだなということを強く感じました。大変だとは思いますが、次は何とか日本に王座を取り返して欲しいですね。

――お二人は1勝1敗だったわけですが、3度目の決着戦をやりたいとは思っていませんでしたか？

フィリォ　いや、もう十分でした（笑）。

数見　自分も、もういいかなと思っていました。ああいう結果になってしまったのは残念でしたが、もう1回やりたいとは思いませんでした。

――フィリォ師範は極真の看板を背負ってK－1にも挑戦しましたが、数見館長はそのことについてはどう思っていましたか？

数見　もちろん気になっていました。とにかく〝勝ってくれ〟という気持ちだけでしたね。全然違うジャンルのリングに上がって行く勇気が凄いなと思ってずっと応援していました。

――フィリォ師範にとって数見館長、数見館長にとってフィリォ師範はどんな存在でしたか？

フィリォ　数見さんは自分にとってとても不思議な存在でした。戦う時は、相手が自分よりも強いだろう、自分よりも弱いだろうというのが大体想像がつきます。それによって自分の戦い方を決められます。しかし、数見さんだけはまるで自分を見ているかのようだったので、まるで自分と戦っているかのような感覚にとらわれました。

数見　私にとってフィリォさんの存在というのは、現役の時は常に意識していましたし、苦しい稽古の時は必ず顔が浮かんできました。ここでもう止めようかなと思った時に顔が浮かんでくるんです。それで、ここで終えたら負ける、もうひとふん張りしようと思うことが出来ました。私を本当に成長させてくれた存在です。自分に凄く影響を与えてくれた人ですよね。

――数見館長は極真会館を離れてしまいましたが、フィリォ師範からメッセージをお願いします。

フィリォ　私は今後も数見さんを応援していますし、頑張っていただきたいと思います。今後も自分にとって、数見さんが私自身を映す鏡のような存在であることに変わりはありません。

数見　ありがとうございます。今日はまたお会いできて嬉しかったですし、総本部道場に足を踏み入れたのも12年ぶりで凄く懐かしかったです。ちょっと恐れ多いというか、いいのかな、という気もしましたけれども（笑）。こういう機会がまた訪れるとは全く思っていなかったので、嬉しいのと恐縮しているのと半々でしたね。

――最後に、25周年を迎えた本誌で、お二人が印象に残っているゴン格の記事はありますか？

フィリォ　１９９３年に初めて雑誌の表紙になった時です。あの時はサンパウロまで取材に来ていただいたんですよね。それから何度も私やグラウベや極真ブラジル支部のことをとり上げていただき、またＫ‐１に出場するようになってからも応援していただいて、とても感謝しています。

数見　自分が初めて載ったのは中学生の時だったんです。当時、自分は総本部で習っていて、前田日明さんが大山総裁を訊ねて来てみんなで稽古後に写真を撮りました。そこに自分も写っているんです。あの印象が強いですね。強さに憧れていた時代で、ある意味、ゴングさんとは共に時代を歩んできたのかもしれないですね。

Francisco Filho
1971年1月10日、ブラジル出身。第5回全世界空手道選手権ベスト16&敢闘賞を受賞。第6回同3位、第7回で外国人初の世界王者となる。第1回全世界ウェイト制空手道選手権重量級優勝、95年3月18日に荒行・百人組手を完遂。97年からK-1参戦。K-1GP'97第3位、ワールドGP2000予選T優勝、ワールドGP2001準優勝。極真会館ブラジル支部所属・ブラジル代表監督

Kazumi Hajime
1971年12月14日、神奈川県出身。第24、25、28〜30、34回全日本空手道選手権優勝(6回優勝は史上最多)、第2回全世界ウェイト制空手道選手権重量級優勝、第6&7回全世界空手道選手権準優勝、99年3月13日に荒行・百人組手を完遂。02年の第34回全日本大会を最後に現役引退。02年12月に極真会館を退会し、03年6月に数見道場設立。現・空手道数見道場館長

40年前のリョート・マチダ

松濤館空手とルタリーブリを学びバーリトゥードを戦った男ジョアオン・ヒカルド

GONG KAKUTOGI NO.210
2010年5月号
text by Martins Denis

14年も昔に伝統派空手を取り入れたバーリトゥードを我々は日本で見ていた。見過ごされていた、現在のリョート・マチダに通じるファイト。ジョアオン・ヒカルドは17歳で空手勃興期のブラジルで松濤館空手を始め、自らの力を知るためにバーリトゥードに挑み、戦いの術を弟子に伝えていた。それが可能になったのも、空手界の先人たちは〝何でも有り〟に興味を持っていなかったからだった。

「打撃を使って戦っていたよ。一度も極めて勝ったことはない。KOもしくはTKOを狙っていた。もし、私が一番最初にルタリーブリを学んでいれば、きっとサブミッション・ファイターになっていただろうね」

夏の盛りが過ぎようとしているブラジル・リオデジャネイロ。エスタシオ地区の細い路地に伸びる影も長くなってきた。それでも燦々と降り注ぐ陽光を避け、アカデミア・ブドーカンを主宰するジョアォン・ヒカルドは、18戦15勝2敗1分というMMA戦績、いやバーリトゥードを振り返る。

古くからの格闘技ファンのなかには、アカデミア・ブドーカンという名を記すと、懐かしいと感じる人も多いのではないだろうか。日本の格闘技界がバーリトゥードを知った2年半後、1996年4月5日にユニバーサル・バーリトゥード・ファイティング（UVF）という大会が開催された。

当時、バーリトゥード界の2大潮流といわれたブラジリアン柔術界と、ルタリーブリからトップファイターが来日を果たした、今となっては伝説的な大会。カーウソン・グレイシー門下のヴァリッジ・イズマイウとカーロス・バヘット、ルタリーブル界からヒクソンの最大のライバルといわれたウゴ・デュアルチが来日し、インターネットもない時代に専門誌の誌面を大いに賑やかせていた。

当時のバーリトゥードは、まさに組技全盛の時代。柔術もルタ勢も組みついて寝技に持ち込んでから殴って極める、というスタイルで一世を風靡していた。一方でムエタイ、極真空手と最強説がついて回った打撃への信用度は急落、組技系ファイターに、彼らの蹴りや拳は届かず、マットに沈められ続けていた。当時のバーリトゥード・ファイターにとって、打撃とは当てて倒すものではなく、テイクダウンのフェイントでしかなかった。

そんな状況下で、本場のトップがやってきて開催されたUVF。第一試合に出場したジョイユ・デ・オリベイラは序盤からローを多用、ハイキックも繰り出し、最後は長瀬玲のテイクダウンや足関節狙いを潰して、パウンドで勝利を収めている。

同じルタリーブリ勢でも、話題を振りまいたウゴを擁するブルノシーラ派ルタリーブリとは一線を画したアカデミア・ブドーカンのオリベイラは、打撃中心のスタイルを人知れず披露していた。

同大会のメインに出場したペドロ・オタービオ、エベンゼール・ブラガ、そしてオリベイラも含め、その後もパンクラスやＰＲＩＤＥに上がったブドーカンファイターの打撃は、今から思えばテイクダウンを考慮した完成度の高い技術であった。

にも関わらず、バーリトゥードにおいては寝技偏向、打撃は通じないという時代背景があり、彼らの打撃は顧みられることがなく、同時に打撃だけに目をやると、キックやK‐1というフィルターを通して見られ、「手打ち」「ガードが低い」と評された。ブドーカン勢が見せていたバーリトゥードは、柔術家のそれでも、キックボクサーのそれでも、あるいはルタリーブリのそれでもなかった。バーリトゥードを一個のスタイルとして、トータルで捉えて個々の技術を消化していた。つまり、時代の最先端、いや先を走り過ぎていたといえるのではないだろうか。時代の一歩以上先を進んだスタイルを、なぜ彼らが身につけていたのか。それは全て彼らの師ジョアォン・ヒカルドが歩んできた格闘技の歴史に関係している。

21歳で初めてバーリトゥードを戦い、最後にリングに上がったのが、41歳。1945年生まれ、2010年で65歳になるヒカルドがバーリトゥードを戦っていたのは、1966年から1986年までのことだ。現代のMMAのように脚光を浴び、ファイトが生活の糧になるのでなく、その殆どの大会はリングが持ち込まれた体育館のドアが固く閉じられ、密室で行なわれているような状況だった。リング上でもまた、名声やファイトマネーを得るためではなく、己の技量を確かめることを目的とした戦いが繰り広げられていた。

ヒカルドにとって、バーリトゥードとはグレイシー柔術の人間のように「柔術の優秀性を証明する戦い」では決してない。あくまでも個人の戦い、そしてバーリトゥードとは「個々のスタイルなど関係ない。誰が戦おうが関係ない。唯一、両者がバーリトゥードを戦っている、そう称されるだけだよ」と、ヒカルドは言う。では、何ゆえに彼は打撃主体のバーリトゥードを戦ってきたのか。

「私が格闘技を本格的に始めたのは17歳、松濤館空手からだった」と、ヒカルドはさらに目を細め、遠い過去に想いを馳せる。

「友人の多くが空手を習うようになっていた。当時、空手は新しい格闘技として柔道に次ぐ人気を誇っていたんだ。柔道は小学校のカリキュラムに加えられるほどで、８歳ぐらいになると誰もが経験していたよ。柔術？　非常に限られたもので、アカデミーがあることすら知らなかった」

高校生のヒカルド青年が師事したのは、ハイムンド・バストスという日本空手協会からリオに派遣された瓜生定の高弟で、松濤館空手の道場を任されていた人物だった。

「私が空手を始めた１９６２年当時、リオデジャネイロには、松濤館しか空手の組織はなかった。黒帯も数えるほどで、60年代の終わりから70年代にかけて多くの人材が育ったんだ」

ブラジルに残る空手の歴史を編纂した資料によると、この国に初めて空手が持ち込まれたのは、彼が松濤館バストス道場に籍を置く僅か５年前のことと記されている。サンパウロに原田満典が、松濤館（※松濤会という説もある）の道場を創り、同時に船越義珍から五段を与えられた。

時を同じくして、剛柔流の赤嶺至冠もサンパウロに道場を出し、翌１９５８年には新里善秀がサントスに小林流の道場を開設、さらに和道流の高松浩二が、瓜生定らとサンパウロに日本空手協会の支部を創るなど、さながら50年代終盤は、空手のブラジル進出ラッシュであった。

ヒカルドは１９６８年にバストス師範から黒帯を与えられ、１９７７年に独立し、自ら松濤館空手の支部を出している。

「私にとって空手とは松濤館を意味する」というヒカルドだが、より多くの経験を積むためにサントスまで足を運び、小林流の新里師範の下で稽古を積むこともあった。当時、リオはバーリトゥード熱が再び熱くなり始めており、彼は練習仲間のイルベルノン・オリベイラ（※ジョイユの父、ジョイユという名前はジョアォン・ヒカルドのＪＯと、イルベルノンのＨＩＬを合わせたもの。それほど二人は親密な関係にあった）が出場する大会で、空手のエキシビションを予定していた。

「バーリトゥードに出る予定の人間が1人、会場に来なかったんだ。誰か彼の穴を埋めることはできないかと主催者が探していたので、私は自分の力を試したくて戦うことにした。もちろん、松濤館で培った空手を武器にして戦ったんだ」

対戦相手はルタリーブリの選手。当時、イルベルノンはバーリトゥードを戦うために、リオの下層階級の間で行なわれていたルタリーブリのトレーニングを開始していたが、ヒカルドは組み合うことを嫌い、友人の誘いに乗ることなかった。空手の稽古に専念していたヒカルドは、対戦相手の技量不足にも助けられ、ケガなく判定負けで試合を終えた。ただし、組技には手も足も出ず、一方的に攻められたうえでの判定負けだった。

「当然のことだけど、試合で負けて初めて組技がいかに重要かを思い知り、イルベルノンにルタリーブリの手解きを受けるようになったんだ（笑）」

松濤館空手とルタリーブリのみならず、バーリトゥードで勝つためにアカデミア・ブドーカンを開設してからは、五輪スタイル・レスリングの練習も並行して行なうようになったヒカルド。

伝統派空手といえば、どうしても閉鎖的なイメージが持たれ、また礼儀を重んじる面からも、バーリトゥードとの関わり合いを蔑視するような傾向があると思われがちだが、ヒカルドによると、当時リオの松濤館関係者から、バーリトゥード出場を咎められることは決してなかったという。

「80年代や90年代最初のような、柔術とルタリーブリがいがみ合い、街で騒動を起こすという時代でもなかった。バーリトゥードはあくまでも自らのスキルを図る場で、スタイルの争いということでもなかったしね。松濤館の人々はグレイシー柔術やバーリトゥードというものに対して、嫌悪感を持つ以前に興味がなかったんだ。だから私もリングに上がるときは空手の黒帯ではなく、ルタリーブリのファイターという心構えで戦っていた。ルタリーブリで学んだ技術がなければ、バーリトゥードで勝つことはできなかったからね」

既に競技としてリオなど大都会で認知されていた空手は、バーリトゥードという決闘の場に挑み、その優秀性をアピールする必要がなかった。他方でグレイシーのスタイルは寝技主体で一見して何が行なわれているのか、理解を得ることが容易でない。効果的な格闘技云々以前に分かり辛い柔術は、バーリトゥードでその護身術的な有効性をアピールしなければならなかったのかもしれない。

「いずれにしても、当時、グレイシーと戦ったカンフー、ボクシング、カポエイラに組技はなかった。柔術とルタリーブリだけがバーリトゥードに勝つ要素を備えた競技だったんだ。私も道場でトップ空手家と自由稽古をしようと言っても、彼らはみな『テイクダウンなしでやろう』と、別に深く考えることなく言っていたよ（笑）。空手家は空手のなかで、優秀さを競い合っていた。それで何も疑問は持たなかったんだ。今も変わりない。いキックボクサーやレスラーがバーリトゥード、いやMMAに転向してチャレンジする人間が増えてなお、空手や柔道、そして相撲から転向するものは殆どいない。ただし、私は空手の稽古を続けることでルタリーブリの技術も生き、そしてバーリトゥードで強くなることができたと思っているよ」

ある意味、バーリトゥードの有効な打撃を誰よりも早く研究してきたといえるヒカルドは、今も松濤館空手のトップファイターがMMAに転向すれば成功を収める者は多いと断言する。ただし、レスリングを知り、グラップリングを知れば、という条件付きで、だ。グラップリングを知り、レスリングを知る空手家――我々はここで1人のMMAチャンピオンの存在を思い出すことができる。

そう、UFC世界ライトヘビー級王者リョート・マチダだ。

「ヨシゾー・マチダは、バイーアに空手を根付かせた人物だ。リョートもシンゾーも優秀な空手家だった。16年、17年前かな？　ザ・ペドロとエベンゼールを連れて、ヨシゾーのアカデミーを訪れたことがある。リョートはまだ中学生ぐらいだった。シンゾーと稽古し、私たちはバーリトゥードのトレーニングもしたけど、リョートは練習場に座ってジッとこっちを見ていたよ。リョートがその後、ＭＭＡを目指すようになり、リオに来たときはここで一緒に練習もした。空手家だからでなく、人間として彼のことが大好きだ。リョートの成功によって空手が見直されたことは大いに嬉しい。でも、間違ってはいけない。リョートは素晴らしい打撃の使い手だが、同時にしっかりと組技のトレーニングをして、コンディショントレーニングにも精を出している。リョートを見て分かるように、空手などマーシャルアーツのバックグラウンドを持つことはＭＭＡでも大変役に立つ。でも、それだけじゃＭＭＡでは勝てない。空手の技術を生かすために、他の分野を学ぶ必要がある。そうすれば空手家はＭＭＡで十分に成功するよ」

オリベイラが一線を退いたあと、ブドーカンから一線級のファイターは出てきていない。それでも近所の子供たちがルタリーブリを習い、ファイターを目指す。決して恵まれた経済環境にない若者がヒカルドの下で汗を流している。そして松濤館の空手クラスといえば、「今はプライベートレッスンだけ、受け付けている」とヒカルドはいう。

彼のアカデミーは、決してプロ養成所ではない。空手道に勤しみ、自らのためにバーリトゥードを戦ってきた彼は、華やかな舞台だけが格闘技の全てではないことを、ＭＭＡ隆盛の今をひっそりと佇むことで示している。

Joao Ricardo
1945年生まれ。アカデミア・ブドーカン主宰。17歳で松濤館空手を始め、瓜生定の高弟に習う。バーリトゥードを戦うために、ルタリーブリ、レスリングも習得し、1966年から86年まで戦う。VT戦績18戦15勝2敗1分。

マチダ空手を知ろう

原点・嘉三
頭脳・シンゾー
実戦部隊・リョート

マチダ空手の道場が米国ＬＡにオープンする。リョート・マチダがＵＦＣで見せる空手。父、町田嘉三が唱える伝統空手からＭＭＡで戦うことで、実戦性を追求した空手。これまでボンヤリとした輪郭しか知りえなかったマチダ空手の実体とは？　シンゾーの空手論、嘉三氏の空手論、そしてリョートのＭＭＡ論から考察してみよう。

＊

オープンを前にブラックハウス・レドンドビーチでマチダ空手の指導を始めたシンゾー。競技空手で兄弟一の実績を残す頭脳派のシンゾーに、彼らが実現を目指す空手像について尋ねた。

——ついにマチダ空手のアカデミーが米国にできるそうですね。

「そうなんだ。凄く嬉しいよ。我々の空手を米国から世界に発信していきたいと思う。以前からその気持ちはあったけど、現実的に考えるようにな

GONG KAKUTOGI NO.278
2015年8月号
text by Takashima Manabu

ったのは2年前からなんだ。今年になってトーランスの南のロミータにある建物を購入した。5カ月後にはオープンにこぎつけたい」

——もちろん空手道場になるのでしょうが、リョートもシンゾーさんもMMAで戦っています。

「メインは空手だよ。でもブラジリアン柔術、ムエタイ、MMAのクラスも設ける予定だ。ただし、一番はマチダ空手だ」

——シンゾーさんも、指導に加わるわけですね。

「もちろん。僕とリョート、そしてタケだ」

——タケとは長男のタケヒコさんですね。

「タケは今、ベレンにある道場を切り盛りしているから、ずっと米国で指導するというわけにはいかないだろうけどね」

——父、嘉三さんは加わらないのですか。

「父も時々やってきて指導はするだろうけど、米国に住むことはないはずだ。父は今もベレンで指導をしているし、父がベレンで指導しているアカデミーには500人の教え子がいる。タケの道場は空手だけでなくムエタイと柔術、柔道のクラスがあり、ウエイト機器も置いていて、ジム生は1200人以上なんだ」

——1200人、凄いですね。もちろん、米国の道場もその規模を目指すということですね。ところでマチダ空手とはどのようなスタイルになるのでしょうか。元々、松濤館、JKAの空手家でした。ただし、嘉三さんは色々な武道を研究し取り入れ、さらにリョートやシンゾーさんはMMAファイターでもあります。

「僕達のマチダ空手の源流は松濤館空手だよ。でも、僕らの空手はリョートがUFCで実践しているもの。リアルコンバットとしての空手を僕らは追及してきた。今の空手トーナメントで見られる空手ではない。ただし、僕らの空手が空手から逸脱しているわけじゃないんだ」

空手の技をリアルな状況で使える技に戻したい（シンゾー）

――というと？

「空手の型を見てほしい。型にはヒジ打ちもヒザ蹴りも含まれている。ただし、それらの技はトーナメントで使うことは許されていない。僕らの考えではトーナメントで見られる空手はリアルファイトから遠ざかったモノになっていると言わざるを得ない。そういう空手のトーナメントでは失われた以前の技を空手に戻したいんだ。セルフディフェンスとして磨かれた空手の技をリアルなシチュエーションで使える技に戻したい。それがマチダ空手だ」

――空手と名乗る限り、練習生が空手の大会に出場したいと思った場合は？　マチダ空手は習っていてもＭＭＡには出場したくない人も出てくると思われます。

「僕らの空手はＭＭＡで使うことができる空手だけど、何もＭＭＡにフォーカスしているわけじゃない。僕らの空手が他とは違ってＭＭＡでも有効なだけでね」

――先ほど言われたリアル・シチュエーションとはＭＭＡではないのですか？

「ＭＭＡはＭＭＡだよ。リアル・シチュエーションでも有効な空手とは、つまりセルフディフェンスになりえる空手のこと。練習生が空手の試合に出たいというなら、もちろん空手のトーナメントで勝てるよう指導する。空手といっても色々なルールがあるから、大会前にはその練習生が出たいトーナメントのルールに合わせた稽古をつけるよ。マチダ空手の基本を身につけておけば、各トーナメント用にアジャストして戦えるからね。でも、そこも一番大切な部分ではないよ。そもそもＭＭＡでなくても、道場のなかでコンペティションに出たいと思う人間は一部だ。だから、僕らの指導はそうでない人達を主に考えられている」

――アジャストが必要という時点で、空手トーナメントの空手と、マチダ空手が追及する空手とは違うと理解できます。

「先ほどのヒジやヒザという使えない技以外でも……そうだね、突きにしても今の空手トーナメントだと、残心が取れていなかったり、引手が見られないケースも少なくない。でも、本来は相手に触れたからといって攻撃は完了しないものだ。自分の身を守れないと、すぐに反撃を許してしまう。それなのに空手のコンペティションでは、おざなりになってしまっている。何よりもＭＭＡで戦うことを想定していないと、空手は組み技への対応すらなくなってしまうんだよ」

――ハイ。

「相手が抵抗できなくなる状況まで攻める実体験は、ポイント制の空手トーナメントでは積むことができない。あまりにもトーナメントに特化した空手になっている。だから、逆にマチダ空手を習っていると、空手の試合に出るときにアジャストが必要になってくるんだよ（笑）」

――なるほど。話が一周しましたね。東京五輪では空手の各組織が正式種目になるよう運動しています。どこか一つの流派が五輪種目になると、そのルール下で戦う空手こそが、世界共通の認識下にある空手になってしまうのではないでしょうか。

「空手のために五輪競技になることが良いのか。空手に関わっている人のために五輪競技にしたいのか。いずれにせよ、現行の空手が五輪競技になれば、空手は武道として、リアルコンバットとしてより弱くなってしまうだろうね。ただ、それはスポーツとして強くなることを意味するんだ。柔道を見てごらん」

――ハイ。

「柔道は素晴らしいスポーツに発展し、マーシャルアーツとして多くのことを失った。柔道はもうセルフディフェンスとして有効ではない。マーシャルアーツは身を護るために生まれたというのに。五輪スポーツに採用されるということは、それだけの人気を獲得できるけど、それは武道としての技術体系を失ってしまう危機的状況を招くことになる。柔術だって、グレイシー一族がいなければ、その技は失われていた。柔道だけが残ることになってね」

――そのようなシンゾーさんの考えを米国の人々は理解を示してくれるでしょうか。米国は世界一のスポーツ大国です。そして、ビジネスに直結しています。

「フィットネスジムで汗を流している人は、体を鍛えてベネフィットを得ようなんて思っていないよ。健康のためだ。マーシャルアーツも健康のため、そして自己啓発のためにある。スポーツでなくても、米国の人達だって空手に興味を持ってくれるよ。さらに護身術として役立つのだから。そしてスポーツとして空手を学びたい人がいれば、マチダ空手はその人にも役立てる。ただし、空手の本質、マーシャルアーツの本質は試合に出る云々でなく、50歳を過ぎてもその人の目的によって稽古が可能になることだ。武道は全ての人を受け入れているんだよ。マチダ空手も老若男女、全ての人々のために存在している」

――かつてホイス・グレイシーがそうだったように、マチダ空手を普及していくにはリョートのUFCでの活躍は欠かせないですね。言い方は悪いですが、一番の広告塔となります。

「リョートの戦いは非常に大切になってくる。多くの人にとって空手は映画のスクリーンのなかで見るアクションだ。ただし、リョートがUFCで戦うことで、空手はリアルコンバットであることが証明できる。空手がリアル・シチュエーションに対応できることを示す手本になっている」

――リョートの勝敗がマチダ空手の普及にも非常に大切になってきますね。日本では空手家がK-1で負けた時、子供たちが空手の道場を辞めてしまったり、柔術家が柔道家にMMAで勝つと、柔術道場への問い合わせが増えたと聞いています。

「もちろん、リョートの試合結果は大切なモノになってくる。重要なのはリョートがミドル級で戦っているということなんだ。武道ベースのＵＦＣファイターの多くが軽量級だろう？　米国人は大きい。だから、米国人の平均的な体格のリョートがオクタゴンで勝つことが大切なんだ」

――なるほど。シンゾーさんはなかなかのビジネスマンですね。ＵＦＣにはフライ級で日本の堀口恭司選手、ウェルター級では沖縄剛柔流のグンナー・ネルソン、アメリカン空手のスティーブン・トンプソンらがいます。リョートとは違う空手ファイターたちも活躍していますが、彼らの空手をどう思いますか。

「皆、それぞれの戦い方がある。僕としては空手家がＭＭＡで活躍することは、僕らにとっても良いことだと捉えているよ。空手という言葉が、世間に広まるのだから。そして、リョートみたいになりたいって思われることが一番だ（笑）。何より、リョートは既に彼の空手が有効であることをＵＦＣの世界チャンピオンになったことで証明をしているからね」

――柔術が普及した一つの要因は、すぐに効果が見て取れるということだったと思います。黒帯になるのは大変です。でも、半年もすればそこそこホイス・グレイシーのような動きができる。マチダ空手の普及には、そういう部分も欠かせないのでは？

「空手はそうじゃないよね。分かるよ、言っていることは。そこなんだよ。１カ月や３カ月の練習で成果が欲しいんだ、皆ね。スパーリングができるようになりたい。そこがマチダ空手と伝統空手の違いでもある。今日のキッズ・クラスでもスパーリングをさせていたようにね。彼らは型も満足にできていない。でも、防具をつけてスパーをやらせている」

――ハイ、確かにそうでした。

「松濤館空手では、一つの動きのディテールにとことん拘る。父もそういう指導だった。長い長い時間を掛けて、練り上げる。それが伝統空手だ。

ヒジを入れて、爪先は前を向いて。腰を落として

──こんな感じで稽古が続く。一つのクラスで一つのテクニックを磨く。指導方法は欠点を直すこと。長所を伸ばすというやり方ではない。でも、一番重要なことは稽古を続けること。だから僕らはミット打ちもさせるし、スパーもさせる。重要なのはトライすること。修正することじゃない。2年、3年と練習していけば、動いている中で正しい技が磨かれて効果的になっていくんだ。それが僕らの指導の根幹にあるんだよ」

──嘉三さんは、その考え方に賛同していますか。

「父とはぶつかってばかりだ（笑）。父は絶対的に『基本を徹底しろ』という考え方の持ち主だ。それは分っている。僕らは空手に興味を持った人達には、実際に動いて空手を感じ取ってほしいんだ。正確な技を身につけてから動くというのも分かる。同時に、動きながら正確な技を身に着けていくやり方だってあるはずだ。30点が50点になり、70点になっていけば良い。ムエタイの指導と思われても構わない。技は空手なんだから」

──……。

「ディテールに拘る伝統空手の指導の仕方だと、100人が空手を始めてもずっと練習を続けるのは2、3人だけだよ。その人達はしっかりとした空手の使い手になるだろう。対して、僕らのやり方だと100人が学べば、50人は空手を楽しんで続けてくれる。結果、素晴らしく熟練した空手を身につけるのは同じく2、3人に違いない。でも、多くの人が空手を続けられるんだ。その方が空手の普及になるはずだ」

──なるほど下手の横好きが多くいても構わないということですね。

「そうなんだ。でも、父は納得しない（笑）。だから、これから分かってもらうようにするよ。技術的な部分でも、顔面を一番多く狙われるのだから、構えの時点で拳の位置が伝統的な空手よりも上の位置にあって良いと思うんだ。それこそリョートがUFCを戦ってきたから、僕らが技術的に

改善できることだ。少しの動作で顔面を防御できる。でも、父は腰の前に手をやっておけと言う。まだまだ、僕らの言い争いは続くはずだよ（笑）」

――空手は本来、筋肉に頼らず、骨格の構造に基づいた動きをするとも言われています。拳が肩の高さにあるよりも、腰の高さにある方が腕は伸びるように。

「分かるよ。でも、拳を縦にしていれば肩の高さでも腕は伸びる。僕には父が大切にしろという基本が身についている。だからファンダメンタルを蔑ろにせず、現状にあった動きを考えている」

――クラスに参加した子供たちのように道衣を着ないのもマチダ空手のスタイルなのでしょうか。

「ノー。子供用の道衣がまだ出来上がっていないだけなんだ。今、僕が着ているのがマチダ空手の空手衣だよ」

――……。

「そう、半袖、半ズボンだ。エルボーパットとシンガードをハメやすくするためだよ。もちろん、父は怒っている（笑）」

――ハハハ。今はブラックハウス・レドンドビーチで指導していますが、今後ブラックハウスとの関係は？

「マチダ空手の道場を開いてもブラックハウスとの関係は変わらないよ。エド・ソアレスとジョルジ・ギマリャエスのマネージメントを受けていく。しかも、彼らは僕らの道場が完成する前に、こうやってマチダ空手のクラスを始めるきっかけも与えてくれた。僕らもガーディナのブラックハウスでトレーニングは続けるからね」

――ではシンゾーさん自身、ＭＭＡの試合の予定は決まっていますか。ベラトールと契約したと伝わっていますが。

「現時点では9月26日にベラトールのサンディエゴ大会に出場する予定だよ（※16年8月にベラトールデビューし2勝1敗）」

――ではリョート同様にオープンする道場のためにも負けられないですね。

「その通りだよ（笑）」

――米国、カリフォルニアを拠点にマチダ空手が普及し、いつの日か日本に道場ができることを願っています。

「僕らはブラジル生まれだ。でも、父は日本人。日本の松濤館、ＪＫＡから生まれたマチダ空手をその祖国に持ち返ることができる日を楽しみにしているよ。僕らは空手の精神、技を忘れることはない。ただ、練習方法に変化を加えようとしているだけなんだ。そのことは皆に分かってほしい。既に空手のテクニックは存在している。その技の使い方を工夫しているに過ぎない。ＵＦＣがあるんだ。ＭＭＡがあるんだよ。マーシャルアーチストとして、この現状に目を瞑るわけにはいかない。目を瞑っていると、空手の進化はない」

――シンゾーさん、マチダ空手は伝統派空手なのでしょうか。

「ニューブリード空手、新しい空手だ。でも決して父から教わった空手の基本、伝統を忘れることはないよ」

日本空手協会の空手をブラジル、ベレンで広めた町田嘉三氏。マチダ空手は息子たちに任せて生涯空手家、伝統空手を守るという。軸がしっかりしている分、ふり幅のある嘉三さんの空手論に耳を傾けたい。

――嘉三さん、今回の訪米はセミナー開催のためなのですか。

「いえ、リョートが最近は空手を使わなくなったので。周囲の練習がキックボクシングやムエタイばかりでそれに染まってしまっているので、修正に来たんです。アイツは負ける時は、いつもキックになっています。だから、もうそういうのは辞めろって言いに来たんです」

――つまりリョートの指導にやってきたと。

「アイツはスパーリングをキックやムエタイの人間とやっているから。空手はスパーリングはやりませんからね。スピードが、空手のスピードがなくなっています。こっちに来て10日ほどになりますが、縄跳びと駆け足をさせています。だから、大分スピードが戻ってきましたけどね」

――嘉三さんはいつ頃からリョートに空手の動きが見られなくなったと感じていたのですか。

「去年（２０１４年）からですね」

――ミドル級に落として、クリス・ワイドマンとルーク・ロックホールドには敗れましたが、マーク・ムニョスとCB・ダラウェイには上段回し蹴りと中段回し蹴りで勝利しています。スピードも遅くなったようには感じられなかったですが。

「あの当時からもう落ちているんです。出合い（カウンター）が取れなくなっています。蹴りもキックのようにモーションを掛けているから、見抜かれていますよね。だからこっちに来て最初に聞いたんですよ、『お前の武器はなんだ?』って。そうしたら『スピードだ』っていうんですよ。スピードなんてないのに。これまで速さで勝ってきた。それがなくなっていることに気付いていない」

――うーん、そうだったのですか。

「体捌きだって、クルクル回っているだけ」

――以前は倒した時は勝てましたが、判定になると精度でなく、手数を取られるので、その辺りを踏まえて動きを増やしたというのはあるかと思うのですが。

「昔はね、パンチを出すときも姿勢が真っ直ぐで入れてから動いていた。今はもう入れる前に頭を動かしている」

――ヘッドスリップですね。

「あれじゃ、パンチの威力は落ちます。体がぶれているから、効かないですよ。あんなね、頭を動かして突きを出しても、距離感が狂っちゃって。今日の練習でも真っ直ぐに打てば当たるのに、斜めから行くから当たらない。自分のパンチも見ていない。相手を正中線に持っていかないと。それを自分から崩しちゃっているんだから」

――この間の負けもあって、リョートの方から嘉三さんに助言を求めたのですか。

「全然、そんなことなかったです。リョートが負けると、ベレンで空手を教えている子供たちが泣くんですよ。可哀想で見ていられないから、連絡したら『強くなるには時には負けるものだ』なんて言いやがるんですよ。負けちゃいけないって考え方から変わっちゃって。だからね、もうこっちに来てね、色々言っていますよ」

――嘉三さんからすると、リョートがＭＭＡで勝つための工夫が、本来空手が持つ良さを相殺してしまっていると？

「だってね、腰が引けちゃっていますよ。腰が前に出ていないと、ワンテンポ遅れるでしょ。姿勢が変わってしまっています」

――クラウチングになって、お腹が一番前に出ていないということですか。

「そう、それですよ。お腹が出ていれば、力なんていらない。肩を引いてお腹から、丹田……、武道は丹田から力が伝わってくるのにヤツは手で、力で打とうとしている」

――修正はできてきましたか。

「段々とね。実際ね、パンチ力は昔より強いんですよ。でも、当たらないんだからどうしようもない。空手の間合いじゃなくてキックになっているわけですよ。そこを空手の遠い間合いに直している最中です。細かいことですけど、そこを修正してやれば、多分また元に戻りますよ」

――リョートは空手の動きが出来ていないことを把握していたのですか。

「どうですかね？　朱に交われば赤くなる。こっちに来て3年、見てやるヤツがいないでしょ。周りがキックやムエタイばかりだから、肩を丸めて構えて。あれだと肺が小さくなって、すぐに疲れますよ」

――良い悪いではなく、以前は前足を下げることで角度を変えていたのが、両足のステップで移動するように変わったことは確かですよね。

「捌きを忘れています。基本をやっていないから。

組み手ばっかりやって。足の方向とか細かいところを直していかないと、もう対戦相手のレベルが上がり、研究されているんだから。もっと先の先を徹底し、モーションをつけないこと。ガードもね、昔は体の捌きで受けができていたのに、今は腕だけ動かそうとする。そういうところが変わっちゃったんです」

——なるほど。

「シンゾーが注意しても言い返すから。『戦っているのは俺だ』って。関係ねぇって、そんなの。空手は巻藁を叩いているだけだったから。それも叩くんだったら、足と腰で叩かないと。ボクシングとキックになっているので、その食い違いを直しています。ずっとやってきたことだから、ちょっと言えば直るんです。あと4日ほどで私はブラジルへ帰りますけど、また試合の時にやってきて仕上げを見るつもりです」

——では次戦、ヨエル・ロメロ戦楽しみにしています。それといよいよマチダ空手の道場がカリフォルニアにできるようですね。

「私は松濤館の空手を55年間やっていますから。ブラジルの代表にもなって、去年の10月の世界大会にもブラジルから百人引き連れて行きましたよ。だから、私はこの空手を続けます。マチダ空手は子供たちがやれば良いですよ。助言はするけど、俺はやらないよって」

——セルフディフェンス中心の空手にしたいとシンゾーさんも言っていました。

「そうすれば、MMAにも使えますからね。ヒザもヒジも使えるので」

一撃必殺ですよ、空手は。武道空手は単発だから、一撃を次から次へと出さないといけない(嘉三)

——その松濤館空手を指導していて、WKFの大会に出場したいという生徒さんなどはおられるのですか。

「いますよ。その時はそういう練習させます。色々な空手がありますからね。私は伝統派空手の出身ですから、決めが必要だと思っています。姿勢も違います。技を出せば、必ず残心がありますね。姿勢、決め、残心の３つがないと武道ではないです」

――門外漢の私が言えることではないのですが、ＪＫＡの試合でも残心を取られない空手家たちも見受けられます。

「それは国体が、全空連だからです。ＪＫＡは武道空手なので、左右の寄り足や前後の寄り足を使いますが、そうじゃない空手もあります。高校や大学、国体、就職もしないといけないですから、そういう空手が癖になる人もいます。私は日本空手協会のブラジルの代表になりましたが、西山英峻先生の作られた国際伝統空手連盟にも入っていました。今は先生が亡くなられて、もともとあったＩＴＫＦとＷＴＫＦに分裂しちゃって、私の方はＩＴＫＦの方なんですけどね……」

――嘉三さんは西山英峻先生とは……。

「私はブラジルに渡った時から、ずっと西山先生にひっついていましたよ。あの先生は本当に昔の武道空手です。五輪競技にしたくて、ポイントなんかを変えたところはありましたが」

――西山空手の原理について以前、リョートとプライベートの場で話したとき、「ＭＭＡで証明していない」って言っていました（笑）。

「アイツはそこばっかりだから（笑）。西山先生の空手は本当に武道です。リョートも何回も講習を受けています。あの先生の域にある先生はもういない。日本に２、３人残っているだけです。ただ、もう歳を重ねてしまっているので。空手っていうのは、動いて見せないといけない。そうしないと、どんどん本質が消えてしまいます。もう空手の危機ですよ。でも、今は就職したいから国体に出て、ヨーロッパ系の空手ばっかりになってきて。私なんか、ひとつも面白くないですよ」

――ＷＫＦは飛び跳ねまくりですよね。

「あれじゃ、人は倒せない。私らの頃は一撃必殺ですよ、空手は。でもね、ウチの子供らも『一発じゃ倒れない』って言うんですよ。当たりゃあ倒れるって。それをキックとかボクシングをやっているから倒れないいんだって。キックやボクシングはスポーツですから、数です。色々な空手がありますけど、私は武道空手しかやらない。彼らは半分、スポーツでしょ。武道空手は単発だから、次から次へと出さないといけない。でも、リョートはイチ・ニまで。昔はイチ・ニ・サン、シまで行ったから倒れたのに」

――なるほど、一撃必殺というのは一撃を連続で繰り出して成立させるのですね。

「まぁね、さっき言ってもらったように判定というものを考えないといけない。それもあるんですよね。昔、黒人の鎖をぶら下げていたヤツとやった時……」

――ランペイジ・ジャクソンですね（笑）。

「あの時、手数で負けたでしょ。私も『判定になったら勝てない』とは言っていたんです。ポイントは審判が全部、ボクシングの見方をしているから。だから、倒さないと勝てない。それでも当たれば、蹴りでも突きでも倒せるんです」

――いやぁ、私は格闘技サイドの人間ですが嘉三さんに空手の話を聞かせていただけると、本当に興味深く楽しいです。今や柔道には「色んな柔道がある」などという話にはなりえないわけですし。

「私は国体でやっている空手は、空手だとは思っていないです。空手らしいモノです。でも、ウチの生徒だって出てメダルが欲しいです。私の空手じゃ大学の特待生にはなれないし、就職もできない。でも、我々の空手は生涯空手です。歳をとってもできる。ヨーロッパの空手は歳をとっちゃできないですよ。私も70歳、あんなこと体中が痛くてできないです（笑）。宙を飛べないですからね、足が痛くて」

――奇しくもシンゾーさん達、マチダ空手も生涯空手を目指すと言っていました。

「だから地べたに足をつけて、摺り足でやっていますよ。色々と日本は政治的なことで空手は揉めていますけど。そういうね、気概は持っていても、『俺たちは武道空手、お前らはスポーツ空手』なんて喧嘩をしちゃったら、ダメですよ。子供たちはスポーツでも空手をやりたいんだから。そういう風に揉めていると、オリンピック競技になるのは難しいです」

――嘉三さんご自身は松濤館空手道を貫く覚悟を持たれていて、同時に他のルールの競技会に出る生徒さんやＭＭＡで戦う息子達の意志は尊重されている。日本の空手魂をブラジルの大地に還元したかのようです。

「スポーツ空手をやりたい生徒には、大会の２カ月前から、縄跳びとスパーリングですよ。道場に音楽をかけてね。リズムだから。私はそういう空手はやりたくないけれど、その子には試合まで私の空手は教えないです。勝たせてあげたいから」

２０１５年６月27日、ルーク・ロックホールド戦の敗北から僅か70日のインターバルでヨエル・ロメロと対戦するリョート。ブラジルからやってきた父と、兄とともに空手論、武道論を毎晩のように繰り広げているという。そこからＭＭＡで生かす空手を見つけ出し、ＵＦＣで実践。そして――マチダ空手は完成に向かっていく。

――ヨエル・ロメロ戦が３週間後に迫ってきたリョート選手です。さきほど、ケビン・ケイシーとのスパーリングを拝見させていただきましたが、疲れがピークに達しつつあるようですね。

「疲れて見えたかい？　今日は金曜日だ。月曜から木曜日までハードなトレーニングを積み重ねて、仕上げのスパーリングだからね。金曜日は疲れが溜まっているんだ。キャンプも６週間を終えようとしているし、疲れやすい状況は確かだ。でも、なぜ疲れているのか、どうやって疲れを取るのかを把握しているから問題ないよ。37歳になり、自分のことも理解している。自分のスタイル、戦い方、そして試合に向けていかに調子を上げていくかも分かっている」

——2カ月前に手痛い一本負けを喫したばかりです。そもそもあの試合のダメージが残った状況で、ロメロ戦が決まったのではないかとそちらの方が心配です。フィニッシュこそリアネイキッドチョークでしたが、それ以前に相当なパンチとエルボーを被弾していました。

「確かに手痛い敗北だった。ただ、今は全く問題ないよ。正直なところ、あの試合でエルボーを後頭部に受けた。それ以降、フラフラしてしょうがなかった。1Rと2Rのインターバル中、シンゾーが足を使って距離を取り、体力を回復させようと指示してくれたけど、足がふらついて無理だったんだ。そして、ロックホールドの術中にはまってしまった。ロックホールドは凄くスマートに戦っていたよ」

——常にタフな対戦相手が続くので、休息が必要かと思っていたら、わずか2カ月と1週間のスパンで次の試合を戦うことになりました。なぜ、このような試合間隔のオファーを了承したのですか。

「アントニオ・ホドリゴ・ノゲイラ、ヴァンダレイ・シウバ、彼らはPRIDE時代に1年間で何度戦っていた？　6試合ぐらい戦っていたはずだ。あのタフなトーナメントも含めてね。UFCではそれが米国流なのか、年に2試合か3試合しか戦えない。僕はミノタウロやヴァンダレイのようにもっとたくさん試合がしたいんだ。そうすることで知識も増え、経験値が上がる。ムエタイの選手やアマチュアの柔術家の方がずっと試合数が多い。試合に優るトレーニングはないよ。プロなら、その分収入も増えるわけだしね。僕は戦って生きているのだから重要だよ」

——PRIDEの頃はトーナメントとは別にチューンナップ的な試合もありましたし、柔術は打撃がない。ムエタイとMMAは競技特性も違います。リョートの戦い方は勝利をしていれば連戦は可能かもしれないですが。ただし、ＵＦＣではイージーファイトは用意されないですから、やはり話は違ってくるかと思います。

「確かにその通りだね。でもチャンピオンになるため、ベルトを巻くために僕は何ら躊躇はしない。どの試合でも受ける状態を保っている。それが今の心理状態なんだ。対戦相手が強かろうが、弱かろうがトレーニング・メニューは変わらない。対戦相手云々ではなく、勝利を得るために自分をとことん追い込む状況に何ら変わりないはずだ。対戦相手によって技術の精度を下げるわけにいかないからね。そして、今ＵＦＣではビッグカードでも負傷欠場が多い。いつ代役出場の声が掛かるのかは分からない。だけど、僕はいつオファーがあっても良いように常にグッドシェイプとグッドマインドでいるようにしている。全てはチャンピオンになるためにね」

――それにしても、テイクダウン能力の高いファイターとの試合が続きますね。

「イエス。その通りだ（笑）。きっと僕を疲れさせたいんだろう。だから、ずっとレスリングを強化し続けてきた。結果、そこは問題じゃなくなってきたよ」

――なるほど、もうテイクダウン対策、強化策がルーチンになっているわけですね。

「ＭＭＡの大きなパートを占める戦法だし、ＵＦＣはレスラーだらけだ。９人の世界王者がいて、６人がレスラー。レスラーと戦うのを苦にしているようだとＵＦＣではチャンピオンになれない」

父の言っていることは、ＭＭＡでも当てはまる（リョート）

――２０１３年9月だったと思います。リョートはこれから自分の考えで、人生を歩んでいくと言っていました。そして、判定でも勝てるように若干、戦い方にアレンジを加えたように感じました。空振りでも手数を増やし、よりジャッジに分かる動きを増やしたような。でも、嘉三さんは「空手を忘れてしまっている」と怒っていました。

「父は伝統を重んじる男だ。父にとって空手の動きがオクタゴンのなかで見られることは誇りなんだ。でも、僕が戦っているのはＭＭＡだ。全ての戦いの要素を融合しなければならない。だから空手ではない動きだって必要になってくる」

――ハイ。

「空手は僕の全てだよ。今の空手トーナメントで見られる動きが空手だとは思っていない。ＴＶドラマで見られる空手は、空手じゃない。コンプリート・マーシャルアーツとしてマチダ空手は存在しており、父はとにかく基本に拘っている。もう父との間では毎晩のように空手について、マーシャルアーツについて言い合いが続いているよ（笑）」

――伝統は歴史であり「亀の甲より年の功」という言葉があるように、その言葉に凄く説得力があるんですよね。

「父はね、ヘッドスリップをしてからパンチを出すことが認められないんだ」

――それは取材中にも言われていました。

「出合いが重要だっていうのは分かっている。でもポイント制の空手じゃないんだ。相手だって僕の頭をぶん殴ろうとしている。ポイント制の空手だったら、自分の突きの後に相手の突きを受けても平気だ。でもＭＭＡは違う。だから常にではないけど、ヘッドムーブだって必要になる。父は頑固な日本人だから、それを理解しようとしない（笑）。でもね、最終的に父と話せて良かったと思いベッドに入ることになるんだ。父の助言が全てではないけど、僕の戦い方に変化を与えてくれることは確かなんだ。父の言っていることは、ＭＭＡでも当てはめることができる。だから、永遠に父のことを尊敬し続けるよ」

――それは良かったです。

「ほとんど口喧嘩のレベルで言い合っているのに、最後はそう思えるようになる（笑）」

――頑固者の息子も頑固者だということですね

(笑)。

「僕もね、熱くなってくると『だったら、やって見せろよ』って言っちゃうんだ。そうやって本気で意見をぶつけ合うから、見えてくるモノがある。適当に話しているようだと、父の言っていることは助言にならずに、ただの文句で終わってしまう。父の意見は根拠があり、しっかりと論理だっている。MMAに当てはまることもあるし、そうでないこともある。でも、しっかりと理由があるから、MMAで使えるかどうか見極めることができるんだ」

——嘉三さん自身もリョートがチョイスして、戦いに取り入れればというつもりで助言しているようでした。

「MMAだからね、ホントに色々なことが起こる。そこで普段は気にしていなかった空手の動きを父が言ってくれたことで気に留めるようになり、MMAで生きることがあるんだ。それがリアル・コンバットなんだよ。空手のトーナメントでテイクダウンをしてくる人間の頭を蹴り上げることはない。でも、型のなかには含まれている。空手の型に見られるヒジ打ち、ヒザ蹴り。競技空手で使用できないからといって、稽古を怠ると技術的に伸びることはない。僕らはそこをトレーニングし、しかもMMAという戦いのなかで実際に使うことができる。そういう話をずっと父としているのさ。父との話し合いがマチダ空手に何かを加えてくれるんだ」

——今でも嘉三さんから習った空手の稽古を繰り返すことはあるのですか。

「あるよ。僕のルーツだ。UFCの戦いで使うことがないモノも、使えるモノも父から教わった空手には含まれている。そういえば、シンゾーが豪州の空手トーナメントに出場した時……」

——2位になった船越義珍カップですね。あの時シンゾーさんの構えは、前年のジャングルファイトで戦った時と同じでした。

「そう、そういうこともある。同時に空手の試合だろうが、近距離での戦いが重要になるときもあるんだ。特に疲れた時には遠い距離から踏み込むことが、とても負担になる。そういう場合は、近距離にステイすることもある」

——疲れてくると近距離ですか。これは想像できませんでした。

「父はシンゾーがそう言っても、『ノー。シンゾー、キホン。型を大切にしろ』って。シンゾーはあの時、『僕は一人ひとり、対戦相手のスタイルを研究し、長所と短所を見極めている』と言ってヘッドギアを付けて、スパーリングを始めたんだ」

——型をやれと言っている前で、ですか？

「そうだよ。16オンスのグローブを付けてね。シンゾーが近距離で父に習った素早い攻撃を繰り出した。結局、あのトーナメントでシンゾーは10試合ぐらい戦って準優勝だった。父は凄く誇らしげにシンゾーのことを眺めていたよ。僕らは父を本当に尊敬している。同時に自分の意志もある。強い意志を持っているんだ」

——伝統を噛み砕き、ＭＭＡで通用する戦いに融合していく。マチダ空手の本質を聞くことができたような気がします。

「シングルレッグやダブルレッグに来る相手と戦う必要のあるＭＭＡだからこそ、家族で色々な意見を戦わせることが凄く大切になってくる」

——しかもファイトマネーを得ると同時に、自らの流派を世に広めるためにＵＦＣで戦うなどというファイターは、現代ではリョートぐらいのモノですよ。そのモチベーションを持ってオクタゴンに足を踏み入れられるのは。

「ホントだ。僕は自分のバックグラウンドをＵＦＣで披露している。そして、これだけ意見を戦わせている父が最も望んでいることなんだ、それは（笑）。昨日の夜も父は次の試合に関して『１Ｒで倒せ』と言ってきた。以前は戦う時は何も考えるなって言っていたのに（笑）。僕は『父さん、以前に結果は自ずとついてくる。５Ｒか、３Ｒか、１Ｒか。そんなことは関係ない。自分の動きをしろって言っていたじゃないか。僕は1Rで勝とうなんて思わない』と返事した。そうしたら、『お前が正しい』だって（笑）。父は自分が戦うならと思ってしまって、指導者の立場を忘れてしまうことがある。生涯空手家、武道家だからね」

――次戦が非常に楽しみになってくる家庭秘話を話してくれてありがとうございました（笑）。

「テイクダウンを遮断し、如何に自分の距離を守って戦うことができるのか。それが一番大きなチャレンジになる。そのために僕は自分が持ち得る全ての力、技を使う。ヨエル・ロメロはとてもタフな相手だ。でも、UFCにはタフじゃない対戦相手なんていない。前回の試合で負けた。この状況で戦うにはあまりにも危険な相手だからこそ、チャレンジしがいがある。怖さもある。マチダ空手を信じて戦うよ」

Machida Yoshizo
1946年1月29日、茨城県出身。15歳で空手を始め、日本空手協会七段。日大在学中に、全国大学選手権の型で優勝、組み手で3位。68年にブラジル・アマゾンの日本人移住地トメアスへ測量技師として移住。サルバドール、ベレンでマチダ道場師範となる。

Machida Chinzo
1977年3月9日、ブラジル出身。リョートの実兄。2006年松濤杯争奪世界空手道選手権大会準優勝。リョートのトレーナー&セコンドも務める。MMA戦績5勝3敗。175cm、65kg（試合時）

Machida Lyoto
1978年5月30日、ブラジル出身。2009年、UFC世界ライトヘビー級王座獲得。13年、ミドル級転向。14年、王者ワイドマンに敗れるもダラウェイに勝利。15年から3連敗も、18年2月、UFN125のアリク・アンダース戦で復活勝利。MMA戦績23勝8敗。185cm、83kg（試合時）

二瓶弘宇から堀口恭司へ
受け継がれる拳——

師弟の空手。

UFC世界フライ級3位にランクされていた堀口恭司が、日本のRIZINに電撃参戦を決めた。一時帰国した堀口が向かったのは、原点である空手道場・一期倶楽部。そこには、堀口を世界へと導いた空手の恩師が待っていた。米国に練習の拠点を移した堀口はなぜ今、この道場に向かうのか。そして、なぜ日本に戦いの場を移したのか——。師弟の空手の絆に、迫る。

堀口恭司には、日本で試合を見せたい人がいる。応援してくれるファン、家族、練習仲間、そして、生涯の師匠・二瓶弘宇氏だ。

空手道場「一期倶楽部」の代表で、二瓶卓郎、竜宇、孔宇の空手三兄弟をはじめ、多くの名選手を輩出した人物。

堀口恭司の空手は、この二瓶弘宇氏によって育まれた。

「真っすぐ、突け」

GONG KAKUTOGI NO.299
2017年5月号
text by Matsuyama Go

UFC以前、日本で戦っていたときの堀口のリングサイドには、アマチュア時代からいつも、弘宇氏と家族の姿があった。

UFCで戦うことになっても、海外での試合に家族たちは毎回、現地まで足を運んでいた。

しかし、そこに弘宇氏の姿はなかった。

日本で堀口のビデオを毎試合チェックしている弘宇氏には、そうせざるを得ない状況があったからだ。

今回、堀口の原点を探るべく、群馬県高崎市の実家と、栃木県足利市の一期倶楽部を訪ねた。

そこで見たのは、ファイター堀口恭司の軌跡であり、師弟の空手だった。

＊

堀口恭司が、地元・群馬県高崎市の空手道場に通い始めたのは5歳のときだ。

母・美春さんの送り迎えの車から「行ってこーい」と落とされることで稽古に向かっていた。歩いて帰ることができる距離ではなく、「嫌だ、嫌だって泣きながら連れて行かれた」道場は、着けば友達がいるから楽しくて、「帰りになるといつもニコニコしていた」という。

小学4年のときには、ジュニアジャパンにも選ばれた。もしかしたら東京五輪を目指していたかもしれない？　そう堀口に聞くと、あっさりと否定する。

「寸止めが嫌いだったよね」と美春さん。

「審判が決めることじゃないですか。俺のほうが早かったじゃん今、っていうのを相手に取られたりするんで、納得いかなかった」と、堀口は競技会を振り返る。

小4で夢中になったのはK-1だった。

母親はその光景をよく覚えている。

「もうテレビに真剣にかぶりついて、『俺はK-1選手になる』って言ってたんですよ」

「でも、そのときはヘビー級しかやってなかったんですけどね」と堀口は苦笑する。

「まあいいんじゃないのって。でも、そんな簡単じゃないよ、とは言いましたけどね」

母が予言したとおり、格闘技には〝そんな簡単じゃない〟道のりが待っていた。

ウチはバッと入ったら次、何やる？っていう空手なんだ（弘宇）

「恭司？　アレは納得が行くまで練習やるからね。なんせ中学のときなんか、北関東（高速自動車道）が無かったときだから。片道2時間かけてほぼ毎日、親父と通って来て、2時間ほど練習して、また2時間かけて帰る。反省点は家に帰ってすぐ親父をつかまえてミットを持ってもらって、深夜にも打ち込みしてたから」

足利の道場に到着した取材班を穏やかな笑みで迎えてくれた弘宇氏は、堀口の一期倶楽部入門当時を、こう振り返る。

4年前、ＶＴＪで堀口が石渡伸太郎との死闘を制した後に話を聞いたときと比べ、弘宇氏の頬が随分こけている。しかし、眼光の鋭さは変わらない。

「ボコボコにされた」と堀口も認める一期倶楽部での原体験は、渡米前のインタビューでも明らかにされている。

地元では常に上位に入る実力を持っていた堀口だが、中2から通い始めた一期倶楽部では、同世代を相手に全く歯が立たなかった。弘宇氏の空手は、何かが違っていたのだ。

伝統派空手はいわゆる「寸止め」だ。フルコンタクト空手と異なり顔面も突くが、打ち抜いてはいけない。しかし、弘宇氏の空手は、当てる。

「空手っていうのは昔は当ててナンボだった。要するに素手の鉄砲の代わりだったんだ。いまはその当てにいった突きを止めろと、凄く矛盾したことを言っている。だから、ウチの練習では当てて引く。試合でも反則を取られる技ほどいい技だよと教えてる。大体負けるやつほど反則が取れないんだ。

日本人の体は欧米人と違って、どうしてもタッパ（身長）は低いし、手足が短い。だから〝極め〟が重要になる。止めるための練習はするな、当てて倒すための練習をやって試合では止めろ、と言ってきた。そんな練習をしてたから、恭司も総合で勝てたんじゃないかな」

では、いかに当てるのか。

「距離感がすごく大事なんだ。恭司に俺が教えてるのは、いかに遠くから跳び込むか。リーチもタッパも無いなら跳び込むしかない。でもオデコを下げて突っ込むんじゃなくて、足が動いてケツから ポーンと行かないといけない。顔は残っているけど、肩が入って突きが伸びる。それを徹底的にやらせた。

それでも、最近の恭司の試合は少し（間合いが）近いんだ。ちょっとだけなんだけど、今は突きを伸ばし切れない。距離が詰まっちゃうからヒジが入って、フック系の回し突きになっちゃう。それをもっと見てやれたら……」

そう言って、弘宇氏はおもむろに車椅子から、右足を挙げてみせた。

「俺も病気してから、手術で足を切断したから、あそこまで車椅子で入っていけるように家を改造してもらったんだよ」

リビングのすぐ隣に併設された道場に視線を移して、弘宇氏は言った。

「あそこから恭司と子どもたちの練習を見て声を出すと……まあ、ノドがかれるよね（笑）」

嬉しそうな表情だった。

堀口が海外で闘っている間、弘宇氏もともに闘っていたのだ。

その堀口が、日本を主戦場にすることで再び一期倶楽部での稽古を見る機会が増えている。

海外での堀口の試合は「全部、見てる」と弘宇氏はいう。もともとは柔道教室だった道場で、独学で空手も研究し、強さを追い求めてきた。そのなかから堀口恭司という、ＭＭＡで世界の頂に手が届く選手が生まれた。弘宇氏は「堀口が勝つために頭を使うことで、いまでも気づきが多い」という。

堀口も「他の道場にはない」と語る二瓶流空手はたしかに、五輪用の空手とは一線を画しているように見える。

無闇に跳び跳ねることはなく、跳び込んでも身体が浮き上がったままでいることはない。相手の反撃を意識した残心があり、死に体になることなく、次の攻撃に繋げていく。

「跳び込む一本だけじゃなく、その後も走って追いまくる。相手が正面にいて、追って行く最中に、相手を左に動かしたら止まらずにすぐ右の蹴り、その逆も然り。要するに〝刻み〟の蹴りって空手の場合は前足の蹴りで、逆の蹴りが後ろ足の蹴りなんだ。その両方から常に蹴りができる距離感とバネ感を持っていれば当てられる。

せっかく自分で入ったのに一つ技やったら、引いちゃうやつが多いけど、ウチはバッと入ったら次、何やるっていう空手なんだ」

遠い距離と近い距離。跳び込んでなかに入って突く、さらに追って突いて蹴る。それは〝一撃必殺〟と言われる空手にとっての〝連打〟で、まるで組み技のあるＭＭＡが想定されたかのような動きだ。

「蹴るぞというときに、例えばキックボクシングでは、トトトンと踏み替えるけど、ウチはそれをやらせない。片足を軸にしても調子なんか取らせない。だから、どっから蹴り出していっても、軸は絶対ぶれない。自分で反動つけて調子をつくって蹴ると楽でしょうがないんだよ。でも相手にはバレちゃう」

そのぶれない軸を作るにはどうしたらいいのか。

「稽古量が違う。何回も繰り返すのみ。あとはやっぱり指導者がその突きや蹴りは下手っぴいだってちゃんと指摘すること」

繰り返し稽古することで空手の軸を作り、それを持って競技の枠を越えて、ＭＭＡに挑む——かつて伝統芸能の世界でも弘宇氏と同じように弟子に諭した師匠がいる。立川談志が弟子の談春に向けた言葉だ。

「型ができていない者が芝居をすると型なしでメチャクチャになる。型がしっかりした奴がオリジナリティを押し出せば型破りになれる。結論を云えば型をつくるには稽古しかないんだ」と。

独自の空手論を語る二瓶流の家元は、車椅子に座ったまま、思わず拳を突いている。

そこに道場から空手衣の男性がやって来て一礼をした。

二瓶卓郎――弘宇氏の長男で、日本代表として世界選手権の表彰台に何度も立った空手家がいま、堀口恭司の練習パートナーを務めている。卓郎は堀口の空手をどう見ているのか。

「遠い距離から一発でドーンと入って追い込んで、なおかつショートレンジでバチンとぶっ叩いて倒す、その圧力が恭司の強み。父の空手は、倒せてなんぼ。その倒せる技を〝コントロール〟するのが空手だっていう考えが根底にあるんです」

そういえば練習中、堀口は子どもたちにしきりに「相手の軸を取れてるか?」と問いかけていた。

「恭司の武器は、ただ遠間からバーンと入るだけじゃなく、自ら動いてなおかつ相手が崩れたところに入って行くこと。そのとき相手は体が浮いてしまっている。それが『軸を取る』ということ。自分は崩れずに、相手を崩す。ある方向に圧力をかけたときの相手の動き方は大体一緒。それを予測したときに、例えば普通に蹴ったら絶対届かないけど、ヒザの入れ方を変えれば、当たる。そういう緻密なコントロールの数々が空手にはあります。それを恭司は〝何でもあり〟のＭＭＡのなかで使おうとしているんです」

組み技なら相手に触れる動作で、その反応も利用して相手を崩していく。堀口の空手は遠間から相手に触れずとも、相手を崩すことが可能だという。いったい堀口の格闘センスとはいかなるものなのか。

この問いへの答えは、二瓶父子で意見が一致している。

「センスは、良くはねえんだよな。恭司はまず強気。ビビらないし、ビビってても絶対に外に出さない。自ずと余裕のある組み手をやってる。やっぱりどっかで心が負けたら駄目よ。それに、稽古に向かう感性がいいんだ」（弘宇氏）

「恭司が作新高校時代、コーチとして稽古をつけに行ったんです。けっこうメタメタにぶっ飛ばして、1年のときはあんまり強くねえなと思ったけど、強くなりたいという気持ちだけはほかの誰よりも強く感じた。それで2年目にグンと伸びたんです。自分の体を生かしてどうやったら勝てるかを常に考え、見つけられる。恭司はそこが凄いなと感じます」（卓郎）

天賦の才に恵まれたわけではない。しかし、自ら考え、努力する才能を堀口は持っていた。

稽古を終え、着替えをすませた堀口が、リビングにやってきた。それを見守る父・和徳さんも空手経験者だ。

「自分が空手を始めたのが遅かったんで、できれば子どものうちからやりたかったんです」という和徳さんが、毎日、恭司たち兄弟を一期倶楽部に送り出してきた。

堀口が推薦で進学できた大学に行かず、プロのファイターになるために総合格闘技に転向し、初めてアマチュア修斗に出場したときのことを、和徳さんはよく覚えているという。

「朝早くからジムの清掃をしたり、受付をやったり、寮暮らしをしていた恭司が、相模原のアマチュア修斗で初めての試合だって言うんで、見に行ったんです。当日計量でフラフラで試合が始まったら、ちょっと空手で培ってきたものを忘れちゃってるなと思いました。そのとき、二瓶館長が『恭司、おめえ何やってんだ。普通に突けよ』って言ったんです。『ヘッドギア付いてるとこ殴らねえで、真っすぐ突けばいいんだ』って。それを聞いたら、次の試合から〝ワンパン〟で終わった。なあ、恭司？」

一期倶楽部での最後の取材は、再び堀口恭司本人から話を聞くことにしよう。

二瓶先生に見てもらうことで空手の動きが確認できる（恭司）

「アマ修のときは、東京に来てから1年間寮生活で金もないから実家に帰れなくて、空手の道場へも行けなくて戦い方が変わっちゃってた。それで二瓶先生に、『ウチに来ないとお前負けるぞ』って言われて、実際に行き出したら全然負けなくなったし、タックルも取られなくなりました。だから原点を忘れちゃダメだなって。もしあそこでまた二瓶先生のところへ行かなかったら、今の自分は絶対ないです」

国内のトップファイターが集まるわけでもなく、メガジムでもない。しかし帰国のたびに堀口が通うこの町道場には、米国では得られない環境がある。

「卓郎さんのように動ける相手がいて、二瓶先生に見てもらって、初めて自分の空手の動きが確認できます。なかなか空手をやったことがない人とやっても練習にはならないんですよね。だから、ここに帰ってきて復習するしかないなって」

二瓶流の空手を体現する選手と練習すること。そのなかには、子どもたちも含まれていると、堀口はいう。

「やっぱり子どもってスピードがあるし、自分が持っていない感覚を持ってるから、そういうのを見て真似したりもするし、教えることで、そういえば自分もこれは忘れていたなと気付くこともあります」

UFC世界フライ級3位、チャンピオンシップまで経験した男は、一期倶楽部のキッズとの打ち込みで受け手に回ることもあるのだ。

稽古中、卓郎と恭司は子どもたちに、しっかり相手の軸を取って、スナップだけで突くのではなく効かせるために正確に押し込んでいるかどうかを何度も確認していた。

「飛んじゃうとどうしても浮いて力が出ない。飛ぶイメージだけど、相手に力を与えることが大事」と堀口はいう。その感覚を身体に染み込ませるのだと。

「数をやんないと、自分の体に染み込まない。その場で言われて出来たとしても、忘れた頃に出来るかと言ったら難しい。だから身体で覚えた方が使える技になる」

跳び込むが、自分のバランスは崩さず、相手を崩す。組み技のあるMMAで脇を開けて跳び込むことは、カウンターで懐のなかに入られるリスクもある。いかにMMAに空手を融合するか。その壮大な試みに堀口は挑んでいる。

「でもそれは自分が総合を始めたときからの課題だから、そんな特別感もない。例えばレスリングをやってる選手も別の課題を抱えているわけで、強い選手はみんなやっていること。それにストレートを打って、外れたからと言って対応できないとしたら、それは足が死んでる。そこでステップできればいいんです」

一期倶楽部以前、堀口の空手はベタ足だった。弘宇氏から、あの独特の走る動きを教わり、日々練習を繰り返すうちに、「1年ほどでできるようになった」という。

「コツは力を抜くこと。力が入ってたら足は運べない。走る時に足とか肩に力は入れないですよね。力はストップするために使えばいい。脱力した状態から一瞬でパッと動けば、モーションがなくて相手には見えない」

遠い間合いからノーモーションの跳び込み、そして独特のステップ。弘宇氏は「間合いが近くなっている」と指摘したが、実は堀口は足の怪我で蹴りが使えなかった前戦で、この中間距離にもトライをしていた。これまでの出入りに加え、ミドルレンジにも留まり、ボクシングも使う。そして、空手の跳び込みを、テイクダウンの武器にした。

「なかに入っても、自分の戦い方ができるようになってきたなという手応えもありました。これまでのスピードとタイミング重視に加えた戦い方。それに防御のための組み技じゃなく、攻めの組み技が出来たことで、また空手が生きてくる」

「守破離」の言葉にあるように、いつまでもただの弟子でいることだけが、師に報いる唯一の道ではない。

師も教え子の決断を見守っている。

「急にアメリカ行って腰を据えてやろうなんて決めることが、まず凄いことだから。それに寝技がこないだのUFCみたいに、あそこまで出来ていれば、もう俺は全然、二重丸（の評価）だった。ウチの空手も枠を越えるし、これだけでいいなんていう考えは、いつの世でも絶対に続かないんだ」

堀口は、日本から課題を米国に持ち込み、米国で不足する練習を、一期倶楽部で反復することになる。

「やっぱり向こうへ行って、空手ができないことだけはすごいネックでした。ただ、ATT（アメリカン・トップ・チーム）に行くと、空手を止めろと言う先生はいない。逆にそれがお前のいいところだから、それを生かしたこんな動きはどうだ、と言ってくれる。アメリカは好きじゃないけど（笑）、コーチ陣・練習環境に関してはすごく恵まれてるなと感じます」

日本と米国、それぞれの強みを生かし、足りない部分を稽古する。目的は、ただ一つ。強くなるためだ。

2017年4月16日、RIZINで4年ぶりに日本マットに復帰する堀口には、気負いも油断もない。

UFCでは7勝1敗。唯一の黒星が〝絶対王者〟デメトリアス・ジョンソンとのタイトルマッチだった。

世界最高峰の舞台で、アジアから初の王者に輝く――それを誰よりも望んでいたのは、ほかならぬ堀口恭司自身だ。

しかし、2016年は2試合のみ。思うように試合が組まれない歯がゆさがあった。

「全然、足りない。今、自分が成長できている実感があって、もっともっと試したいのに、試合が決まらないし、いつになるか分からない。契約更新も重なって、正直、アジア人はナメられてるなって。それで日本では、1年最低3試合、可能性として4試合できるっていうことと、試合の時期がはっかり分かってることが大きかった」

それでも——日本人で唯一、世界の頂点に手をかけている堀口に、あのデメトリアス・ジョンソンを倒してほしいという声は多い。

「いまアイツが最強なのは証明している。自分はやり返さないといけないと思ってます。でも、今のままだとUFCでは経験が積めない以上、他の舞台で試合を重ねて強くなるしかない。別の場所でベルトを取っちゃえば、自分の知名度も上がって頂上決戦で盛り上がると思うんです。そのためにも世界を巻き込んで、フライ級は日本に強い選手が集まる形にしたい。その中心に自分がなれればと思っています」

それに……と堀口は続けた。

「応援してくれる人、練習してる空手道場の仲間に試合を見てもらえるのがいいなって。海外で試合やってるときも家族は毎回、応援しに来てくれてたんですけど、大変だっただろうし、日本ではみんな夜中でも小さなスマホとかで見てくれたりして、試合後もすぐに電話をくれたりしていたんです。そういう人たちに画面越しじゃなく、ちゃんと試合を見せたい。この時期に日本で大きな舞台が出来てくれて良かったなと思います」

リビングの向こうで本をめくっていた弘宇氏が顔を上げ、「恭司、ちゃんと喋れるようになったなあ」と笑顔を見せると、堀口も「そうっスよ」と嬉しそうに答えてみせた。

練習前の自宅でのインタビューでは、いの一番に、「空手の先生」に稽古を、試合を見てもらえることが良かったと語っていた堀口。

取材後、弘宇氏はそんな堀口の背中を見つめながら言ったのだ。

「嬉しいよね。まあもうあいつのことは見るよ。死ぬまでは見なくちゃ駄目だろうなと思ってる。それは宿命、だから」

そう、堀口恭司には、日本で試合を見せたい人がいる。

（※２０１７年年末、ＲＩＺＩＮバンタム級トーナメントを制した堀口は、師である二瓶弘宇氏ががんと闘病中であることを明かしている）

Nihei Hirou
空手道場「一期倶楽部」主宰。独学で空手を学び、柔道教室だった同クラブを空手の道場とする。二瓶卓郎、竜宇、孔宇の三兄弟いずれも空手界の強豪選手に育て上げる。堀口恭司、田村一聖らMMAファイターも指導する。

Horiguchi Kyoji
1990年10月12日、群馬県出身。一期倶楽部で空手を学び、2010年にプロ修斗でデビュー。13年5月、修斗世界フェザー級王座を獲得。同年10月よりUFCに参戦し、4連勝で15年4月にUFC世界フライ級王者デメトリウス・ジョンソンに挑戦も5R一本負け。15年9月再起戦から16年11月まで3連勝。17年4月からRIZIN参戦。バンタム級T優勝など5連勝。MMA戦績23勝2敗。165㎝、60.75kg（試合時）。ATT所属

第6章 立ち技格闘技の挑戦

黒崎健時、魂のメッセージ
闘将の遺産。

敗れることを恐れてはいけない、誰もが負けたところからスタートするのだ――。〝格闘技の鬼〟黒崎健時氏は、29年前の体験をもとにこう語る。これは、現代の若者たち、いや全ての人々に贈る魂のメッセージである。

盲蛇に怖じず――ということわざがあるが、私のムエタイ挑戦はまさにそれだった。

1964年2月、私は弟子の中村忠、藤平昭雄（後の大沢昇）を連れてバンコックに降りたった。タイの地を踏んだのは、これが初めてのことだった。

空港に着くなり、亜熱帯特有のムッとくる湿気が、私の身にまとわりついた。じっとしているだけで、首筋に汗がつたたった。

空港ではタイのマスコミを前に簡単な記者会見を行なったが、何を話したかについては忘れてしまった。きっと「日本の空手が負けるわけはない」

GONG KAKUTOGI
1992年10月号
tex by GONG KAKUTOGI

とでも言ったのだろう。

敵地ゆえに、敵に後ろを見せたくはなかった。それは中村にしても藤平にしても同じ気持ちだったと思う。

私が元タイ国ウェルター級チャンピオン、ラウィー・デーチャーチャイと闘うはめになったのは、ほんの偶然だった。

ある寒い日だったと記憶している。野口プロの野口修社長（キックの創始者）が極真会館の大山倍達館長（現総裁）のもとにやってきてこう言った。

「先生、極真空手の中で、誰かタイ式拳法に挑戦する者はいませんか？」

大山館長は即座にこう答えた。

「なに、タイ拳？　そんなものは取るに足らんよ。ワンパンチ・ノックアウトだ」

「じゃあ、やりましょうか？」

「ああ、いいとも。いつでもいってきなさい」

この時点では、大山館長もまさか、対戦話がとんとん拍子に進むとは思ってもみなかったようだ。

ところが、野口社長は本気だった。すぐにタイの大物マネジャー、テンブンに連絡を取り、試合の日程を決めてしまったのである。

極真空手としては、トップの人間が挑戦を受けると一度口にした以上、敵に後ろを見せるわけにはいかない。しかし、いざタイ拳と闘う段になると、誰もがいろいろな口実をもうけて尻込みを始めてしまった。

「先生、一旦、極真が〝挑戦を受ける！〟と言った以上、ここで逃げたら物笑いのタネになりますよ」

私は失礼を承知で大山先生に注進した。

「そんなことといってもキミ、じゃあ誰が行くのかね」

大山先生は色をなして言った。

ここで敵に背中を見せてしまったら、極真空手はもちろんのこと、大山倍達その人までもが後ろ指をさされることになる。格闘家にとって敵前逃亡のレッテルを張られることは「死」にも等しい。

「じゃあ、及ばずながら私がタイに行ってきましょう」

腹をくくって、私はそう言った。自信があったわけではない。勝ち負けよりも名誉を失うことに、私は我慢がならなかったのだ。

いい格好をして、と言われるかもしれない。だが、格闘家が自らのプライドを自らの手で封印してしまったら、その後に残る物は何もない。私は自らの誇りを、見栄や虚勢で、ごまかしたくはなかった。

さりとて、タイ国拳法に対する知識は一片も持ち合わせてはいなかった。

野口社長が「ヒジには気をつけた方がいいようですよ」とアドバイスをしてくれたが、ヒジと言われても、それがどんな技なのか、どれほどの威力を持つものなのか、私には皆目見当がつかなかった。

若い読者諸君はにわかには信じられないかもしれないが、当時はビデオはおろか8ミリすら容易には手に入らない時代。ましてタイの8ミリとなると、それは無理な相談だった。

「なーに、極真がタイ拳ごときに負けるものか！」

一撃必殺信仰に取りつかれていた当時、私も他の格闘家達と五十歩百歩だった

当時の空手界の状況は、おそろしく前近代の色に支配されていた。あちこちに創始者や師範が乱立し、試合もしないで「我こそが最強なり！」と吠えまくっていた。

これは今の空手界の状況にも当てはまるが、この世界には口先だけの輩が多過ぎる。勝とうが負けようが、試合をすれば互いの実力や思想の優劣がはっきりし、そこからやり直せばいいだけのことなのに、何かと理由をつけては自らのカラに閉じ込もる。

「今は闘う時期じゃない」

「格闘技とは闘いの道具ではない。心身を鍛えるものだ」

「オレが闘う時は、相手を殺す時だ」などと、劇画もどきのセリフを口にしては弟子たちを煙にまく。全く情けない限りだ。それなら格闘技道場の看板など出さずに、健康や礼儀を主目的とするカルチャー・センターに名を改めた方がいいのではないか。それは偽りのない私の本音だ。

話を戻そう。私が日本人として初めてムエタイと闘った頃の空手界は、前述したように臆病者の集まりだった。

トレーニング一つをとってみても「えいや！えいや！」とバカの一つ覚えのように突き蹴りを出すだけで、動いている相手に、どういう攻撃が有効かという着想にひどく欠けていた。

今から思えば誠にバカバカしい話だが、一撃必殺信仰に取りつかれ、正拳一発で相手を仕止めることができると本気で信じ込んでいたのだ。竹ヤリで爆弾に挑むという発想と選ぶところがない。

もちろん、私がそれを知るのは、一敗地に塗れた後だった。つまり、私にしても、格闘技の「科学」についていえば、他の格闘家たちと五十歩百歩だったのである。

タイに着いた私を待ち受けていたのは、謀略とでも呼びたくなるようなルールの壁だった。日本を発つ前、野口社長は、「先生、向こうでの試合は投げも絞めもありです。場合によってはゲンコツで殴ってもかまいません」と調子のいいことを言ってたのに、タイについてみるとそんな話はなく、ムエタイそのものの試合であることが判明した。

「クソッ、はめられたな！」

と私は舌打ちしたが、ここで「約束が違う」と言って逃げ帰ってしまえば、後にタイの人たちの嘲笑にさらされることになる。

「どうぞ、お好きなように」

私はここでも意地を張り通すしかなかった。

ラウィー・デーチャーチャイ。それが私の対戦する相手の名前だった。元タイ国ウェルター級チャンピオン、というフレ込みだったが、とても引退しているようには見えなかった。しかもそれは試合直前に知らされたものだ。

体重差を理由に、試合は一ヵ月後に延期された。私は見ず知らずの土地で、飲み水に気を使いながら8キロの減量を敢行した。

私35歳、ラウィー23歳――。

タイでトレーニングやスパーリングを重ねているうちに、徐々にムエタイの輪郭が明らかになり、同時に緊張感も増していった。

「きつい試合になりそうだ」

私は誰もいないところで、ひとりごちた。

一ヵ月後、バンコクの市街地にあるタイ拳のメッカ、ルンピニー・スタジアムに私たちは向かった。リングで試合をするのは初めてだったため興奮と不安が同時に胸をよぎった。

リングに上がる前に思ったことはただ一つ。

「オレたちは日本の空手界を代表してきているのだから不様な闘いはできない」

そのことだけだった。

正直言って、勝ち負けのことは頭になかった。私たちにとってはゲームではなく、文字通り命をかけた格闘だったのだ。

ゴングが鳴って、最初のうちは冷静でいることができた。

「来るなら来いよ！」

という強い意志が体中にみなぎっていた。

開始早々、何発かジャブをもらったが頭がカッと熱くなる程度で、ダメージはさほどでもなかった。

フットワークで劣る私は、遮二無二、接近戦を挑んでは頭部にヒジをくった。ガツンという音とともに、頭の中に火柱がたった。だが、それでも「なーに、大したことない。なーに、大したことない」

と自らに言い聞かせるようにして、相手にくらいついていった。技術では負けても気迫では絶対に負けない。それだけが35歳の私の支えだった。だが、結果的にはこの「肉を斬らせて骨を断つ」という戦法が命取りになった。

ロープ際で何度もラウィーのヒジ打ちをくっているうちに、まるで酒にでも酔ったかのように頭がボォーッとなり始めたのである。

そうしているうちに、ラウィーのローキックをもろに太ももにくってしまった。これはきいた。相撲や柔道で鍛えた私の腰が、１メートル近くももっていかれてしまったのだ。

腰がガクンとなり、ヒザがふらついた。これほど威力のある蹴りをくったのは初めてのことだった。精神的なショックが痛みとともに残った。

これは後で理解したことだが、人間、ヒザの内側は少々蹴られたところで立ち通すことができるが、ヒザの上の筋肉を蹴られると足全体がガクガクして、満足に立つことすらできなくなってしまう。物理を気迫がカバーすることは決して容易なことではないのだ。

生まれて初めてのグローブマッチだったため、私は憎きラウィーに一矢も報いることができず、刀折れ矢尽きる形で、１ラウンドで、12歳年下のタイ人の軍門に下った。完敗だった。

だが、あえて負け惜しみを言わせてもらうなら、私はラウィーの攻撃にさらされながらも、しっかりと、自らの身にムエタイの凄さを刻みつけた。

薄れいく記憶と闘いながら「なるほど、ヒジはこうやって使うのか」「ここを蹴られると致命傷なんだな」「そうかこんな蹴りと突きのコンビネーションもあったのか」と脳の奥で反すうした。

少々、言葉は悪いが、自らの身体を借りての〝人体実験〟だった。

格闘技の原点は「強さ」ではない。強くなりたいという飽くなき探究心である

とりわけ、身に染みて感じたのは一撃必殺信仰の愚昧だった。先にも述べたが「肉を斬らせて骨を断つ」という日本の武士道精神——実はこの武士道という偽善的かつ無学な言葉が私は大嫌いなのだ——がガラガラと音をたてて私の心の中で砕け散った。

闘いとは、たとえ刃の先であれ、先に相手を傷つけた者が圧倒的に有利なのだ。好き勝手に肉を斬らせていたら、骨を断つ前に出血多量で死んでしまう。そんな簡単な理屈を、日本の空手界は見落としていたのである。

ラウィーに撃たれながら、私はトレーニング法についても考えていた。自分とラウィーの動きの違いを比べているうちに、おぼろげながら、自分のウィークポイントが明らかになり、それを克服するためのトレーニング法に思いをはせた。

その意味でムエタイは、そしてラウィーは、私に未知の世界をのぞかせてくれた。今にして思えば、私のいい指導者だった。

具体例を一つ示そう。

当時、日本の空手界は、パンチ一つ打つにも肩に力が入り過ぎていて実戦向きとは言えなかった。空手はある一点でパンチを止めるため、威力が伝わらないのである。

野球でもテニスでもそうだろうが、投球やサーブはボールを持っている時ではなく、リリースの瞬間、あるいはインパクトの瞬間に力を入れることによって威力を増す。それと同じように、パンチも外へ放り投げなければならないのである。

「ウッ、ウッ」と重い声を発しつつ、突きを繰り出したところで、得られるのは声帯が鍛えられるくらいのもので、実戦の戦力にはなりえない。今の時代にあっては、誰でも知っている理屈も、29年前には非常識以外の何物でもなかったのである。

さて、今になって、なぜわざわざ、29年も前の〝幻の一戦〟の話を書くのか、といぶかしがる向きもあろう。

事実、私の弟子の中には「先生、今さら負けた試合を取り上げ、恥をさらすこともないじゃないですか」と気を配ってくれる者もいた。

その気持ちには感謝している。

だが、人間には強い時期もあれば、弱い時期もあるのだ。完全無欠の格闘家など、この世にひとりもいない。

それでなくても、私は今まで〝伝説の人〟として語られ過ぎたきらいがある。世の中には、あまりにも伝説の人が多すぎる。伝説が一人歩きして、本来の姿が何倍にも膨れあがってしまっているのだ。周りの人間が作りあげた偶像に、本人もその気になっている。私はそのような愚か者にだけはなりたくないのだ。もちろん私に敬意を表してくれるのはうれしいが、みじめな敗北があったからこそ、私は「格闘技の鬼」に徹することできたのだ。私は最初から「鬼」だったわけでも「伝説の人」だったわけでもない。そのことを分かって欲しいのだ。

格闘技の原点は「強さ」ではない。強くなりたいというあくなき探究心である。

Kurosaki Kenji
1930年3月15日、栃木県出身。大山倍達の門下生から池袋・大山道場で師範代として指導。64年2月、中村忠と藤平昭雄（大沢昇）と共にタイ遠征し急遽参戦。ムエタイランカーのラウィーに敗れる。69年、目白ジム設立。全日本キックボクシング協会に加盟し、大沢、藤原敏男、島三雄、岡尾国光、斎藤京二らを育成。78年、新格闘術・黒崎道場を発足。

スペシャル・ドキュメント

ムエタイが震えた日。

500年の歴史を誇るタイ国技ムエタイ。その牙城を極限にまで脅かし、遂に崩した唯一の日本人がいる。これは打倒ムエタイに賭けた男の前人未到の真実のドラマである。

「敗北については率直にムエタイの強さを認めなくてはならない。だが私はムエタイを知れば、チャンピオンにもきっと勝てると、信じている」

極真カラテの師範代だった黒崎健時四段が中村忠二段、藤平昭雄初段（後の大沢昇＝全日本バンタム級王者）と共にタイに渡り、ムエタイと交えたのが64年2月12日。バンコクのルンピニースタジアムでの「空手vsムエタイ」の対抗戦形式で、黒崎四段は前ルンピニー系ウェルター級王者ラウィー・デーチャーチャイと激突した。

「空手はこれまで神秘的なモノとして育ってきた。だが空手の強さには疑問を感じている。私は身をもって空手の強さを試したい」と勇躍、ムエタイ

GONG KAKUTOGI NO.43
1996年5月8日号
text by Shibusawa Keisuke

と交えた。当時の空手には上段廻し蹴りも実戦の上で積極的に使用されなかった時代で、大苦戦を強いられた上、後頭部に肘打ちを痛打されてKO負けを喫した。

この時、藤平は2回KO勝ちを飾っているが相手はノーランカー、黒崎四段がマットに沈んだ瞬間に日本格闘技界の打倒ムエタイという宿命的な大目標が掲げられていくことになる。

そして、その2年後……66年にムエタイを基本に日本キックボクシングが旗揚げしていくが沢村忠の勇姿に憧れ、藤原敏男は69年7月3日、黒崎師範が会長を務める目白ジムに入門。3ヵ月後の10月1日には早くもデビューする。爆発するキック人気に興行数が増え、選手不足を招き、プロとしての養成も十分に成されないままにリングを踏むことは珍しくなかった。空手を2、3カ月稽古した経験もある藤原は初陣戦を2回KO勝ちで飾ったが、その10日後の10月11日の第2戦に早くも試練を迎えてしまう。

「何でもないタイ人にコテンパンにのされて、目が覚めたという訳じゃないけど同じ人間で同じウエイトで、たいした選手じゃないのに〝簡単にどうして負けたのか〟って考えさせられた」と、藤原は振り返る。即製プロ故に蹴りのディフェンスさえ無知、ナンポン・カチャスックにダウンを繰り返させられKO負け同然の敗戦。翌月11月12日のサクチャイ・ラカントン戦ではダウンこそ無かったが、試合後の会話にも舌がもつれ、〝パンチドランク状態〟で病院行きを強いられた。

「この2戦が打倒ムエタイの発火点になった訳です」

ローキックを浴びて歩行すら困難で1週間外出さえ出来ず。だが打倒ムエタイを誓い、牛乳配達の副業を辞めてキックボクシング一本に傾倒していく。藤原、21歳の冬のことである。

ムエタイの洗礼によって覚醒し目白ジム寮入りした藤原は年末の坂本栄二戦を手始めに、28連勝。破竹の白星にはタイ選手が23人含まれる。71年4

月17日にはスラサック・ワーユパックに初のKO負けを喫しているが、TKO以外に、KOで沈んだのはこの試合と76年8月21日のラウイソン・ビブルチャイ戦のみ生涯でも2試合だけ。いつしか〝タイ人キラー〟となっていく。

71年11月5日には全日本ライト級王座決定戦で玉城良光を判定で下し初代王者に就いた藤原は、翌72年4月30日、初めて本場タイ・バンコクのBBTV（バンコク・ブロードキャスティング・アンド・テレビジョン）スタジアムのリングに立った。『キックボクシングvsムエタイ全面対抗戦』の宣伝文句にルンナパー・シャットソムサックと対戦し、あっさり5回KO勝ちを飾ってしまうのだ。

「初のタイ遠征で印象に残ってますけど、全日本のベルトを防衛しながら……目指す目標はタイのベルトだと決意しました」

ムエタイに追いつけ追い越せ。これはプロ野球・読売巨人軍の生みの親・正力松太郎氏が「大リーグに追いつき追い越せ」をスローガンに日本野球を発展させてきたのと同様、もはや日本キックボクシング界の命題であった。

初タイ遠征に好感触を得た全日本キックは、タイ側と折衝に当たりムエタイ世界王座を全7階級で新設し、全日本王者が代表となりタイ選手と初代王座決定戦を同72年8月13日、キティカチョン・スタジアムで開催した。しかし、日本代表はフェザー級・島三雄のみが勝ち、藤原はヒジ打ちで額を割られ4回、無念のTKO負けという結果に終わってしまった。

同世界王座は結局、消滅していく。タイ側はムエタイの世界的普及へラジャダムナン系を後盾に84年1月15日、WMTAが、90年1月11日にはIMTA、ルンピニー系をバックにIMFが発足し世界王座は新設されているが、欧州では顔面へのヒジ攻撃が警察から禁止される等で王座は自然消滅。勿論、本場タイの世論は、世界王座を認める姿勢すらないのが現状だ。

当時のムエタイは王室運営ラジャダムナン系が最大権威を誇り、陸軍運営ルンピニー系が、それに対抗していた。藤原が目指したのは、この2大勢力のベルトであったが……72年11月30日にはラジャダムナン系9位、サマンデ・イッテチャイと対戦。戦場は日本とはいえ、初のランカーを迎えての試合は判定ドロー。ラジャダムナン系6位のリチデット・シンモロコットとは大激闘になった。

「技術云々を超越した、本当の格闘技というか5回をノークリンチでフルに打ち合いして、蹴り合いして、口がドドメ色になった」

判定で遂にランカーを初撃破し、権威は2大殿堂には劣るがBBTV系ランキング8位に入り、いよいよ本格的な打倒ムエタイへ、臨戦態勢が整っていく。

「ワンパターンじゃなくて相手に合わせた試合運びが出来る自信がありながら、これといった強さが見つからなかった。だがリチデット戦で、〝強さをあみ出した〟という実感があった」

そして翌74年6月12日、ムエタイの殿堂ラジャダムナン・スタジアムへ立つことになる。2位にランクするムンチョン・ジラパンに4回、前蹴りで牽制しながらヒジで攻撃。5回にはストレート、ヒジ、前蹴り、突き離してはアッパーと藤原優勢に移ったがドロー。善戦どころか、これは勝利なき快挙といえるモノだった。

外国人のランク入りを拒絶していた二大殿堂のラジャダムナンに、史上初めてタイ人以外の藤原敏男が名を連ねた

殿堂での現役ランカー、しかも2位という上位ランカーと引き分けた実績で7月度ランキングは9位に就けた。73年6月に6位を破り、74年6月に2位とドローで「5位は当然」の日本側。しかも倒したリチデットは、藤原より上位の8位にランクしていた。

だが頑として外国人のランク入りを拒絶してい

た二大勢力のラジャダムナン系に史上初めてタイ国人以外の選手が名を連ねた。保守派からの猛反発も買ったが紛れもなく藤原は伝統を覆した。日本人では後にミドル級で田畑靖男、猪狩元秀が、最近ではラモン・デッカー、オーランド・ウィット等が外国人ながらランクされているが、藤原はその先駆となる。一方、タイ側は藤原に一層の警戒心を高めていくのであった。

なぜムエタイが、それ程までに外国人の進出を頑として認めてこなかったのか。「ムエタイは500年の伝統を持つ」というのが定説だが、その起源は……毎年、ビルマ（現ミャンマー）との国境に国の代表者となる双方の格闘王者が象に乗って合流し、ラウンド無制限の形式で、拳に縄をまとって殴り合う戦いを行なっていた、という。

ムエタイ、つまり「ムエ（戦い）タイ（タイ国）」は文字通り、タイ国技としての戦いだ。精神性の高い神聖なる戦いから競技性を増していくのが20世紀に入ってから。20年代には一部の学校で体育科目とし、軍部トレーニングにも採用。30年代には金的保護のカップも登場し、ベアナックル（素手）からグローブ着用（現在6オンス）が義務付けられ、ウェイト制も採用されていく、これによって興行も成立し、45年にラジャダムナン・スタジアムが、56年にルンピニー・スタジアムが、開設されていった。競技人口は日本の国技・相撲などの比にならない。

タイは他のアジア諸国と異なり第2次世界大戦前後、植民地や領地にされた歴史もなく、開国以来、どの西欧国の支配下にも収まらなかったという事情から、他国への優越感さえ持つ。また国民からの王座への敬意は揺るぎなく絶大で、国威発揚の目的からも、皇室運営のラジャダムナン系としては「藤原の躍進が望ましくない」と映って当然だろう。現在でも新聞には検閲を加え、統制下にあるが、タイの国威発揚と金銭がからむ興行という狭間で、藤原は打倒ムエタイを突き進んでいく。

初ランクから4カ月後、ラジャダムナン系6位に上昇した藤原は同74年11月26日、東京都体育館で遂に現役王者と交えることになった。ただしタイ側は、これをラジャダムナン系タイトルマッチとはせず、ひと悶着あったが、新設のBBTV王座決定とした。

藤原は身長18㎝上、180㎝のジャイディ・ピサヌラチャンの細長い足にローキックの嵐。一万を越す観衆は〃歴史的瞬間〃を期待して興奮の坩堝と化し、優勢に試合を進めたがジャイティのアッパーが3回に炸裂し、藤原はダウンを奪われてしまう。以後の記憶を失いながらもミドル、ハイとキックを叩き込み、ダウン一歩手前まで追い詰めたが試合終了。ダウンが判定に響き、敗戦を喫した。

一発のラッキーパンチに屈し、悪運が悪運を招いたのか翌75年5月31日、佐藤正信との一戦では選手生命さえ、バッサリ断ち斬られんばかりの重傷を負う。ローキックによって左スネを負傷し、試合後の夜に激痛が走り、病院へ。全脛骨筋手術を受け、1カ月半の入院を強いられた。だが、打倒ムエタイの一念から再起不能という周囲の冷たい眼に反して10月18日には復帰戦を果たした。

棒に振った75年が明け、76年1月27日、後楽園ホールでは、ジャイディからBBTV王者になったブクリュー・モールークピタックをノンタイトル戦ながら4回KOで沈めて、気勢を一気に上げた。75年はランカーとの対戦もなく、76年はイチから実績作りをして、タイトルマッチには漕ぎつけることができなかったが、3月8日、2度目のラジャダムナン・スタジアム登場という好機を手にする。

まさに地獄から天国へ、という心境だった藤原の相手は6年間ルンピニーの王座を保持するシリモンコン・ルークシリパットだった。「デビュー2戦目で相手選手を蹴り殺し、その息子が中学を卒業するまで養育費を支払い続けている」という逸話のあるシリモンコンはラジャダムナン系2位でもある。「藤原が勝てば最低でも6位にランクされ王者チャランポン・ソータイへの挑戦権を獲得できる」と目されていた。

日本とタイの現役王者同士の対戦に戦前の予想は4―7、だが当日にはシリモンコンの30歳と言う年齢からか、5―4で藤原有利に逆転していた。

試合前のリング上で、藤原はこれまで舞うことのなかったワイクルーも披露する。藤原の攻撃は「どんな怪物がいようが関係なく対応できる動きをした」と言うように左、右から縦横に動く変則的フットワークに、体を振ってのウェーブ、ダッキング。ローに、相手が組みにくると鋭角的に突き上げるアッパー、軸足がマットに浮き上がってしまうハイキック……と変幻自在だ。また、この当時のムエタイは確かにベタ足に近く、フットワークには欠くが、あくまで倒しにいく戦法。現在のムエタイは、お互い見合って同じ瞬間にハイキックを交差させる……といった独特の様式が整っているが、スタイル的にはアウトボクシングで、KOは極めて少なくポイント差を競うスポーツになっている。藤原が拳を交えていた頃はファイターが全盛で、ガンガン殴り、蹴るという醍醐味満点のファイト。まさしく格闘技そのものであった。

その中で藤原は必殺の左ストレートを主武器にするシリモンコンに3回、右ストレートから右膝を顔面に当て、右ハイからラッシュを掛ける。両雄は鼻血を流し4回には左ミドルを喰うが互角。最終5回には、藤原の鼻血は、おびただしくなり、お互いの激しい打撃の応酬の末、終了のゴング。藤原にやや分があるかに見えたが判定は2回の左膝が有効打になったのかシリモンコンに。岡村プロモーションの岡村光晴社長は「ここでは試合は出来ないですね」と怒りをあらわにした。

74年11月・ラジャダムナン系王者への敗戦、75年5月・左スネの負傷、76年3月・ルンピニー系王者との敗戦、そして28歳を迎え戦歴も95試合目……再三の挫折に大きく後退した打倒ムエタイは〝幻〟と化していくと誰もが予感したに違いなかった。

悪夢にうなされた藤原は8月21日、ラウイソンのKO負け以外は、シリモンコン戦以後の76年の試合を全てKO勝ちで飾り、再び頂点を目指して急上昇していった。

年明けの77年には1月1日、後楽園ホールで元ラジャダムナン王者のデントラニー・ムンスリンを迎え4回KO勝ちで文句なしの勝利を飾るのだ。この結果を受け、同年4月7日、ラジャダムナン・スタジアムで王者チャランポン・ソータイとノンタイトルで激突する。

試合は当初6日だったが、7日に延期され、黒崎会長は「蹴りより、パンチで勝負だ」と戦略を練り、藤原はアンクルサポーターをはずし、素足で登場した。いつもの変則フットワークは自ら封じ、静かな序盤が続くが、一気に急展開を見せる。中央で相手の左の足を取りそのまま左ジャブで突く。チャランポンはロープ際へ、のけぞる様に後退するが藤原は逃さず。背後へ飛び込み左ヒジでガンガン加撃し、顔を向けてくる相手にまたもヒジ、迫ってくる相手に左ヒジをゴツゴツと打ち、ブレイクが入った瞬間に藤原は右手を挙げて「やった！」と喜色満面だ。

チャランポンの眉間が縦に斬れ噴血していたのだ。ドクターチェック後、試合続行となったが、これで会場の賭け率は5分5分に。これが致命傷になりかねないチャランポンは2回、執拗な首相撲での膝攻撃だ。藤原は一転して、ダウン寸前のピンチに陥って左ストレートも喰らってしまう。

3回にはステップワークも出し巻き返しにいく。「スタミナがない」と言われるチャランポンの体力消耗を誘う作戦なのか、左肘の多用で同箇所を負傷した藤原は、組み膝合戦にも挑み、場内はチャランポンの膝が炸裂する度に「ウォーウォー」と合唱だ。

総力戦となった4回、組みつきに来た瞬間、藤原は右アッパーを効果的に決めてストレート、ミドル……5回にはヒット・アンド・アウェー作戦で突き離す。チャランポンの膝はスピードなく、終了のゴングが鳴る。大差の内容だったが、またも地元判定なのか……だが挙がったのは藤原の手だった。

最後は意識不明の状態だった。タイでの判定勝ちは深い意味を持つ。KO以上に価値のある勝利だ

「ダウンの応酬で終了のゴングも分からず、最後は意識不明の状態だった。KOを狙いに行ったが、タイで判定勝ちしたことは深い意味がある。これはKO以上に価値のある勝利だし、これまでの悪夢が全部吹き飛んだ思いがする」

試合後、そう語った藤原。現役王者を殿堂ラジャダムナン・スタジアムで撃破したことで、タイトル挑戦は、これで決定的となったが、ムエタイ側は「来る時が来てしまった……」と嘆息をもらしながら必死の抵抗を試みる。

「藤原に一度敗れてしまったチャランポンと再戦の形でタイトルマッチを組む訳にはいかない」と時間稼ぎに出た。「王座移動で新王者を擁立しながら、その間にも刺客を送り込んで藤原を倒す」という目論みが見え隠れするのだ。

4月のチャランポン戦後、藤原のタイトル挑戦の時期は遅々として訪れず7月、9月と連続KO勝ちした後の11月14日、日本武道館ではラジャダムナン8位のワンナロン・ピラミッドと対戦。意外な粘闘を発揮するワンナロンを判定で下す。大切な時期に星の取りこぼしがあれば、これまでの積み重ねた実績は泡の如く消える。11月以後は試合を控えタイトルマッチに備えた。刺客ワンナロンの敗戦で、タイ側の思惑はハズれたが、ベルトはモンサワン・ルークチェンマイに移動して行った。

ムエタイ500年の伝統は崩れ去ってしまうのか。開催地は敵地タイではなく、藤原に有利な日本となった。「地元タイで、ムエタイの凋落があ

っては」という配慮があったことは想像に難くない。それ程までに、開闢以来の万が一の〝国辱的〟にも映る場面を国民の眼前には、さらしたくなかったのだろう。タイ選手に有利なタイ開催を強引にでも行なわなかった背景は、そこにあるのだろう。後に海外でムエタイ大会が開催され、衛星放送でタイのテレビに中継が流される試みがあったが、これもタイ選手が敗れるシーンが増えると、衛星放送の許可を政府が下さなくなるという経緯もあった。

一方、藤原のランクは2月・6位、３月・３位と上昇していた。所属してた目白ジムは全日本キックの傘下から11月中旬、離脱し、78年３月18日、後楽園ホールで日本格闘技連盟が旗揚げ。「世界のあらゆる格闘技と闘う」をスローガンに、メインイベントに藤原のタイトル挑戦が組まれた。

王者モンサワンは55戦44勝（30ＫＯ）10敗１引分けが公式戦績でキャリア5年、23歳という年齢で身長１７８㎝で１６８㎝の藤原に比べ10㎝も高い。

「タイトルマッチがこれ程、遅くなったのは、やはりタイ側の警戒心があったからだろうし、モンサワンが新王者として差し向けられたのは、タイ側が〝藤原は長身選手を苦手にしている〟と思っていたからでしょう」

これは74年11月、１８０㎝ジャイディに藤原が思わぬ苦杯をなめたデータによるものだろう。タイ側は策略を尽くしてモンサワンを敵地に送り込んだ。

「タイ側はモンサワンに自信があったと思いますね。だから日本に送り込んででも、タイトルマッチを行なったんでしょう」

だが、この身長差が意外にもモンサワンの命取りになってくると誰が予想しただろうか。試合当日の計量でもモンサワンは4ポンド（約１・８㎏）オーバーで、サウナに入ってリミット１３５ポンド（約61・２㎏）に何とか絞り込んでいた。

外国人が初めて挑むタイトルマッチ。その世紀のゴングが打たれるや、藤原は「ワァー」と絶叫しながら王者に襲い掛かり、機先を制しにいく。だがモンサワンの左のパンチがかすり、右眼尻から鮮血が薄ら流れ「二重に見えて、元に戻るまで離れようと思った」

変則フットワークを利し2回は左フック、アッパー、終盤に右ローを放つと、王者は転倒し後頭部をマットにドシンと、したたか痛打する。これが勝負を分ける前兆でもあった。

3回になると藤原は膝を注意して、ピタリと体を密着してのクリンチ。だがモンサワンは背後からでも膝を蹴ってくる。モンサワンの首相撲に対し、藤原は膝蹴りで無理に応戦せず、胸を合わせて柔道の小外刈で浴びせ倒しを狙う。1分45秒には右アッパーが効果的に当たり、王者は後退、藤原は一度、二度と体を密着させる。相撲で言うサバ折りの体勢だ。モンサワンは長身により、胴が丁度、藤原の組みつきやすい高さにあった。しかも自ら後退することなく、藤原のプッシュに、踏ん張って細い足が揃うのも原因して、そのまま後方へ浴びせ倒されてしまう。

「あのサバ折りは、無意識のうちに出たもの。あくまで相手のバランスを崩すのが目的で、のけぞったところにヒジを当てたりするのが狙いだった」

藤原は打倒ムエタイを目標に掲げてからは「ムエタイに勝つには、ムエタイ以外の格闘技にも取り組まなければならない」と悟っていた。講道館では柔道を、拓殖大学ではレスリングにも汗を流し、立ち技の格闘技では最強のムエタイを突き破るため、あらゆる格闘技のエッセンスを抽出していた。

このサバ折りも、レスリングのタックルからの応用だ。通常は相手の脚に組みつくが、藤原はムエタイではルール内で有効となる胴へのタックルを試みた、ということになる。

3回のサバ折りはマットに落ちる前にレフェリーが王者の頭をすくい、事態に変化は起きなかったが……4回、アッパー、ワンツーで攻める藤原は再び体を密着させる。そして左腕を王者のウエストに回し、抱えるようにし自分の前へ、体ごと浴びせ倒した。カクッとマットに落ち、王者は、もんどり打って倒れた。

ガツン！　後頭部はリングに音を響かせて痛打した。立ち上がる藤原にモンサワンは意識なく大の字だ。ジャッジ、レフェリーは全てタイ人で構成されているが、何の〝物言い〟もなく、カウントが続き「8、9、10」。

ムエタイ破る！　500年の神話は遂に崩れた。藤原も、観衆も歓喜した!!

打倒ムエタイを誓ってから9年5カ月。戦績で実に113戦目の快挙。勿論、ムエタイのベルトが海外に流失したのは史上初めて。タイにとっては〝国辱〟に近い、衝撃的な瞬間でもあった。

この時78年3月18日午後9時28分を時計は指し、藤原は立会人のラジャダムナン・ランキング委員長から王者の証し、黄金に輝くベルトを贈られ、腰にどっしりと巻いて見せた。遅咲き30歳の春だった。

気高いタイの国民が、初めて国技ムエタイの王者を破った男・藤原を大いなる外敵と捉えていた。

柔道では「64東京五輪」無差別級でアントン・ヘーシンクが〝ニホン・ジュードー〟を破り金メダルを獲得。雪辱へ講道館は重量級優勝の猪熊功を刺客に、翌65年の「世界選手権」へ送り込んだ歴史もあり「ヘーシンクを倒せ」は日本柔道の最大遂行任務であった。

「藤原のベルトを奪回せよ！」これはムエタイに課された〝国務〟でもあった。

帰国したモンサワン側は「藤原のサバ折りは反則。だから、あの王座移動は認められないはずだ」と、国民に弁明したが、試合運営は全てタイ人で構成しており、説得力に欠く。ラジャダムナンが王座移動を認めていたのだ。

タイトルマッチの契約条件には「藤原が勝った場合は90日以内にバンコクでタイ選手と防衛戦を行なう」と義務付けていたが、試合後1週間余りで、タイ側は「6月7日に防衛戦を行なう」と藤原側に何も打診のないまま、一方的に通告してきた。

同時にタイ国内でもマスコミ発表。もし藤原側が抗議でもすれば「藤原は防衛戦をする意思なしとみなし、タイトルを剥奪する」という強行手段も辞さない姿勢だ。

揺さぶりを掛けるタイ側。権謀術数をめぐらし「藤原のベルトを奪回せよ！」の国務へ躍起となって手を打ってきた。

挑戦者はラジャダムナン系1位でありルンピニー王者の、シープレー・ギアティソンポップ。まさに最強の挑戦者をブツけてきたのだ。両スタジアム王者の対決、これは王座統一戦といえる世紀の激突に間違いない。

だがルンピニーでは「万一、シープレーが敗れれば面目が潰れてしまう」とラジャダムナン側に大いに難色を示したが、「大同団結して藤原を倒そう」と大義名分をかざし説得した。

至宝奪回に、シープレーが任務遂行を果たせなければ〝ムエタイ界の追放〟という厳罰処分さえ下されかねない。いや、腑甲斐無い試合や八百長を犯した選手が観客からメッタ打ちされムエタイでは、命の心配すらある。そんな殺気に満ちたムードが張りつめていた。

ラジャダムナンは最強挑戦者を確保し、スタジアムは札止め状態。テレビ中継も視聴率100％を稼ぐかと思われる位の国民的関心事であったが「ルンピニー王者をもってしても……」という最悪事態を憂慮して〝テレビ中継なし〟という策に出た。それ程、藤原の勝利を恐れてもいたのだ。

戦前の賭け立ては1—3でシープレー、だが当日には1—1で五分になっていた。

王者として初めて敵地ラジャダムナン・スタジアムに登場した藤原はこれまでの青トランクス（挑

戦者）から赤に立場をかえて雄姿をあらわす。前年11月、ルンピニー王座に付いたシープレーは174㎝で23歳。試合は初回から堅い動き。藤原は膝を警戒する。2回には左アッパー、フック。膝を受けぬよう、前蹴りで突き離し、接近するとピッタリ密着して組んでいく、3回は右ローでバランスを崩すが、ロープを背に組み膝、後頭部へヒジも落とされ、口を切ってしまう。

4回は組み膝、パンチで追う藤原にシープレーは前蹴りを出しながら後退……消極的なシープレーの動きに、観衆は物を投げ込み、野次る。ラウンドが終了すると藤原は勝利を確信し、白い歯を見せた。

最終回は、シープレーが起死回生の左膝を、ボディ・ノーガードの藤原に叩き込む。パンチの藤原はサバ折りを見せ、試合終了のゴングが鳴った。

試合全体では藤原有利に映ったが……やはり判定はシープレーに挙がった。激怒する黒崎会長は「こんな判定あるか」と吐き捨て、岡村社長は次に予定された島三雄の試合ボイコットを口にする。「さもなくば、今の試合を無効試合にしてもらう」と関係者に通告した。

島は試合順を遅らせ、リングに立ったが同夜、テクニカルレフェリーのソンポート大佐が判定結果を謝罪し「90日以内に東京で再戦を行なう」という決着を見た。

判定については英字新聞『バンコク・ポスト』は0・5ポイント差で藤原の勝ち、レフェリーは24対24・5でシープレーの勝ち。やはり微妙なポイント差ではあったが、タイ側はベルト奪回に成功し、事なきを得て、シープレーは「国技ムエタイを救った」と、大ヒーローになった。藤原は「負けは負け。どこか自分に足りない所があったのだろう」と周囲の同情も意に介さなかった。

9月15日、初のルンピニー・スタジアムでは元ルンピニー系J・ライト級王者プッパートノイ・ウォラウッドに判定勝ちし、タイ側は、前試合の〝禊（みそぎ）〟。約束されたシープレーとの再戦は、どちらのベルトも賭けられず。新格闘術ルール（2分7ラウンド、1分休憩）での新格闘術世界ライト級王座決定戦として10月30日、日本武道館で行なわれ7回0分23秒、右フックをテンプルに当て、藤原が雪辱のＫＯ勝ちを飾った。

藤原の名はタイに轟きファイトマネーは上昇の一途。今から20年前、76年3月のシリモンコン戦でも当時の金額で３００万円が支払われたという。

歴史上、海外の侵略を受けなかった、という気高いタイの国民が「初めて国技ムエタイの王者を破った男」藤原を大いなる外敵と捉えていた。

後に、79年2月12日に、ラジャダムナン系Ｊ・ライト級王者ナロンノイ・ギャティバンデット。80年1月28日にはサンティー・ラークチャイと、ラジャダムナン・スタジアムに出撃するが、タイ側はもはや再度のベルト流失の危機をおかしてまで藤原のタイトルマッチを組む冒険はしてこなかった。

「練習量は豊富だったが実際にタイの一流選手に通用するのか、常に半信半疑だった。日本のキックボクシングの裏側にムエタイがあって、ヒジ、膝蹴りも半端じゃなかった。少しずつ善戦しながら身体で味わって〝ムエタイは世界の全ての格闘技の頂点〟だなって実感して〝ムエタイの頂点を破りたい〟と思っていた。だからベルトを腰に巻いた時……様々な練習に耐え続けてきた事が脳裏に横切って〝これが全て〟と思いました」

藤原がラジャダムナン系ライト級王者に君臨していたのは3カ月弱の短命政権。82日間の栄光に過ぎなかったかもしれないが、〝門外不出のベルト〟を奪取したということは、オリンピックで金メダルを獲得したり、プロボクシング世界王者になることよりも困難であるかもしれない。

藤原のムエタイとの主要戦績に目をやると、現役ランカー、王者との対戦が数多く並び、ラジャダムナンのリングに6回、ルンピニーに1回、これ程、殿堂のリングに立った日本人選手はいない。今世紀中には破れない記録であり、大金字塔を打ち立てたことになる。

「ムエタイはレベルダウンした」と耳にする現在でさえ、藤原の偉業はまだ破られないまま。格闘技マスコミの中では「ムエタイには興味がない」とする輩もいる。

だが、立嶋篤史が、前田憲作が、打倒ムエタイに猛然と挑む魂は、現在でも史上唯一の外国人王者・藤原の心境と同じだろう。「ムエタイを知れば、チャンピオンにもきっと勝てると、信じている」とした黒崎師範の志を継ぐものでもあろう。

打倒メジャーリーグを目指して技術向上してきた日本プロ野球界。日本のキックボクシング界は、打倒ムエタイを永年の目標に掲げて進化を遂げ、これから突き進む。

18年前、ムエタイは「藤原のベルトを奪回せよ！」が大号令となったが、日本キックボクシング界は「ムエタイのベルトを奪取せよ!!」が、藤原以来の目標なのだ。

Fujiwara Toshio
1948年3月3日、岩手県出身。69年7月、目白ジム入門。住み込みで黒崎健時の指導を受ける。同年10月1日、プロデビュー。71年11月、全日本キックボクシング協会初代王者決定Tで玉城良光に判定勝利し優勝。初代ライト級王座獲得。72年4月のタイ遠征を皮切りに、ムエタイの二大殿堂ラジャダムナン、ルンピニー両スタジアムで活躍。77年4月、ラジャダムナンでチャランポン・ソータイに判定勝ち。ムエタイ史上初めて外国人として現役王者を破る。78年3月8日、後楽園ホールでモンサワン・ルークチェンマイに4RKO勝利し、ラジャダムナンライト級王座を獲得。ムエタイ史上初の外国人王者となった。

小林聡、師・藤原敏男を語る

あれから23年、歴史は再び繰り返された。
「憎しみの先にあるもの」

小林聡はラジャダムナン・スタジアム・ライト級現役王者を倒す快挙を成し遂げた瞬間、真っ先に藤原会長の下に駆け寄り、至福の時間を共有した。いつもめったに誉め言葉を口にしない会長が言った。「よくやったな、いい試合だった」――。小林はこの言葉を聞くまでに、どのような思いでここまでたどり着いたのだろう。

――試合前「この試合が終わったときに何が見えるのか楽しみ」って小林選手は言ってましたけど、実際にタイの現役王者を倒したとき、何が見えました？

「真っ白でした。ムエタイのチャンピオンに勝ったっていう気がしなかったです。無我夢中で。あんだけ練習して結果が出たから良かった。結果が出なかったらどうしようかと思って。あの日々は何だったんだろうって（笑）」

――すごい練習量でしたからね（笑）。試合前の

GONG KAKUTOGI NO.103
2001年11月号
text by Ogasawara Maki

練習で、サンドバッグを叩き続けたり、１８０kgのタイヤを引いたり、ヘトヘトの状態で練習してましたけど、あれだけの練習に比べれば、試合の方がラクだ、ぐらいに思いました？

「やっぱり、試合もシンドイですよ。練習と違ってプレッシャーもあるし、サンドバッグじゃないから、自分の思い通りに動いてくれないし、ペースもなかなかつかめない。試合は試合で疲れますけど、自分自身でここまで練習やったらもう負けられない、っていうのがあったから。タイのチャンピオン関係ねえやっていうぐらいになってましたね」

――テーパリットとの試合前に藤原会長からは「常に前に出て行け」と言われていたそうですが、そのとおりの試合になりましたね。

「もう、ダッシュ、ダッシュ。１Rダッシュして、２Rでちょっと様子見ることになってて、３Rからダッシュしようと思ったんだけど、２Rに様子見ようとして、ボコボコに打たれたから『こりゃ駄目だ。やっぱり見てたら勝てねえや』って思って、２R後半はまたダッシュして。１Rにガーッといって怒らせれば、２Rやり返してくると思ったんですよ。そこでスカそうと思ってて」

――以前から、会長とそこまで細かく話し合っているんですか。

「試合前はそうです。先生からサッダムの時も１Rからガーっといけって言われたけど、僕、いかなかったんですよ。だから、先生のいうことをきこうと思って」

――いつもはセコンドにつかない藤原会長も、テーパリット戦ではずっとコーナーにいて、指示を出してくれてましたが。

「まあ、伝言よりは直接リングサイドからアドバイスしてくれた方がいいですからね。ただ、試合ってセコンドの指示で動けるわけでもないんですけど、いるだけで心強い人にいてほしいというのはありますね」

――藤原先生の言葉だけはよく聞こえるとか。

「いや、あの時は誰の声も聞こえなかった。インターバルは分かりましたけど。その場その場で反応してたとは思うんですけど、試合が終わったら何を言われたかあんまりわからない、というか。まあ、あの試合の後じゃ覚えてられないですよね。テーパリットのパンチで記憶が全部飛んじゃいました」

――勝ち名乗りをを受けて、一番に会長と抱き合ったのは覚えてます?

「それは本能的に、一番最初にお礼を言いたかったし、一番勝利をかみ締めたかった人だからなんじゃないですかね」

金沢からベルトを獲った時は、先生に叩きつけて辞めようと思ってたのに、勝ったときは、その感情が逆になっちゃった

――ここまで長かったですよね。2年前、J-NETの五十嵐幹志にKOで倒されてしまって、ジムで一時期孤立していたと聞きましたけど、藤原ジムを辞めようと考えたこともあるのでは。

「辞めようっていうかなあ、俺がここにいちゃいけないのかな、って思ったりしたこともあったし。藤原ジムがフリー宣言して、藤原ジムの看板を背負った一番最初にあんなヤツに、あんな負け方しちゃったっていうのがあるから」

――そんなふうに藤原会長がはっきりと言ったんですか。

「いや、あのときは1カ月ぐらい口きいてくれなかったですもん。会話っていう会話はしたことがなかったし、挨拶しても何も答えてくれないし。ジムではひとりぼっちでしたよ」

――その状況が変わったのは?

「それぐらいのときに、ちょうど雑誌で五十嵐のインタビューかなんかを読んだんですよね。コイツ実力で勝ったって勘違いしてるんじゃないかな、って思う箇所があって、カーッときてこいつぶっ倒してやろうと思って。それは先生に対してもあったし、金沢（久幸）もその頃調子に乗ったことばっかり言ってたんですよ。周りの雰囲気も金沢の言ったことを肯定するような感じで。俺の心の中では〝みんなそれは違うよ〟っていうのがあったから」

――それは会長に対しても？

「先生が本心ではどう思ってたのかは知らないですけど……なかなか本音を出さないところがあるじゃないですか。で、この状態から金沢をぶっ倒したらカッコいいだろうなあ、またサクセスストーリーができるだろうなって自分で思っていて。この世界の人間って結構ナルシスト多いですよね。ま、そうじゃなきゃ、あんな苦しいことやってられないですもんね。で、（全日本の）ベルトを獲ったら、それを叩きつけて『見たか！』って言って辞めてやろうと思ったんですよ」

――その一心で黙々とやってきたわけですね。

「こういうこと言ってまた、同じ仕打ちされると嫌なんですけど（笑）。もう二度とそういう思いをしたくないから、負けたくないと思って。次の試合に勝ったころから（先生との雰囲気が）よくなってきて、五十嵐との再戦の前から先生のシゴキが始まったんですよ」

――そうやって小林選手の反発心をあおっているんでしょうね。

「俺のツボを心得てますよね。俺の力を出させるツボを」

――現役時代の藤原会長は黒崎総師のことを絶対的に信用してましたよね。小林選手は藤原会長に対してどういった感情がありますか。

「それは現役中は分からないかもしれないですね。一時は本当に憎たらしい、ぐらいに思ってましたもん」

――その気持ちはどうやってほぐれたんですか？

「いい試合して勝てばオールオッケーなんですよね。ああ、あれがあったからよかったんだと。金沢とのタイトルマッチのときもベルト獲ったら、ベルトを叩きつけてリングの上で辞めてやろうと思ってたのに、実際に勝っちゃったら、その感情が逆になっちゃったんですよ。ああ、あれがあったから勝てたんだって」

——ベルトを獲ったら憎しみのような感情がなくなっていた、と。

「全然ないですね。ありがたかったです。先生いなかったらここまでなれなかったって思いましたよ。

——そのときから、強い信頼関係が作られてるんですね。

「そういうのは時を重ねて積み上げていくものだから、時間がかかりますけど。普通の先生より、藤原先生とは濃いですから」

——濃い、というのは感情が？

「感情っていうか、お互いの関係が濃いですからね。憎たらしいと思うときは本当に憎たらしいし。だから、信頼関係を積み重ねていくのは早いかな、とは思いますけど。普通の師弟関係よりも」

——小林選手のことを心配したあまり、テーパリット戦後の藤原会長は、かなり疲れているようでした。

「試合の前の日はいつも寝れないみたいですけどね。やっぱり俺の動きってもどかしいんじゃないですか。ミドル蹴ったりしないし、先生の理想とも遠いと思いますよ」

——これまで先生についてきて、先生の理想が小林選手にも見えているんじゃないですか。

「先手必勝ですよ。先生の場合は。様子見るの嫌いみたいですね。分かってますよ、だいたい」

——そうは言っても、試合では難しいときもありますよね。

「ええ、以前はそういうふうに思ってやってきたんですけど、スカボロスキー戦から意識が変わりましたね。それまでは、相手によってできたり、できなかったりだったんですけど。絶対的に強い相手に勝って、絶対的な自信が出てきて」

——俺って強い、みたいな？

「俺ってやっぱりやれる男なんだって。いつもやれるんだ、やっぱり駄目かな、の繰り返しで、それまでもやれるとは思っていたけど、結果が出なかったから。これ以上ない相手に勝ったからそう思えるんだと思うけど」

――そうでしょうね。でも、藤原会長は「私が小林にボロクソに言わなくなったらおしまいだ」とおっしゃっているので、まだまだしごかれるんでしょうね。

「そう思います。（苦笑）。自分で自分を厳しくできないから、先生のそういうのがないとだめですね。これまでその繰り返しでやってきたし。でも、だんだん辻褄があってきたというか、『これはこのための練習だったんだ』って分かってきて」

――これからもっと練習が厳しくなると聞いてますが。

「それはしょうがないです。それ相応の相手とやるんだったら」

――今、改めて藤原ジムにいてよかったという感じですか。

「そんな野暮なこと聞かないで下さいよ（笑）」

Kobayashi Satoshi
1972年3月16日、長野県出身。88年プロデビュー。91年全日本キックで再デビュー。96年NJKFライト級王座獲得、98年藤原ジム移籍。同年K-U同級王座、2000年全日本同級王座、同年7月WKAムエタイ世界同級王座、12月にWPKCムエタイ世界同級王座を獲得。01年現役ムエタイ王者（当時）のテーパリットにKO勝ち。06年ジャルンチャイ戦後引退発表。07年3月、引退。17年から立ち技の祭典「野良犬祭」をプロデュース。

立嶋篤史×中島貴志「拳友」。

拳を交えた者同士にしか分からない2人のキックボクサーの感情

90年代、キックボクシング界にカリスマとして君臨、鎮火していたキック人気に火をつけて業界を蘇らせた男・立嶋篤史は今も現役を続行し、2010年9月11日に71戦目を行なった。彼を支える一人にはかつて拳を交えた中島貴志という存在がある。友情ではない、もっと固い絆で結ばれた2人のストーリー。

不思議な光景だった。4月18日、後楽園ホールで開催された「TITANS NEOS Ⅶ」。立嶋篤史は深津飛成と対戦し、1Rにダウンを奪われながらも3Rにヒジで逆転勝利。昨年9月20日に行った6年3カ月ぶりの再起戦に続き、二連勝を飾った。

今でも後楽園ホールを独特の色に染め上げる立嶋篤史というキックボクサー。2戦とも見る者の感情を揺さぶるような熱い試合をやってのけ、場内を大いに沸かせている。フェザー級、『Holding

GONG KAKUTOGI NO.220
2010年10月号
text by Kumakubo Hideyuki

『Out For A Hero』の入場曲、コール時の居合い斬りパフォーマンス……若き日と変わらないことがいくつもある。試合だけでなく、立嶋のインタビューを読んだ、彼と拳を交えたこともある元キックボクサーは「全然変わってないですね」との感想をもらした。

時代が移り変わっても、変わらないものには変わらない良さがある。その頑固さが人を惹きつけることもあるだろう。しかし、変わらないものが多いからこそ、変わった部分が一際目立つということもある。立嶋vs深津戦のリングで見た不思議な光景とは、かつて立嶋と拳を交えた中島貴志が彼のセコンドに就いていたことだった。まるで何年も前にタイムスリップしたかのような感覚を覚えた。戦ったことのある選手がセコンドに就くというのも珍しいし、ましてや立嶋という対戦相手に異常なまでの敵意を燃やすキックボクサーに就いているのは何とも不思議な光景に映った。

話は1993年5月30日にまで遡る。

この日、立嶋と中島は初めて拳を交えた。両者の対戦が実現するまでは紆余曲折があり、2度も決まっていた試合が流れていたのである。1度目は前年5月に行なわれた、立嶋が保持する全日本フェザー級王座への挑戦者を決定する試合で、中島は前田憲作をヒジでKO。立嶋への挑戦権を獲得したが、所属していたジムが連盟を離脱したため対戦は実現せず、代わって敗れた前田が挑戦して王座を奪った。2度目は中島の怪我により試合が中止になった。

中島が立嶋との試合に特別な想いを持っていることは、試合前の取材で分かった。

「こんなことを言ったら誤解されるかもしれないけれど、第2の人生のステップにしたい。いい加減にやっているわけじゃないですよ。キックを中途半端にやるようでは、何をやっても長続きしないと思うから。ただ、辞めてもこの気持ちをずっと持っていれば、第2の人生でも自信が持てると思う。自分の全てを出し切る、いい試合が出来ればいいと思っています。これまでにそういう試合はあったような無かったような感じです。とにかく……ひとつのケジメとして立嶋とやります」

当時すでにスーパースターの座にいた立嶋と比べれば、中島は明らかに格下の選手だった。前年11月にはラジャダムナン・スタジアムの現役ランカーと初対戦し、打倒ムエタイ路線が本格的にスタートしたばかりでもあり、全日本2位の選手が相手では立嶋のモチベーションは上がらないのでは……と思われるところだった。しかし、立嶋は試合前、厳しい表情でこう言った。

「僕が楽勝すると思いますか？　僕はそうは思わない。相手も練習してくるんだし、簡単には倒れないですよ。ピーマイでも清水（隆広＝立嶋の前のエース）でも中島でも同じ。僕は全力で行きます」

立嶋の言葉通り、試合は苛烈なものとなった。1Rから中島が右ストレートで立嶋を吹っ飛ばしてラッシュを仕掛け、右フックの相打ちでも立嶋のバランスを崩す。2Rにも中島の右ストレートが何度も顔面を捉えたが、後半は立嶋が鬼の形相で放つ左ローが効き、中島は棒立ちに。

クライマックスは3Rに訪れた。ゴングと同時に右ストレート、右アッパーで突進する中島に立嶋は右ロー。中島が後方へ倒れ込み、ダウンを喫する。すぐに立ち上がった中島だが、右ローをもらって一回転してしまったところへ右ストレートを直撃され、2度目のダウン。悲鳴と歓声が場内に響き渡り、勝利を確信した立嶋はガッツポーズをしてコーナーに上る。それでも、中島は立ち上がった。

「来いよ！」と手招きする中島。右飛びヒザ蹴りを放ち、渾身の右ストレートを叩き込むが、立嶋の右ローでロープにもたれかかり、右フックからのラッシュの勢いでマットに倒れ込んだ。スリップに見えたが、レフェリーは試合をストップ。すると中島は「お願いします、やらせて下さい！」と泣きながら試合続行を訴えたが、裁定は覆らなかった。激闘に狂喜する観衆とは裏腹に、中島は自軍コーナーで号泣した……。

この時、2人は共にまだ21歳。若き両者がその情熱をぶつけ合い、後楽園ホールに集まった超満員の観客を震撼させた忘れられぬ夜となった。

試合をした選手同士にしか分からない感情がある(立嶋)
あの試合が今の僕を支えていることを伝えたくて手紙を書いた(中島)

あれから約17年、立嶋は試合直後のリング上で中島が語りかけてきた言葉を、今でもハッキリと覚えている。それは立嶋の70戦にも及ぶキャリアの中でも、稀有な出来事だったからだ。中島は耳元でこう言ったのである。

「今日で辞めるけれど、キミとやれてよかった」

立嶋戦を最後に21歳という若さで引退（正式にはオーストラリアでジョン・ウェイン・パーと対戦したのが最後の試合）した中島は、現在、千葉県・北松戸に自身のジムROOTSを構える。

「最初から立嶋戦を最後にしようと決めていました。当時は怪我も含めていろいろと問題があってキックボクシングに対する情熱が失せていた部分があったんです。ただ、立嶋篤史とは絶対にやりたい、僕にはその権利があるはずだ、と思っていました。だから、その時キックをやっていたのは、彼とやりたいという一心だけでした。同い年で同じ階級だったので、ジェラシー半分尊敬半分という目で見ていましたね。あと、僕が所属していたジムのタイ人コーチが何人も立嶋君にやられていたんですよ。でも練習では僕がそのタイ人たちにいつもやられていたんです（笑）。それで凄いなと思っていたし、自分には手の届かない選手だと思っていたんですけれど、挑戦者決定戦でやる権利を得られた。その時も俺がやっちゃっていいの？と思っていたんですが、タイトルマッチが流れたことでよけいやりたくなったんです」

中島は立嶋との一戦を振り返る。

「凄く楽しかったですね。あれがあったから、僕は今でもキックボクシングが好きなんだと思います。もちろん痛いし、怖いし、苦しいし、悔しかったけれど楽しかったんです。自分の16戦のキャリアの中でも一番印象に残る試合です。あの時は足を怪我していてあまり蹴れなかったんですけれど、精神的な部分で自分の100％を出せた気がするんですよ。最後は押されて倒れたのでダウンじゃないと抗議したんですが、コーナーへ戻って会長に今のダウンじゃないですよね？　と言ったら、会長が目をそらしたんですね。それで自分は負けたんだと納得しました。最後の言葉に関しては、あの時は自然に出てきたんです。本当に彼とやりたいという気持ちしかなかったので、やれてよかったですね」

立嶋も中島との一戦を振り返る。

「これだけ時間が経ってしまうとみんな忘れてしまって、もう1人（※注　前田憲作のこと）の方とばかり僕との因縁をいろいろ書かれるけれど、それ以上に僕と彼は因縁があった。年齢も一緒だったし、ことごとくタイミングが合わなくて試合も実現しなかった。僕は彼に特別な感情があったわけではないし、彼が僕のことをどう思っていたのかも知らない。多分、好きではなかったと思うけれど（笑）。好きである必要がないからね、こういう競技者同士というのは。しかも同じ階級だし。どうにかしてコイツを利用して、自分がのし上がってやると思うのが普通なわけですよ」

失礼だけれども、と前置きして立嶋は当時の心境を語りだす。

「最初に彼との試合が流れた時は、縁がないなって感じました。所属ジムが連盟を脱退したんですよね。いま思うと同情的な部分はあったかもしれない。それはあの当時の選手たちみんなに言えることだけれど、選手はみんなジムの言いなりで、選手の意思はいつもないがしろにされていた。僕自身も無理やりフライ級でやらされたり、試合前にいつもトレーナーがいてくれるわけでもなかったし、ジムに対する不満は凄く身近なことだったんです。今も多分あると思いますけれど、キックボクサーってそういう背景に対して、他人に同情しながら自分で自分に同情する部分があるから」

中島にとっては、これで最後と決めていた特別な試合。立嶋にとって、中島戦はどういう試合だったのだろう。

「今でもそうですけれど、特別じゃない試合なんてないですからね。僕らは特別じゃない試合をやってお客さんからお金を取ってはいけないんですよ。例えば３回戦の新人戦だってお客さんにとっては特別ではないかもしれないけれど、選手にとっては特別じゃないとダメなんです。デビュー戦だとしたら、自分が上り詰めるための第一歩として、相手を蹴落とすという特別な姿勢じゃないとダメ。それは観る側にとってはたかがデビュー戦でいいと思うんです。ただ、やる側がたかがデビュー戦だと思ってやっていたらお客さんは何も感じません。そんな思い出試合を見たくはないですよ」

この試合を最後に中島が姿を消した後、立嶋はずっとその消息が気になっていたという。特に親しいわけでもなく、会話も交わしたことがない対戦相手がなぜ気になっていたのだろうか。

「リング上の最後の一言が凄く潔く感じられたのと、言葉にはしづらいんですけれど、試合をした選手同士にしか分からない感情があるんですよ。タイへ行った時、僕のコーチだったアナン（現ゲオサムリットジム会長）が昔戦ったことのある選手と凄く親しくしていたんです。スタジアムの食堂だったか場所は忘れましたけれど〟おっ、こっちへ来いよ。ここに座って食えよ〟みたいな感じで。随分長いこと付き合っているような、幼馴染みとか親友みたいな雰囲気を凄く感じたんですね。それで友だちなの？　と聞いたらいや、別に。そんなに親しいわけじゃない。でも昔、何回か試合をしていると言うんです。試合をした者同士というのは、試合が終わったら友だち以上の感情があるんだって説明してくれました。その感情という部分のタイ語を直訳すると、意味合いは絶対に違うと思うけれど愛し合っているというような意味なんですよ。僕もそれを聞いて何となくフィーリングで、あ、そうなんだと納得しました。

　実際、僕自身は中島君のことを大して知らないけれど、随分昔から仲のいい友だちかのように話が出来ます。だから、あの時の言葉の意味は凄くよく分かる。山崎（道明）さんと16年ぶりに会った時も16年ぶりというのは感じなかったんですよ。その時に初めて彼の肉声を聞いたくらいだったんですが、初めてという気は全然しませんでした。延藤直樹にしても、試合後に彼と話したのは一言二言で、その後も何度か挨拶をしたことがあるくらいだったんですが、いつだったかメールをくれたことがあります。でもやっぱり、何回も呑みに行ったりメシを食っているかのような感覚なんですよね。試合をやった者同士にしか分からない距離感というのは、凄く濃いものだと思います。中島君とは戦った時の話をしたことは1度もないし、する必要がない」

　立嶋は99年の試合前、人づてに中島からの手紙を受け取ったことを明かしてくれた。今でもその手紙を持っている。そのことを中島に告げると、彼は驚きを隠せなかった。

「そんなことを覚えているんですか？　彼とはこの何年間も、一言もその話をしたことがありません。今の今まで僕自身が忘れていました。多分、彼が一番よくなかった時代だったんです。練習場所もなく、連敗している状況で。頑張ってくれ、というような内容だったと思います。いま振り返ると何でそんなことをしたんだろうって思うんですけれど、あの試合が今の僕を支えているというようなことを伝えたくて書きました。自分が続けられなかったキックボクシングを、紆余曲折がありながら続けている立嶋篤史に……何ですかね？　試合をした人間にしか分からない部分があるんです。他の人とはまた違う感情というか、友だちではないので友情とも違う感情。特に僕の人生を変えてくれたのは彼との試合だし、あの試合からもらったものは僕の中でたくさんあるんです」

今度はこっちが驚く番だった。個別に話を聞いたにも拘らず、２人は「戦った者同士にしか分かり合えない感情で結ばれている」と口を揃えたのである。もちろん、２人がそのことについて話をしたことは一度もないという。

中島がセコンドに就いたのは深津戦が初めてではない。なかなか勝てず、立嶋がもがき苦しんでいた時代にもセコンドに就いた。練習にも付き合い、スパーリングもした。その後、立嶋が全日本キックを離脱したため接点は消えたが、今回、自らセコンドとして協力を申し出たという。

「協力できることが嬉しかったですね。なぜって言われても……そういう気持ちを言葉にするのは難しいです。不思議な関係ですよね。いま聞かれるまで考えたこともありませんでした」

立嶋には今回、中島にセコンドに就いてもらった理由が明確にある。

「99年頃セコンドに就いてもらっていた時は、やってくれる人がいなかったし、彼なら大丈夫だというのがあったからお願いしたんです。あの時は、その先に堕ちていくことを考えたらまだ地位的にも人気的にもそれほど堕ちていない時期だったんですが、そこからさらに僕が堕ちていっても彼はセコンドに就いてくれました。だから今回は、僕が堕ちた時に離れていかなかった一人である彼に、もう１回セコンドとしていい想いをして欲しかったんですね。セコンドとしての喜びをちょっとでも味わって欲しいなって。それが今回だったんです。悔しいまま終わって、だけどもう一度流れが来た時に客観的な部外者でいて欲しくなかった。もう１回、当事者として彼にいてもらいたいというのがあったんです」

ある光景が浮かんだため立嶋が引退した後に何か約束していることはないか、と中島に聞いてみた。ある光景とは『ロッキー３』のラストシーン、誰もいないジムでロッキーとアポロが２人だけでリターンマッチをする場面である。中島は「それも面白いですね。でも２人だけだと照れくさい」と笑い、最後にこう言った。
「いつか、自分の選手と立嶋君の選手を後楽園ホールのリングで戦わせてみたいですね。そういうの楽しいじゃないですか。選手の頃は夢を見て、夢を追いかけて、夢をつかんでだったけれど、今の僕たちは指導者として夢を託す立場なので、その夢を託した者同士が試合をしたらこんなに幸せなことはないですよね」

Tateshima Atsushi
1971年12月28日、東京都出身。中学2年生でキックのジムに入門。卒業後は単身タイでムエタイ修行、87年8月に非公式デビュー。88年に全日本キックでプロデビュー。91年4月、全日本フェザー級王座を獲得。03年6月の試合後、交通事故によりリングから遠ざかるも09年9月、6年ぶり再起戦。17年10月時点で94戦。写真で肩車の上に写る長男・挑己は16歳でプロデビューを果たし、17年7月時点で8戦4勝2敗2分。173cm、57kg(通常)。ASSHI-PROJECT所属

Nakajima Takashi
1971年7月12日、千葉県出身。89年4月8日、全日本キックでプロデビュー。同門の延藤直樹と共に3回戦の頃から注目を浴びる。最高ランクは全日本フェザー級1位。93年3月27日、立嶋と対戦し、KOで敗れ国内引退。その後、AJジムのトレーナーを経て現在はキックボクシングジムROOTSの会長を務める。

ファイターズ・ハイに辿り着いた二人

吉鷹 弘×大江 慎
「あの名勝負に潜むミステリー」

吉鷹 弘×大江 慎
「あの名勝負に潜むミステリー」
SHOOT BOXING

GONG KAKUTOGI NO.235
2012年1月号
text by Kumakubo Hideyuki

33年の歴史を誇るシュートボクシングは、UWF、極真空手、キックボクシングと並び、創刊当時からゴン格の柱だった。そのSB随一、いや日本格闘技界の歴史の中でも燦然と輝く名勝負が吉鷹vs大江戦である。今だから明かせる裏話が語られる中、実に不思議な事実が……。

大江　僕のデビュー戦がゴン格創刊と同じ、86年の6月なんですよ。まさに『ゴング格闘技』と共に歩んできた格闘技人生です（笑）。

——どんな思い出がありますか？

大江　僕の現役時代（80年代から90年代）は専門チャンネルもインターネットもなかったので雑誌の全盛時代じゃないですか。だから僕ら選手にとっては本当に貴重だし、嬉しい雑誌でした。

吉鷹　25年も経ったんですね。選手にとっては評価されるものが雑誌にしかなかったので、自分の評価は気にしていました。たまに「鷹、散る……」とか「鷹が羽ばたけず」とか書かれていましたけれど（笑）。何を書かれてもそれは評価なので嬉しかったですね。それを多くの人が見てくれるわけですから。いろんな思い出はありますが、一番印象に残っているのはやはり藤原敏男さんとスパーリングをやらせていただいたことですね。

――あの企画は藤原会長と佐藤ルミナ選手、田村潔司選手などがスパーリングをして、藤原会長が強さを分析するというもので、第1回が吉鷹さんだったんですよね。本当は全10回の予定で、最後にもう1回吉鷹さんを予定していたんですが……。

吉鷹　僕が先に引退してしまったので、締まらなかったんですよね（笑）。あの時は藤原さんと5～6時間くらい喋らせていただいて。

大江　えーっ、どんな話をしたんですか？

吉鷹　主にどんな練習をしていたか。ただ、あの人は努力した天才だから、イメージでやるので他の人が真似をするのは無理です。

大江　僕がゴン格に抱いていたイメージは、プレイヤーが一生懸命に隅々まで読んでしまう読み物っていう印象なんです。もう、編集後記まで読んじゃうから（笑）。格通とは〝面白い〟の種類が違って、格通は万人に受ける作りをしているけれども、ゴン格は選手が見て読み物として面白かったり、他の選手のレポートを見て勉強させてもらったりしました。これは本音ですが、僕はゴン格の方が好きでしたよ。格通とゴン格を比べたら読む時間が3倍くらい違いましたから。タイやオランダの情報も充実していましたよね。

吉鷹　当時オランダで強かったノーディン・ベン・サラーのことを書いてくれたのはゴン格だけでしたよ。僕はゴン格に載っていたオランダ情報を元にして「こいつとやりたい」ってシーザーさんに言っていましたから。「こいつとやらせてくれないならやめる」と言ったらシーザーさんはやらせてくれたんです（笑）。

大江　自分の記事で言うなら、吉鷹さんとやる前に阿部多加志（当時のシーザージムのホープ）君とやったんですが、阿部君との舌戦が載ったのが印象に残っています。

――吉鷹さんとの舌戦もありました。

大江　Uインター時代はプロレス的に構えてしまうところがあったんですよね。

――口火を切ったのは、SB対Uインターの第一弾となった吉鷹vsボーウィー戦の判定がおかしい（吉鷹が2―1で判定勝ち）と大江さんが抗議して「こんなことをされたらたまらない。もう僕が行くしかない」と宣戦布告したことでした。

大江　でも、あれはよく考えたら、ジャッジ3人のうち2人がUインターのジャッジだったんですよね（笑）。

――勘違いが発端だった、と。

大江　勘違いだったのか何だったのか、若かったんですねぇ。

吉鷹　ボーウィーの時は、Uインターに強いタイ人がいるのを知って、これは安く呼べるだろうと思ってシーザーさんに年賀状で「ボーウィーとやらせてくれなかったらやめる」と伝えたんです。

大江　凄いですね（笑）。

――また「やめる」と脅迫した、と。

吉鷹　日本にいるから安く呼べるし、実績があって日本でも評価が高いから、これならやれると思ったんです。あの時は大江君とやるなんて考えもしなかったですよ。ただボーウィーとやりたかっただけで。リングスの実験リーグに出るという話もあったんですが、体重が合わなかったのとリングスが誰を呼んでいいのか分からないというのがあって、結局実現しなかったんです。

大江　しかし、ボーウィー戦と僕の勘違いがあって、上手いこと話がつながりましたよね（笑）。

歴史はそういうところから生まれるんですよ。

――さらに2人の試合が決まったところで、大江さんが「68kg契約でないとやらない」と言い出して、吉鷹さんが激怒するという一幕もありました。

吉鷹　大江君との試合は11月だったんですが、僕は9月の試合で後十字靭帯が伸びてしまい、試合までずっと走れなかったんです。だから試合1週間前の時点で体重が74㎏もあったんですよ。

大江　ええーっ！

吉鷹　僕は別に大江君とやりたいわけではなかったし、外国人と70㎏でやりたかったんです。無理やり体重を落としてまでやる必要はないでしょう、と言ったんですね。

大江　酷なことをさせますよね、本当に。

——そんな他人事みたいに！

大江　僕は65㎏までしか試合をやったことがなかったんですよ。それでいざ吉鷹さんとやるとなった時にせめて68㎏でやれないかな、と。そうしたら周りの人たちから「絶対に突っぱねるからそれで行こう」と言われたんです。本当は68㎏でも重かったんですが、プロレス的な駆け引きをSB側とやって、さらにヒートアップしていったという。

——大江さんが65㎏、吉鷹さんが70㎏だったから、——そもそも最初から成立しない試合だったんですね。当時は顔面ありの空手の試合を無差別級でやっていたこともあるほど、体重に関して選手もマスコミも今ほどは気にしていなかった時代でした。

大江　最初に言い出したのは僕の方ですからね。「僕の階級から3階級の王者とやってやる」と言っちゃったんですよ。今から考えるとおかしいですよね。

左ミドル一発で沸かせた日本人なんて大江君しかいない(吉鷹)
吉鷹さんの前蹴りで前歯が下唇を貫通した(大江)

——勢いで言ってしまったんですね。

大江　当時の僕はUインターの試合（※スタンディングバウトという名でキックの試合をやっていた）でグダグダなことをやっていたので、30秒お見合いをしていたら「早く終われ！」と観客から野次が飛ぶような環境だったんですよ。でもそれ以前に、僕自身がUインターに上がるキックボクサーとして技量が足りなかったんです。でも、ＳＢのリングで阿部戦をやった時に、僕は外敵なのにブーイングも起こらず、お客さんがちゃんと僕らの試合を見てくれたんですね。それで僕も選手として〝もう一丁〟という気持ちで出来たんだと思います。僕は選手としては三流で、心も伴わないし本当にダメな選手だったんですよ。ただ運が良かっただけなんです。運だけは誰にも負けなかったですね。それで僕は続けて来られたんです。

吉鷹　そんなことないですよ。後楽園ホールを左ミドル一発で沸かせた日本人なんて、後にも先にも大江君しかいないでしょう。これは今でも桜井（マッハ）が言いますけど、あの試合で僕が大江君の蹴りを腕でブロックするじゃないですか。衝撃で揺れるので、僕の頭からブワッと汗や水が飛ぶんです。ああなったのは僕と大江君の試合しかないって言いますね。僕がカットやスウェーをせずまともに受けたからというのもあるんですが。あれは痛かった。３Ｒくらいに「このままいったら腕を潰される。ヤバイな」と思って展開を変えたんです。

大江　ああ、そうだ。４Ｒからハイキックを取り混ぜてきたんですよね。僕は頭がなくて身体でしか戦っていなかったから、後から映像を見て分かりました。吉鷹さんは頭脳で来たんですよ。そういう戦略変更に僕は気付かなかった。その４Ｒ序盤に一発もらったし、倒されているし。でも何が一番効いたかと言うと、５Ｒにもらったアゴへの前蹴りです。あれで前歯が下唇を貫通してしまいました。試合後、下唇から舌が出るほどの穴が空いてしまったんです。あのつま先蹴りは脳に電気が走るような感じで、生涯で一番痛かったですね。

――あの試合での吉鷹さんはいろんな技が出ましたよね。その前蹴り、ハイキック、飛びヒザ蹴り……他の試合では見たことがなかったです。

大江　それは僕の受けっぷりが良かったからでしょう（笑）。全部受けてしまうんですから。

吉鷹　あの前蹴りは前傾で構えて止まっている選

手にしかやらないんです。自分の相手で言えば大江君と港太郎ですね。

大江　僕が気をつけていたのは吉鷹さん得意のアッパーだったんです。だからアゴに手を添えていたんですが、逆を突かれてサイドからハイキックをもらっちゃったんですよね。

吉鷹　実は、大江君との試合ではアッパーは全く考えていなかったんですよ。

大江　へぇー、そうだったんですか。

吉鷹　左ストレートを合わせて来るのは分かっていたので、アッパーだとリスクがあるからです。僕がアッパーを使うのは、ヒザで来るヤツだけだったんですよ。ヒザが来たら背中で受けながらアッパーを打つんです。だからvsタイ式用だった。

大江　一生懸命パンチを合わせようとしていたのに（笑）。僕は相手が入って来るところに対してのの攻撃ばかりを意識してしまっていたので、セコンドのボーウィーとゴーン（2人ともタイ人トレーナー）はもの凄く怒っていました。「何でもっとミドルを蹴らないんだ！」って。あの時はパンチを合わせるのに固執してしまいましたね。吉鷹さんみたいに途中で戦略を変えられないのが僕の致命的な欠点だったんです。

――吉鷹さんは1R毎に戦い方を変えていた、と言いますね。

大江　そうそう、あの試合を見ていて気がついたんですが、リングって不思議なことに倒される場所とか攻撃する場所というのが、その試合毎にあるんですよ。

吉鷹　あるよね。大体決まっている。

大江　気付いていました？　あれって何なんですか？

吉鷹　僕は試合をやる前に、それを警戒してその場所には動かないようにいつも意識していました。

大江　僕はそこまでの読みはなかったんですが、それに気付いてから前の試合を見ると、同じ技を出して当てているところとか、逆にもらっているところの場所が大体同じなんですよ。

――えぇっ!?　それはミステリーですね。

大江　吉鷹さんとの試合で言うと、自分のミドルがいい形でバチッと当てられたのと、吉鷹さんに倒されたのが同じ場所なんですよ。そういうスポットが他の試合でも存在するんです。

吉鷹　理由はよく分からないんですが、そういうやられる位置は決まっているんです。

大江　おおっ、同じように分かってくれる人は初めてです。

吉鷹　そういう何かがあるとは思っていたけれども、それを口に出して言うと「あいつは頭がおかしい」と思われるから自分の中だけで意識していましたね（笑）。

大江　これは凄い！　僕もそう思っていたんです。誰かと話したことはあります？

吉鷹　シーザーさんも知っていますよ。シーザーさんも「倒れる場所には何かがある。お前は何十年もやっているから分かるだろう？　これは今の子たちに言っても分からない」と。

大江　それですよ！　これは凄い。絶対に分かってもらえないと思っていたので今日まで誰にも言わなかったんです。

――でも言われてみれば、ダウンがあった試合で全部同じコーナーだったというのがあります。

吉鷹　その試合毎に癖があるんです。

大江　そうなんです。毎回同じ場所ではなく、毎回違う場所なんです。でも、1試合で見ると大体同じ場所で倒したり倒されたり、当てたり当てられたりしているんですよ。本当に不思議なんですけれども。

――確かに「あいつらはとうとう頭がおかしくなった」と言われそう……。でも、僕の経験上でも思い当たる節があります。今後、ファンもそれを意識して試合を見ると楽しみが増えそうですね。もうひとつ不思議な話として、大江さんは吉鷹戦でファイターズ・ハイの状態になっていた、と？

大江　攻撃が効いてフラフラなんですけれど、そのフラフラの自分を演じているような部分があったんです。本当に効いているのでわざとやっているわけではないんですが、ハイキックをもらってダウンした後、またハイをかすめられてそのままロープにヨロヨロっと行くところは、多分、演じていたんです。

――演じていた!?

大江　本当に効いていて実際にその状態にあるんだけれども、演技をしているような感覚があるんです。お客さんに見せているというか、凄く不思議な感覚でした。自分の身体で今の自分の状態を表現しているとでも言うか。あれはプロレスっぽかったな。

――それで思い出しましたが、当時、試合を見た週刊ゴングの記者が「これプロレスでしょ」と僕に言ったんです。「そんなわけないでしょう。真剣勝負ですよ」と答えたら「嘘だ！　真剣勝負でこんな上手く行くわけないよ」と言っていました。

大江　勘弁して下さいよ！　でも、プロレスを毎日見ている記者さんにそういう言葉を言わせたのは、僕としては勝ちなんですよ。

――お2人の試合はいまだにこうやって語り継がれ、高く評価されています。吉鷹さんはそれについてどう思っていますか？

吉鷹　一番良かったのは大江君との試合だってよく言われますね。評価をされるのは嬉しいですよ。その相手が大江君だったというのも何か因縁があるのかなとも思うし。僕がデビューした時、大江君はすでにチャンピオンでずっと上にいる存在でした。そういう意味では、常に追いつき追い越せで目標としていた選手でしたね。特に当時は、東京の選手に地方の選手は勝てないという図式があったんですが、僕からすればそんなことは関係ない、一人でやってやろうといつも思っていました。それだけでは言い尽くせないですが、いろんな意味で思い出に残っている試合です。あれだけ後楽園が沸いた試合もなかなかないんじゃないかな、と我ながら思いますし。僕がダウンを取った時に、ダダダダダンッとお客さんが一斉に足を踏み鳴らしたんですよ。

大江　ああ、ありましたね。

吉鷹　あの音でわけが分からなくなったんです。港との2戦目でもありましたけれど、セコンドの声なんて聞こえないですよ。タイムも途中で分からなくなりました。

――吉鷹さんもハイになっていたんですね。

吉鷹　なっていたんでしょうね。4R終了のゴングが鳴っていたのに、レフェリーも気付かなくて止めるのが遅れたんです。僕もゴングが全く聞こえなかったんですよ。

――当時、SBを支えていた若手がみんな辞めてしまい、最終的に吉鷹さんが一人で引っ張っていたじゃないですか。大江さんと対戦する時に「勝手に出て行ったくせにまた戻ってきやがって！」という感情はなかったですか？

吉鷹　それはなかったですね。みんないろんな事情があったと思うので。

――しかし、大村（勝巳＝現レフェリー）さんも平（直行＝同）さんも、一度は辞めていった人たちがみんなSBに戻ってくるから不思議ですよね。

大江　シーザーさんはそういう器なんです。

吉鷹　離れてみていろんなことを経験して分かることもあると思います。シーザーさんはああいう性格の人なので、時が経てば〝もういいや〟というのがあるのかもしれないです。僕だって一緒にいたらキツイこともいっぱいありましたよ（笑）。

――そんなお2人が作り上げてきたSBの歴史がある中、今のSBの風景をどう見ていますか？

大江　継続は力なりで、いろんなことを言われながらもこれだけの年月を継続してやっている団体はそんなにないでしょう。格闘技団体の中で、プロレス団体を含めてもかなりの老舗ですよね。一言で言うなら、良くも悪くもシーザーさんの人柄だと思います。競技性で言うと、僕が一番初めに見学に行った横須賀の体育館での旗揚げ戦は本当にガラッガラッで、キックボクサーがスパッツを履いて覚えたての投げを上手く使えなくて相手をズルズルと引きずっているという（笑）。加えて試合時間が長くて（当初は本戦10分、無制限延長5分）〝朝までシュート〟と言われたり。その次に僕ら一期生が打つ・蹴る・投げるの流れが違和感なく出来るようになり、今では絞めや立ち関節も試合で出来る選手が出てきました。最も感慨深かったのは、ＲＥＮＡがＴＢＳの番組に出た時に〝シュートボクシング〟というひとつのジャンルで紹介されたことです。今までだったら、「ＳＢって何？」だったと思うんですよ。それが「次のチャレンジはＳＢです」って出た時に、ＳＢはここまで来たんだなっていうのを凄く感じました。

――そうですね……あの番組でＳＢという格闘技を知った人はかなり多いでしょう。

大江　長い歴史をずっとブレずに来たのはシーザーさんの人間性ですよね。人間性が途中で折れないＳＢを作ったわけですから。シーザーさんだって何回も放り投げようとしたと思いますよ。最初の頃は、電話代が払えなくてジムの電話が止まってしまったり、家賃が払えなかったりしたこともあったんですから。

吉鷹　ＲＥＮＡが最終的な結果だとは言いませんが、知名度とかいろんな面でＲＥＮＡが出てきたのはＳＢにとって大きいことだと思います。彼女が出てきたのは今までの継続があったからですよね。シーザーさんはあまり言わないので分かりませんが、やっぱりやめようかと思った大変な時期はいっぱいあったと思うんですよ。２回目のＳ―ｃｕｐの決勝戦前夜に１回だけ、「これ以上は続けられない」と、僕と緒形（健一）と村浜（武洋）の３人に言ったことがありました。僕はシーザーさんが借金をしてやっているのは知っていたので、いつやめてもらっても構わないと答えました。第２回Ｓ―ｃｕｐは代々木第二体育館を始めいろんな会場を押さえていたんですが、僕は後楽園でやって欲しいと言ったんです。借金をして苦しい姿をしているのをもう見たくないから、大きな会場でやる必要はない、大きいところでやるのなら俺はもうやめるとまで言いました。それで言い合いになったんですが、シーザーさんは「お前の言いたいことは分かった。でも、自分が苦しいからって選手に舞台を用意できなかったら俺は世間の笑い者だ」と。上手いことを言うなと思いました（笑）。でも、言ったら言うだけのことはやる人なので、その時は出場しましたけれどね。

――その時が本当にＳＢ存続の危機だったんでしょうね……。

吉鷹　若い緒形と村浜に関しては「俺が舞台を提供できなくなっても、どこかで試合が出来るように考える」と言われていましたが、僕は「もう明日でやめるのでいいです」と言ったんです。でも、シーザーさんは「ラモン・デッカー戦だけは何とかする。ただ海外になるかもしれないけれど許してくれ」と言ってくれました。僕は準決勝でライアン・シムソンに負けて、「これで終わりか。でもしょうがないな」と思っていたんですが、その後にたまたまいい風が吹いてＳＢが存続できることになったんですよ。シーザーさんに「吉鷹、まだ行ける。もうちょっとやれるぞ！」と言われたのを覚えています。僕は強い相手といっぱいやらせてもらえたので、ＳＢがなくなるならもういいか、と思っていたんですけれどね。

――いいお話です。

吉鷹　そこから復活して、ゾンビみたいな団体とかいろいろ言われましたが、そこはシーザーさんの人間性というか〝執念〟でしょうね。あの人はそういうところがあります。弱いところをめったに見せないんですよ。良く言えば強い人、悪く言えば強情だと思います。僕もよくシーザーさんから「お前は強情だ。変だ。偏固だ」と言われましたけれども（笑）。でも、そんな大ピンチが何回あってもよく耐えてここまで来ましたよね。今は競技として認められていますし、投げで沸きますけれど、僕の時代は投げたらクソッカスに言われていました。今でも覚えていますが、シムソンとの２戦目で膝靭帯が伸びていたから投げしか勝つ方法がなかったので投げたら、観客から「この腰抜け野郎！」と言われましたから。ＳＨＯＯＴ　ｔｈｅ　ＳＨＯＯＴＯを見ても、いろんな選手が出場していて幅が広がりましたよね。いろんな可能性が出てきたと思いますし、格闘技をやっている人でＳＢを知らない人はほぼいないと思います。やっぱりアンディ・サワーとＲＥＮＡが出てきたのは大きかったですね。大変な時期を乗り越えて来たからこそ、この今があるんですから、シーザー武志は偉大だ、と。

大江　その通りです！

吉鷹　これはお世辞抜きで。僕は親と言われたらシーザーさんの顔が先に思い浮かびますからね（笑）。

大江　僕もそうだな。16歳でシーザージムに入門した時、シーザーさんは32歳だったんです。僕は父親を早くに亡くしているので、父親的な匂いをあまり知らないんです。でも、あの頃はシーザーさんに凄く可愛がってもらいました。だから僕にとって父親の匂いってシーザー武志なんですよ。

吉鷹　26年かけてここまで広まったんですから、あとは強い日本人選手を作ること、これに懸けています。シーザーさんもまだまだやるでしょうし、それが僕や大江君たちも含めた子の役割だと思っています。

大江　ん？　僕も入っているんですか？　ではもう一丁、頑張ります（笑）。

Yoshitaka Hiromu
1968年1月9日、兵庫県出身。柔道、極真空手を経て87年2月に北摂ジムに入門し、シュートボクシングでプロデビュー。90年8月、SB日本スーパーミドル級王座を獲得。95年1月、第1回S-cupで優勝。98年4月のラモン・デッカー戦を最後に引退し、現在は大阪で「チーム吉鷹」を主宰。立ち技、MMAなどジャンルを問わず、その打撃理論を元に多くのファイターの指導を行なっている。

Oe Makoto
1970年2月17日、東京都出身。83年スーパータイガージムに入門してシューティングを学び、86年シーザージム入門。16歳4カ月でプロデビューした。88年5月、SB全日本カーディナル級王座を獲得。91年、UWFインターナショナル入団。93年9月、ISKA世界ライトウェルター級王座を奪取。95年3月、SBのリングでの試合が最後となる。現在はシーザージム渋谷&新小岩で指導。

SBの魂よ、永遠に――緒形健一、引退。

「不可能だなんて、考えたこともなかった」

SBの魂の体現者・緒形健一が『S-cup2010』で引退式を行ない、16年間の現役生活にピリオドを打つ。吉鷹弘と村浜武洋の引退後、SBの屋台骨を表裏両面で支え続けてきた緒形の格闘技人生は、選手生命を脅かすほどの大怪我との戦いであった。「バカじゃないと出来なかった」という壮絶な半生を振り返る。

「S-cup2010」の記者会見の最後にスーツ姿で登壇した緒形健一が「心も身体も限界を感じ、引退を決意しました。現役生活の17年間、今の時代に好きなことを見つけ、命を懸けて戦ってこられたことを感謝し、自分を長い間応援してくれた全ての人に感謝しています。これからはSBの発展に命を懸けて精進します」と引退を発表した。引退試合は行なわず、「S-cup」で引退式を行なう。

SBで活躍する若手シュートボクサーたちは皆

GONG KAKUTOGI NO.223
2011年1月号
text by Kumakubo Hideyuki

「目標とする選手は緒形選手です」と口を揃える。リング内ばかりかリング外でも人を惹き付ける魅力がある緒形は〝SBの魂〟と形容されるにふさわしい選手だった。

選手としての緒形の魅力は、先輩・吉鷹弘が「今までいろんな選手とスパーリングをしてきたけれど、緒形が一番だった。日本人離れしている」とまで評した攻撃力の高さ、そしてその攻撃力を用いて、どんな相手にも小細工なしの真っ向勝負を挑むエキサイティングな試合内容にある。攻撃主体の真っ向勝負ゆえに相手のいい攻撃をもらってしまうことも多く、緒形の名勝負として挙げられる試合のほとんどはドラマティックな逆転劇ばかりだ。逆転劇はストーリー性があり、誰が見ても面白いし、見ている側の興奮を誘う。語り継がれているさまざまなスポーツの名勝負が、逆転勝利によるものであろう。

しかし、その代償は大きく、名勝負と引き換えに緒形の身体は確実に蝕まれていった。緒形の現役時代を振り返ると、敵は目の前の対戦相手だけではなく、数々の大きな怪我との戦いでもあった。

「最初の大きな怪我はデニー・ビルとの試合（1997年5月9日＝5RKO負け）で負った鼻骨の陥没骨折でした。鼻が折れたり曲がったりしたことは何度もありましたが、陥没してしまったのはこの時だけですね。入院して手術したのもこれが初めてでした。最初は、鼻が折れたくらいだから局部麻酔でいいですよと言っていたんですが、先生から全身麻酔でないと気絶してしまったり叫んだりするので手術が出来ない、と言われましたね。僕は全身麻酔が嫌いだったので、それが一番ショックでした」

手術を終え、2週間入院した緒形を待っていたのは、元ルンピニースタジアム認定ジュニアウェルター級王者シティサック・トー・アヌソンという強豪との試合だった。デニー・ビル戦から5カ月後のことである。この試合で緒形は眼球に右ヒジ打ちをもらって5RKO負け。眼窩底骨折の重傷を負い、２試合連続で入院となった。

「それが原因で、今でもそうですが左目がずっと二重に見えます。最初は手術したら治ると言われていたのに、退院して鏡を見た時にアゴを引いたら二重に見えるのが治っていないんですよ。視界の上下が二重にぼやけていて、目が回ったような状態になるし。ショックでしたね。だから僕は右からの攻撃が見えづらかったので、ＫＯ負けしたのはほとんどが右フックとか右ハイキックなど右の外側から来る攻撃だったんです。見えないというよりは反応が出来ませんでした」

正面は普通に見えるが、アゴを引いてはすに構えると二重にぼやけて見える。ファイターとしては致命的なこのダブルビジョンと、緒形は13年間も付き合ってきた。

「自分なりに考えて、よし、これは生まれつきこうなんだと思い込むことにしました。それであまりアゴを引かずに構えたり、二重ながらも見る練習をしたんです。例えば身体がこう動いたらこういうパンチが来るとか、こういう蹴りが来るとか、ある程度攻撃を予測して動けるように。ひたすらそういうことを考えてやっていたら、何とか試合が出来るようになりました。とは言え、ＫＯ負けのパターンを見るとほとんど右からの攻撃なので、本当は見えていなかったというのが正直なところです」

僕のことを間違っていると言う人もいる。でも結果としてS-cupで優勝できた。やれば出来るんですよ

この時、緒形はまだ12戦目。引退するにはまだ早すぎるという気持ちは分かるが、そんな状態でリングに上がり続けることにためらいはなかったのだろうか。

「ドクターストップでした。最初はダメと言われましたね。セルカン・イルマッツ（２００５年１月23日）とやった時には、今度は右目も眼窩底骨

折をやってしまいました。先生からはだから言ったでしょと怒られました。でも、僕としてはこれで両方やったんだから、ちょうどいいバランスになったんじゃないかって思うようにしたんです（笑）。そうとでも思わないと出来ないですよ。ドクターストップで現役はもう無理と言われても、無理だけれどやるしかないでしょう、やれるからいいでしょうって言って、医者の言うことなんか聞きませんでした。僕のことを間違っていると言う人もいるでしょう。しかし結果として、僕はその後にＳ‐ｃｕｐで優勝できたじゃないですか。やれば出来るんですよ。昔の侍や戦争に行った人たちの方が、よっぽど大怪我をしています。僕なんかまだまだ甘いなと思っていました」

このエピソードを美談にするつもりはないが、度を超えた負けず嫌い。それが緒形健一だ。眼窩底骨折の入院中には、こんなこともあった。

「夜、病院のベッドで寝ていたら悔しくて、外出届をもらってジムへ行ったんです。出来ることがウェイトトレーニングくらいしかなかったから、それをやって病院へ帰ったんですが、夜中に血が止まらなくなってしまいました。血管が切れたんでしょうね。口から血がドバドバといくらでも出てくるんですよ。もう、溺れるくらい（笑）。それで朝方にもう少しで先生が来ますからねと病院の人に言われたんですが、その時点で世の中が真っ白く見えていました。ああ、やっぱり医者の言うことは聞くべきなんだなと一度だけ思いましたね。基本、負けず嫌いは負けず嫌いなんですけれど、１回そういう目に遭ってみないと分からないタイプなんです」

ダブルビジョンであることを隠し、眼窩底骨折から復帰したのがシティサック戦から半年後の１９９８年４月26日。対戦相手はギルバート・バレンティーニと、またも世界的な強豪だった。しかし、緒形は圧倒的な攻撃力を発揮して、得意の右ストレートを打ち込み判定勝ち。そこからは強豪外国人ばかりとの対戦が続いていく。ラモン・

デッカー、ジョン・ウェイン、シェイン・チャップマン……時には豪快なKO負けも喫したが、KO勝ちの記録がズラリと並んでいくのもこのあとからだった。

２００２年11月5日には、後に宿敵となり戦友にもなるアンディ・サワーと初対戦。この試合では膝前十字靭帯の部分断裂を負ってしまった。さらにその後、２００３年6月1日のチャップマン戦では、肺が潰れるという重傷を負った。

「試合が終わったあと、苦しいし息を吸うと変な声が出るんですよ。でも大丈夫だろうと思っていたんですが、2日目の夜くらいに心臓の辺りからクチュックチュッって変な音が聞こえるんです。それでジムから銀行に行った時、２００メートルくらいの距離しかないのに息切れしてしまって。それでおかしいと思って病院へ行ったら、片方の肺が潰れている、と。それを聞いた瞬間、急に病人になりました。歩いて病院へ行ったのにもう動けないって（笑）。病は気からってこういうことを言うんだって思いましたね。肺って1回悪くしてしまうと完全には元に戻らないそうなんですよ。だからスタミナが前の3分の1くらいになった時期が1年くらい続きました。寒いと肺が痛くなるし、いま振り返るとそれが一番キツかったかもしれないですね。目とか鼻なら身体はまだ動かせるじゃないですか。肺はもう動けないんです。こんなスタミナでは戦えないなって。それで1年くらい走り込みをして、少しずつMAXを上げて過呼吸を繰り返していたら、だんだんと元に戻っていきました」

２００６年5月26日のポール・スミス戦では、直接の引退理由にもつながる決定的な頸椎の負傷に見舞われた。

「それまでの蓄積もあったんですが、1Rに軽い右フックをもらっただけで倒れたんですよ。あれ？何だろう、この力の入らなさはと思ったのが最初でした。２００６年のその試合くらいから、身体であれっ？　と思うことが多くなってきて、たまに右手と右足がシビれるようなりました。普通に寝ているだけなのに、強張って動かなくなるような感じがあったんです。何かおかしいなと思ってはいたんですが、調子のいい時は何ともなかったので放っておいたんですね。それから2006年のS－cupで優勝したあとくらいになると、みんな右の攻撃を狙ってくるようになったんです。右外の攻撃に弱いってもうバレていたと思うんですよ。それでも騙し騙しやっていたんですが、S－cup2008の1週間前くらいからは首が全く動かなくなってしまいました。自分で起き上がることが出来ないくらい酷くて。毎日ハリに行ったり痛み止めを飲んだり、これで試合が出来るのかって不安だったんですが、1回戦で金井（健治）とやったら何となく出来たんですね。それでイケるかなと思ったらルイス・アゼレード戦でダウンして、何とか勝ったんですが痛みと痺れと動けないのがあったまま、決勝でアンディとやってKO負けしました。それからはもうダメでしたね。去年、1試合だけ復帰したんですが、テイラー・トーナーにまた右ハイキックをもらってKO負け。それで終わりです」

病院で診てもらったところ、緒形の頸椎は完全にズレていて、「次にやったら下半身不随になるか、最悪の場合は死ぬか」と宣告されたという。ところが……「それでもまあ、いいやと思って、最後はボーウィー・ソー・ウドムソンとやりたかったんですよね。名医を訪ねて浜松や岐阜にも行ったし、気功にもハリにも整体にも行って、いろんな手を尽くしたんですがダメでした。酷い時はハシも持ちづらくなるほどだったので、さすがにトシをとったらどうなるんだろうって不安になったこともありましたね」

数々の負傷とそれが元で、再起不能になる恐怖はなかったのだろうか。

「なかったと言えば嘘になります。でも、好きなことをやらせてもらっているのだから、なったらなったで仕方がないと思っていました。命を懸けてやっているのだから、怪我くらいしょうがないだろうって。自分だけでなく、相手も怪我をしますからね」

では、もうダメだと諦めることはなかったのか。その不屈の精神はどこから沸いてくるものなのだろうか？

「もうダメだ、はなかったです。もうそろそろ限界かなと思った時は何度かありましたけれど、そうすると逆の自分が出てくるんですよ。とことん堕ちると。じゃあ、俺は何がしたいんだ、現役を引退したあとで何かやりたいことがあるのかって自問自答した時に、何もないんですよ。これ以上にやりたいことが見つからないし、戦い以上に価値を感じられるものがないんです。お金とか旅行とか、何かを手に入れるとか定職に就くとか、僕にとってはみんなどうでもいいことでした。だったら、いろんな考え方はあると思いますが、今の時代で命を懸けて戦えたことは幸せでしたね。結果的には死ななかったわけですし。

いろんな怪我をしましたが、僕は全て克服できると思っていました。克服できないまでも、何か手段はあるはずだって。例えば病院で治らないと言われても、違う手段で治すことが出来るんじゃないかって常に考えるタイプでしたね。なぜそう考えるかと言えば、まだ戦いたかったからです。目的は明確でした。まだまだやりたい、やれる、このままでは終われない、戦いたいっていう気持ちがあったから、医者はダメだと言ったけれど、自分がそれをしたいならどうすればいいかって自分で考えて、自分で自分を洗脳しました。だから目の時に考えたのが俺は生まれつきこうだったんだって思い込むことだったんです。それも完全に思い込まないとダメです。中途半端に頭がいいヤツだったら出来ないと思いますよ。完全なバカじゃないと（笑）。悪いことは忘れて、とにかく出来ること、やることだけを考える。でも、僕にはそれが出来たんですよ。やれば出来るんです。今までの人生で、本気で臨んだことで出来なかったことなんて一度もないです。克服するのに時間はかかりましたけれどね」

格闘技で命を懸けて戦って得たものは、怪我で失ったものよりもっと大きいものでした

ドクターストップを何度も振り切り、ついには下半身不随か死ぬかとまで宣告されたにもかかわらず、リングに上がり続けようとした緒形。何が彼をそこまで試合に駆り立てたのか。その理由は、命を懸けたファイターではない私たちからすれば、およそ理解できない心理なのかもしれない。

「好きだったからじゃないですか。一度言ったことは曲げたくないのと、結局は戦うことが好きだったんですね。僕はそんなに長生きをしたいとは思わないですし。例えば、結婚して子供がいたら違った考えになっていたでしょうけれど、現役の間は絶対に結婚しないと決めていましたから。彼女は過去に何人かいましたけれどね（笑）。でも結婚できなかったのは、考え方はいろいろあると思いますが、僕は戦争へ行く時に女房や子供のために頑張ってきますとはとても言えないと思ったんです。もしものことがあった時に、その後の責任は誰が取るんだって考えたら、とても出来なかった。あと、格闘技は僕にとってそれ以上に好きなことだったからです。せっかく夢を持っていて、その中で命を懸けて戦って得たものは、怪我で失ったものよりもっと大きいものでした。だから引退を決めたいま思うのは、凄く充実した時間を過ごさせていただいたなっていう感謝の気持ちしかありません」

ファイターたちは言う。リングの上で死んでも構わない、と。それだけの決意を持って彼らはリングに上がる。

「リングの上で死ねれば本望です。僕は本当に死んでもいいと思っていました。でも、シーザー会長からはお前はいいかもしれないけれど、協会と

かあとに残ったSBはどうするんだよって言われましたね。おっしゃるとおりです、としか言えませんでした（笑）。他にももう辞めた方がいいという声は今まで多々ありました。でも、心配していただけるのはありがたいことなんですが、これは僕の人生なんです。やるかやらないかを決めるのは自分しかいないんですよ。残った長い人生を楽しむのもひとつだけれど、ファイターとしての時間を有意義に過ごして何があっても後悔しなければ、全うするのも人生。この1回きりの人生だったら、やりたいことをやろうと。そこは全然揺るがなかったですね。その結果、楽しかったです。充実していました」

そんな目にあっても？　そう聞くと、緒形は表情ひとつ変えず「僕があった目なんて大したことないですよ」と答えた。

「よっぽど世の中の人の方が大変ですよ。昔の侍や戦争へ行った人たちから比べればかすり傷のようなものです。僕は好きなことをやらせてもらって好きで戦って、その結果、怪我をしたんです。でも、世の中の人はみんなが夢を見続けられるわけではなく、生活のためや家族のためや何かのために働いて、そのために怪我をすることだってあるじゃないですか。スタート地点が全然違いますよね。だから僕は最高に幸せだったと思います。怪我がどうこうではなく、自分の好きなことが見つけられて、17年間も出来たことが最高の時間でした」

緒形がこのような考え方を持つようになったのには、2つの理由があった。

「ちょうど2回連続入院した時（99年）に、おふくろががんになって、1年間試合が出来なかったことがあったんです。僕は田舎の長男なので働いて仕送りをしていたんですが、ただ働いてお金を貯める生活をしてみて、好きなことが出来るって凄く幸せなことなんだってつくづく思ったんですよ。あとはたまたま、築地に住み込みで働いていた時に、僕と同じ誕生日のヤツがいたんです。そいつはミュージシャンを目標にしていて、僕は格闘家が夢で。でもそいつは奥尻島の出身で、奥尻島の大地震の時に家族が津波にさらわれてしまったんです。家も家族も失い、高校生の弟を育てていかなければならず、あと親父さんだけ生き残ったんですが動けなくなってしまっていたようで……そんな彼から俺はもう出来ないけれど、お前はまだ出来るんだから頑張れよって言われました。その言葉に救われましたね。もう何もかもが嫌になっていた時期でしたから」

話をする緒形の表情は明るすぎる。それだけ好きだったものに今回ピリオドを打つことで、後悔はないのだろうか。

「きっかけは、レスリングの富山英明監督に言われたんです。引退した後の人生の方が長いし、ダラダラやっても意味がないよ。自分で整理をつけて新しい舞台で戦っていった方がいいよって。もしかしたら、仕事の方がファイターよりも大変なのかもしれないって思ったんですね。違った意味での戦いじゃないですか。それで最終的な決断をした時に、俺は何をしたいんだろうって考えたんです。最後まで戦いたかったけれど、俺はSBという競技をもっとしっかりと確立させて、SBを世界に広めていきたい、SBが今よりももっとよくなってくれればそれが一番いいことだって思ったんですね。そのためにはどうすればいいかを考えた時に、どんな形であれ裏方に回っても何かサポートが出来るんじゃないかって思ったら、あ、もういいなとハラが決まったのは覚えています。ファイターとして今後どれだけ頑張っても、いいパフォーマンスをお客さんに見せられないと思ったんですよね。まだ戦うことは出来ますが、自分が望んでいる戦いのクオリティーはもう見せられない。だったら裏方に回って、別の形で選手や舞台を盛り上げよう、と。自分がせっかく夢をもらって頑張れたのだから、他の人たちにも夢を持ってもらいたい、そのためにはSBが続けられるように裏方に回って頑張れる、と思ったんです」

1998年11月14日のラモン・デッカー戦から、緒形は入場テーマ曲を吉鷹弘が使っていた『ファイナルカウントダウン』に変えた。そこには想いが込められていた。

「目のこともあったし、毎回いつ最後になるか分からないという気持ちは常にありました。ファイナルカウントダウンは始まっているって。でも結局、もうダメだと言われながら61戦も戦えましたからね。仕事が残っている人間には出来るんですよ。不可能はないですね。今まで、いろんなことがありましたが、無理だ、不可能だなんて考えたことは一度もありませんでした」

そう語る緒形の表情は、新たなる戦いへ向けてのやる気に満ち満ちていた。

【緒形健一　この一戦】

「一番印象に残っているのは、やっぱりアンディに勝ってS-cupで優勝した時と97年のデニー・ビル戦です。負けた時は凄く悔しいから、絶対にやり返してやるっていうのがあったんですけれど、デニー・ビルに負けた時だけは空気と戦っているみたいで、初めて世界との差を感じました。僕がやった感じではラモン・デッカーより全然強かったです。デッカーには可能性を感じたんですが、ビルの時は生命体として違うと思いました」

Ogata Kenichi
1975年1月26日、山口県出身。空手と柔道を経てシーザージム入門、94年11月プロデビュー。98年6月4日、SBスーパーウェルター級王座獲得。以後、ラモン・デッカー、デニー・ビル、ジョン・ウェイン、シェイン・チャップマン、武田幸三ら名だたる強豪たちと拳を交えた。01年にはリングスで総合格闘技にも挑戦。06年11月3日、S-cup2006でアンディ・サワーから日本人として初勝利を収め悲願の初優勝。09年6月1日のテイラー・トーナー戦が最後の試合に。生涯戦績:44勝(28KO)16敗1分。シーザージム所属

魔裟斗×武田幸三

〝反逆のカリスマ〟と〝超合筋〟二人が纏った「殺気」の正体について

格闘技界の流れを変えた二人の男。魔裟斗は、ひたすらメジャーを目指して既存の団体を飛び出し、メインイベンターとしてK－1MAXを確立。格闘技界に「中量級」という流れを生み出した。武田幸三は「打倒ムエタイ」で後楽園ホールを熱狂させた後、団体の看板を背負ってK－1MAXに参戦。ここでも「殺るか殺られるか」を貫き、男性の圧倒的な支持を得た。現役中は会話はおろか目も合わせたことがなかった二人。引退から2年後の初対談。

約束の10分前、取材場所のカフェに魔裟斗が現れた。時間に正確、かつ早めに入る魔裟斗流は現役時代から変わらない。

「ゴン格、読んでますよ。格闘技の情報はゴン格でチェックしてますから（笑）」

気になる選手を聞くと即答だった。

「梅野（源治）っていう選手、いいツラ構えして

GONG KAKUTOGI NO.235
2012年1月号
text by Shigeta Koji

ますよね（笑）」

その数分後、武田がやってきた。事前に「ギリギリになりそうです」という連絡があり、時間前に来たにも関わらずまず一礼。

「お待たせしてすみません！」

引退して約2年。会う機会も減って忘れてかけていたが、現役時代の魔裟斗と武田幸三には一つの共通するイメージがあった。

孤高——容易に他人と交わらない。その部分は今も変わっていなかった。穏やかな口調の会話の中で、時折、見えない火花が散った。

＊

魔裟斗　話すことも初めてですよね。

武田　そうですね、同じ階級の選手とは一切話さなかったです。でも佐藤（嘉洋）君は色々と話し掛けてくるんですよ（苦笑）。

魔裟斗　ああ、そうですね（笑）。

武田　話したら試合が出来なくなるから止めてくれって言ったんですけど、それでも来るので「じゃあ試合はなしね」って言って（笑）、交流を持ちましたけど。

魔裟斗　俺もそうでしたよ。口をきかなかったです。

武田　魔裟斗さんもちゃんと一人で、他の選手と交流を持ってなかったですけど、僕もあんまり得意じゃなかったですね。

魔裟斗　俺もその方がいいと思うし、そういう緊張感は大事だなって思いますよ。

武田　裏で仲良く口をきいてるっていうのはファンに失礼だし。

——緊張関係は客席に伝わりますね。

魔裟斗　見ている方も「この二人がやったらどうなるんだろう?」って思うんですよね。それは絶対あったんですよ。挨拶もしなかったですよね?

武田　魔裟斗君には会釈ぐらいですね。

魔裟斗　俺も違う階級の選手とは全然喋ってましたよ。でもちょっとでも試合をする可能性のある選手とは話さなかった。スパーリングにもあまり呼ばなかったし。

武田　僕はジムの中でも孤立してましたね。淋しかったです。

魔裟斗　え、ジムの中でですか？

武田　スパーがあるんで。仲良くなっちゃうのが嫌で。

魔裟斗　へえ～。

武田　ジム生とも基本的に話さなかったです。周りがみんな後輩になって、向こうから挨拶してきてもこれぐらい（軽い会釈）。食事も行ったことないですし。

魔裟斗　そうですか（笑）。俺、スパーリングは全然大丈夫でしたね。同じジムの選手とは絶対に試合をやることはないし。

武田　苦手でしたね。「ジムは仕事場だ」というのがうちの師匠（治政館・長江国政館長）の教えでもあるんで。ジム内は基本的に私語は禁止で「仕事場」という意識を持たないとなあなあになる自分がいたので。

――きっちりと線を引いていたんですね。

魔裟斗　だって他の選手と話してると「やらせか？」って思う人もいますよ。俺もたまに聞かれますから。俺の試合は100パーない、やらせなんかあるわけない。でもそう思う人はいますよ。

武田　今の子は他の選手と喋ったり、平気な子がいますけどね。深津（飛成）がそうなんですよ。試合前にタイ人と話してて、タイ人もフレンドリーなんですけど、試合になると平気でヒジで斬りに来る。

魔裟斗　20代前半は無理でしたけど、年が行くごとにリングの上でスイッチが入るような感覚になりましたね。海外の選手とか普段は仲良く喋るけど「試合の日だけは別よ」ってあるじゃないですか。そういう感覚に段々なってきて、それが俺にとって「プロらしくなってきたかな」って。昔、トレーナーの飯田さんに「ベテランになるとリングに上がる前は普通で、リングで一瞬でスイッチが入るようになる」って言われましたけどこういう感覚かなって。

——20代前半の頃の会見でのピリピリ具合は人を寄せ付けなかったですからね。

魔裟斗　最後の方は会見でいかに盛り上げるかって考えてましたけどね（笑）。

武田　エンターテイナーだよねえ。

——武田さんも試合前の緊張感は年齢と共に変わっていったんですか？

武田　僕は後半、本当に体の調子が悪かったので逆に凄く緊張しました。目も見えない、でも戦いたい。最後まで勝つと思ってやってたんですけど、どこかで「本当にヤバいんじゃないか」という恐怖がありました。魔裟斗君とやる前後、30歳過ぎぐらいは平常心でリングに上がれるようになってきていたんですけど、そこから少しずつ体調が悪くなって、後は恐怖との戦いです。

魔裟斗　目が悪いっていうのはどれぐらいだったんですか？

武田　二重に見えたり、下の方が見えなかったり。特に下からのヒザが見えなくて最後の方はそこを狙われましたけど。だからカウンターが得意というよりも相手との距離感が掴めなくてそこに合わせるしかなかったんです。でも戦いたいし、まだ戦えるんだ、という気持ちもやっぱりあるんです。そのジレンマで、恐怖が先行でした。こういうことを話すのはお客さんの夢を壊すというか、プロとしてはあまりよくないのかなとも思いますけど。

武田さんとの試合の時は、足が折れない限り終わらなかった（魔裟斗）
試合を見るとうずく。でも「これ以上やると死ぬ」と分かってる（武田）

武田　最後のトーナメント優勝の時の魔裟斗君は格好良かったですよ。佐藤君とキシェンコにダウンを食らいながら立ち上がる姿を見て、魔裟斗君に対する目が変わりましたね。若い頃は全然好きじゃなくて（笑）。ビッグマウスで世間の注目を集めて、K-1を盛り上げるのは分かりながらも「このガキ!」と思ってたんですけど（笑）。

魔裟斗　（笑）。

武田　ちょっとずつ男の魅力が出てきて、背中が急にデカくなって。見た目とか筋肉じゃなくて男は背中に出るんですよね。あの時の男っぷり、僕らおっちゃん連中にも「コイツ男だな」って伝わりましたよ。脳みそが相当揺れてましたよね。

魔裟斗　あの試合、途中からあんまり覚えてないんですよ（苦笑）。それはダメージで覚えてないのか、必死すぎて覚えてないのか分からないですけど。とにかく必死でポイントを取り返さないと負けるって気持ちだけでしたからね。今、映像を見ても壮絶な試合だなって思いますよ。

――魔裟斗さんから見た武田さんは?

魔裟斗　俺、今までやった選手の中でローキックが一番痛かった。

武田　それしかなかったんですけどね。

魔裟斗　いやいや、あれは痛かったなあ。ローキックで1番痛かったのが武田さんで、サワー、コヒ、でしたね。

――その順位は初めて聞きました。

魔裟斗　ただ、サワーにやられた時と、武田さんの時だと俺の精神力が違ったんですよ。もし武田さんの時の精神力だったら、俺はサワーのローでは試合は止めてないです。武田さんの時は「何が何でも」の精神力ですよ。武田さんとの試合の時の俺は、足が折れない限り終わらなかったです。

武田　前年がクラウスに負けてたから絶対に取り返さないといけない時だったもんね。

魔裟斗　ええ、絶対に負けないと思ってましたよ。武田さんとやって終わった後、すげえ足が腫れ上がって（苦笑）。

武田　でも、インタビューでは「スネ硬かったですね〜」ぐらいだったから、僕はまた「この野郎!」って（一同笑）。

魔裟斗　「俺はローでは倒れない」って言ったのは覚えてます。でもそれは、ローで倒れるのは精神なんですよ。痛くて倒れるんで、立っていられないというのは俺は足が折れない限りはないと思ってます。

武田　ウチの師匠も「ローとボディで倒れるなら引退しろ」と言います。セコンドは五体満足で家族に返すのが仕事だからダメだと判断したらタオルを投げる。だから自分の脳みそが生きてるうちは倒れるなって。

――03年の日本トーナメントは魔裟斗さんにとって絶対負けられなかったと思うんですよ。Ｋ-１日本王者魔裟斗にムエタイ王者武田幸三が並び立ったわけですよね。

魔裟斗　ていうかナンバーワンだって証明したい場所じゃないですか。だから日本人相手には絶対に負けられないと思ってましたよ。

――武田さんの参戦はどう思ってました？

魔裟斗　どう思ったのかなあ……。でも俺も「出てくれ」と言ってましたよね。それはやりたくて言ってるわけじゃないですよ。

武田　ええ。

魔裟斗　興行を盛り上げるっていうのと、日本チャンピオンになっても「まだ上がいる」って言われるのが嫌で。だったらもうやった方が、って思ってましたよ。

――武田さんにとっても看板を背負って、Ｋ-１は負けられない戦いだったんですね。

武田　そうですね。あと、自分の試合がテレビで放送されるっていうのがありましたし。あの時は男連中に「魔裟斗をやってくれ！」ってかなり言われましたよ（笑）。女の人からは「魔裟斗君と試合するの？」って、それだけで喜んでくれたり（笑）。

――二人のプロ人生は好対照ですね。魔裟斗さんは「後楽園ホールでオヤジに応援されるよりも女の子に見て欲しい」と。

魔裟斗　とにかく華やかな場所でやりたい、っていうのがありましたね。

武田　とにかくメジャー、ですよね。

魔裟斗　それが21歳の俺のボキャブラリーでは「オヤジに〜」ってなっただけで、素直すぎて世間を敵に回してしまって（苦笑）。今ならもっと上手く言いますよ。そんなことを言っても得にならないですよ。

――でも魔裟斗さんが格闘技の聖地、後楽園ホールを否定したことも「反逆のカリスマ」になる一因だったのではないですか。

武田　若いうちはいいんじゃないですか。ちょっと、とっぽい（生意気）ぐらいがちょうどいいんじゃないですかね。

魔裟斗　プロは何の世界でもとっぽくないとダメですよ。それは俺、野球見ててもサッカーを見てもとっぽくない選手は一流になれないです。間違いないです。最近、野村監督とかと喋ってて余計に思います。

武田　一流の選手は気が強いですよね。

魔裟斗　ええ、気が弱い選手で一流の選手はいないです。

――「我」の強さは並外れてますね。

武田　歳を取ると上手くコーティングしてるだけで中は変わってないですよ（笑）。

魔裟斗　今、この話をしてて、確かにコーティングしてるだけなんで、根にはファイターっていうのが残ってるんで、多分、話してるうちに熱くなって出て来るんだろうなって（一同笑）。

――それは対談が始まった時から、お二人から感じてますよ（笑）。

武田　そうですか？　僕も？

――もちろんです。

魔裟斗　「多分あるぞ〜」ってちょっと思いながら喋ってました（笑）。

武田　（笑）。でもそれは消したくないですよね。漢の子でいたいですよね。

――武田さんは団体に所属して後楽園ホールにお客さんを集めて、そこからメジャーに上がるという、業界の人から受け入れられやすい形でしたね。

魔裟斗　結局、格闘技は俺、自己満足だと思ってるんですよ。武田さんはムエタイのベルトを獲りたい、っていう自己満足。俺はK－1のチャンピオンを獲りたいっていう自己満足。自己を満足できればいいんですよ。はっきり言って、他人の評価なんてどうだっていいんですよ。本当に自己満足なんですよ。だって、強くったって世間に出たら何にもなんないですよ。

武田　そうですね。

魔裟斗　だって世間に出て「俺は強い」って言ったって「バカかお前は」って言われるだけですよ（笑）。

――殴り合いが強い、ぐらいで。

魔裟斗　外で殴り合ったらバカですよ。

武田　でも生き方として、魔裟斗君がいなかったらMAXはなかったわけで、テレビを引っ張って、突出して格闘技を世間に広めていく生き方。僕は団体に所属して、団体の中で生きるのも大変ですけど、とてもじゃないけど魔裟斗君のような生き方は出来ないですね。そういう考えすら起きないので。やっぱり魔裟斗君のような生き方は結果を残して、突出していないと誰も付いてこないですよ。「なんだお前は」で終わっちゃうので。これから僕らの世代が格闘技業界をもう1回盛り上げなくちゃいけない宿命だと思うんで、リーダーは希望を配らないといけないんですけど、魔裟斗君がキャスターとかメディアに出てくれるだけで「俺もああなりたい」っていう希望を与えるし、別に団体に入って直接的に格闘技に協力してくれてなくても、突っ走ってくれるだけで格闘技業界的にはすごくいいことだと思いますけどね。

魔裟斗　現役中から俺は人のためにやったことはないですよ。

武田　それは魔裟斗君の考えだけど、でも物凄い影響力を持ってるんだよね。

魔裟斗　分かりますよ。結果的にMAXが出来たり。

武田　魔裟斗君を目指す子が日本で何人いるか。それだけで格闘技業界的には物凄い貢献だし、魔裟斗君が「俺を目指せ」と言わなくても頑張るだけでみんなに希望を与えているんですよ。それは業界的にもすごく嬉しいことなんですよね。

魔裟斗　今、俺が見てるのは全く違うスポーツで、何年後かに格闘技のことをやるか分かんないですけど、やる時は凄い財産になるだろうなと思って見てますよ。やっぱり違う世界も見ないといけないんだろうなって。見てないと頭が一つの発想になって新しい発想も出来ないだろうし。

＊

――本誌で土居トレーナーの連載を担当して「魔裟斗と武田幸三はキック界の常識から外れたトレーニングをした選手」だなと思います。ウェイトをやると「ジムワークをやれ。ボディビルみたいな体を作ってどうする」と言われる世界ですよね。

魔裟斗　強くなるために俺は何でもやったっていうだけの話で、今でも何か仕事の話が来た時に「NO」は言わないんですよ。ほとんど「YES」でやってるんです。それはなぜかというとそうじゃないと可能性を潰してしまうことになるから。

――なるほど。

魔裟斗　「これ、ちょっとやれっかなあ?」っていうことでも即YESなんですよ。「NO」って言ったら挑戦しないじゃないですか。今でも挑戦しているんですよ。返事をした後で悩むんです、大丈夫かなって（笑）。試合もそうですよ。「○○は?」「いいですよ」で、その後で憂鬱になる（笑）。ブアカーオと「やります」って言ったはいいけど後で不安になるし「ペトロシアンとやる」って言った後、一晩で2kgぐらい体重落ちましたよ（笑）。

武田　あれはやりづらいもんねー。

宮間マネージャー　解説席にいてスっと立って、リングの上で「大晦日、空いてる?」って（笑）。後で「どうしよう、言っちゃったよ」って（笑）。

魔裟斗　あれは行くしかないんですよ、俺の性格は。言ってから悩む（笑）。

武田　男はあそこで引き下がるわけにはいかない

ね。

魔裟斗　そんなことしょっちゅうですよ。チャンスの神様は前髪しかないってそういうことなんですよ。断ったらなくなっちゃう。その場で掴みにいくしかないんですよ。

――武田さんはフィジカルトレーニングにデビュー前から取り組んでいたんですよね。

武田　元々ラグビーをやってたんでその方面の知識はありましたから。運動で大学に入ってきた選手たちの集まりだったんでトレーニングも教えて貰ったり、ラグビーを辞めた後も特別に教わったりしましたから。

――キック界に入って「ウェイトはやめろ」と何度も言われたんじゃないですか？

武田　はい、怒られましたよ。でも結果を少しずつでも出していけば自分のやり方を認めて貰いましたし、強くなるにつれて外国人のパワーが凄いんでそこに対抗していかないといけないんで。

――ジムワーク第一のキック界で、武田さんは「ジムワークだけでは鍛えられない筋肉がある」と力説してました。キックで抜群の実績を残した二人が、実はキック界の常識から外れた練習をしていた、という。

魔裟斗　フィジカルとジムワークと両方をやらないとダメなんですよ。

武田　そうだよね。

魔裟斗　どっちかだけじゃダメなんです。5月のチャリティマッチの時、3週間前から練習を始めて、俺はスパーだけやってれば大丈夫だろうと思ってほぼスパーしかやらなかったんですよ。でもいざ試合になってみると、パンチのコンビネーションが全然出ないんです。現役の頃はいろんなコンビネーションで5発ぐらいまとめて打ったのにワンツーしか出ないんです。ああ、飯田さんのミットが大事だったんだなって。やっぱり何か一つ抜かしてもダメで、全てやらないとダメだって再確認しましたね。

――連載では「規則正しい生活」も。

魔裟斗　大事ですね。

――魔裟斗さんは「規則正しくない生活」も経験してるわけですよね。

魔裟斗　それをやったからこそ分かるんですよ。回復が全然違いますから。不規則な生活してた20代前半の頃は疲れが取れなくて、30歳近くなって規則正しい生活をしてると一晩寝ると疲れが取れるんですよ。だから20代前半からその知識を知っておけばよかったなと思うし、俺が下の人間に教えるようになったら、自分の体で経験したことだから自信を持って教えることが出来ますよ。経験しないと分からないじゃないですか。自分の中でタメになったことって自分で失敗したことだけですよ。人から聞いた話は何となくしか残らないんで、若いうちは一杯いろんな失敗した方がいいっていうのはまさにそうですよ。昔の人の言うことは正しいなと思いますね。

――武田さんも「ストイックイメージ」が強いですけど、遊びもしてましたよね。

武田　僕、遊んでましたよ。

――どういうメリハリの付け方でした?

武田　凄い酒飲みなんで、試合が終わってダメージが抜けると飲んでましたけど、試合前の50日間は酒は一切飲まない、美味しいものは食べない。ささみ中心と決めてました。ただ僕は試合が多かったんで、少しボーっと出来て、軽い練習して、酒を飲めるのは10日間ぐらいです。

＊

――武田さんはキックの5RからK‐1の3Rへ、魔裟斗さんは引退試合で5Rを選んだ。K‐1の3Rはどうなんですか?

武田　おっちゃんにはK‐1の3Rはキツかったですよ（苦笑）。相手の力は強いし、若いし、スピードあるし、蹴りはほとんど出なくてガンガン来るじゃないですか。スピードも速くて、試合のリズムも速いし。

魔裟斗　俺は3Rは短すぎますね。弱いヤツとやれば倒せますけど力が拮抗してると倒せないですよ。パンチでダメージが蓄積していくんですよ。蓄積で倒れるんで。

——タイトルマッチは5Rにしないと決着は付かないかもしれないですか。

魔裟斗　あと、思うのは全員がメインイベントじゃなくていいし、毎回デカい会場でやる必要はないですよ。メインイベンターがいる時はデカい会場でやればいいし。それで無理した結果が今ですよ。俺はヘビー級の解説で会場に行ってましたけど、ヘビー級の会場はガラガラで「大丈夫?」って言ってましたよ。しょっちゅうやってるとマンネリ化しちゃうし。

——MAXは観客が入ってましたよね。

魔裟斗　全然入ってましたよ。

——格闘技の現状をどう見てますか?

武田　ちょっと停滞してますけど……。今は格闘技では食ってないですけどライフワークなので、ジムや興行のお手伝いはしてますけど何とか盛り上げたいですね。僕は今、吉本興業にいて、役者をやらして貰ってますけど、僕が少しでもメディアに出ることで格闘技が忘れられないように、少しでも恩返しをしたいですね。これから指導にもっと力を入れていきたいですし。

——選手たちを見て可哀想なのは「こうなりたい」と未来像が描けないですよね。

魔裟斗　……（考えて）残念は残念ですよ。でもシステム自体、全部変えなきゃダメなんだろうなとは思います。巨人の親会社が読売だったり、あいう親会社がデカい企業だったり。俺がいろいろ見ててふと思っただけで、難しいことですけど格闘技もそういう風になって行かないと大きくはなっていかないだろうなって思います。

——K-1がテレビ放送されてた頃、業界から「格闘技を大会場でやろうとするからマッチメイクに無理が生じる。後楽園ホール規模が適正」という声がありましたね。

魔裟斗　じゃあ、なんで世界のボクシングは違うの?

――そうですね。

魔裟斗　俺はそう思いますね。ラスベガスで1万5千人ぐらいの会場ですよ。

武田　最前列のお客さんはタキシードで来ますからね。いろんな人の価値観があるんでしょうけど。

――かつてはK‐1もそれを目指し、今はUFCがそこに並ぼうとしていますね。

魔裟斗　今、ファッションの業界だって違う業界から社長が来るんですよ。そういうのが必要なんですよ。自分のことですら見えないんですから。他人に言われて「なるほどな」って俺なんかしょっちゅうありますよ。でも頭の固い人は自分のことが完璧に見えてると思ってるんです。もっと柔軟に考えて、それはすげえ大事だなって。

――信念の人、のイメージですけど。

魔裟斗　信念はあります。信念は何も曲げてないんですよ。でも全部曲げないのはただの頑固者で、他人の意見も取り入れます。

――他人の話も聞くことも信念？

魔裟斗　信念じゃなく、目標に向かっていく時に人のアドバイスを聞くんですよ。なぜ聞くのかと言えば良くなりたいから。自分の目指す目標のために。別に自分の信念を曲げてるわけじゃない。そこに辿り着くための早道ですよ。

――なるほど。では最後にお二人の活動とこれからの目標は？

武田　役者で最近舞台もやらせて貰っていい経験をさせていただいてます。乗馬とか英会話とかもやってますし、もちろんキックにも恩返しをしていきます。

魔裟斗　俺も一つだけじゃないですよね。そこも柔軟で、何かの本に「目標を二つ持て」と。一つだけだとそれがダメになった時に目標がなくなるから、って。それと今、目の前にあることを一生懸命にやること。どんな状況でも、たとえば俺に出来る練習が走ることしかなかったら俺は走った。それと一緒です。今、目の前にあることを一生懸命にやるとその点が線になる。うちの母ちゃんに言われたことですよ。

武田　そうですね、後から気づくんですね。

魔裟斗　いきなりすげえことをやるなんて誰も出来ないですよ。ちょこちょこ歩いていくしかないんですよ。

——格闘技界の後輩に向けては。

魔裟斗　まさにそれですよ。目の前にあることを一生懸命にやるしかないんですよ。いきなりK-1に出れたり、ムエタイチャンピオンとやれるわけじゃないですから。

武田　必ずもう一度、僕たちの世代で戦う場所を作りたいです。そのためにも今の現役の選手たちに命を張って頑張って貰わないといけないですけど。たまに魔裟斗君にも協力して貰いながら（笑）。

魔裟斗　（笑）。

＊

撮影中、武田が魔裟斗に話し掛けた。

「魔裟斗君、ペトロシアンをあのままにしといていいの？」

NOと言わない男は、ここでも「NO」とは言わなかった。

「来年ぐらいまでに大きな舞台が用意されるなら考えますよ（笑）。トレーナーの土居さんに『34歳ぐらいまで伸びる』って言われてて、それぐらいまでなら俺はいけるんだろうなって。パッキャオとやったマルケスが38歳で、ボクシングはそれぐらいの年齢で活躍してますからね。そのトレーニングをするとなると厳しいだろうけど」

取材後、武田がポツリと呟いた。

「魔裟斗君はペトロシアンだけ倒していない。どこかやり残した感じは絶対にあると思いますよ。僕だって試合を見るとうずくものがあります。まだ『やりたいな』という思いがあるんです。だけど、僕の場合は『これ以上やると死ぬな』というのが分かってますから」

魔裟斗と武田幸三が全身から発したギラギラとした「殺気」は、K-1MAXというリングを輝かせた。

引退から2年、いまなお燻る「闘う本能」を抱えて生きる二人。荒ぶる魂をいつか飼い慣らせる時が来るのか。それとも——。

Masato
1979年3月10日、千葉県出身。97年に全日本キックでプロデビュー。99年、同ウェルター級王座獲得。02年K-1 WORLD MAXスタート日本代表決定トーナメントは02、03年と連覇。世界トーナメントは03年と08年に優勝。09年大晦日の引退試合は、宿敵アンディ・サワーと5Rマッチで戦い、ダウンを奪って判定勝利。生涯戦績63戦55勝(25KO)6敗2分。現在は新生K-1解説の他、多方面で活躍。

Takeda Kozo
1972年12月27日、東京都出身。95年、新日本キック協会でデビュー。97年、日本ウェルター級王座獲得。01年、ラジャダムナンスタジアム認定ウェルター級王座獲得。04年、ブアカーオと延長2回の死闘の末に判定負け。05年に右目の眼筋麻痺手術を行なう。09年10月のアルバート・クラウス戦で引退。生涯戦績72戦45勝(34KO)20敗7分。よしもとクリエイティブエージェンシー所属。

石井宏樹、18年間の現役生活に終止符。「笑顔日和」

元ラジャダムナンスタジアム認定スーパーライト級王者

エースとして新日本キックボクシング協会を長年牽引し、日本人4人目のラジャダムナンスタジアム王者となった石井宏樹が、後楽園ホールで引退式を行ない、現役に別れを告げた。栄光と挫折の繰り返しだった18年間の現役生活を振り返る。

——現役引退を迎えた今のお気持ちは？

「いつかは来ることだと思っていましたが、実際に迎えると感慨深いものがあります」

——ゲーオ戦の前からこれが最後の試合だと決めていたんですか？

「はい、自分の中では決めていました。実際にあの試合でみんなに納得していただいた感じでしたね。あの試合が終わった後に、藤本会長にも伊原代表にも『よくやった』と言っていただいたので、やるべきことはやったと悔いがなく選手を終われます。こういうふうに思えて引退できる選手も数少ないでしょうから、本当に自分は幸せ者だと思

石井宏樹、18年間の現役生活に終止符。
「笑顔日和」
引退。

GONG KAKUTOGI NO.272
2015年2月号
text by Kumakubo Hideyuki

います。……燃え尽きましたね。燃え尽きることってなかなか経験できることではないと思うんですよ。キックボクシングと出会ったおかげで完全燃焼できたと思っています」

――1996年1月28日にプロデビューして18年。こんなに長くやるとは思っていましたか？

「いえ、最初は30歳で辞めると思っていました。20代前半の頃は30を越えたら絶対にやらないって考えていましたよ。何にしがみついていたんだか、やってしまいましたね（笑）。実際は30まであっという間でしたし、30を越えたくらいから自分の中でパワーアップできている部分があったので、〝男は30からだ〟と気持ちを切り替えましたね。自分でも強くなったなって自覚があったのは30を越えてからなんですよ。そこからさらに楽しい時期を過ごせました。20代は勢いでやっていた部分がありましたが、30代はいろいろ考えて動けるようになって、プライベートも練習も試合もさらに楽しめるようになったんです」

――ターニングポイントとなった試合は？

「自分の中で一番大きな出来事は、内臓破裂ですね（2010年7月、パーカーオ戦）。技術的にも精神的にも大きく変わるきっかけとなりました。やろうと思っても出来ない経験ですし、当時はショックでしたが、いま振り返るとあの経験があって精神面で鍛えられ、さらにそこから強くなったので今の自分があるのはあれがあったからこそですね。負けておいて言うのもなんですが、腹にヒザを入れたパーカーオには本当に感謝しています。ドクターから聞いたんですが、腸は動くので衝撃があっても逃がしてくれるから潰れることはそんなにないそうなんです。ところが自分の場合は、背骨と腸が引っかかって逃げ場がない状態でヒザが突き刺さったんですね。内臓破裂は交通事故に多くて、ハンドルとシートに挟まれてなるそうなんですが、ヒザってハンドルに比べたら面積が小さいですからね。非常に希なケースだったそうです。だからいま思うと、ズレなくて内臓が破裂して良かったなって。あれがズレて怪我をしていなかったら、今の自分はないです。それくらい選手生活の中で一番のターニングポイントでした」

——自分を見つめなおすことが出来た？

「入院自体は1週間でしたが、いろいろ考えましたね。でも、辞めようとは一度も思いませんでした。焦らずに、まずは身体作りから始めてチャンスを待とうと。夢は捨てられないので、ラジャ王座に向かってまた頑張ろうと思いましたね。そんな自分を協会が応援してくれましたし、自分の夢をサポートしてくれたので、これだけ幸せな選手はなかなかいないだろうって今、改めて思います」

——もう時間がないのに、という焦りは？

「いえ、焦りは全くありませんでした。一から身体を作り直して、またやってやろうって気持ちでその時期を楽しんでいましたね。それで筋トレを始めたことで、身体作りって大事だなと改めて思って筋トレを増やしたんです。腕立て、腹筋、懸垂など基本的なメニューでしたが、ミットやスパーと同じくらい重要視してやったら、身体が大きくなったんですよね。その分、パワーにもつながって倒せるようにもなりました。タイ人と組み合っても負けないようになりましたしね。それまでは、タイミング良く当たれば倒れるよって考え方でしたから。だから、ああいう試練って必要なのかなって思います。這い上がってくる人間は強いんだなって。身体を動かせずベッドで横たわっている状態から動けるようになれたので、身体が動く幸せを凄く感じました。動けるんだったらとことんやってやろうぜって、思いましたね」

——その気持ちは健康体の人間には全く分からないでしょうね。

「そうでしょうね。生きていることがこれだけ幸せなんだって感じました。そこからリングに復帰できた時の幸福感はたまりませんでした。〝生きている証だ〟って心の底から思いましたよ。そこからさらに試合が楽しくなりました」

——18年間で辞めたいと思ったことは？

「一度だけあります。デビュー戦で勝って、２戦目と3戦目で連敗した時です。〝あ、プロの世界をナメていたな〟って。これはもうダメだって思いました。それ以降は、これでダメだったらもう辞めないといけないのかなって考えたことはあっても、辞めたいと思ったことは一度もありません」

――ベストバウトを選ぶとしたら?

「84戦もやっているので選べません（笑）。思い出深い試合をあげるのなら、まず日本タイトルを獲った鷹山真吾戦です。最初はKO勝ちが少なかったのが、タイトル戦でしっかり倒して勝てたのは大きかったです。次にタイの凄さを教わったムアンファーレック戦。凄さを味わいつつ、そこを目指そうと思わせてくれた試合です。02年7月の井場洋貴戦から1年間で7連続KOしたのも思い出深いですね。当時、髪の毛の色を毎回変えていたんですが、それまで判定続きで倒せなかったので、小野寺力先輩から『髪を染めている時間があったら練習しろ』と言われていた時代でした（笑）。井場戦でも髪を真っ赤に染めていたんですがKO勝ちできて、その後も髪を染めながらKOしたので先輩も何も言わなくなりました（笑）」

ラジャ王座に3度挑戦も失敗。「よく諦めなかったですね」と言われる夢を、獲る前に何回も見た

――頑固さが現れているエピソードです。

「その次はラジャのタイトルに初挑戦したジャルンチャイ戦ですね。これもタイ人の凄さを感じさせられました。彼との出会いも大きかったですね。この時はムエタイの採点の仕方を全く把握せず戦いました。これも結果論ですが、この時にタイトルが獲れなくて良かったと思っています。もし獲っていたら、ここまで長く選手をやっていなかった。さらにムエタイの奥深さを痛感し、またさらに獲りたくなりました。でも2度目の挑戦となったシンマニー戦ではコテンパンにやられ、〝凄い

ところに俺は目標を立てたんだな〃って思い知らされました。でも諦めようとは思わなかったですね。さらに精神的に強くなった試合でもあります」

――TOUITSUでは、他団体の王者クラスとのトーナメントを勝ち抜いて優勝しました。

「シンマニーに負けた後で、いい機会だなと思いました。日本人に負けるようではラジャなんて言っていられない、と。その結果優勝することが出来て日本でトップだと証明したので、じゃあ日本人代表としてラジャを獲ってやろうって気持ちになりました。もし負けていたら辞めていたと思うので、この大会も思い出深いです。こうやって探せばいくらでも出てきますよ（笑）」

――そして、4度目の挑戦となったアピサック戦で目標を達成しました。

「こんなに嬉しいことが人間にはあるんだなってくらい嬉しかったです。人生の中でも最高の瞬間でした。そう思わせてくれたのが過去3回の挑戦でしたし、ジャルンチャイとの出会いがあって彼にマンツーマンで教わって。自分が考えて行動したことが正しかったと思えた瞬間でもありました」

――しかし、3度もタイトル奪取に失敗してよく諦めなかったですね。

「そう！『よく諦めなかったですね』と言われる夢を、獲る前に何回も見たんですよ。詳しいシチュエーションは覚えていませんが、そう言われているということはチャンピオンになった立場で言われているはずなので、正夢になるといいなって思っていました。そして今、まさに正夢になりましたね（笑）。でも4度目の挑戦で失敗していたら、諦めていたかもしれませんね。本当にこれが最後だと思って挑戦したので。それと、これはぜひ書いてください。現役人生の中で完璧だった試合がプラーイノーイ戦です。駆け引きも全て自分が勝った上でのKO勝ちなので、最後の名作です。あとは最後に気持ちよく終わらせてくれたゲーオ戦ですかね。完膚なきまでに〃お疲れさん！〃とハイキックをいただき、やり返す気持ちにもならず

〝ありがとう〟です。対戦相手には皆に感謝していますが、負けた後に相手に対して心から〝ありがとう〟と思ったのはこれが最初で最後でした。本当に気持ちよかったですし、感謝しています」

――ラジャ王座を失った時点で引退という選択肢もあったと思うのですが。

「そこでキック人生を終えるのは自分の中ではありませんでした。エークピカート戦は、もうここまでなんだなと思わせてくれたのですっきりしましたし、もう1回挑戦しようとも思わなかったんですが、最後は最強の相手とやるという目黒・藤本ジムの伝統があるじゃないですか。いろんな案があってエークピカートとの再戦も候補にあがっていたんですが、運が良くゲーオに決まりましたという感じです」

――運が良かった？

「ゲーオと出来たのは運が良かったですね。自分とやった後もK－1で優勝しているじゃないですか。最後に最強の相手とやる伝統をカッコいいと思っていたので、それは絶対にやりたかったんです。判定までいってギリギリの判定勝ちとか負けではなく、豪快に散らせてくれたことはゲーオに感謝しています。これはやっている人間にしか分からない感覚かもしれませんね」

――キック人生はどんな人生でしたか？

「これからもずっとキック人生は続きます。現役生活で言うと山あり谷ありでいろんな経験が出来て、やる前はしょうもない人間でしたけれど、それがやっと普通の大人になれたって段階ですかね。その大人にしてくれたのがキックです。これからさらに上を目指して立派な大人になっていこうと思っています。キックをやって一番の宝物は人との出会い。リングの上で戦っているのは自分ですが、みんなで戦っていたので。みんなの声援がなかったら絶対にラジャ王座は獲れませんでした。キックと出会ったおかげで、いろんな人たちと出会えたのが一番大きかったかもしれませんね」

――一番嬉しかったのはラジャ王座を獲ったこと

だと思いますが、キックをやって一番良かったと思うことは何ですか？

「やはり〝人の笑顔が見られる〟ということが凄く良かったです。自分がいい試合をしたら、みんな凄くいい顔をしてくれるんですよ。しかも、自分の方を向いて、自分がやったことに対して笑ってくれるというのが。もう〝笑顔中毒〟でしたね。それを見たいがためにここまでやってきました。こんなに幸せを感じられる瞬間って他にないです。現役選手はみんな分かると思うんですが、自分が努力して戦って結果を出して、その直後に皆さんの笑顔が向けられる。この瞬間はもう……あの笑顔は本当に中毒になります。リングに上がれる人間って限られているじゃないですか。誰もが上がれる場所ではない。そんな場所に自分が立って、いろんな人たちが自分の方を向いて笑ってくれるんです。しかも、リングの四方どの方向を向いても笑顔、笑顔。選手でしか味わえない瞬間です。不甲斐ない、みんなが心配してくれるような試合をした時は見られないので、次こそはみんなに笑顔になってもらおうと、さらに頑張ることが出来ました。現役生活はその繰り返しでしたね」

――ラジャ王座を獲った時が一番笑顔満開だったんじゃないですか？

「たかだか一人の男にあれだけ大勢の人が喜んでくれるなんて、なかなかないですよね。凄いことをやったんだなって実感できました。みんなに応援されて幸せだなってつくづく思いましたね」

――お話を聞いているとハッピーなことしかありませんね。本来なら辛いこともハッピーになっていますし。

「自分はハッピーな人間ですから。こんな幸せ者はいないですよ」

――悔しかったことはないですか？

「もちろんありましたが、その悔しかったことが今に繋がっていますからね」

――全てプラスに考えているんですね。

「そうですよ。ポジティブでなければラジャのチャンピオンにはなれません。私生活でも練習でも、嫌なことを引きずっていたら絶対に勝てませんよ。タイ人もそうじゃないですか」

――マイペンライ（大丈夫）の精神ですね。では、その当時で一番悔しかったことは？

「負けたらやっぱり悔しいですよ。ラジャでやったタイトルマッチ、ヨードクンポン戦は相当悔しかったですね。自分の中では、もうこの試合でベルトを獲るつもりだったんです。獲れると確信していました。でも負けて、帰りの飛行機では本当に悔しくて。せっかくタイへ行ったのに全く面白くなかったですから。いっぱい負けて悔しい思いをしましたけれど、これが一番ですかね。わざわざ応援団もタイへ来てくれていましたし。また、コテンパンにやられていれば諦めもつくんでしょうけれど、後一歩だったというところがさらに悔しかったです。過去2回も挑戦して、ムエタイの採点やいろんなことを勉強してきたのにも関わらず後一歩が届かなかった。その悔しさから、ジャルンチャイをトレーナーとして呼ぼうという発想になったんです。自分たちで考えてダメなら、じゃあ本物に聞こう、と（笑）。聞きながら練習しようと考えたんですが、正解だったんですね」

――デビューしてからの何十戦という経験が全てアピサック戦に集約されたんですね。

「はい、まさにそうだったんです」

――キックボクシングの良さって何でしょうか？

「痛いスポーツですけれど、それよりも人の優しさに触れられるスポーツじゃないかと思いますね。キックを通じていろんな人と出会ってここまで来れたので、そこじゃないですかね。よく聞かれたんですよ、そんなに痛いことをして何が楽しいのって。でもやっぱり、結果を残したらみんなが喜んでくれるじゃないですか。そんなスター気分を味わえることってなかなかないですから。相手が倒れていて、自分が一人でリングに立っている。そこで拍手されることなんて他にないでしょう。路上でやったら捕まってしまいますよ（笑）。人を倒して喜ばれることなんて、他のスポーツを見てもなかなかないじゃないですか。そこは魅力ですよ。決して人を叩くのが好きってわけではないですけれど、倒して拍手されて、自分もみんなも喜んでるなんて光景は他にないでしょう」

――しかも、その瞬間は後楽園ホールにいる全員の視線を独り占めにしている。

「そうです！　その勝った瞬間と入場する時はみんなの目線が自分一人に集中するじゃないですか。その2つの瞬間が大好きでした。あれは快感ですね。まあ、入場は見ていない人もいますけれど（笑）。それを味わうために、きつい練習をするわけです。ちゃんと練習しない選手って、入場から出るんですよ。そういうスポーツなんです」

――冒頭でキック人生はこれからも続くと言われていましたが、今後は何をされるつもりですか？

「キックにはずっと携わっていきたいので指導者として、自分もこれだけの経験をしてきたので少しでも後進にアドバイスが出来たら、と思います。後輩たちにも、自分のように満足して、笑顔をいっぱいもらって笑顔中毒になって終わっていって欲しいと思いますね。笑顔中毒になればキックを辞めた後も人の笑顔が好きなことは変わらないと思います。人の笑顔を見ていれば、自分も自然と笑顔になれます。新たな夢は自分のジムを持つことですが、一人でも多く自分のような幸せ者を育てたいですね」

新たな一歩を踏み出した石井宏樹、本日も笑顔日和なり。

Ishi Hiroki
1979年1月16日、東京都出身。96年1月プロデビュー。00年1月、日本ライト級王座を獲得（7度防衛後、返上）。08年12月、TOUITSUライト級トーナメント優勝。11年10月、4度目の挑戦でラジャダムナンスタジアム認定スーパーライト級王座を獲得。外国人史上初の防衛に2度も成功した。最後の試合は14年2月11日のゲーオ戦。176cm、63.5kg（試合時）。生涯戦績:60勝（31KO）14敗10分。新日本キックボクシング協会/藤本ジム所属

【特別収録】

梅野源治、悪夢の清算。

「まだやるか、やらないかは誰に何を言われても僕が決断します」

2018年2月18日、『REBELS.54』後楽園ホール大会で、梅野源治はルンピニースタジアム認定ライト級王座決定戦を同級6位のクラップダムと争い、敗れた。11年間のキックボクシング人生の全てを懸けて挑んだ、ラジャ王座に続く夢のタイトル獲得に失敗した「悪夢」のような一夜が明け、梅野は何を思うか。進退も含む今の心境を告白した。また、梅野の試合を見続けた鈴木秀明ストラッグル会長による試合分析も収録。

GONG KAKUTOGI
2018年2月19日
text by Kumakubo Hideyuki

日本人初のルンピニー王者誕生、日本人初のルンピニー・ラジャダムナン・WBCムエタイ三冠王、そしてムエタイ５００年の歴史上初となる外国人二大殿堂制覇——50年以上にも及ぶ日本キックボクシング史に残る快挙達成を懸けて、梅野源治がクラップダム・ソーチョーピャッウータイと相まみえた大一番は４Ｒ55秒、ＴＫＯ負けで梅野がムエタイの厚き壁に跳ね返された。

控室でガックリとうなだれる梅野は、タイトルマッチ実現へ向けて力を貸してくれた人たちの期待に応えられなかった自分を責め、号泣。会場の時間の都合で試合後コメントは打ち切られたが、翌日に行なわれた一夜明け会見に梅野は責任を果たすため出席。自らの言葉で試合を振り返った。

その会見終了後、梅野に改めてインタビューを行なった。会見で一度想いを吐き出したせいか、リラックスした様子で取材は始まった。

＊

——試合後「自分に負けた」とコメントしていましたが、一夜明けての気持ちを聞かせてください。

「2度目のルンピニー挑戦で絶対に獲らなければいけない、絶対に負けられないという気持ちが強くて、自分で自分に変なプレッシャーをかけてしまったというのはあります。明らかに気負いすぎているでしょう、という。それが良かったのか悪かったのかは分かりません。結果として負けていますが、それがなくても負けていたかもしれない。ただ、そこがいつもとは違う部分だったとは思います。僕の動きが良くなかったですからね」

——試合前の心境が、いつもとは違った？

「違いましたね、明らかに。毎日恐怖と不安があり、プレッシャーでよく眠れなくて。でも練習はがっつりやってオーバーワークになりすぎてしまい、試合3週間前には蜂窩織炎（ほうかしきえん＝感染症）にもなってしまいました。明らかに体調が悪かった日もあったり……ちょっと気負いすぎたのはありますね。それが〝自分に負けた〟ということです。今回はいろいろな人たちが応援に来てくれて、格闘技をやっていなかったら出会えなかったような人たちがメッセージをくれたり、わざわざ花束を持ってきてくれたりしました。みんな時間とお金を使って僕のために来てくれたんですよね。僕から直接チケットを買ってくれた人が500人ちょっと、他で買って僕の応援に来てくれた人たちもいるはずです。そういう人たちに、梅野源治を応援して良かったな、という姿を見せたかった。もちろん、会長と2人のタイ人トレーナーにも。本当はルンピニーのベルトも獲って、ラジャとＷＢＣのベルトと合わせて３人に巻いてあげて写真を撮りたかったんですけれどね……」

――ラジャダムナン王座を奪取したタイトルマッチを経験されていますが、それでも今回のルンピニータイトルマッチの前は緊張されたんですか？

「これは試合前に思ったんですが、今までもたくさん緊張した試合はあります。ラジャのタイトルマッチもそうだし、防衛戦、セクサンとヨードレックペットとやったタイでの試合、ウティデートとやった試合。それでもやっぱり、何回経験しても慣れないなって思いました。今回の試合前は特にウティデート戦の前を思い出しちゃって。あの時は僕の調子を見るために、在日タイ人たちが何人も僕の控室に来たんです。でも、僕が勝つと予想していたのは僕のトレーナー2人と、トレーナーと仲のいい数人のタイ人だけでした。試合の時もウティデート側の方に在日タイ人がほとんど集まっていて、僕の方には全然いなかったんです。その時に会長から『よくこの状況であんなに集中して出来たね』と言われたんですが、『いや、僕めっちゃ緊張していましたよ』と言ったことを覚えています。その緊張感と今回は似ているところがありました。ただ、その時と今回で確実に違うのは、ウティデート戦の時は明らかに僕が格下でした。10回やって1回勝てるかどうかと見られていたと思います。なんか昔と似ているなと思いながらも、あの時よりは実力差がないし、僕は当然勝つと思っているんですが、似たような緊張感があったんです。応援団が５００人以上もいてホームなのに、勝手に自分で自分を追い込んでしまったのかなって試合が終わってから思いました」

――序盤から強い左ローを蹴られたのが敗因につながったと一夜明け会見では振り返っていました。

「ローは最初からこんなに強く蹴って来るのかと思いました。今も痛くはないので効いてはいなかったんですが、明らかに嫌な素振りを出してしまいましたね。これは印象が悪い、カットしないといけないと思ってもバランスが崩れてしまって。ジャッジに確実に影響が出てくるはずなので焦ってしまいました。首相撲でも一度コカされましたが、そんなに首相撲は強いと思いませんでした。何度か自分から組みに行った時、引きはがそうとしてヒザ蹴りをやってきましたが、そのヒザは強かったです。攻撃が全部強かった」

——自分の攻撃で手応えがあったのは？

「右ミドルは確実に嫌がっていました。ヒジも当たってはいたんですが、ガッツリ当たった感触はなかったです。ローに合わせてパンチとヒジを打っていたんですが、ギリギリのところでしっかり当たっていないんですよ。後半はミドルもカットされるようになりました。1、2Rではミドルで腕は潰せないので、まだ潰れていない時にいいパンチをもらってしまい、相手を調子に乗らせてしまったのかなって思います」

——左のパンチをあれだけもらってしまったのは、2017年に負った眼窩底骨折の影響も？

「……ないとは言えないです。ただ自分のことはよく分かっているので、どうすればいいかは分かっています。それに普通に見ている分には問題ないので。医者からは手術を勧められましたが、その時は引退するつもりだったので断りました」

——4Rまでの採点はどう思いましたか？

「1、2Rはドローです。3Rが取られました。結局帳尻合わせをするんですよ。例えば3Rにパンチを効かされても、4Rを僕が攻勢で終わったとします。その時点でドローですが、5Rを僕が流し始めたらきっと僕に付けるんですよ。それで1ポイント差で梅野の勝ちとか。だから、今回は3Rを取られたので4Rはそのぶん行かないとダメなんです」

——試合が終わった後は相当な絶望感でしたか？

「倒れたのは覚えていますが、記憶が飛び飛びです。試合が終わった直後は〝まだ出来るだろう〟〝まだ終わっていない〟という感じでした。試合後に何を話したのか、何をしたのか、ちゃんとは覚えてないです。本当に悪夢ですよ……」

僕が獲ろうが獲れまいが、数年後に必ず獲る日本人が現れます

――タイトルマッチで、ルンピニーの副代表も来ていたのでクラップダムの本気度を感じましたか？

「皆そうやって理由を付けたがりますが、関係ないですよ。タイトルが懸かっていなくてもクラップダムは前へ来るんです。絶対にこういうガツガツとした試合になりますよ。それに僕が獲ろうが獲れまいが、数年後に必ず獲る日本人が現れます。確実に強くなりますし、これからタイ人よりも日本人の方が強くなる可能性はかなり高いんです。タイに負けるわけがないんです。10年前は在日タイ人が日本王者に勝ってしまう状況でしたが、今はそれほどでもない。時代はどんどん変わっていくので、幻想にすぎないんです。僕が負けて言えることではないですが、今後絶対に変わってきます」

――試合が終わったばかりですから考えたくもないでしょうが、気持ちは揺らいでいますか？

「そうですね……僕は格闘技だけではなく、負けても次があるって考え方は好きじゃないんです。次なんてなかなかないぞ、チャンスなんてなかなか来ないぞって思うんですよね。それをつかみ取るためにまたみんなを付き合わせるのはどうなのかなっていうのがあります。今もムエタイで一番になりたい、世界で一番強い男になりたいって夢は諦めていません。でも、弱くなりながらとにかくしがみつくのは本当に嫌なんです。僕には本当にダサいとしか思えません」

――跳ね返されたことは悔しいじゃないですか。負けたまま終われないという気持ちは？

「それは今まで何回もありましたからね。〝ふざけんな！〟って。今でも思っているのは、もう1回クラップダムとやったら勝てる自信があります。それは本当にあるんです。実際、僕は2回目にや

ったヤツに負けたことがない。そこまでバカじゃないですから、確実に勝てると思っています。でも、協力してもらっている部分が多すぎるので。次は頑張りますって言うけれど、口だけの人が多いじゃないですか。今まで以上の練習が出来るくらい気持ちが充実していないならば、やるのは失礼だと思っています」

――もう今まで以上の練習が出来る気がしないということですか？

「いえ、違います。どれだけキツい練習でも僕は出来ます。今回の練習でも自分がまだ強くなっていると感じました。それよりも、申し訳ない気持ちが大きいんです。ルンピニーのタイトルマッチをやるには高いお金も必要だし、労力もかかるじゃないですか。それをやってもらっているのに〝ごっつあんです〟というのは好きじゃない。もし自分が弱くなっていると感じたら、すぐに辞めます。周りが続けてくれと言っても、僕は嫌だと言います。自分で自分のやっていることを汚したくありませんから」

――今は落ち着いて、周りの人たちの意見も聞きつつ、ゆっくり考えたいところですか。

「まだやるか、やらないかは誰に何を言われても僕が決断します」

――まだ燃え尽きてはいないのでしょう？

「燃え尽きた気はしていません。殴り合いで倒されたことは悔しいです。ベルトを獲って結果を残したかったですね………まだまだです」

――まだまだということは、まだ先があるということですよね？

「僕も未来を見ていたいですけれど……今はただ、心底疲れましたね。それが今の素直な気持ちです。キツい練習も不安も緊張もプレッシャーもいろいろなものがあって、11年間の想いをこの試合に全てぶつけ、その結果、倒されて負けた。……疲れました。まずはダメージを抜きたいと思います。続けるにしろ続けないにしろ、脳を休ませないとヤバいでしょう」

——ゆっくり休んでください。試合翌日にもかかわらず、ありがとうございました。

梅野選手の試合を見ると、「ムエタイの強い選手と戦いたい」という気持ちになるはず(鈴木)

取材を終えた梅野が部屋を出て行ってしばらくすると、廊下の方から話し声が聞こえた。偶然にも、打ち合わせのためREBELS事務所を訪れた鈴木秀明ストラッグル会長と梅野がバッタリと顔を合わせたのだ。鈴木会長は『ゴング格闘技』で梅野と対談した他、何度も梅野の試合を技術解説しており、梅野も一目置く存在。前日の試合を鈴木会長も会場で観戦し、感じたことを伝えていたようだった。その後、試合の感想を聞いてみた。

＊

——左ローを序盤にもらったのが勝敗の分かれ目だったわけですが。

「梅野選手の映像を見たとクラップダムが言っていましたよね。身長が高いからどう崩すかを考えた時に、ローを嫌がっている試合が何試合かあったので、俺のローならいけるだろうと思ったのではないでしょうか。あとボディ狙いも良かったです。一番驚いたのが、クラップダムのローをエグい角度で梅野選手がカットしているんですよ。梅野選手が膝の下の一番硬い部分をスネにぶつけていってるのにも関わらず、それでも蹴って来るからハンパな角度では梅野選手は対応できませんでした。そうした時に、3Rでは軸足を払いにいったんです。梅野選手が一番凄いところはムエタイの判定を考えて戦っているところです。梅野選手は完全に3Rを取られましたが、これはムエタイの見方で、4Rは大きく勝たないと勝ちが厳しくなるんですよ。だから4R、梅野選手はそんなに出なくてもいいじゃないかってくらいの出方をしました。あれは3Rをああいう終わり方をされた時に、4Rは勝負するって出方なんです」

——４Ｒに僅かな優勢で10—９になってもイーブンには持ち込めない？

「僅差なら５Ｒ前半勝負になるんですが、大きく３Ｒを取られたら、それを上回るくらいの感じで４Ｒを取れれば、５Ｒは梅野選手がちょっと有利になるんです。逆に４Ｒが僅差だったら３Ｒをはっきり取っているクラップダムが５Ｒは有利な取り方をする。そこで最後に蹴り合いで取り合いになるんですが、４Ｒが３Ｒほどの差がなければ５Ｒで追いつくのは難しい」

——梅野選手が良かった部分はどこですか？

「序盤からプレッシャーをかけていったところです。ただあのやり方だと後半バテるだろうなって見方をしていました。結果論で言うと、それはクラップダムがタイミングを合わせるのに良かったことにもなると思うんですよ。１、２Ｒで相手はこれくらいの感じだなと見ているので、後半の３Ｒ、そして４Ｒの序盤であれだけ出ることが出来た。ただ、そうなったけれど梅野選手の攻撃が効いていないわけではない。ヒットもかなりしているし、あのままやり続けて３Ｒがああいう展開にならなかったら、梅野選手がそのまま圧倒して終わっていたかもしれません。３Ｒの詰められた後に距離が近くなってしまいましたね。ここで相手がサウスポーではなく、オーソドックスだったら良かった。オーソドックスなら梅野選手は左ミドルが得意で、止まったところに奥足のローを蹴ることが出来るので。でも相手がサウスポーだったから、右と左で距離が少し詰まってしまう。ヨードレックペットはあまり来なかったけれど、クラップダムは前に出てきたので、その時に距離感が詰まって段々とじり貧になっていくのを３Ｒ途中で感じました。蹴ってもその後に入って来られて返されてしまう。相手が右利きなら左ミドルを蹴ればリターンが少し遅れるとは思うんですよね。ただクラップダムは前に入ってアッパーに行くのかと思っていたら、左ストレートを打ってきました。それも内側と外側からを使い分けていました」

――相性の問題もあったということですね。
「試合は凄く面白かったです。これだけ一つひとつの攻防を見逃せない、ポイントがどう動くのだろうというルンピニーの判定も含めて。久しぶりに自分がキックボクシングを現役でやっていた時の気持ちを思い出すくらいの試合でした。最初に僕の先生がタイ人に腕を折られて負けてしまう試合があったんですが、その試合でタイ人選手は凄いなって思って。僕は凄いものが好きだったので、こういう選手に勝てるようになりたいなって思ったのが僕の原点なんです。それからずっと一生懸命にブレずにムエタイの強い選手と戦いたいなって思ってやってきたので、その気持ちを思い出しました。ただ僕はもう現役ではないし歳なので、多分そういう気持ちで見た選手がいるだろうな、と思います。クラップダムの強さが凄く良かったし、それと張り合う梅野選手は凄い。あの本気のクラップダムと、本気でやり合う梅野選手はほんとうに凄いなって思いました」

＊

鈴木秀明は目の負傷のため、全盛期で引退を余儀なくされた。もっと戦いたくても戦えなかった、夢を諦めざるをえなかった者が、まだ十分に戦える力を持ち、夢を追える者に自分が果たせなかった夢を託している。他にも夢を見たい多くの人々が一体となり、後楽園ホールで彼に夢を託して声援を送った。託された者――梅野源治は悪夢から目覚めた時、涙の向こうに何を見るのだろうか。それは夢の続きか、新たなる夢か。

Umeno Genji
1988年12月13日、東京都出身。07年11月プロデビュー。11年7月にラジャダムナン、9月にルンピニーの現役ランカーを連続KO。同年11月にWPMF世界Sフェザー級王座、14年11月にWBCムエタイ世界同級王座を獲得。15年4月、ルンピニー王座挑戦も惜敗。5月、ルンピニー&ラジャダムナン両殿堂1位ムアンタイにTKO勝ち。16年10月23日、ヨードレックペットを破りラジャダムナンスタジアム認定ライト級王座獲得。178cm。40勝(19KO)10敗3分。PHOENIX所属

K-1二階級制覇、そして——

武尊、傷だらけの栄光。

激闘に次ぐ激闘を制し、見事K-1史上初の二階級制覇を成し遂げた武尊。KREST所属で初めて臨んだトーナメント。周囲の雑音を封じ、〝カリスマ〟としてK-1を高いステージに持っていくために「絶対負けられない戦い」だった。それでも、武尊は言う。「達成感よりも、悔しさの方が大きいです」武尊の胸中に去来する感情とは——。

——今回のトーナメントは特に「武尊が凄かった」と反響が大きいですね。

「そうですね。今までの中でも一番反響が大きいのかなとは思うんですけど……」

——え、手応えはないですか？

「今までが僕の求めていた反響ではなかったんで。毎回命懸けて試合して、命懸けてベルトを取って、もっとたくさんの人に見て貰いたいっていう気持ちが強いんで。まず、これまでたくさんの人に見

GONG KAKUTOGI NO.295
2017年1月号
text by Shigeta Koji

て貰えてなかった、というのが悔しいです。だから嬉しいよりもやっぱり今も悔しさがありますね。世界中の人に僕の試合を見てほしいし、命を懸けてやってるところをたくさんの人に届けたいんで。僕自身がＫ‐１の試合を見て、夢とか勇気を貰ってここまでやってきてるんで、そういうのを僕がやっていきたい、というのが強いんです」

――達成感よりも、昔の地上波でやっていた時代に比べたらまだまだ、と。

「全然比べものにならないというか。でも僕、昔を目標にしてるわけじゃなくて、それ以上を求めているんで、それを考えたら全然まだまだだと思うし、満足できないっていうのはありますす」

――しかし、ＡｂｅｍａＴＶ視聴者１００万人とかネットでの反響も凄かった。

「はい、今回はツイッターのフォロワー数もすごく伸びましたね。昨年末が５５００人で今、４万３５００人です（※２０１８年２月時点で12万４千人）」

インターバルで「ふざけんなよ！」ってヒロ君に怒られて「ユン・チーよりこっちの方が怖い！」と（笑）

――試合後のコメントで「雅和さん（ＫＲＥＳＴ渡辺代表）の存在」が大きかったことを知りました。試合前のプレッシャーがきつい時、そこを支えてくれたとか。

「本当に、雅和さんは自分のことよりも選手のことを一番に考えてくれる人なんで。試合前は、僕が『勝たなくちゃいけない』っていうプレッシャーで追い込みすぎちゃったり、精神的に不安定になったりして。雅和さんは今は指導者ですけど、現役の時は一緒に練習して、一緒に試合に出てて、一緒にやってた仲間でもあったので。僕を一番近くで見てて、僕の精神状態も一番察してくれて。気持ちが落ちちゃってる時やプレッシャーで不安定な時も察してくれるし。僕がこの練習で納得いってないな、という時は別に自分の時間を割いてミットを持ってくれたりだとか。

本当に、一番近くで支えてくれるように、僕が120%の状態で試合に行けるよう、いろんなことがあったんで『絶対に試合に影響しないように』って考えてくれました。試合前にいろんなことがあったんで『絶対に試合に影響しないように』って考えてくれて。自分がどんだけ寝れなくても、体がボロボロでも、選手のことを一番に考えてくれて。そういう姿を見てるから、自分が勝ちたいけど『雅和さんを勝たせてあげたい』っていう気持ちが強くて。

トーナメントに優勝して、あ、勝ったんだ、と思った時に雅和さんと目が合った瞬間にドワーっと涙が（笑）。それまで泣くのはやめようと。-55kgを獲った時も大号泣しちゃって（笑）。後から見て自分で恥ずかしくて『今回は我慢しよう』と思ってたんですけど、リングを一周して戻ってきたら雅和さんもウルウルしてて、それを見たらもうダメでした（笑）」

——今回は自分が勝つことで証明されると。

「そうですね。雅和さんもいろんなことを言われて、大変だったんで。それを一番近くで見てて、僕もいろんなことを言われてキツかったですけど、一番きつかったのは雅和さんだと思うし。『勝たせてあげたい、一緒に勝ちたい』って。でも、今回、トーナメント中は腕とか足とかボロボロで。控え室に戻ると、体の痛みが強いから、僕的には棄権もちょっと考えたんです」

——そこまで追い込まれて。

「こんな痛みがあって、こんな状態で試合したら、と。『この状態で試合したら、どうなっちゃうんだろう？』という恐怖みたいのもあって。心の中でちょっと棄権もよぎって、揺れたんですけど。でも雅和さんは『いや、大丈夫だから』って、ずっとトーナメント中は傍にいてくれて。そのおかげで気持ちが折れなかったんです」

——-55kgトーナメントの優勝を経験している武尊選手でも今回はきつかった。

「やっぱプレッシャーがきつかったです。他の選手がKOで勝ち上がってるのもプレッシャーになったし。僕的には、本当にきついブロックだな、削られるブロックだな、と思ってましたけど、そう思った以上にきつくて、削られました。前回はKOでポンポンと上がって、明確なダメージはなかったんですけど、今回は拳が折れてるのが自分でも分かったし。骨がグニョグニョしてたし、握るだけで痛いし。前回のトーナメントとは比べものにならないぐらい、今回はきつかったです」

——どこで折れたんですか?

「ユン・チー戦の2R目ぐらいです。打ち合いをした時、頭がこう入ってきた時に額を殴っちゃって。その時に痛みはなくて、でもグニャっていう感覚があったんで多分脱臼したんだと思います。でも『もういいや』ってそのまま殴り続けたんですけど、終わった瞬間に激痛で(苦笑)。でも1回戦と準決勝の間が一番心が折れてました。ユン・チー戦の後は、自分で骨が折れてるのも分かったし、覚悟が出来てたんで。1回戦の後に体を冷やしたら痛みが出てきたんで、準決勝が終わった後は『一回冷やすと痛みが増す』と学習したんです(笑)、なるべくアドレナリンを切らさないように、体を冷やさないようにずっと温めてました。痛かったですけど『次は決勝だ!』って気持ちが上がってたんで」

——武尊選手は以前、試合中に拳を骨折して、構わずにどんどん殴っていたら折れた骨が中に入ってしまって、複雑骨折ということがありましたね。

「今回は複雑骨折はしてないです。だから前よりは治りが早いかな、って(笑)」

＊

——1回戦から振り返りましょう。ウィーラン、相当強いと前評判が高かった。

「僕もトーナメントの前から『あの選手がK-1に出たら面白いよ』って名前を聞いてたりしたんで。攻撃は硬いし、フィジカルは強いし、意外と気持ちも強い。かなり頑張って、封じ込めたつもりだったんですけど、それでも怪我しましたし。

1回戦を『意外と余裕だったね』って言われるとちょっとムカつきます（笑）。『余裕じゃねえよ！』って（笑）」

——大変だったんだよ、と（笑）。

「簡単に負ける選手じゃないし、ダウンしたことのない選手で、ガードも固かったんで。だから、一歩踏み込んで打ち合いをしましたけど」

——それでも踏み込めばローを貰うし。

「ローも来るし、パンチもあったんで。『危ないな』と思ったんですけど、何とかKOしようと。-55kgのトーナメントの時は第1試合で、優勝候補が入るところじゃないですか。今回は第4試合で、第1試合に小澤海斗が入ってるし『なんでかな？』と（笑）。第1試合だと次の試合まで回復する時間が長く取れるし、なんも考えないでいけるんです。第4試合だと前の試合を見てるから、みんながKOで上がると『俺も倒さないと！』って焦りもあるし。それが結構きつかったですね。みんなKOで上がってるし、小澤海斗選手なんか秒殺KOじゃないですか（苦笑）。僕、思わず『何してんだよ！　ふざけんなよ！』って声が出ちゃいましたからね（笑）」

——小澤選手は準決勝も結構楽に勝ち上がりましたね。

「ポイントを取ってからのあの『逃げ』ですよ！　あれも作戦だし、優勝するための戦略としては間違いない選択なんで、悪くは言えないんですけど、K-1という大会を盛り上げよう、という立場からすると『何してくれてんだよ！』って思いますよ。K-1を舐められたくないし。だからこそ、僕は準決勝で絶対KOしないといけないと思ったし。決勝では温存してるヤツを絶対にぶっ倒してやろうって。『温存してて勝てる大会じゃないよ』って。ダウンを取っても、最後まで倒しに行くのがK-1だと思うし、そういう戦い方をする選手じゃないとチャンピオンじゃない。お客さんが一番喜ぶ試合をしてる選手がベルトを巻くべきだと思うし。だから準決勝で倒して、決勝も倒して勝つんだ、って思って」

――武尊選手は1回戦もダウンを奪ってるのに、最後まで倒しにいきましたね。

「僕はそれがK‐1だと思うし、そういう姿を見てK‐1に憧れたし、だからこそ盛り上がってたと思います。スポーツとしては、勝ちを求めるのは正解なんですけど、でもここはK‐1というリングで、いろんな人が考えるK‐1があると思うけど、僕が思ってるK‐1はそれじゃないんで」

――決勝戦は1Rで2度ダウンを奪って、でも2Rから小澤選手も粘って、反撃してきた。

「それで倒せなかったのがすごく悔しいですけど。でも逆に、準決勝の戦い方を見てすごいムカついてたけど『それだけ俺に勝ちたかったんだな』『絶対に決勝に上がりたかったんだな』という気持ちを感じました。僕、心が折れて負けてる人は格好悪くて、意識を断ち切られて負けてる人の方が格好いいと思ってるんです。それで決勝で小澤選手が心が折れてなくて、最後まで全力で戦ってくれたのは嬉しかった。倒せた方が嬉しかったけど、決勝まで上がってきて全力で3Rフルで打ち合えたことに対して『ありがとう』と言いました」

――武尊選手が話しかけたら小澤選手も驚いて、健闘を称え合う、お互いのリスペクトが感じられたいいシーンでした。

「試合が終わった後にそんな気持ちになったんで。嫌いは嫌いで、そこはずっと変わらないんですけど、互いに気持ちと気持ちでぶつかり合って、人としては嫌いだけど心と心は繋がった、という感覚になるんです。その一瞬だけですけどね（笑）」

――準決勝のユン・チーがまた厳しい相手でした。

「ユン・チー、やばかったです。実は、プロになって初めて腹が効きました（苦笑）。空手を始めた小学生の時、体重差もあったし、先生とか上級生にすっごい腹を効かされて、何度も倒されたんです。それが悔しくて、腹を鍛えたし、プロになってから腹が効いたことが1度もなくて。でも、ユン・チー選手は手打ちみたいなパンチなんですけど、最初に頭が効いたんです。『やばい』と思って距離を取ったら、今度は腹を効かされて。60kgで結果を残してる選手だし、試合内容を見ても分かったです。パワーあるし、やりにくそうだし。準決勝まで怖かったです。1Rのラスト30秒で腹が効いて、必死に誤魔化したんですよ。でもユン・チーも分かってるからボディばっかり狙ってきてて。1Rが終わって、コーナーに戻る時に『久々に腹が効いた。どうしよう?』と思ってセコンドに言ったんです。『すいません! 腹効きました!』って。そうしたら、ヒロ君(卜部弘嵩)に怒られました。『おい、ふざけんなよ! お前、そんなんで気持ち折れてんじゃねえぞ!』。それを聞いてハッと思って『こっちの方が怖いわ』と思って(笑)」

――ハハハハ。

「ヒロ君も空手家なんで『倒される』のは一番ダメなんですけど『腹を効かされて、心が折れる』なんて絶対に許せないんです。それで『お前、ふざけんじゃねえぞ!』って怒られて『ちょっと、今休憩で……、ちょっと深呼吸だけさせてください!』って(苦笑)。でもそれでハッと思ったんです。自分的に『心が折れてる』なんて思ってなかったんですけど『これが心が折れてるってことか!』って。もし、みんなに『大丈夫? 大丈夫?』って心配されたら『いや、ダメです』ってです。でもヒロ君の言葉でハッとなって『ダメだ、気持ちが落ちて、2Rで倒されてたかもしれないダメだ』って思いながら深呼吸だけをして(笑)。2Rは背水の陣じゃないけど『行くしかない!』と思えたんです」

――切り替えたんですね。

「はい。もしセコンドに『大丈夫か?』と言われたら、下がってしまったかもしれないけど『ふざけんなよ!』って言われて、もう前に出るしかないと思って。そのおかげで倒せたんだと思います。ユン・チー選手は攻撃力が物凄いんで『守ろう』だと倒されてたかもしれない。前に出たから、向こうの突進力に負けないで当て返して、そうすればカウンターにもなるし。ある意味、いい『事故』が起こせたというか」

＊

――トーナメントだからダメージは最小限に抑えて勝ち上がりたい。でも武尊選手は超攻撃型で、攻めることで距離を作るタイプだから、どうしてもダメージも負う。しかし今回は防御の上手さも見せましたね。

「実は、今回ディフェンスの部分もＡｂｅｍａＴＶの事前番組でヒロ君が『今回のテーマはディフェンスだ』って言ってたんですよ（笑）。それでハッと思ったんです。階級を上げて、２・５キロと聞くとほぼ変わらないと思うかもしれないけど、軽量級の２・５キロは凄く大きくて、パンチ力も全然違うんです。ボクシングだと軽量級の１階級は１キロちょっとの差だし、筋肉だけで２・５キロ増やすのは大変です。体のつくりも、パワーの差もあると思ってたし、それでも『行くしかない』と思ってたんですけど。ヒロ君の言葉を聞いて『確かにそうだな』って。階級を上げて、今まで通りの戦い方では倒されるだろうし、壊れちゃうなって。ハッとして『ディフェンスも考えないと』って。直接は言われてないんですけどね（笑）」

――ヒロ君が要所で出てきますね（笑）。

「結構そうですね。ヒロ君と、功也君もそうなんですけど、東京出てきた時からずっと面倒を見てくれてて、一番近くで僕を見てずっと一緒にいたんで、やっぱ分かってくれてますね。ヒロ君は怖いんですけど、功也君は優しくて、だからすごいバランスが保てて。プライベートでもヒロ君にめっちゃ怒られて落ち込んでると、功也君がフォローしてくれて、試合の時もそうなんで、いい感じに精神的に保たれるんです（笑）」

――怖いお父さんと優しいお母さんみたいですね（笑）。

「だから、功也君がいるとすごい安心するし、僕は試合の時は絶対に功也君にセコンドに入って貰うんですよ。同じ大会で功也君が試合の時でも、終わってから入って貰ったりとか。で、ヒロ君は気合いを入れてくれて。ヒロ君は適当に言っているようで（笑）、ピンポイントですごくいいことを言ってくれるんですよ。ヒロ君は本能の人で、本能で言ってくれて、僕も本能型なんで。功也君は頭を使う型だし。ちょうど2人のエッセンスがいい感じにミックスされて、勝てたのはそういうこともありますね」

――チームHOGUMIで兄弟のフィジカルトレーニングを取材して、弘嵩選手のジャイアンぶりを見まして（笑）。

「はい、ジャイアンです（笑）」

――かたや、功也選手は相手の弱点を見抜く力が凄いですね。武尊選手が試合の時は功也選手からそういうアドバイスは？

「作戦はほとんど功也君ですね。試合になるといろんな人に『アイツにはあの攻撃がいいよ』とか言われるんですけど、何だかんだで信じるのは自分だし、自分がこうだと思ったらその通りにいくんですけど、功也君が言ったことだけは100％受け入れます。『功也君が言うんだったら間違いない』って思うし。それぐらい信頼感あります。試合とか格闘技以外のことも功也君に聞きますね」

――試合以外のこと？

「女性のこととか（笑）。功也君が『こう』と言うと、だいたいその通りになるんです（笑）。人の観察力があるし、優しくて人の気持ちを察してくれるし。減量中で辛い時は『大丈夫？』って連絡をくれたり、体調が悪い時はすぐLINEをくれたり。『女性の落とし方はこうだよ』って言われたら、その通りにします（笑）。格闘技もプライベートもすべてのテクニックを（笑）、功也君リスペクトで結構やってますね」

――功也選手は相手の筋肉の付き方や張りを見て、弱点が分かるそうですね。

「はい。計量の時に一緒に見てて『あいつロー弱いよ』とか『腹が弱い』とか全部言ってくれて、本当に天才だと思います」

――9月のトーナメントでは、功也選手は自身の殻を破って成長ぶりを見せました。

「僕、今回の試合前に、不安になると功也君のトーナメントの映像を何回も見てました。当日はセコンドとして近くにいて裏側を見てて、それまでの練習もずっと見てたんで、あれだけの練習をして、あれだけの覚悟を持って戦わないと世界一は取れないんだ、っていうのが身に染みたし。あのトーナメントの試合を見て、勝った後の喜んでる表情とか泣いてる表情とかを見ると、やってきたことが見えてきて『功也君、こうやって勝ったんだ』と思って。練習がきつくなると、刺激にして頑張りました。結構、僕、功也君の真似をするんですよ。昔から『いいな』と思ったことは真似をするんですけど、功也君の喋ってる言葉とか人に対する態度、優しいところとか練習の姿勢とか。パンチの打ち方、蹴り方ももちろんなんですけど。あと、これはゲンかつぎに近いんですけど、功也君と試合の時のパンツの色を同じにしてるんですよ。これ誰にも言ってないんですけど(笑)」

――そうだったんですか。

「功也君がトーナメントを赤で優勝した時は、僕も赤にして-55kgで優勝して。今回は功也君が9月に白で優勝したんで、僕も白にして。いろんな意味での『白』だったんですけど。ジムも変わってまたイチからとか階級も変えて。でもやっぱりゲンかつぎで『功也君が白で優勝したから俺も白にしよう』っていうのがあって。これ、功也君にも言ってないんですけどね(笑)」

――なんか女性ファンの『萌えポイント』満載じゃないですか。

「アハハハ。結構ゲンをかつぐタイプなんです」

軽量級は事故を起こさないとKO出来ない。〝恐怖を超える覚悟〟で倒しに行く

――今回、武尊選手が背負ったものは大きかったですね。KRESTが設立されて1カ月後のトー

ナメントで、もしここで勝てなければ、「やっぱり環境が変わったから」と言われたでしょう。

「それが一番言われたくなかったんで。正直、練習の場所が変わって移動の時間も掛かるし、練習後のケアもすぐ出来ないし。車を運転する時間が長くなって腰が痛くなっちゃったり。コンディション作りだったり、練習環境は正直しんどかったですけど。指導して貰うのは雅和さんで前と変わってないんですけど、他の人から見たら『ジムが変わって負けた、弱くなった』って。それを言われるのは絶対に嫌だったから、今回は『死んでも雅和さんを勝たせてあげよう』という気持ちが強かったですね」

――大会前の「-55kgのベルトを手放して、プレッシャーは何もない」というのは……。

「自分に言い聞かせてましたね（笑）。会見では『プレッシャーは何もない、ただ暴れるだけ』と言ってたんですけど、いろんなことが重なりすぎて、人生で一番プレッシャーを感じたかもしれないです。『挑戦、挑戦』って、それも自分に言い聞かせてたんですけど、みんな『なんだかんだで武尊が優勝するだろ』『優勝しなきゃダメだろ』とか。ネットとかで『武尊、余裕でしょ』って書き込みを見ると『いやいや、ブロックとかちゃんと見て』って（笑）。僕、勝ったら褒められるぐらいの試合がいいんですよ。『勝って当たり前』が一番辛いんで。今回は勝って褒められると思ってたら、全然そんなことないし。『みんな分かってないな』って（苦笑）」

――今回の組み合わせを見たら「K‐1は1回、武尊選手を負けさせようとしてるのかな？」と思いましたよ（笑）。

「僕もちょっと思いました（笑）。あれ、K‐1どうしたの？（一同笑）僕がスターになってどんどんK‐1を引っ張っていくつもりなんだけどなって（笑）。でも逆に、この厳しいブロックで勝ったからこそ認められたと思うし、そのために厳しいブロックに入れてくれたのかな、って今は思います。でも勝ったからよかったですけど、負けたらどうしてくれるんだ！　って（笑）」

――第1回大会のワンマッチからずっと頑張って積み上げてきたものが……。

「結構、結果だけが残っちゃうじゃないですか。決勝で小澤海斗選手に負けたら、僕は『小澤海斗選手に負けた人』っていうのだけが残っちゃうんで。そこまでの過程はやっぱり広がらないんで、結果を残すために必死でしたね」

――例えばアウェー判定で負けた選手には「結果だけじゃない」と言いますけど、後で残るのは「優勝者」だけなんですよね。

「はい、格闘技の厳しいところですね。トーナメントでも最後に立ってるのは1人で、あとの7人はみんな敗者なんで。そのシビアさが逆に格闘技の魅力でもあるし」

――しかし、武尊選手はあれだけ筋肉を付けてパワーアップして、でもスタミナは全く落ちていなかったですね。

「そうですね。やっぱり今回はフィジカルを鍛えたし、筋肉も付けたし、でもそれ以上にスタミナを付けました。筋肉を付けるだけなら誰でもできるし、正直それならボディビルダーが一番強いと思うんですけど、それを動かすフィジカルとスタミナがないと強さを発揮できない。だからこそ、今回は練習量を増やしました。今回は一番練習したんじゃないか、っていうぐらい練習しました」

――それだけの練習をしながら、大会のプロモーションもしていたんですよね。

「やっぱしんどかったですね。練習は第一で、PRもして、移動の時間もあってケアの時間は少なくなって体の辛さはあったんですけど。でもその中で自分で出来ることを見つけてやらないと。逆に、出来る範囲でやり切らないと試合前に不安になるんで、その状態で試合に行きたくなかった。『出来ることはすべてやり切った』と思えるように、限界ぎりぎりまでやりました」

――しかしこれだけ大変な道のりを乗り越えての

優勝で、武尊選手の経験値がもの凄く上がったんじゃないですか。

「はい、自分でも自信になりましたね。成し遂げた後って自分では実感がわかないんですけど、後から考えたら『やり切ったんだ』って。でもまだ本当に実感がなくて、朝起きると『あ、試合だ』って（苦笑）。試合が決まってからは夜中に起きちゃって『ああ、試合だ』『いけるのかな、最後まで』とか。その感覚が2カ月間ずっとだったんで、寝るとその感覚に戻ってしまうんです（苦笑）。朝起きると『やばい！　試合、大丈夫かな？』って不安になって、ベルトが置いてあるケースを見て『あ、終わったんだ』ってホッとして……」

——キツいプレッシャーからまだ完全には解放されていないんですね。

「家の棚が3段あって、今まで取ったベルトのレプリカを飾ってあるんです。Ｋｒｕｓｈ-58kgのベルト、-55kgのベルト、ここに-57・5kgのベルトを置こうと空けていて、今置いてあるんです。朝起きたらまずベルトを確認します（笑）。『もしかしてあれは夢でこれから試合なんじゃないか？ あ、大丈夫だ』って。なんか感覚がおかしくなってます（笑）」

——いかに壮絶な戦いだったかが伝わってきます。

「いやー、本当にプレッシャーはきつかったです」

＊

——ところで一つ聞きたいのは、武尊選手のボディから顔面の攻撃、みんな分かってるのになぜ当たるんですか？　解説の魔裟斗さんは「ハンドスピードが速い」と。

「あー、自分ではハンドスピードが速いと思っていないんです。思いっきり振ってるんで、逆に遅くなってると思うんですけど。コンパクトに打とうと思えば、もっとコンパクトに打てるし、もっと速く打てると思うんですけど、人間ってそんなに簡単に倒れるものじゃないと思ってるんで、思いっきり振らないと。

僕が考える『当たる要因』としては、向こうが身構えてる時は反射的に守ろうとする。でも、向こうが動こうとしてる時、攻撃しようとしている時は一番隙があるんです。こっちも危ない状態だけど、その時が一番隙があってチャンスだと思うし。リスクを背負っていかないと倒せない。軽量級が『ダウンが少ない、KOが少ない』と言われてたのは、体が小さいし、パワーがないからだと思うし。その軽量級でダウンだったりKOを増やすには、危ない距離にいって『事故』を起こさないと、ダウンやKOは増やせないって僕は覚悟しているんで。その向こう側に開き直って思い切っていくんで。それが倒せる要因だと思うんですよ」

——倒すために危険な距離に踏み込む覚悟があるんですね。

「はい、向こうが打ってくるタイミングで、自分も思いっきり打つんです。それでカウンターを貰ったら自分が危ないのは分かってるけど、それはお互いだし、覚悟の強い方が先に当たると思うんですよ。本当に、漫画みたいな話ですけど」

——いや、分かりますよ。

「どっかで自分が『あ、やばいな』って思って打ってる人と、僕みたいに『貰っても自分が倒しちゃえばいいや』と思って打ってる人だと、僕の方が絶対に当たるんです。もう一歩先に、もう一歩近い距離に行けるんで。そこで『恐怖を超える』というか、そうなれば同じ距離で打ってても、一歩近くなってる方が当たります。相手のパンチって腕が伸びきった状態で当たると効くんで、貰ってても詰められれば、自分が一番いいところで当てられるし」

——なるほど。

「準決勝では途中でユン・チー選手が効いて、打ち合いには来てるんだけど、一歩腰が引けてるというか。ユン・チー選手は気持ち的に『あ、やばい』って思って打ってたんで。僕は怖さも何もなく『倒されてもいいや』ぐらいの気持ちでいってるんで。だから、打ち合いになっても僕が先に当てられる。その分、ぶつかった衝撃で怪我しちゃったけど最後まで倒し切れたし。覚悟の差、というか。『極限状態の、集中している者同士』なんて、言い始めたら神秘的な世界までいっちゃうんですけど（笑）」

――凄い世界ですね。

「あと、１Rの終わりに挑発されて、あれがめっちゃムカついたんです（笑）。僕が効いてるのが分かって、ユン・チー選手に『お前、効いてんだろ』って感じで頭を撫でられて（苦笑）。ボディが効くと息を吸ったり吐いたりが出来なくて、僕も30秒ぐらいずっと『ううう〜』って声が出てたんで効いたのがバレてて（苦笑）。それで『効いてるんだろ』ってやられて、めっちゃムカついて『倒してやろう！』って」

――２Rでギアを切り替えたと見たんですけど、実は相手にムカつき、コーナーに戻ると弘嵩選手に怒られて（笑）。

「１Rとは別人になってました。スーパーサイヤ人になってました（笑）」

命を削って戦ってるから、選手生活はそんなに長くない。現役の間に「地上波ゴールデンタイム中継」を

――しかしこれだけ凄い大会になって、超満員の観客が集まり、リングサイドには著名芸能人やミュージシャンが集まったとなると、やっぱり「地上波ゴールデンタイム中継復活」を実現させたいですよね。

「僕もそこが一番やりたいところです。今回もめっちゃ『なんで地上波中継がないの？』って言われたんです。ＡｂｅｍａＴＶで生中継して貰って、それは有り難いしデカいですけど。地上波中継があった時代は、魔裟斗さんとか試合の翌日には外を歩けないぐらいになってたというんで。今回のような大会を生中継で、地上波のゴールデンタイムで放送して貰いたいという、という気持ちが本

当に強いです。僕だけじゃなくて、他の選手も命を懸けてやってるし、命懸けでやれる時間って、特に立ち技の選手は少ないんで。その中で地上波でいろんな人に届けるっていうことを早く実現しなきゃいけないし。みんなで作っていかなきゃいけないんですけど、誰かが先頭に立ってやらないといけない。僕はそれをやるって決めてるんで」

――そうなんですね。

「やっぱり試合前のPR活動はキツいんで『練習に集中したい、試合に集中したい』ってなると思うんですよ。僕ももちろんそう思いますけど、僕は『K‐1を地上波のゴールデンタイムで見て貰って、一般の人にもっと届けたい』という気持ちが強くて、PR活動もやり切る覚悟を決めているんです。もっと大きな会場でもっとたくさんの人に見て貰って、地上波でももっとたくさんの人に見て貰いたいんで。それをするためには『チャンピオン』という肩書がないといけないし、今回絶対に勝つんだと思っていました」

――なるほど。

「正直、僕も25歳で『若い』と言われるんですけど、本当に命を削ってやってるんで、そんなに（現役生活は）長くないと思ってるんで。僕が現役でいる間に『地上波ゴールデンタイム中継』まで持っていかないといけないと思ってて、焦っちゃダメだと思うけど急いではいます。これからもっともっと、頑張っていきます」

Takeru
1991年7月29日、鳥取県出身。2011年9月24日、プロデビュー。13年、初代Krush-58kg王座を獲得。15年4月、K-1 WORLD GPスーパーバンタム級(-55kg)初代王者に。5連勝のまま王座返上。16年11月の初代フェザー級(-57.5kg)王座決定トーナメントで優勝し、二階級制覇。3連勝でフェザー級王座も返上。18年3月21日、第4代スーパー・フェザー級(-60kg)王座決定トーナメントで三階級制覇を目指す。168㎝、K-1 GYM SAGAMI-ONO KREST所属

天才の作り方。

〝神童〟那須川天心を父・那須川弘幸はどう育てたのか？

初のヒジ有り・首相撲無制限の純キックルールで、ルンピニーの現役王者を初回KO。「KNOCK OUT」旗揚げ戦で、我々は〝奇跡〟を目撃した。バックスピンキックをボディではなく顔に当てろ、と指示を出したのは天心の父であり、先生でもある弘幸氏。幼い頃から親子二人三脚で格闘技の道を歩んできた那須川親子に聞く、奇跡を起こす天才の作り方――。巻末に初掲載となるスアキム戦後の秘話も追加収録！

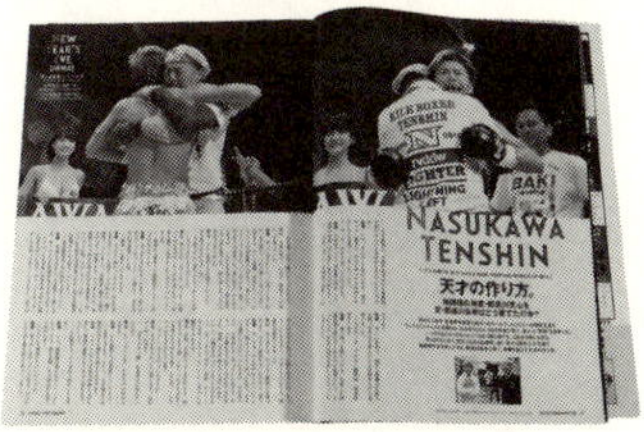

GONG KAKUTOGI NO.296
2017年2月号
tex by Kumakubo Hideyuki

――まず最初に、子供が生まれたら格闘技を習わせたいと最初から決めていたのですか？

弘幸　いや、そんなことはないです。僕はサッカー選手だったのでサッカーはやらせたいなとは思っていましたけれど。

――サッカーをやられていたんですね。

弘幸　高校はサッカーの推薦入学でした。途中で挫折してしまいましたけれどね。

――「天心」はどういう理由で名付けたのですか？

弘幸　天に心を持つ、相手に感謝の気持ちを持って生きて欲しいとの意味を込めて名付けました。

――なぜサッカーではなく格闘技を？

弘幸　強く育って欲しいのと、礼儀とか団体行動を教えてくれるのが武道なので、そういうことを身に付けて欲しいと思って空手を習わせました。

――天心選手は特に嫌がることもなく？

天心　4歳の時だったので、連れて行かれたって感じですね。

弘幸　やってみるかくらいの話はしましたが、まだ幼かったので嫌だとは言わなかったですね。それで道場へ連れて行って。でもこの子は幼稚園の入学式で、親がいないと泣くような子だったんですよ（笑）。だから空手の道場でも親が見ているとやるんですが、いないと不安になって泣き出すような泣き虫でした。僕も同じだったので分かりますけれどね。

天心　そんな昔のことを覚えているの？　全く覚えてないなぁ（笑）。

――子供ながらに空手よりサッカーの方がいいなとは思いませんでした？

天心　思わなかったですね。サッカーを知ったのが小学生になってからでしたし。空手も連れて行かれたからやっていたくらいでした。

――最初から将来プロ格闘家にしようと思っていたんですか？

弘幸　全く考えていなかったです。流れの中でずっとやってきたって感じで、空手は習い事感覚でしたね。

――最初から強かったんですか？

弘幸　そこそこ強かったですね。僕も空手を少しやっていたので、その頃から一緒に練習はしていました。幼稚園の頃から道場でやって、自宅でもやっていましたが、本格的にやり始めたのは小学校4年生くらいからですかね。天心にライバルがいて、その子に全日本大会で勝つために僕も本格的に指導するようになったんです。

――運動神経は子供の頃からよかった？

弘幸　普通よりはよかった程度だと思います。サッカーとか野球を親子でやるじゃないですか。それを遊びの中でやり始めた頃に空手もやったので、グローブとサッカーボールを買ってやっていましたが、空手の方にのめり込んだって感じですかね。

天心　そう言えば、サッカー教室にも通ったよね。すぐに辞めちゃったけれど（笑）。

弘幸　ゴールキーパーをやらされていたんですよ。僕はフォワードだったので、そういう選手にしたかったんですが、天心はキーパーで満足していたんです。キーパーって誰もやりたがらないじゃないですか。彼は「天心やれよ」と言われると、いいよって何でもやってしまうタイプなんです（笑）。それで僕が「お前、キーパーなんてやってんじゃないよ！」と言った記憶がありますね。

天心　言われたような気がする。僕はキーパーでも別によかったんですけれど、いま考えるとやらされていたんだ、というのがありますけれど（笑）。

――キーパーはどうだったんですか？

天心　まあまあよかったと思います。反応がよかったので。

――『キャプテン翼』の若林君に憧れていたとか？

『キャプテン翼』が何なのか分かりません。

弘幸　それは僕たちの世代くらいですね（苦笑）。

――失礼しました。それで、なぜ親子で本格的に空手の練習を始めたんですか？

弘幸　ライバルの子にこれでは勝てないと思い、絶対に優勝させてやると本気になったからです。

――その頃からミットを持ち始めたんですか？

弘幸　いえ、幼稚園の頃から持っていましたよ。でも、僕も真剣にやり始めたのはその時からです。僕も少しは格闘技をやっていたので、いろいろなものを見て覚えてやってました。

――道場でも家でも練習するという環境は嫌にならなかったですか？

天心　最初は嫌々やっていましたね。でも、それがずっと当たり前のようになっていて慣れました。

――親の熱意を感じていたとか？

天心　いま考えればそうだったのかもしれませんが、その時は全然。「何でやらないといけないんだ」と思っていました。父の車の音が聞こえたら速攻で風呂に入って、「今日はもう風呂に入っちゃったから出来ないわ」と言ったり（笑）。

弘幸　けっこうずる賢かったんですよ。

天心　今日は風邪をひいて熱があるとか、どこどこを怪我してしまったからとかいろいろ言い訳を考えたんですが、全部見破られて「うるさい、やるぞ」と言われました。

弘幸　自分の子なので、嘘をついている顔とか何か企んでいる顔とかがすぐに分かるんですよ。子供4人いてそれぞれ違いますが、どんな性格か把握していますし、顔を見ればすぐに分かります。

——どっちかと言えば、格闘技に対してお父さんの方が熱心だったんですか？

弘幸　本格的に始めた時は、僕の方が熱心だったかもしれません。絶対に勝たせてやる、と入れ込んでいましたから。やるからには絶対に優勝しないとダメだ、と。

僕らは親子なので年中一緒にいる。互いにやりながら研究できる（弘幸）
今から考えると練習での父は鬼だなって思います（天心）

——先ほどからお話を聞いていると、本格的に格闘技を学んだ経験がなく、独学に近いですよね。

弘幸　空手でもキックボクシングでもそうですが、現役時代に強かった選手が必ずしもいい指導者になるわけではないですよね。僕らは親子だったので、年がら年中一緒にいるわけです。その中でパンチも蹴りもお互いにやりながら研究できるわけです。彼が育っていけば僕も育つわけですし、そういう形で段々とやってきて現在に至ります。

——天心選手が〝こいつは格闘技でモノになりそうだ〟と確信したのはいつですか？

弘幸　空手の時代も勝ち始めてからは、こいつは絶対に強くなると思いました。ここまでなるとはまだ想像できませんでしたが、誰とやっても負けないなっていうのはありました。キックを始めてから5回負けていますが全員階級が上でしたから。ムエタイが出来ない状態で首相撲をやられて何も出来なかったり、20kg以上重い相手とか。同じレベルでやって負けたことは一度もないですから。

――他人よりも秀でている、ここが違うと思った出来事はないですか？

弘幸　他の子の練習も見るようになってからは、持っているモノを感じるようになりました。それが何かと言葉では表しにくいです。やりながら他の選手と比べたりもするし、段々と僕の目も肥えてくる。その中では自信がありました。プロデビューする時も、村越君に絶対に勝てると言いました。それくらいの想いと自信がありましたね。

天心　僕がプロデビューした日に王座決定戦があって、村越選手がＲＩＳＥバンタム級王者になったんです。その時に「これなら勝てる」と言われたんです。いずれやるとは思いましたが、自分では今すぐ勝てるとは思えなかったんですけれど。

――キックボクシングをやりたい、と言い出したのは？

天心　僕の方からです。テレビで見ていて興味を持っていたので、キックをやりたいと言いました。

弘幸　まあ、いいんじゃないかと思いました。空手の選手にしようと思ってやっているわけではなかったので。キックをやりたいと彼が言った時に、僕も昔少しやったことがあったので「じゃあ、キックに行こうか」と言った記憶があります。

――そこから練習方法もガラッと変えた？

弘幸　彼は凄く小さかったんですよ。空手では無差別級で、倍ぐらい大きな相手と戦っていたのでヒット＆アウェイを使っていたんです。それはキックを研究してベースにしたものでした。顔面パンチは無しというだけで、もらわずに打ち返すのは空手でもキックでも同じですからね。

――そのスタイルは誰かを参考にしましたか？

弘幸　いえ、誰がというのはないです。やり始めてからいいなと思ったのは山本真弘選手でした。僕が思っていたような動きだったので、ああいう選手にしてやろうかなって思いました。

――お父さんが鬼だと思ったことはありますか？

天心　言葉では言えないくらいあると思います（笑）。その時はそれが普通だと思っていたんですが、今から考えると鬼だなって。凄く怒られてベランダに放り投げられそのまま窓を閉められたり、ミットなのにグーで顔面を殴ってきたり。練習中にちょっと休憩したら、その倍やらされたりとか。

――一緒に住んでいるから逃げることも出来ない。

天心　そうなんです。でもそれで格闘技が嫌いになったことはなかったですね。試合でほぼ負けたことがなかったから。試合に負けていたら嫌になったかもしれませんが。

――勝った時の喜びの方が大きかった？

天心　そうです。

――変わった特訓みたいなこともやりましたか？

天心　今とやっていることはあまり変わらないです。昔はボコボコもらっていたのが、今はよけられるようになったのでダメージはないくらいですかね。

――最初から防御を重要視していたんですか？

弘幸　最初は空手だったので、身体が小さいから攻撃をもらうと吹っ飛んじゃうんですよ。天心が30 kgくらいの時に65 kgの相手と戦ったこともあります。全日本クラスって上に行くとみんな大きいから。そういう選手とばかりやっていたので、いかに攻撃をもらわないかを大事にしていました。ちょっと蹴られただけでも技ありにはならなくても印象が悪いので、そこを掻い潜る練習をずっとしてきました。いわゆる反応系の練習ですね。もういろいろなことを研究しました。動体視力のことから、カメレオンは３６０度視野があるとか鳩はどういう動きをするのかまで調べました。

――ピンポン玉を投げてそれをかわすとか、棒で突くのをかわすとか。

弘幸　いろいろやりましたね。そういう真似事もやりました。よかったこともあれば失敗したと思ったことまで。ダメだと思ったこともやれば勉強になるじゃないですか。その繰り返しでいいものを作れてきたのかなっていうのがあります。

——厳しい練習をすることに親としてためらいはなかったですか？

弘幸　親子なので時には引っ叩いたりしたこともありますが、やらなければいけないことはやらせます。自分が納得いかなければもう3R、4R追加することもあります。苦しくてもやらなければいけないことはやらないといけないわけですから。

——反抗期はなかったですか？

弘幸　反抗はしませんでしたが、親子なので何を考えているかは分かります。そういう時期もありましたが、母親がカバーしてくれました。母親とは友だちのように仲がいいんですよ。だから上手くバランスが取れているのかなって思います。

——そういう親子関係に疑問を持ったことはなかったんですか？

天心　他の家族を見たことがないので、それが普通だと思っていました。

要は反復です。やるべきことを本当に毎日練習する(弘幸)
全身が武器で何でも倒せたら、相手は何が来るか分からない(天心)

——トレーナーとしての父を凄いなって思ったことは？

天心　選手をやったわけではないのに、ここまで知識があるのは凄いなって思います。

——ワンチャローン戦でのバックスピンキックも、試合前に「後ろ蹴りが入りそうな気がする」と天心選手が言ったら、お父さんが「腹よりも顔を狙え」と言ってその通りになったわけですよね。

天心　そうなんです。昔からけっこうあったんですよ。ボソッと言われてそれが当たったりして。

もちろん練習はしていましたけれど。

弘幸　ひらめきとは言っていましたが、あのバックスピンキックはいろいろな追い込みが終わった後に、蹴り込みを100回、200回毎日やっていたんです。だからあの蹴りを今回の試合のために何千回蹴ったか分かりませんよ。ボディと顔面の両方をやっていました。伊藤（隆・TARGET）会長からもそういう対策があったんです。そこで僕らがやることというのは、最後の追い込みの後に技術面を、どこで何で倒す、ガードを上げさせてお腹が空いているならお腹を狙う、その時に何が入るかとか。そういうことを練習しておけば試合でも出るんです。彼はひらめきと言いましたが、あれはやり込んでやった技なんです。確かに控え室で顔面に入るんじゃないかと言いましたが、それはやってきた上でのことなんです。上を狙って下を狙ってということは今回の追い込みの中で散々やりました。ハイキックもやらせました。

――キックの初期の段階でも、そういう作戦をお父さんが考えていたんですか？

弘幸　いえ、作戦を考えるようになったのはプロになってからです。デビューした最初の方も考えてはいませんでしたよ。相手のことも研究してやらないといけないなって思うようになったのは、本当につい最近からです。伊藤会長とお話をする中でそうしないといけないと教えていただきました。それまでは相手がどうこうではなくどんな選手とやっても勝てる、誰とやっても勝てるという練習をやってきたんです。だから技が多彩になったんですよ。

天心　どれが得意というのではなく、どの技でも倒せるように練習してきたんです。1個2個だと研究されて当たらなくなるじゃないですか。でも全身が武器で何をやっても倒せるのだったら、相手は何が来るか分からないですからね。

――TARGETに入るまでは本当に親子二人三脚でやってきたんですね。お父さんは天心選手をどういう選手にしようと考えていたんですか？

弘幸　さっきも言ったように、誰が相手でも倒せる選手です。

――口で言うのは簡単ですが、「誰が相手でも倒せる選手」をどのようにして作ったのですか？

弘幸　ハイキックにしろ後ろ蹴りにしろ、一撃が入れば終わるんです。こういうタイプの選手にはこれが入る、だからこういう風にやろうと考えて、それをやり込む。それくらいしか出来ませんよ。要は反復です。それに対して本当に毎日練習するってことです。簡単なことなんですよ。難しいことではないんです。当たり前のことを当たり前のように毎日やり続けることです。あとは、それが出来るか出来ないかですよ。それをやるかやらないか。自制心を付けるか付けないかです。僕らは親子だったので上手くいったのかもしれませんが。

天心　反復練習ですね。自分でも意識して出来るようになったのは、中学生くらいになった時からです。それまでは言われたことをやっていればいい、という感じでした。

――天心選手自身が、自分がプロでもいけると思ったのはいつくらいですか？

天心　中2から中3くらいです。

――プロになる時に、アマチュアの時とはスタイルを変えたとのことですが、具体的にはどう変えたのですか？

天心　基本的には変わらないですが、一発一発の恐怖を意識しました。アマチュアは防具があったりして守られていますから多少はもらっても大丈夫なんですが、プロは一発一瞬が命取りになるので、そこにさらに磨きをかけたってところですね。あとは意識です。プロという自覚を持っている人が多くはないと思うんですよ。でもそれは練習の時はもちろん普段からしっかり意識していかないと、上には行けないと思います。そう考えるようになったのはプロになってからですね。

――天心選手からプロになりたいと言われた時はどう思いましたか？

弘幸　中学生になった時から、プロになるんだろうなって思っていました。

——そこで例えば、キック以外のプロという選択肢はなかったんですか？

弘幸　ありました。そういう話をしたこともありますよ。でも、天心が最終的に「俺はキックをやりたい」と言ったんです。キックのためにずっと辛いことをやってきましたからね。いろいろ考えたんですよ。中学を卒業したら外国のジムに入れて向こうでデビューさせようかとか。

天心　僕はキックに憧れてキックを始めたので、それは変わらなかったです。ボクシングをやらないのと言われたこともありますが、そっちに行ったら逃げだと思ったんですね。だからキック以外をやりたいとは思わなかったんです。

——天心選手が壁にぶち当たったことも？

弘幸　何回もありましたよ。空手からキックに転向した時もありましたし。

——そういう時はお父さんに相談するんですか？

天心　相談？　しません。

弘幸　ないですよ。僕はやらせている側で天心はやらされる側なので。普通の会長と生徒という関係ではないですからね。今日はこれをやるぞ、お前はこうだからこうした方がいいぞ、こういう練習をしろ、とやってきました。これは僕らしか理解できない親子関係が多少あると思います。今はちょっと違いますけれどね。天心から「これが出来ないからその中に入れるにはどうしたらいいか」と聞かれたら、「こういう動きをしながらその中で作っていこうよ」とか。お互いにそういうことが話せるようになって、凄く上手くいっています。

——何か2人の間でのルールはありますか？　例えば、「出来ない」は絶対に言ってはいけないとか。

天心　うーん……特にないかな。元々、絶対に「ノー」とは言えません。ノーなんて言ったら、絶対にやられると思っていました（笑）。それくらいの恐怖心を持っていましたよ。

弘幸　そんなもんですよ。でも、皆さんのお父さんとお母さんもそうじゃないですか。その延長線上で僕らの覚悟を決めてやってきただけです。

天心　弟とか妹が「嫌だよ」って普通に言うんですよ。僕はそれを聞いてヒヤッとします。よく言えるなって。

弘幸　僕は天心に気持ちを入れすぎてしまったので、同じ情熱を兄弟にも向けるのはなかなか難しいんです。疲れるんですよ、正直。だから本当に強くなりたいと本気で求めてくる子にはそういう情熱を注ぎますけれど、弟や妹には何が何でも強くしてやりたいとは思わないです。本人たちにそういう気持ちがないので。

――天心選手は本気で強さを求めてきた訳ですね。

弘幸　というか、彼の場合はそういうふうに作ってきたんです。周りのみんなからも期待されて、今こうしてここまでなってくれたのでよかったですけれどね。だから弟とか妹に天心が「お前ら！　俺はこんだけやられていたんだぞ！　ふざけんな！」とキレていました（笑）。僕が「そんなにアツくなるなよ」ってなだめています。

天心　そうでもしないとロクな大人にならないですからね。

――ロクな大人って（笑）。

天心　さっきの相談の話なんですが、元々が僕はそんなに悩んだりするタイプではないんです。一番壁を感じたのはタイで試合をした時ですね。本当にボッコボコにされたので。それでも普通に練習して、父親の言うことを聞いていればその壁も越えられると思っていました。

――天心選手のひとつの転機として、現在もボクシングトレーナーを務めている岡本祐爾さんとの出会いがあると思うんですが。

弘幸　とても大きな出会いでした。近所にボクシングジムがあって、そこを借りて練習をしていたんですが、たまたまそこに岡本さんが練習生でいたんです。

――練習生だったんですか!?　そのジムのトレーナーではなく？

弘幸　そうです。そこでもの凄くいい出会いがあって一緒にやり始めて、ＴＥＡＭ　ＴＥＰＰＥＮを作ったんです。出会った時は練習生だったので岡本さんはミットを持ったことがなかったし、ＴＥＡＭ　ＴＥＰＰＥＮとしてやり始めた中で一緒に成長してくれたんですよ。一緒になって技術を磨いて、これをキックに活かすにはこういうふうにすればいいからこうしようとか、本当にみんなで勉強して作ってきたんです。

――天心選手のボクシングテクニックを作った岡本トレーナーが、練習生だったとは驚きました。

天心　僕は元々、空手だったのでパンチが全然できなくて。どちらかと言うと蹴りの選手だったんです。パンチも出来た方ですが、ボクシングのパンチと比べれば全然ダメでした。岡本さんはそれを一から教えてくれて、自分の中で〝なるほど〟と納得できたんです。それからずっとマンツーマンで教わっていて、ＴＥＡＭ　ＴＥＰＰＥＮが出来て。ジュニアの頃は毎日10〜13Ｒくらいミットをやって、一緒にマススパーをやっていました。

――ハンドスピードが特に大事だっていうのはその頃から？

天心　スピードを意識してずっとやっていましたが、パンチに関しては僕の打ち方が空手式だったので、打ち方から何から全て変えてくれました。

――失礼ながら元々は専門家ではないお父さんと岡本トレーナーから、こんなに強い選手が育つなんて不思議です。

弘幸　そんなことはないですよ。一生懸命にやれば何だって出来るんです。ＴＥＰＰＥＮからは天心以外にも6人くらいチャンピオンが出ていますからね。練習をしっかりやっていけば、強い選手は必ず生まれるんです。息子でなくても、第二、第三の那須川天心を作ることが出来ます。

――選手だけでなく、みんなで成長していったんですね。

弘幸　そうですね。不思議がる人もいるかもしれませんが、何でもそうじゃないですか。専門的な知識がなくても会社を起して、成功する人はすぐに成功しますよね。格闘技も一緒だと僕は思うんです。やっぱり一生懸命な人たちが集まり、みんなが一丸となって本気でやってくれて、そこにいい出会いがあって今こうしているわけです。例えば、小さい頃からＴＥＰＰＥＮで練習していた子が、いまボクシングなどで大活躍しているんです。そういう環境の中でやる気と知識を持ってやっている子はどこへ行っても通用するんです。それには自信があります。

——一生懸命にやって、常に考えて全てを注ぐことで天才が生まれるんですね。

弘幸　それに対して応えてくれる子は、本当に伸びます。

——ジュニア時代の仲間にも親子で格闘技をやっている選手たちはいましたよね？　その中で自分たちは何が違ったのだと思いますか。

天心　親子でやっている人たちってあまりいないと思います。どこかのジムに所属してやっていたのが大半だと思いますよ。僕らは親子でマンツーマンでずっと取り組んできたことが大きかったと思います。ジュニアの時はＴＥＡＭ　ＴＥＰＰＥＮで試合に出ていましたが、ほぼフリーのようなものじゃないですか。他の子たちは大抵ジムに所属していました。

——その環境に疑問を持たずにやっていたんですね。

天心　言われてみればそうですね（笑）。

——お父さんは、なぜ天心選手がここまで強くなれたのだと思っていますか？

弘幸　持続ですね。いま思えばやってきてよかったなと思いますが、当時はかわいそうだなって思っていました。いろいろな葛藤もありましたし、思うこともありましたし。僕も仕事をやりながらだったのでいろいろなものを犠牲にしてきて、天心に情熱を注いでやってきましたから。本当に苦しい時もありましたが、それを切り抜けてやってこれたのはよかったなと思います。

——ワンチャローン戦に天心選手が勝った時、泣かれていたじゃないですか。試合で勝って泣いたことって他にありますか？

弘幸　あまりないですね。ＲＩＳＥのタイトルマッチで勝った時くらいですか。初めてのプロのタイトルでしたし、本当にベルトを獲ったんだな、と。あと天心が感情をむき出しにしていたので、それを見てウルッときてしまいましたね。あの時は伊藤会長も僕も天心をボッコボコにして練習をさせていたので、それが爆発したというか。今回も同じです。本当に強い相手じゃないですか。もう本気でやるしかない、気持ちを注入するしかないと思って毎日対策しながらやってきて、それが結果となって表れた。本当に嬉しかったです。

天心　僕が泣いたのもタイトルマッチとワンチャローン戦だけじゃないかな。この2試合は感情が爆発しました。本当はあまり人前で泣くのは嫌なんです。

――どんな感情だったんですか？

天心　倒れたことにビックリしましたね、まさかでした。今までやってきたことが最高の形で決まったのでよかったと思って。あの一発に4歳の頃からの格闘技人生の全てが込められていました。あの日のために今までがあったのだと思います。

――お父さんはアマチュア時代も含めて、最も嬉しかった勝利はどの試合ですか？

弘幸　うーん……一番印象に残っているのは天心の試合ではなく、娘の空手の試合なんですけれど。

――え？　いや、それは……。

弘幸　ハハハ。彼の試合ではやはりＲＩＳＥタイトルマッチで村越君に勝ってベルトを巻いた試合ですね。あれは本当に嬉しかったです。様々な人の期待もありましたし、プロになってからが本当の勝負だと思っていたので、そこでベルトを獲ったのは感慨深かったです。僕も本当に気持ちを入れて一生懸命にやっていたので嬉しかったですね。

――亀田興毅選手が世界王座を獲得した時に、「親父のボクシングが世界でも通用することを証明できてよかった」と涙のマイクアピールをしたことがありましたが、天心選手もそういうようなことを思ったことはありますか？

天心　ありますよ。今までやってきたことは父親とやってきたことなので……。

弘幸　ウチはそういうキャラではないのでやめてください（笑）。

天心　それは本当に間違いではないです。子供の頃からずっとやってきたことが、今こうして証明されているのだと思います。

弘幸　天心が本当に恵まれていると思うのは、伊藤さんや岡本さんを始めとして周りのいい方たちと出会って、彼を支えてくれていることです。そして、それを応援してくれる方々との出会いももの凄いものがあって、そういうつながりの中で彼の気持ちがもっともっと強くなっていきました。天心が強くなった理由はそれしかないです。

——ウチの息子は天才だな、と思ったことはありますか？

弘幸　天才？　それはないです。みんなそう言いますが、違うんですよ。これだけずっとやっていれば、勝つのは当たり前なんです。僕は彼のことを褒めたこともあまりないです。ないでしょう？

天心　うーん……ないですね。褒められなかったというよりは、怒られなかったくらいですかね。

弘幸　けなしてばっかりです（笑）。まあ、親子なので。

——肉親だからこそ一番信頼できるってところもありますか？

天心　そうですね。父親であり先生でもありで。調子がいい時も悪い時も、どんな時も一緒にやってきてくれたので信頼感はあります。誰が何と言おうと最終的に信頼できるのは親なので。

——なるほど。では、父の日には素敵なプレゼントをしたんでしょうね。

天心　僕、父親の誕生日を1回忘れていたことがあって、それをいまだに言われます。

弘幸　その時は母の日に、お母さんにみんなで何かやってあげようかって僕が先頭に立ってやったんですが、父の日には何もなかったんです。素通りされてムスッとしていたんですが、その後に僕の誕生日もあったんですが、それも素通りだったんですよ。

天心　その時は忙しかったんだよ。

弘幸　みんな忙しいんだよ！　父親なんてそんなもんなんです。いつもガミガミ怒っているので。それでも天心は、何か欲しいものないのかって聞いてきてくれるんです。でも僕にはないんですよ。何か物をもらうよりも、一生懸命にやってもらって結果を出してくれることが一番のプレゼントです。この前の勝利が最高のプレゼントでした。それだけで十分です。

――いいお話です。最後に、天心選手はルンピニー王者に勝って、これから何をモチベーションに戦っていくのですか？

天心　もっといろいろなことにチャレンジしたいです。もっと強い選手はいると思うので、そういう選手を倒したい。それと海外でも名前が知られていると思うので、海外のプロモーションからもオファーが来たら海外でも試合をしたいと思います。キックボクシング＝那須川天心となるようにしていきたい。誰もが世界最強と認める選手になりたいですね。次もしっかりとワンチャローン戦以上の勝ち方をしたいと思います。この間の結果に僕は満足してないので、どんどん上を目指したいと思います。

弘幸　自分の思うがままにやればいいと思います。僕たちはそれをサポートするだけですね。

――ＭＭＡをやることに反対はしなかったのですか？

弘幸　していません。キック界の人たちからすれば、いろいろな意見があるかもしれませんが、彼にしか出来ない形のキック界を変えていくことがあると思うんですよ。天心がＭＭＡに挑戦することでキック界が広がっていって、格闘技界がよくなるのであれば、そこに賭けてみようかと思います。伊藤会長もアツい人なので、今回の話があった時に「やらせましょう」と言われて、気持ちはひとつになっています。他の人は変な風に思ったりするかもしれませんが、そこは我慢していただいて挑戦させてもらいたいですね。

【特別収録】ワンチャローン戦から1年2カ月、那須川天心は疲労骨折の疑いのなか、スアキムに勝利した――

この対談から約1年2カ月後、天心はワンチャローンよりもさらに強く、同じ階級（ワンチャローンはスーパーフライ級＝52・16kg以下、スアキムはスーパーバンタム級＝55・34kg以下）のスアキム・シットソートーテーウと対戦した。

天心にとって〝過去最強の敵〟という触れ込み通り、試合後には「本当に怖かった。いつもは大丈夫だと思って相手の試合映像を見ないんですが、今回は怖くなってしまうから2〜3回見て見るのをやめようと思いました。負けるかもと考えたこともありました」と告白。試合の感想を聞かれると開口一番、「本当に強かった。それだけです」との言葉が洩れた。

父・弘幸さんも「私も正直、天心が苦手なタイプだと思っていました。身長差があるので上から押さえつけられるし、首相撲、ヒジ打ちのタイプだと思っていたので」と、今回は苦戦を強いられることを予測していたという。

ワンチャローン戦では「相手のペースになったら絶対に勝てないと分かっていたので、1Rから自分から仕掛けていって早い段階で倒しに行くことを考えていました」（天心）と対策を立てていたが、「今回は対策という対策はしていなかったんですよ。いろいろな技があるので、倒せるようなら倒せって指示でやりました」（弘幸さん）とある程度、天心のやりたいようにやらせるようにしていたようだ。

しかし、試合が始まってすぐ、天心サイドには思わぬ誤算があったことに気付く。先手を取ったスアキムの右ミドルキックだ。

「想像していたよりプレッシャーが凄く、〝本物だ〟と感じました。こんな思いをしたのは初めてです。最初にミドルキックを受けた時に、同じ階級の蹴りじゃないと思いました。僕は手で蹴りをいなすのが得意なんですがいなせなかった」と天心。弘幸さんも「試合映像を見た時に蹴りはそこまで強いとは思わなかったんですが、思いのほか強かった」と意外だったと話す。

「私も正直、ある程度冷静を装っていましたが、思いのほか強かったので、とりあえず腕でもらうなということと、全部合わせていけって言ったんですが、それがあまり出来なかったですね。それだけ相手が強かったということですよ」

天心サイドが当初から最も警戒していたのは、やはりムエタイ最大の武器であるヒジだった。

「効いていたのもあったのでもっとまとめたかったんですが、不用意に入るとヒジ打ちがあるので。KOしたかったですね」と、ヒジがあることでKOには至らなかったという天心。

弘幸さんは「ある程度、ヒジは怖いので絶対にもらわないような対策はしていました。打って離れて、と単発になってしまいましたね。そのためいう。コンビネーションが使えていなかったというのはあります。蹴りにつなげるコンビネーションも単発の蹴り返しとかになってしまいました」と、ヒジを警戒していたため、いつも通りの天心の動きが出来ていなかったと分析。

このような状況の中、天心が突破口を開いたのは左のインローだった。勝因について天心は「まずスピード。腹は絶対に効いていたから前に出来なくなったのと、今日はインローがよかったですね。思い切り蹴れたので。あれがなかったらもっと前に出て来られたと思います」と話している。

「インローなら左なので蹴りやすいですし、しっかりスネが届くのでスネで蹴っていました。（ミドルよりも）先に当たるのでそこで合わせて行って止めて……とやっていたんですが、ジャブが使えなかったですね。踏み込んだらヒジを合わせられるので。だから凄く大げさにヒジをカバーしていましたよね（笑）。そんなにビビることないだろうと思っていたんですが、天心の頭の中ではやはり怖かったのでしょう。だからパンチを打って、そこで誘ってカウンターというのが出来なかったですね。いつもだったら誘いのパンチを打たせるんですが、それが出来なかった。それが出来ないと強いパンチは返せないですよ。タイミングで何発か当たっていましたけれど、効くパンチ、倒れるまでの強いパンチは打てていませんでした」と、弘幸さんはKO出来なかった理由を語った。

さらに、弘幸さんは驚くべき事実を今回の取材で明かしてくれた。

「試合の3～4日前まで左足で蹴ることが出来なかったんですよ。試合の時は構わず蹴っていきましたが、ハイキックとかは全然弱かったですね。試合後に病院へ行って診てもらったんですが、疲労骨折の疑いがあると言われました。痛むと言い出したのは年末のRIZINでのトーナメント前からです。試合が終わっても痛みが治まらなくて、その状態でずっと今回の試合へ向けての練習をしていたので、練習で左は全く蹴っていなかったです。それで試合3日前くらいに蹴ってみたんですが、やはり痛いと言っていました」

スアキム戦を見て、天心の左足がそのような状態であったとは誰も気づかなかっただろう。天心自身も試合後にそのことは明かしていない。

「やり切ったと感じました。試合でやり切ったのはなかなかないんですが、そう思いました。自分との戦いに勝ったと思うので、いい経験をしました」と、これまで見せたことのない疲労の表情を浮かべてコメントした裏には、怪我との戦いもあったのである。

一夜明け会見では「身体のダメージは相当あります。腕も痛いし、自分が蹴ったのと相手の蹴りをカットしたのでスネが腫れているし、試合が終わってこんなに身体が痛いのは初めてです」「全身が寒くなって、家に帰ってすぐに寝ました。これも初めてです」と、これまで経験したことのない〝激闘の代償〟を味わった天心。しかし、「今までで一番強くて、3分5Rがあっという間でした。終わってから思ったんですが、こういう選手とやるのはいい経験になりましたし、凄く楽しかった。やってよかった。KOもしたかったんですが、勝ちを自分でつかんだ。今までやった中で勝って一番嬉しい試合でした」と、これまでになかった格闘家の醍醐味である充足感も味わえた。

弘幸さんは「よくやった、と思います。判定でしたが、他の日本人選手がスアキムとやっても多分誰一人勝てないと思います。そこまでの強さを感じました。ワンチャローン戦の時と比べたら全然（実力は）上がっています。おそらく日本人選手なら誰にも負けないと思います。ある程度上の60kgくらいあっても怖くないと思いますよ」と胸をはる。

衝撃的なKO劇で天心の名を満天下に知らしめたワンチャローン戦よりも、判定勝ちとなった今回のスアキム戦の方がより天心の強さが際立ち、評価も高くなるだろう。ワンチャローン戦と比べて、天心はどんな部分が進化した、もしくは強化されたのだろうか。弘幸さんに聞いた。

「一戦一戦強くなっているんですよ。相手がこう来たらこうするという見切りが良くなったのと、あと間合いの取り方です。必要以上の距離はとらないで合わせに行くとか。そういう技術が研ぎ澄まされてきたというのがありますね。肉体的にはまだ筋肉は柔らかいです。触ってみると分かるんですが、柔軟性のあるバネのある筋肉ですね。瞬発力のある筋肉です。もう少ししたら今度は筋肉を硬くしていってパワーを上げていくのですが、そこはまだやっていません」

なかなか褒めない厳しい父である弘幸さんも、今回の勝利をこう称えた。しかし、満足のいく完成度に近づいて来たのかと言うと、そうではないらしい。

「いやいや、それはまだまだです。まだまだですが、一戦一戦進化は止まっていません。自分で倒せる時に倒せるようにはなってきましたが、今回はそれを見せることが出来ませんでした。でもまだまだ強くなりますよ。この一戦をクリアーしたことによって、またさらに強くなると思います。今なら誰とやっても負けないな、というのはありますね」

最後に弘幸さんは天心をまた一段階強くしてくれた好敵手スアキムを称えた。

「再戦すればもっといい試合が出来ると思います。凄くいい選手だったので日本でまた誰かとやって欲しいですね。顔もカッコいいし、礼儀正しいし、いいタイ人でした。天心が転倒した時も普通のタイ人なら蹴って来るところを、蹴らずに止めていましたからね。素晴らしかったです」

そして天心は言う。「もっと強い選手がまだいると思うのでそういう選手と、スアキムみたいな誰もが認める選手と試合がしたい。そういう選手の方が気合いが入りますし、周りも見ていて楽しいと思うのでどんどんしていきたいです」

父子鷹の〝真の最強〟追及の戦いはまだまだ続く。

Nasukawa Tenshin
1998年8月18日、父・那須川弘幸氏の長男として千葉県に生まれる。幼少から空手を、小6からキックを学び。ジュニアのタイトルを総なめに。アマチュア戦績は105戦99勝（37KO）5敗1分。14年7月12日、プロデビュー戦を1R58秒KO勝利で飾る。15年5月、6戦目で第6代RISEバンタム級王者に。同年8月、BLADE FC -55kgトーナメントを3試合ともKOで制す。16年3月、ISKA世界バンタム級王座に就く。同年12月、ルンピニースタジアム認定スーパーフライ級王者ワンチャローンをKO。同年末RIZINでMMAデビューも果たし、4戦全勝。17年2月に元ボクシング&ルンピニー王者のアムナットもKO。18年2月に超強豪スアキムにも勝利した。162cm。22勝（18KO）無敗。TARGET所属

若きスターが続々と誕生
軽量級の充実に比べて
中・重量級は人材不足に

武尊に継ぐ新生K-1のスターとして期待される武居由樹がスーパー・バンタム級王者に。

新生K-1をけん引する武尊は26連勝の快進撃が続く。

かつての花形階級70kgは城戸康裕、日菜太などのベテランが踏ん張っている状況。

KNOCK OUTのライト級トーナメントは激闘の連続、森井洋介が初代王座に就いた。

5月にラジャ王座を失った梅野源治だが、11月にルンピニーランカーをKOして復活。

11月に開催されたK-1ヘビー級トーナメントでは世界との差が如実に表れた。

若きスターが続々と登場するキック界。K-1をけん引する武尊は3試合を行なって全勝し、2012年9月からの連勝記録を「26」に伸ばした。その後を追うように20歳の武居由樹が4月のトーナメントで優勝してスーパー・バンタム級王者となり、2月のライト級トーナメントでは18歳の平本蓮が殊勲の準優勝を果たしている。

軽量級が活性化する一方で、かつての花形階級であった70kgやヘビー級は深刻な人材不足。日菜太や城戸康裕、上原誠といったベテラン勢が奮闘しているが、世界と真っ向から戦える選手の育成が早急に望まれるところだ。

ヒジありでは2016年にラジャダムナン王座を獲得し

RISEでは10年ぶりに復活したDoAトーナメントが話題に。SBの内藤大樹が優勝。

シュートボクシングでも海人という若きニュースターが誕生した。

T-98も5月にラジャ王座を失い、12月にルンピニー王座へ挑戦するも奪取ならず。

RIZINで知名度が飛躍的にアップし、RISEとKNOCK OUTにも観客を呼ぶ那須川天心。

〝天才ムエタイ少女〟伊藤紗弥が1年2カ月ぶりに復帰し、WMC&WBC世界王座を奪取。

た梅野源治とT－98が相次いでタイで敗れ、王座を失った。両選手ともに次は日本人初のルンピニー王座奪取を狙いに行くが、タイのトップクラスと互角に戦える選手はほとんど見当たらないのが現状。ジュニア上がりの選手たちに期待したい。

　RIZIN参戦で飛躍的に知名度と人気がアップした那須川天心は、RISE、KNOCK OUT、RIZINとルールが違う3大会を股にかけて大活躍。格闘技界を代表する選手に成長した。また、かつてのヒジ&首相撲あり＝つまらないという風評を森井洋介、勝次といったKNOCK OUT勢が一掃したのは2017年の大きな出来事と言っていいだろう。

カラテの伝播とキック・K-1の誕生

打撃に特化し、多くのスタイルと流派に分かれた立ち技格闘技

文・ゴング格闘技

立ち技格闘技——それは、ルールを制定し一対一で戦うコンバットスポーツを指す。キックボクシング、ムエタイ、カラテ、部分的な組みはあっても打撃だけで戦うという武道は本来、存在しない。それでも今の日本で見られる立ち技格闘技のルーツはやはり、武術にあることは間違いない。中国拳法の流れをくんだ沖縄発のカラテ、シャムの戦闘武術からルールが設けられ賭けの対象となったムエタイなどがポイント空手、フルコンタクト空手、キックボクシング、K-1のルーツだ。

沖縄のカラテとはサムレー（武士）階級に伝わった無手の武術。琉球王国は明や清の冊封国であり、薩摩藩の支配を受けた日本の属国であったため、両国の影響を受けた武術が発展した。

薩摩が琉球の武士に対し、帯刀を許さなかったことで無手のカラテが盛んになったという説もあるが、沖縄には琉球古武術というサイに代表される武器を使用した武術が伝わっており、この説は信憑性に欠ける。それよりも廃藩置県で沖縄県となり、武士が禄を得られる社会でなくなったことで、生きていくためにカラテの指導を民衆に始め、本土に渡って生きてくための生業としたことで、カラテは広まった。もともと、極めて限られた人間が公とならないように指導を受けていたため、沖縄にも首里手、泊手、

那覇手と呼ばれる地域に分れた3つの系統が存在した。

ただし、そこは士族社会。家柄によって複数の系統を越えた指導を受ける者も存在している。

首里手は佐久川寛賀の弟子で、薩摩で示現流も学んだ松村宗棍から安里安恒へ継がれ、その教え子の船越義珍（那覇手の大家・湖城大禎からもそれ以前に指導を受けていた）が松濤館流、知花朝信が小林流、那覇手も東恩納寛量から習った摩文仁賢和が糸東流の祖となった。

糸洲安恒の下からは花城長茂と並ぶ教え子の遠山寛賢が錬武会、防具空手を始める。本部朝基は首里手だけでも佐久間親雲上、松村と糸洲を師事し、それだけでなく泊手の松茂良興作に指導を受け、最強のサムレーのカラテは日本伝流兵法本部拳法へ継がれた。

那覇手では東恩に習った宮城長順の弟子、山口剛玄が剛柔流を起こしている。船越義珍、本部朝基、摩文仁賢和に本土で指導を受けた茨城県生まれの大塚博紀は和道流を興した。和道流は伝統派空手四大流派の一つとして松濤館流、糸東流、剛柔流と並び称されている。

那覇手から首里手の大家・安里安恒に本格的に師事した船越義珍。

沖縄人でありながら、上地完文は福建省福州で南派少林拳の一つパンガイヌーン（半硬軟）拳法を習得し、長男の完英が上地流を開き、今日では小林流、剛柔流とともに沖縄三大流派とされている。

その後、大学の部活動という普及手段を取り、学士カラテ家の提案によりカラテには『道』が加えられ、競技会が行なわれる空手道として、さらに普及していく。

本来は投げや〝逆〟も含まれていたカラテは、大日本武徳会で柔道と混同されないよう打撃だけに特化していく。さらに、生きる糧として自らの看板が必要な者も少なくなく、カラテは多くの流派を持つことになる。1964年に全日本空手道連盟＝全空連が創設されたが、彼らは連盟に参加しても自らの流派を名乗り続けている。カラテという総称が存在しても、それぞれのスタイルと流派を持つ。つまり、現代のキックボクシング界の状況と非常に似通っているといえないだろうか。

大学4年間である程度の習得を見込み、より普及を促すために競技会を取り入れたカラテは、安全に競技運営を行なうために寸止めルールを用いた。後にそれらのカラテを「ダンス」と評したとされる大山倍達は、松濤館流と剛柔流のカラテを学び、大山道場を設立。剛柔流から独立し、国際空手道連盟極真会館を創設した。直接打撃戦を採り入れた大山門下は一世を風靡する一方で、教え子たちも自らの足で、いや拳で世を生きようと理想のカラテを追い求めたことで、フルコン空手も流派を増幅していく。

大山の高弟だけでも、中村忠が誠道塾、佐藤勝昭は後の空手道POINT&K．O．ルール協会となる佐藤塾、芦原英幸は1980年に極真と袂を別ち芦原会館を設立。それ以前の極真芦原道場の大阪支部を任されていた石井和義が正道会館として独立を果たしている。また芦原の下からは、二宮城光も円心会館を立ち上げている。

翌年には今となっては大山道場の原点回帰路線を正反対の方向で突き進んだ添野義二の士道館、東孝の大道塾が誕生した。さらに大山茂と泰彦の兄弟、三浦美幸が国際大山空手道連盟の旗頭に。極真以外からも少林寺拳法から白蓮会館が、国際大山空手道連盟と同年1984年に杉原正康により興っている。また武専出身、大日本武徳会より六段錬士の照合を受けた中村日出夫は、1947年に修得館を設立。

後年、「空手に流派なし」をモットーに空手道拳道会を設立し、後進の指導を続けた。

１９９４年４月26日、大山倍達の死去により、極真会館は大小の分裂を繰り返し、極真会館＝松井派、極真会館宗家、極真大山空手、新極真会など20を超えるほど細分化、その頃に第一戦で活躍していた空手家の多くも、今は自らの流派の長となっている。

２０１３年に新極真会、極真連合会、芦原会館を中心に２１９流派団体が集まり全日本フルコンタクト空手道連盟（ＪＦＫＯ）が創設され、２０２０年の東京五輪にカラテが採用されたことで、全空連と極真系の組織に歩み寄りが見られるようになっている。

この間、正道会館がグローブ導入に踏み切り、１９９３年にＫ‐１ＧＰを初開催。以後15年以上に渡り世界のキックボクシング界を席巻し、ヒジ無し、首相撲限定のＫ‐１を模したルールが世界の主流となっている。

93年に第1回大会が開催されたK-1。現在は新生K-1として武尊らが活躍。

空手とキックといえば１９６４年に大山道場から黒崎健時、中村忠、藤平昭雄（大沢昇）がムエタイに乗り込み、ムエタイとの交流戦で２勝１敗で勝利を収めている。極真会館設立に大きな力となった黒崎はこの後も打倒ムエタイを目指し、極真を離れ目白ジムを開き、島三雄や藤原敏男らを育てた。大山道場勢のタイへの殴り込みを企画した野口修は、タイで投げや関節が禁止され、体重制が用いられるようなってから僅か４年後の１９５９年に、浅草公会堂で初めて行なわれたムエタイの試合を見て、キックボクシングという名称を思いつき、１９６６年に日本キックボクシング協会を設立する。

ところでカラテ界では本部朝基が大阪で結成し、喜屋武朝徳も指導した唐手術普及会に所属していた山田辰雄が、後に日本拳法空手道の開祖となり、恐らくは日本で最初のグローブ着用、防具なしの直接打撃制試合を1962年に主催、グローブ空手の先鞭をつけている。

野口の名付けたキックボクシングは、在京4つのテレビ局が週一で中継するほどの状況に一気に上りつめたが、視聴者の心は移り気で1970年代に入ると、坂を転がる雪玉のように周囲を巻き込んで転がり落ち、その人気はすぐに収まってしまう。

それでもこの間にキックボクシングの組織は7団体にも及ぶようになり、1984年に日本キックボクシング連盟が結成される。これより33年、キックボクシングは分裂と合体を繰り返し、K-1の大ブームを挟んで今に至ることになる（投げ技およびスタンド状態での関節技や絞め技が認められるシュートボクシングについてはJ-MMA欄で解説）。1985年、日本キックボクシング連盟からマーシャルアーツ日本キックボクシング連盟（MAキック）が脱退したジム連合により1987年、全日本キックボクシング連盟が創設される。これより10年ほど全日本キック×MAキックの切磋琢磨と、我が道をいく日本キックの時代が続いた。しかし、1996年に全日本キックが分裂し、ニュージャパンキックボクシング連盟（NJKF）が旗揚げされ、1997年に全日本キックが資金難に陥り、活動を終えた。

同時に全日本キック所属のアクティブJがJ-NETWORKを結成、1998年に全日本キック離脱組がキック・ユニオン（K-U）として活動を始め、1983年に日本キックから独立を図った伊原道場が新日本キックボクシング協会を設立。目黒ジムが他のMAキック離脱グループと合流し、新日本キックボクシング協会が発足した。

２００３年にＭＡキックで活躍した伊藤隆と山口元気、そして全日本キックとＮＪＫＦの内田康弘が新しいキックボクシング界の創造を目指し、ＲＩＳＥを旗揚げ。以降、２０１０年のＲＥＢＥＬＳまで、Ｍ―１ＭＣ、ＵＫＦジャパン、ＷＢＣムエタイ系のＪＭＣと続々と団体が生まれた。ＲＥＢＥＬＳは旧Ｋ‐１無きあと、世界のキックをリードしたＩＴＳ' ＳＨＯＷＴＩＭＥやクンルンファイトと合同イベントを開き、一時期第二のＫ‐１を目指したＧＬＯＲＹの日本部隊とも歩調を合わせていた。

乱立という表現を使っていいほどに団体が入り乱れる日本のキック界。旧Ｋ‐１を主催していたＦＥＧのサポートを受けてイベントを始めたＫｒｕｓｈを運営するグッドルーザーが、２０１１年にＫ‐１の権利を引き継いだ香港のＫ‐１グローバルより、２０１４年に日本での興行権を得たＫ‐１ジャパン・グループの運営を手掛けることに。後にＫ‐１、Ｋｒｕｓｈ、ＫＨＡＯＳというヒエラルキーを確立し、スマホ世代から絶大な支持を得るようになった。谷山ジムが主催するＢｉｇｂａｎｇ、山口率いるＲＥＢＥＬＳともＫ‐１は協力体制にある。

２０１６年にはブシロードの子会社により、ヒジ打ち、首相撲＆ヒザ蹴り有りルールでＫＮＯＣＫ ＯＵＴがスタート。ＲＩＳＥ、ＳＢ、ＮＪＫＦ、ＩＮＮＯＶＡＴＩＯＮ、新日本キック、ＮＫＢ、Ｊ‐ＮＥＴＷＯＲＫ、ＤＥＥＰ☆ＫＩＣＫ、蹴拳、ＲＥＢＥＬＳらの選手がリングに上がり、Ｋ‐１の対抗馬として活動している。（※敬称略）

ムエタイの強豪スアキムを下した那須川天心。RISE、KNOCK OUTを牽引する。

本文

小笠原眞喜、Keith Mills、熊久保英幸、茂田浩司、渋澤恵介、高島 学、堀内 勇、増田俊也、松山 郷、Martins Denis、柳澤 健、藁谷浩一（※五十音順）

写真

本誌撮影	山本千代
第1章扉	Paulo Ruy Barbosa
第2章扉	GONG KAKUTOGI
第3章扉	木原基行、GONG KAKUTOGI
第4章扉	長尾 迪、福田直樹
第5章扉	若原瑞昌、GONG KAKUTOGI
第6章扉	阪本 勇、若原瑞昌、唐牛峰作
帯	Getty Images

※本書は、『ゴング格闘技』1986年12月号～2017年6月号に掲載された記事および書き下ろし原稿を収録しました。取材にご協力いただいた選手・関係者の皆様に深く感謝いたします。

ゴング格《かく》闘《とう》技《ぎ》ベストセレクション 1986-2017

発行日　二〇一八年三月二十三日　初版第一刷発行

編・著者　ゴング格闘技 編集部
発行人　堅田浩二
編集　松山 郷
ブックデザイン　トサカデザイン(戸倉 巌、小酒保子)
発行所　株式会社イースト・プレス
〒一〇一-〇〇五一　東京都千代田区神田神保町二-四-七 久月神田ビル
電話:〇三-五二一三-四七〇〇　ファクス:〇三-五二一三-四七〇一
http://www.eastpress.co.jp/
DTP　松井和彌
印刷所　中央精版印刷株式会社

ISBN 978-4-7816-1650-6